华夏传播研究学术史

谢清果 著

中国国际广播出版社

图书在版编目（CIP）数据

华夏传播研究学术史 / 谢清果著. —北京：中国国际广播
出版社，2023.5

ISBN 978-7-5078-5332-2

Ⅰ.① 华…　Ⅱ.① 谢…　Ⅲ.① 传播学—研究—中国
Ⅳ.①G206

中国国家版本馆CIP数据核字（2023）第074682号

华夏传播研究学术史

著　　者	谢清果	
责任编辑	霍春霞　刘　丽	
校　　对	张　娜	
版式设计	陈学兰	
封面设计	赵冰波	

出版发行	中国国际广播出版社有限公司 ［010-89508207（传真）］	
社　　址	北京市丰台区榴乡路88号石榴中心2号楼1701	
	邮编：100079	
印　　刷	天津市新科印刷有限公司	

开　　本	710×1000　1/16
字　　数	490千字
印　　张	28
版　　次	2023 年 12 月 北京第一版
印　　次	2023 年 12 月 第一次印刷
定　　价	85.00 元

本书系国家社科基金重大项目"铸牢中华民族共同体意识的传播策略研究"（编号：22&ZD313）的阶段性成果。

绪　论

2006 年，我幸运地加入由郑学檬、陈培爱、黄星民、黄鸣奋等人开创的华夏传播研究团队。十七年来，我和我的团队肩并肩，手拉手，披星戴月，同甘共苦，同心同德，竭尽所能，继续运作这个在中国享有一定美誉的华夏传播研究团队。何其幸哉！何其快哉！

一、世界传播学和中国传播学的学术发展历程概述

2023 年是厦门大学传播研究所成立三十周年。这是一个特别值得纪念的时间。如果我们把这段历史放在世界传播学和中国传播学的学术发展历程中来看，那会有别样的感受。

1943 年，威尔伯·施拉姆（Wilbur Schramm）[①] 在美国艾奥瓦大学开课授徒，首开传播学学科建制之先河。从此，世界学术史上多了一个叫作"传播学"的学科。胡翼青主编的《西方传播学术史手册》评价施拉姆在传播学学科建制上的功绩说，"确实可以用伟大来形容"。可以说，没有施拉姆的一系列努力，就没有现在的传播学学科规模，或者说没有施拉姆的传播学将会是另外一个样子。

施拉姆对于传播学学科建制的主要贡献在于，他创立了世界上第一批传播学高等教育研究机构，并因此让美国的大学接纳了传播学。施拉姆培养了大批传播学博士，这些科班出身的学者后来构成了传播学发展最重要的有生力量。施拉姆先后撰写了十多部传播学教材，笔耕不辍，嘉惠学林，为后世留下了宝贵的精神财富。

---

① 又译为"宣伟伯"。

在 20 世纪 70 年代中美恢复外交关系的背景下，施拉姆两次访华，推动了传播学在中国的发展。他关注到孔子的传播思想，以及张骞出使西域、郑和下西洋等中华文化中举世闻名的传播实践，并且嘱咐他的中国弟子余也鲁、徐佳士等人要大力从中国传统文化中发掘传播学思想。可以说施拉姆对中国本土传播学（后定名为"华夏传播学"）是有推动之功的。

1983 年，在余也鲁先生的直接参与下，厦门大学新闻传播系建立。就在前一年（1982 年），75 岁高龄的施拉姆来华访问，从 4 月 21 日到 5 月初在广州、上海、北京等地讲学。讲学期间，余也鲁先生全程陪同。4 月 29 日，在复旦大学的报告会上，施拉姆讲第一讲，余也鲁讲第二讲。余也鲁就在中国进行传播学研究的可能性谈了自己的看法，首次提出了"中国传播学研究"这一主题。1983 年，余也鲁先生将施拉姆的代表作《传学概论：传媒·信息与人》①（今译《传播学概论》）翻译为中文，并为这部译著写下一篇意味深长的代序《中国文化与传统中传的理论与实际的探索》。该文写道："传的艺术已深潜中国文化中，流漾在中国人的血液里，只差作系统性的与科学性的发掘与整合。"同年，由余也鲁先生担任筹备顾问的厦门大学新闻传播系正式成立。作为全国第一批将传播学教学纳入新闻教学的高校，厦门大学新闻传播系因此与华夏传播研究结下了不解之缘。

1993 年，厦门大学传播研究所成立，"首届海峡两岸中国传统文化中传的探索座谈会"在厦门大学召开。前者是华夏传播研究的专门研究机构，后者是推动传播学本土化——以中国文化为理论资源和研究对象的重要会议。

为规范和繁荣新闻学与传播学的学术发展，历经十年之功，经新闻学与传播学名词审定委员会审定，全国科学技术名词审定委员会批准，《新闻学与传播学名词》于 2022 年 12 月正式公布。该书的第 90 页正式将"华夏传播研究"列为词条，英文名为 Huaxia Communication Research，将之定义为：以中国传统社会中的传播活动与传播事件、著名人物的传播理念及其学说为主要研究对象，进行发掘、整理与扬弃工作的一个研究领域。从广义上讲，华夏传播研究应该是对中华文化传统中的传播活动与传播现象

---

① 余也鲁先生在《万水千山都是诗：余也鲁回忆录》（香港海天书楼，2015）中提到，1973 年宣伟伯出版《传学概论：传媒·信息与人》；1977 年，香港海天书楼出版了余也鲁译述的此书中文版；1982 年，在宣伟伯的许可下，余也鲁补充了中国方面的材料，出版此书的修订版；1983 年，此书修订版的中文繁体版在香港出版。另，1985 年，中国展望出版社出版了此书的中文简体版。

进行发掘、整理、研究与扬弃，进而形成的以中华文化术语为话语表述，以中国智慧与价值为基本内核，以中华文明五千多年历史与现实的伟大实践为背景，能够说明中华文化作为世界上唯一延续至今的文明的传播机制与原理，从而为世界传播学的建构贡献中国主张。

二、重要概念的界定以及相关研究的开端

本书的华夏传播研究（或华夏传播学）就是本土传播学的雅称，是专指从中华五千多年文明中探索中国人的传播智慧，提炼传播概念，剖析传播观念，建构传播理论的学术旨趣。传播学中国化是将源于西方的传播学传入中国，专指在中国接受西方传播学的过程。中国传播学则指传播学中国化的结果，即中国化的传播学，基于中国经验与实践的传播学，强调的是传播学的共性。华夏传播学专指运用中国优秀传统文化话语，遵循中华文化自身的沟通逻辑，从而形成的自洽的传播思想、传播理论及其历史变迁，强调的是传播学的个性。从这个意义上讲，华夏传播学是中国传播学中最具中国特色的有机组成部分，是高扬民族文化自信的传播学。

关于传播学本土化研究的开端，学界有两种说法：一种说法，将1978年郑北渭先生在《外国新闻事业资料》上译介的两篇论文《公共传播学的研究》和《美国资产阶级新闻学：公众传播学》作为开端；另一种说法，将1978年余也鲁在香港召开的"中国文化与传统中传的理论与实际"研讨会作为开端。就中国传播学而言，以前者为开端为佳，因为中国传播学侧重的是传播学在中国；就本土传播学（基于本土经验和历史文化，以本土概念为基础建构本土传播理论）而言，以后者为开端更为恰当，因为后者第一次明确自觉地发起建构本土传播理论的主张。而本书的取向显然是后者。

另外，传播学传入香港是传播学中国化的开始。若讲起中国大陆传播学中国化的时期，一般要追溯至20世纪80年代，细数则是1983年的时候。彼时，厦门大学复办新闻传播教育，把"传播"写入系名，称为"新闻传播系"，并招收了第一届研究生，其中便有后来成为华夏传播研究代表性学者之一的黄星民先生。黄星民的硕士学位论文研究的是华夏礼乐传播，同时他提出了影响深远的儒家传播效果论——风草论。此后"华夏传播"这一提法逐步从厦门大学走向全国，迈向世界。本书正是对这一光辉历程的相对系统全面的总结，以此向前辈们致敬！

三、华夏传播研究的教学、实践、科研齐头并进

现在的厦门大学新闻传播学院在前辈学者的指引下，已经形成了独具特色的华夏传播学教学和科研体系。在教学上，我们形成了本、硕、博一体化的教学体系，本科生开设了"华夏传播概论""华夏文明传播"课程；硕士研究生开设了"华夏传播史论""中国传播理论研究"课程；博士研究生开设了"华夏传播研究前沿""媒介学与文明研究"课程，出版了《华夏传播学引论》《华夏文明与传播学本土化研究》《华夏传播研究：媒介学的视角》等教材，《华夏传播学读本》《华夏传播学新读本》《华夏传播学的想象力：中华文化传播研究著作评介集成》等教辅，建设了"华夏传播学引论""华夏文明传播"两门慕课。此外，我们以华夏传播教学为内容，获得福建省第二届教学创新比赛三等奖、校级教学成果一等奖；两次获得了题为"在厦门思考中国""行走八闽大地，体悟中华文明传播力影响力"的学校美育第二课堂项目资助。我们带领学生赴宁德、龙岩、平潭、漳州等地开展调研，了解县级融媒体、新时代文明实践中心，红色文化传播、乡村振兴与水土治理、陈嘉庚精神等。在科研上，我们坚持创办"经典与传播研究读书会"，研学国学经典与传播学经典，努力推进中西传播思想对话，打造"华传学术共同体"，并不定期举办"中华文化传播大讲坛"近十场，同时支持学院本科生举办了多场"心传读书会"。我们的学术团队共同精读了《孟子》《奇云：媒介即存有》《科学革命的结构》《共识与秩序：中国传播思想史》等著作，在知识的海洋中畅游，教学相长，相亲相爱，砥砺前行，乐而忘忧！

近年来，我们以华夏传播研究会、福建省高等学校人文社会科学研究基地——中华文化传播研究中心、厦门大学传播研究所的名义，主办、合办、协办了包括华夏文明与现代传播高峰论坛、华夏文明与传播学中国化高峰论坛、华夏"丝路符号"传播论坛在内的学术论坛。此外，我们还承担了福建省新型智库工作领导小组办公室委托的"构建福建文化标识体系研究""推进中华文明的福建标识培育研究""增强'文化强省'感召力影响力的福建区域影视研究：脉络绘制、功能价值与发展省思"等项目；成功申报了我们团队的第一个国家社会科学基金重大项目"铸牢中华民族共同体意识的传播策略研究"。感谢学界同行的信任，我们将尽心尽力、尽善

尽美地推进课题研究。

在著作成果上，目前我们已推出"经典与传播研究丛书"（已出版《中庸的传播思想》《庄子的传播思想》《〈论语〉的传播思想》《周易的传播思想》，即将出版《〈礼记〉的传播思想》《孟子的传播思想》《当媒介学遇上老学》等）。此外，厦门大学华夏传播研究团队近年来已推出《华夏自我传播的理论建构》、《华夏文明与舆论学中国化研究》、《华夏礼乐传播论》、《华夏圣贤传播论》、《作为媒介的圣贤：中华文化理想人格的传播学研究》、《华夏传播范畴论》、《华夏文化观念的传播诠释与当代价值》、《中华文化海外传播的新境界：中西传播思想的分野与对话》、"华夏传播研究论丛"（三卷本），等等。这些年来，我们华夏传播研究团队在《国际新闻界》《新闻大学》《现代传播（中国传媒大学学报）》《新闻与传播研究》等期刊发表论文数十篇，出版著作三十余部，每年编辑出版《中华文化与传播研究》《华夏传播研究》《中华老学》集刊各两辑，搭建了中华文化传播研究的学术平台。

《道德经》有云："不欲琭琭如玉，珞珞如石。"我们甘当华夏传播事业的铺路石，不愿做世人手上把玩的美玉。我们的信念是"功成不必在我，功成必定有我"。华夏传播事业是以构建传播学自主知识体系为终极目标的伟大事业，坚持"中华文化立场，全球传播视野"理念，努力打造本土传播学的学科体系、学术体系与话语体系，努力为了推动中国式现代化而建构中国式新闻传播学，为了中华民族伟大复兴而建构具有中国特色、中国风格、中国气派的华夏传播学，阐释好中华文明的共生传播气质，以向世界讲好中国故事奠定思想基础，提供理论支撑。这正是我们华夏传播研究学术共同体的初心与使命，我们享受这一奋斗的过程。

四、坚持文化主体性，构建传播学自主知识体系

建构中国传播学自主知识体系是增强民族文化自信，增强做中国人的志气、骨气、底气的内在要求。学习西方传播理论，一定要有明辨性思维，要明白西方理论往往源自西方的社会实践，未必完全适合中国。中国学人一定要脚踏祖国大地，书写能够诠释中华文明何来何往的传播学机制与原理，打造能够与传播学欧洲学派和北美学派相媲美的传播学中华学派。厦大人应当有这样的使命与担当。所以四十多年来，我们一直把构建华夏传

播学的三大体系作为自己的初心与使命，并确立了"中华文化立场，全球传播视野"的研究旨趣，努力打造能够阐释中华文明何以能够传承五千多年的传播理论，为中华民族的伟大复兴贡献自己的力量。我们现在笃定地认为，华夏文化中的精华不是"欧洲中心主义"所支撑的"普适价值"，而是倡导"全人类共同价值"的"中国好声音"；不是强调控制论与效果论的经验学派，而是讲究"风草论"与"水舟论"的文以教化。

时代似乎在关照着我们，当下构建自主知识体系是国家赋予我们学者的神圣使命。在过去，我们思考中国的问题时似乎都离不开西方传播学理论。然而事实上，西方的政治全局，即所谓民族政治的范式是和西方实际相匹配的一种实践理论，能够阐释西方或者以美国为首的政治实践。而在中国特色社会主义国家里，有着五千多年文明的中国亦有自己的政治传播范式。想要构建传播学自主知识体系，就必须走进传统，在吸收创新中建立中国特色的传播学。若要向世界传播好中国声音，在传播的内容、渠道等方面，都必须是中国式的，需要有中国价值、中国思想和中国观念。我们所倡导的华夏传播学正在努力做这样的事，即概括出一些中国式的传播思想、传播观念，进而构建传播理论体系，从而说明中华文明为什么五千多年不断流的传播原理和机制。

经过多年的研究，我们认为华夏文明不断流的传播学原理可以概括为中华文化中包含着"共生交往观"。"共生交往观"洋溢着中华民族"和而不同"的处世智慧，"和为贵"的处世原则，以及"和通天下"的交往理想，代表着人类的良心，体现了社会正义，反映了构建人类命运共同体的根本利益，并且落实在"一带一路"倡议上，落实在"全球发展倡议""全球安全倡议""全球文明倡议"上。

此外，在华夏媒介学的研究上，我提出当研究"生活媒介"。它作为物之媒介，在生活中无处不在。但不是所有生活之物都能成为媒介，我们需要对其传播功能进行厘清与思考。以厦门大学新闻传播学院南光二门口的大榕树作为例子，这棵榕树已然成为我们的共同记忆，学子们无论未来走得多远，都会记得这棵榕树。它已成为生活媒介。它以生活化的方式出现在我们生活中，呈现出一种独特的文化内涵，成为新闻传播学院学子心灵的原乡。为什么要提"生活媒介"？我认为，除了大众传播媒介，生活中还有无数其他媒介，它们共同构建了、串联了我们的生活意义。德国社会学家齐美尔在《桥与门》中看到了门与桥的媒介性，"风能进，雨能进，国王不能进"的

"门"，将公与私严格分明，因此门也是重要媒介。在元稹的传奇作品《莺莺传》中，张生送给崔莺莺的手帕，在特殊情境下成为传情的媒介。

总之，我们认为，每一种文化背后都有自己的传播逻辑，或者称为文化逻辑。我们的文化逻辑和传播逻辑不同于西方，所以我们必须建构传播学本土化体系。在中国的文化逻辑中，"责任优先于权利"。不同的文化逻辑往往导致不同的传播逻辑或交往逻辑，因此，应当基于中国自身的文化逻辑去建构中国的传播逻辑。我在给学生开的华夏传播专业课上，曾围绕"文化自信与大国形象：中华文明传播的效果反思与未来展望"的主题展开研讨。我为学生构建了"历史自信：中华文明传播的底气""文化自信：中华文明传播的骨气""文明自信：中华文明传播的志气""方法自觉：中华文明传播的巧实力""心传天下：中华文明传播的气质涵养"等五个篇章二十多个选题。

总之，在新时代，构建传播学自主知识体系已然成为传播学每一位学者的重任。路漫漫其修远兮，吾将上下而求索。

五、站在厦园，思考中国，高扬中华文明传播气质

在中国共产党建党百年的伟大时刻，许多学科提出系统总结各自学科的历史。传播学也不例外。在中国社会科学院新闻与传播研究所的朱鸿军老师的鼓励下，我尝试着系统总结华夏传播研究的历史。梳理历史是学者明晰方向的必要之举。我早在编撰《华夏传播学引论》《华夏文明与传播学本土化研究》《光荣与梦想：传播学中国化研究四十年（1978—2018）》等著作时，就对本研究已有的研究成果做过系统梳理，并编写了《华夏传播学的想象力：中华文化传播研究著作评介集成》，介绍了前人百余部论著的基本概况。但以上著作主要集中在对成果的梳理上，还未上升到历史性的全面梳理的高度。再者，厦门大学传播研究所即将迎来成立三十周年纪念日。我们理应以一部有代表性的著作来庆祝这一值得铭记的日子。在我看来，除了回顾华夏传播研究的历史，还要回顾我加盟这一学术研究团队的经过，因为我已经与这个学术共同体紧紧结合在一起了。而且从一定意义上来说，我也与华夏传播研究这一学术领域紧紧结合在一起了。

研究华夏传播研究学术史，厦门大学是绕不过去的学术重镇。传播学中国化的四十多年中，厦门大学始终坚持着这一学术传统。每次给学生开

课，在第一节课，我自然而然会为学生介绍厦门大学华夏传播研究的发展历程，并重点论述传播学的本土化研究是从厦门大学起步的。1983年，前辈学者黄星民开始进行华夏礼乐传播研究；1993年3月18日，在时任厦门大学常务副校长郑学檬教授的支持下，厦门大学传播研究所成立；1993年，厦门大学与中国社会科学院新闻研究所[1]联合召开了"第三次全国传播学研讨会"；等等。《中华文化与传播研究》（2013）和《华夏传播研究》（2018）相继创刊；2018年，华夏传播研究会成立；2019年，福建省高等学校人文社会科学研究基地——中华文化传播研究中心、与中盐金坛盐化有限责任公司共建的华夏文明传播研究中心相继成立……正是因为有了厦门大学传播研究所这一学术平台，华夏传播学术研究才有了历史传承，才奠定了其如今的地位和未来发展的基础。

2023年6月2日，习近平总书记在文化传承发展座谈会上强调，在新的历史起点上继续推动文化繁荣、建设文化强国、建设中华民族现代文明，要坚定文化自信，坚持走自己的路，立足中华民族伟大历史实践和当代实践，用中国道理总结好中国经验，把中国经验提升为中国理论，实现精神上的独立自主。我们建设华夏传播学，就是要在中国五千多年文明的历史与现实的伟大实践基础上，将中国人的传播智慧提炼为传播理论，实现在传播学学科上的独立自主，从而为中华民族现代文明的建构贡献学者力量。

近年来，我们为了更好地配合中华文明国际传播，适时提出了"传播气质论"，提炼出"和合共生"这一华夏文明传播的精神气质，以为中华文明国际传播培根塑魂。同时，我们深信传播气质涵养于日常实践。于是我们团队坚持行走在福建，行走在中国。我们考察了郑州"三月三，拜轩辕"大典，走访了敦煌莫高窟，考察了福建开漳圣王文化的传播，探访了江夏堂的家风家训馆，实地考察了厦门同安苏颂水运仪象台的运作和朱子书院的运营……这一切让我们更加坚持了文化自信，增强了历史自觉。我们越发深信，华夏传播学者不仅要考察历史是如何延续的，还要在实践中探索如何更好地把它传承下去。在我们的文化传统中，"心传天下"是独具中国气质的，强调了中华文化中注重自我与世界沟通的观念特点，即自我被认为是处理与世界关系的起点。同时，"中庸"也是独具中国传播气质的传播

---

[1] 中国社会科学院新闻与传播研究所成立于1978年8月，原名为中国社会科学院新闻研究所，1997年9月更改为现名。本书根据实际情况，有的地方为"新闻研究所"，有的地方为"新闻与传播研究所"。

观念，它体现了"不走极端，不唱高调"的优秀品质。中国人日常中的俗语、俚语也展现了中国人的传播智慧。我们只要用心体会，掌握中华文化的精髓，把握其精神气质，进而将传播思维注入中国式话语中，对其进行创造性转化和创新性发展，就能发展出与西方传播理论对话的华夏传播学。

颜建军在《关于建立中国沟通学的构想》一文中提出"传播是沟通的手段，沟通才是传播的目的"的观点，认为"沟通"一词道出了传播的实质、任务、特点、目的等。在我国，"传播"一词几乎全作为动词使用，仅有传达、通知、传出、播开之意，而不表现传播行为的目的和效果。传播的目的是传而能通，传与受之间相互了解，以便产生传者预期的效果。而"沟通"一词能道出传播的目的和效果，是一个能反映传播现象的本质的科学术语。为此，我和我的团队把颜建军的总体理论设想及其十二个分支理论作为今年课题组的研究主题。具体说来，其一，内向沟通是中国的特色。内求诸己的修身传播是中国特色的内向沟通智慧。其二，人际沟通。中国文化是一种内倾性的文化，特别注重人际问题。比如，在中国，"五伦"（父子有亲，君臣有义，夫妇有别，长幼有序，朋友有信）关系是重血统的人际沟通关系。其三，环境沟通。中国人重视环境与人的相互交流，大的方面讲"天人合一"，强调与自然和谐相处；小的方面注意情境关系，讲究环境对沟通人的感情乃至思想的不可忽视的作用。其四，组织沟通。中国封建社会是一个超稳定系统，其中至关重要的子系统就是组织结构系统，民间各个结社很值得研究。其五，民间沟通。从古至今，除了官方进行的有组织的沟通，还有许多民间流行的行之有效的沟通方法，比如女书。其六，情感沟通。可以说，"道始于情"，欲影响中国人的思想，使其自觉地行动，如果不从沟通感情方面下手，就断然不能成功。其七，劝服和宣传。中国式说服是悦服，使人心悦诚服，而并不仅仅是以理服人。其八，娱乐沟通。中国社会中关于娱乐对人生、性情、事业等的潜移默化的作用，以及运用娱乐来沟通各种关系等，有无数经验可以总结，可资借鉴。其九，大众传播。中国的古代报纸、礼乐传播、印刷术等都值得深入研究。其十，口语沟通。这是文字符号之外的、人类最主要的、历史最悠久的一种沟通。其十一，非语言媒介沟通。即语言媒介之外的沟通方法。这方面包容广泛，推理符号（自然语言）和表象符号（如绘画、雕塑、音乐、舞蹈等艺术形式）之外的沟通信息载体都是非语言媒介。其十二，中西方沟通方法。通过中西比较，突出中华民族在世界民族之林的地位和特色。各国各民族的文化背景、生活方式、风俗习惯不大相同，这些因素影响着人们的沟通方式。总之，我们努力不负韶华，不辱使命，致力于建构中国式传播学——华夏传播学。

在全国高等教育注重课程思政的背景下，华夏传播的教学与科研有了更为突出的亮点，那便是立足中华优秀传统文化，阐述和发扬中国人的沟通智慧与理念，增强民族文化自信。这些年来，我开设的"华夏传播概论""华夏传播史论""中国传播理论研究"等课程先后获得了课程思政优秀课程立项，课程中的多个教学案例屡获优秀案例表彰。这些说明华夏传播教研是培养具有家国情怀的优秀新闻传播人才必要且独特的环节。2023年，在福建省高校课程思政教育联盟开展的"课程思政专家库建设"和"优秀教育案例征集"的评选活动中，我有幸入选"福建省学科思政专家库"，同时我申报的"中华文化传播"方向的教学案例"泥土的味道，伟大的思想——以《习近平与大学生朋友们》（二十七）为案例的课堂创新"入选"福建省高校课程思政优秀教学案例"。之前"'中国'：中华民族共生交往的符号表征"案例被评为省级优秀课程思政案例，并受到了"新华思政"在全国范围内的推荐，得到广大同行的肯定。

总而言之，从前辈手中接过发扬光大华夏传播研究的接力棒后，我深切地感受到了自己的责任，也感到无比自豪。因此，我想尽己所能，为这一事业的发展贡献自己的力量。当然，我深知自己才疏学浅，不一定能做出多大的伟业，但就算只为伟业铺一段路也很有意义。"苔花如米小，也学牡丹开"正是我常与学生共勉的座右铭。

路虽远行则将至，事虽难做则必成。就让这本书作为我和我的团队不断推进华夏传播研究的一个历史见证。感谢许多前辈学者的鼓励和支持，感谢一届又一届本科生、硕士生和博士生在课堂内外的研讨和践行，是你们对中华文化不断高涨的热情给了我前进的动力。就在今天，我的名字赫然出现在2023年厦门大学"我最喜爱的十大老师"的公示名单中，这是广大师生对我的肯定与鞭策。我将不负大家的期望，再接再厉，争取将华夏传播的教学与研究推向一个新的高度。

谢清果

书于厦门大学淡然斋

2023 年 7 月 26 日

目录

第一篇　华夏传播研究学术史

第二篇　华夏传播研究与教学的个体生命史

第三篇　华夏传播研究学人志

第四篇　传播学中国化研究学者访谈录

第五篇　传播学中国化倡导者余也鲁的厦大印记

第一篇

华夏传播研究学术史

传播学于 20 世纪 50 年代末引入我国台湾，60 年代中期开始应用研究；传入香港则是 60 年代中期，真正研究始于 70 年代；而传入大陆则始于 70 年代末，80 年代中期才真正开始开展传播学研究[①]。而且它在传入海峡两岸暨香港的过程中均经历了一段以欧美为师的时期。90 年代初中国大陆与港澳台地区的学者共同大力推动传播学中国化进程。进入 21 世纪后，传播学创新研究已成为学界共识，学界开始反思与批判施拉姆开创的美国传播学经验学派，从而走上了传播学多元探索道路，同时加强了传播学主体意识，力争围绕中国现实与问题，探讨传播学服务于社会，服务于国家繁荣富强的伟大实践。尤其是党的十八大以来，在注意增强文化自信和提高国家文化软实力的新时代背景下，不忘本来、吸收外来、面向未来已成为创新发展包括传播学在内的哲学社会科学的基本思路，以中华文化立场为底色的人文社会科学已成为学界共识，缔造有中国特色、中国气派、中国风格的学科体系、学术体系与话语体系成为今后相当长时期内中国学者的使命与担当。在此新形势下，以推动中华文化的传播学研究、建构传播学"中华学派"为目标的华夏传播研究越发引起学界的关注，越来越多的学者进入这个具有跨学科研究性质的古老而常新的领域。

　　以华夏传播研究的学术史为主题的著作有笔者的《华夏传播学引论》《华夏文明与传播学本土化研究》《光荣与梦想：传播学中国化研究四十年（1978—2018）》以及邵培仁、姚锦云的《华夏传播理论》。此外，一些新闻传播学的论著对其也偶有介绍，主要有《中国传播学三十年》《20 世纪中国新闻学与传播学》《中国文化传播软实力研究》《传播学在中国》《20 世纪中国学术大典：新闻学传播学出版学》《中国新闻传播学说史》《中国新闻传播学说史：1949—2005》《台湾传播研究史：学院内的传播学知识生产》等书。本篇共分三个部分，第一部分（第一章）总体阐述华夏传播研究的背景与意义，第二部分（第二至六章）通过五个阶段来概述华夏传播研究近一百年来的发展历程，第三部分（第七至九章）阐明今后华夏传播研究如何行稳致远的问题。

---

　　① 朱立.传播研究"中国化"的方向［M］//臧国仁.中文传播研究论述：1993 中文传播研究暨教学研讨会论文汇编.台北：台湾政治大学传播学院研究中心，1995：22.

第一章　欲穷千里目，更上一层楼
——华夏传播研究走向世界的追问

作为学科意义上的传播学形成于西方，因此跟社会学、政治学等学科存在一个中国化的过程一样，中国的传播学研究也存在一个自身建构的探索历程，作为中国传播学的一个核心领域的华夏传播学自然也不例外。

一、在西方传播学中国化进程中思考华夏传播学

华夏传播研究的兴起与发展源于中国学者的家国情怀，换言之，基于对中华文明的热爱与自信。接触到传播学和以传播学为业的中国学者自然而然地为传播学中国化寻找文化土壤。他们坚信，如同基于西方文化而形成的西方传播学一样，在中国传统文化的基础上自然也可以建构起华夏传播学。澳大利亚学者奥斯邦明确指出："对于一个没有特殊传播理论的国家来说，一个最有效的、有力的开端是认真研究本国的传播史，尤其是本国传播政策形成的过程，从中发掘本国传播的目的、目标和原则。"施拉姆也在《传学概论：传媒·信息与人》修订版序中说："我们在西方的文化背景中学习科学研究方法与理论的人，看见中国长春的文化，和她悠久的传的艺术传统，总免不了会肃然起敬。我们常想，中国人那种深邃的智慧与洞达，要是有一天能用来帮助西方人多了解自己的工艺智识，增深我们在实验方面的体会，该是多么好的事。许多人已注意到现代中国人在传的学问上认识的深刻与精到，不但反映了悠长的历史传统，且常能推陈出新。"①

---

① 宣伟伯.传学概论：传媒·信息与人 [M].余也鲁，译述.北京：中国展望出版社，1985：序Ⅵ.注：本书摘录的引文均尊重原貌，不做任何修改。全书同。

显然，施拉姆希望用中国的传播智慧来丰富西方的传播理论。我们自然也可以这样思考，我们学习西方的传播学，自然是为了建构中国的传播学，让传播学说中国话，讲中国理，述中国情，成中国梦。早年，笔者看到这段话后很感动。然而，时过境迁，现在笔者认为施拉姆讲这话时有一种居高临下的鼓励和指导。在传播学初传中国的时候，作为开创者，他这么说也算是合情合理。但作为当代中国学者，我们应该有更加坚定的历史自信与文化自信，更加自觉地研究本土传播学。我们只有全面系统地构建起华夏传播学，才能从传播学学科角度为新时代的中国式现代化建设鼓与呼，自觉地汇入中国式现代化理论建设的伟大洪流中，从而为自主知识体系的建构做出贡献。

二、在亚洲传播理论的崛起中发展华夏传播学

"德不孤，必有邻。"回顾历史，笔者惊讶地发现我们的亚洲同行也在思考传播学的在地化问题，也在努力彰显自身的传播主体性。来自斯里兰卡的学者维莫尔·迪萨纳亚克认为中国、印度、日本、韩国等亚洲国家创造的文明必当依赖于积极有力的传播体系，而"传播学要想在亚洲以及世界的其他地方变成一种更有意义的研究，就必须与相关的知识本源、情境信息及本地思维模式相联系。因此亟须发展亚洲的传播学理论、概念、方法和模式"[1]。日本的三池贤孝将"亚洲中心传播学术研究"定义为"一种理论体系或传播学派，其理念、基本原理和资源根植并来源于多样的亚洲文化传统所凝聚的智慧"。他认为这种研究是"为了拓展和丰富目前以欧美为中心的人类传播理论，非西方的传播领域学者应当从本土和比较研究的视角，重新思考传播理论的本质"[2]。中国和亚洲各国，尤其是受儒家文化影响的亚洲各国形成相近的文化特性——"互惠性、他人导向性及和谐性"。因此，亚洲传播衍生出三个基本面向："传播发生在跨时空的多种关系的情境下；在许多情境下，传播者在认知和行为方面既主动又被动；互相适应在

---

① 迪萨纳亚克.人类传播研究的亚洲方法：回顾与展望［M］//爱门森.国际跨文化传播精华文选.杭州：浙江大学出版社，2007：116.

② 三池贤孝.建立亚洲背景的文化与传播理论：一个假设性基础［M］//爱门森.国际跨文化传播精华文选.杭州：浙江大学出版社，2007：138.

和谐传播过程中具备核心重要性。"①包括中国在内的亚洲传播重内向、重集体、重关系。华夏传播学的使命就在于整理中国传统的传播理念、传播理论、传播制度。这不仅是理解当下中国诸多社会现象的重要依据，也是反思中国传统，构建未来和谐社会所需要的传播资源，还是丰富世界传播理论的必由之路。

三、建构能够阐发中华文明何来何往的华夏传播学

华夏传播研究作为一个研究领域已然形成，就像传播学可分为经济传播学等一样，华夏传播研究华夏传统文化中的传播活动与现象，自然也可以称为华夏传播学。当然，"学"通常被解读为"学说""理论"，亦有"学科"之意。本书华夏传播学的前提假设是承载五千多年文明的中华文化中虽然没有用现代传播学的话语表达传播学理论，但是已然存在直接或间接用中国话语（无论是文言文，还是白话文）表达的传播学理论。华夏传播学是华夏传播研究的终极指向。我们可以这样表述："华夏传播学是在对中国传统社会中的传播活动和传播观念进行发掘、整理、研究和扬弃的基础上，建构起来的能够阐释和推进中华文明可持续发展的传播机制、机理和思想方法的学说。"

华夏传播学侧重"文化中国"意义上的传播学。从狭义上讲，专指研究传统社会（一般指鸦片战争以前，最迟可至五四运动发生时）中的传播问题，可称为华夏传播研究；从广义上讲，侧重研究从古至今的中国文化传统中的传播问题，力求从中国历史、中国经验、中国实践出发，用中国传播话语体系表述华人交往、交流及其关系建构与意义共享的传播理论，进而与世界传播学进行对话，从而丰富人类传播理论与经验。总之，侧重中华文化的传播与创新问题研究，可称为华夏传播学。②陈国明是较早提及华夏传播学的学者。他认为，"要成功地扮演全球社会的一个分子，华人社会的传播学教育与研究，在批判吸收与转化西方思想的同时，必须深耕于

---

①　三池贤孝.建立亚洲背景的文化与传播理论：一个假设性基础［M］//爱门森.国际跨文化传播精华文选.杭州：浙江大学出版社，2007：144-147.

②　谢清果.传播学"中华学派"建构路径的前瞻性思考［J］.新疆师范大学学报（哲学社会科学版），2017（6）：63-76.

中华文化的土壤，耙梳与建立自我文化的认同，然后放眼全球社会，以资提供与接收必要的双向贡献。唯有经由健全的本土性的发展与认同，再以此认同投射到整个全球社会，华人传播学才能显现其光辉与乐观的前景"①。华夏传播学建构的意义在于服务于中国走向世界的伟大进程。如同戴元光在一次访谈中所说："传播学，就是非常社会化的学科，要研究传播与社会的互动，要研究媒体与社会发展，因为传播对社会影响极大，它影响着社会的历程，影响着文化的发展方向，所以搞传播的人必须与社会广泛交流。我认为传播学应逐渐地变成一个公共学科。"② 传播是人的确证，是人就都在传播着。华夏传播关注的是中国人和中国人组成的群体，重点研究他们的交往观念、交往习惯、交往制度，探讨如何能够更有效、更和谐地促进中国人之间的共生交往，更顺畅地开展与他国的交往。我们只有更清楚地认识自己，才能更好地学习他者，才能以我为主，综合创新。日益走向世界的中国迫切需要发展能够阐明中华五千多年文明何来，又将何往的传播学命题，因为这个问题既关系到中国何以与世界相处，又关系到世界何以看待中国的问题。

因此，我们相信华夏传播研究应当成为中国传播学研究的地基。因为中国传播学能否行稳致远，关键是看其能否立足中国社会现实，立足中国历史与文化。中国传播学不仅仅是在传播的传递观上打转，也是在以文化的名义将传播的传递观与仪式观融合起来，让文化在历史与现实的展开中观照中国社会自身信息的传递过程与媒介的运作方式，感悟中国社会是如何运用默会知识，如何运用仪式，包括日常化的运作程式来建构中国的社会认同与社会关系。离开了这一点，中国传播学研究就只能是"西方理论，中国经验"的翻版。我们的终极目标是建构可沟通的"中国理论，中国经验"模式，从而让中国的实践为人类传播学提供"中国思考"。我们相信传播学作为人文社会科学，有其共通性的一面，因此我们肯定西方传播学始终是中国传播学建构的他者，是个参照系。在全球化时代，我们已经不可能离开西方来孤立地建构中国传播学，但是我们始终要有传播学主体，要

---

① 陈国明.中华传播研究简介［M］//陈国明.中华传播理论与原则.台北：五南图书出版股份有限公司，2004：20-21.

② 邱宝林.访谈录：从士兵到博导——戴元光教授专访［M］//戴元光.戴元光自选集：传学札记·心灵的诉求.上海：复旦大学出版社，2004：7.

有中华文化立场，要有中国心与中国情，要把传播学的个性，即"中国性"探讨出来。

正是基于对当前时代背景的充分把握，我们深信中国传播学的未来必将是华夏传播研究大放异彩的时代，而且它将在与新时代相呼应的以下几方面做出新业绩。

1. "一带一路"倡议与华夏传播研究

"一带一路"倡议是既基于历史，又观照当下、着眼未来的一项人类传播工程，它让世界互联互通，让信息流、人流、物流、资金流等全都联结起来。研究"一带一路"的前世今生和未来，都需要传播学的介入。沟通的根本在于人心，而人心的本质在于文化价值观。因此，从文化传播的视角研究中国与"一带一路"共建国家的历史交往，是夯实中国与其交往的民意基础。当然，这也需要关注中华文化自身的优缺点，尤其要考虑在跨文化传播中积累的历史经验与教训。

2. 基于人类命运共同体建构而兴起的"文明传播研究"必将成为主流

拥有五千多年文明的中国拥有世界独一无二的不曾中断的文明传承，完全可以为当今人类文明交流提供中国思考和中国方案。在这个过程中，华夏传播研究将大有作为，主要体现在挖掘中华文明自身的共生交往特质上，这将为向世界说明中国、向世界讲好中国故事提供最深沉的文化思想与理论资源。当然，这还需要"中国理论，世界表达"的一系列具体有效的创造性转化与创新性发展。

3. 基于乡村振兴战略实施的中华文化地域传播研究

作为较好保存中华优秀传统文化的广大乡村地区，是保存、传承与创新中华传统文化的活舞台。在借助"非遗"等平台盘活我们的传统文化资源，让文化资源转化为文化资本的同时，更要转化为民族文化自信与文化自觉，从而增强中国人的"中国情"与"中国心"，以抵御西方文化侵蚀我们的文化根基，维护我们的文化安全。在此背景下，民俗传播、民族传播、地域文化传播以及其他"非遗"传播都必将成为华夏传播研究的重要方向。这方面的已有成果，如何华湘的《非物质文化遗产的传播研究：以女书为例》（2013），谢丹的《连接：民族文化传播的网络与结构研究》（2017），李丽芳、邱昊、谢晓霞的《民族文化传播研究》（2017）等著作。

4.基于中国自身传播经验与传播现实问题的中西传播思想的对话必将兴起

　　传播学传入中国已四十多年，中国传播学者们真真切切地开始关注"传播主体性"，开始扎扎实实地开展与西方传播理论的对话。无论是彼得斯的"交流的无奈"，还是德布雷的"媒介域""媒介学"观念，都引发了中国传播学者的讨论。这方面的已有成果，如詹佳如的《悖逆的"幽灵"：清朝孙嘉淦伪稿案的媒介学研究》（2017），黄华的《语言革命的社会指向：对中国近代史的一种传播学考察》（2016）。同时，传播学批判学派和媒介环境学派在中国再度兴起，这与中国重关系、重人伦、重自然、求和谐的人文传统有着内在精神的高度契合。可以断言，未来华夏传播研究必将在这方面形成与西方传播思想的深层对话，在对话中形成中国传播观念，提炼中国传播概念，建构中国传播理论。单波认为，中国学者可以基于"交流如何可能"这一世界共同问题展开思考。因此，"中国传播学需要面向人类的交流自我，体悟人类传播实践的'体'。其基础性工作就是理论祛魅，把各种传播学还原到人类传播实践语境，以交流自我的内部视角理解传播学理论诞生的社会经验与知识脉络，使之转化为一种可理解、可对话的他者交流经验，发现在自我的视野内看不见的交流问题"①。

---

　　①　单波.从新体用观的角度建构中国传播学的反思性［J］.国际新闻界，2018，40（2）：15-21.

第二章　忽如一夜春风来，千树万树梨花开

——华夏传播研究的萌芽期（1925—1977）

从世界新闻学与传播学的发展历程来看，新闻学拥有数百年悠久的历史，而传播学则是 20 世纪四五十年代才正式登上历史舞台。反观中国，早期大多是从事新闻学的学者开始关注和研究传播学，或者说在新闻学的框架和话语内从事了被后世称为传播学的研究，比如，台湾地区朱传誉的《宋代新闻史》显然也可以称为"宋代传播史"。该书源于他在台湾政治大学多年讲授"中国新闻史专题研究"的讲稿，研究的内容是邸报、小报、边报、榜文、时文、出版事业与出版法、舆论等，大抵上是现在我们可以归入华夏传播媒介研究的方面。事实上，曾经有人建议他把书名改为《宋代传播史》，只是朱传誉认为这本书主要谈传播媒介，内容较窄，撑不起传播史，但"报业史"又涵盖不了内容，故举名"新闻史"。朱传誉的这本书着实考证充分，论述公允。该书导论所提及的前人研究成果，除了戈公振的《中国报学史》、赵之兰的《宋代新闻纸的考证》、台静农的《南宋小报》、戚观光的《宋代民报的兴起及发展》，还有日本曾我部静雄的《中国新闻纸的起源》、美国白瑞华的《中国报纸（1800—1912）》，以及后来黄卓明的《中国古代报纸探源》、方汉奇的《中国近代报刊史》。前辈们的这些成果着实可视为华夏传播研究的拓荒之作。随后，朱传誉循着他的中国新闻史的思路，研究了先秦的新闻起源、民意起源以及以交通、符号、工具与言论为自由的先秦传播活动，出版了《先秦传播事业概要》[①]。

---

① 朱传誉.先秦传播事业概要［M］.台北：台湾商务印书馆，1973.

一、中国新闻学的菜地里长出传播学的花朵

这一时期我国台湾地区成为从中国传统文化中研究传播现象与观念的领头羊。这是因为新中国成立后的相当长时期里，中国大陆信息孤立，中西文化交流基本停滞，只有零星的传播学方面的介绍，远未真正开始学术研究。而台湾地区则与西方世界有着广泛的学术交流。当时有不少学生留学欧美，学成回台湾后成为推动传播学在台湾发展的主力军，其中就有施拉姆的学生朱谦（斯坦福大学大众传播硕士）、徐佳士（明尼苏达大学，斯坦福大学）等，还有在密苏里大学新闻学院深造的王洪钧，在加州大学攻读硕士的漆敬尧。他们在 20 世纪六七十年代开展了传播学教育与研究。创办于 1951 年的《报学》成为传播学论文的重要发表阵地。

传播学正式传入中国已四十多年。所谓"正式"概在于对"传播"或"传播学"概念有了学术、学科和话语的意识。人类自古以来便有传播活动，但并不代表人类同时就有了传播意识，尤其是在传播学学科和学术研究形成后产生的那种传播意识。当然，我们应当认可，一旦有了相对清晰的学科、学术、话语意义上的传播意识后，回溯历史，就更能够了解人类是如何步履蹒跚地认识自身的传播实践的。从宏观上讲，当今的一切传播，尤其是大众传播活动，正是人类不断超越实践的障碍，不断拓展自身实践的广度与深度的结果，而且只要有人类在，这个进程就一天也不会停止。回首中国五千多年的文明，尤其是有文字记录的三千多年的历史，我们会发现，中国古代文献中记载了许多与传播活动有关的内容。《尚书》中的《盘庚》篇详细记载了盘庚说服臣民迁都这一舆论事件的公共传播过程[①]。盘庚虽然没有现在的传播观念，但是无疑做了与现在公共传播活动类似的工作。从这个意义上讲，这篇文章无疑为我们探索华夏传播活动的现象、观念提供了原始素材。春秋战国时期诸子百家的作品都对当时社会的交往问题做出了许多精辟的见解。余也鲁先生认为传播的观念在《论语》的第一句便提出来了。"学而时习之"讲的是学习是一个传播活动，而"有朋自远方来"讲的是人际的传播，把独自学习、人与人之间的学习提了出来。这

---

① 朱至刚.《盘庚》别传：对一个上古文本的传播学解读［J］.新闻与传播研究，2003（2）：48-55，93-94.

正是对人类文明传播的基本方式——教育，以及传播存在于人的互动过程中的问题，用形象的语言深刻地表达了出来。[①] 此外，现在看来，"悦"和"乐"乃是推动和深化人类传播行为的内在动力，自然也涉及现在所说的情感传播问题。此外，《吕氏春秋·察传》甚至关注到了信息传播过程中出现的信息失真现象，虽然远未进行理论升华，但传播思想已然存在是不争的事实，这也是我们可以开展华夏传播学研究，或者更宽泛地说，中国传播学研究的历史依据。我们研究传播学固然需要参照西方现代传播学，但不必拘泥于此，完全可以从人类传播史中考察中国自身萌动着的对传播事业的思考。本书认同童兵教授的看法，认为传播学的概念可以涵盖新闻学。晚清时期是中国新闻学的萌芽时期，当时西学东渐的风潮正盛行，中国知识分子在西方报学的刺激下，发展起自己的新闻学，进而以办报为实践。这在一定程度上为中国传播学的形成提供了经验基础。学界通常将1834年《东西洋考每月统记传》上的《新闻纸略论》、1872年《申报》上刊登的《邸报别于新报论》等视为中国新闻学的启蒙。1874年，王韬发表文章《论日报渐行于中土》。1895年，康有为提出"设报达聪"的主张，指出报刊具有"俾百僚咸通悉敌情，皇上可周知四海"的功能。1896年，梁启超提出"去塞求通"论，强调"报馆有益于国事"，因为报纸这种媒介能够发挥沟通上下，以达通塞的功能。[②] 从传播媒介的视角看，此类研究同黄卓明的《中国古代报纸探源》都是华夏传播媒介研究方面的突出成果，当然也是中国传播史的研究成果。黄卓明曾在《报学杂志》1948年第1卷第4期上发表了《京报起源于明季》，其后于1955年汇编了《中国古代报纸史料辑述》，部分成果以《宋代的报纸》为题连载于《新闻与出版》的1957年第13—15期上。[③] 台湾赖光临出版的《中国新闻传播史》（1978）第一章《中国古代新闻传播与演进》分别探讨了古代语言传播、文字报的起源、邸报的发展以及清廷的政治官报。

二、随着社会学的东风而潜入中华的传播学

已知最早的一篇传播学论文是1925年民国时期著名历史学家朱希祖

①　余也鲁.在中国进行传播学研究的可能性［J］.新闻学会通讯，1982（17）：19.
②　孙旭培.中国大陆传播研究的回顾与前瞻［J］.新闻与传播研究，1994（1）：2-9.
③　黄卓明.中国古代报纸探源［M］.北京：人民日报出版社，1983：前言1.

先生在《北京大学社会科学季刊》第 3 卷第 2 期上发表的题为《道家与法家对于交通机关相反之意见》一文。该文认为道家是反传播的，而法家是倡导传播控制的，并着重比较了两者的传播思想。而且高海波研究后认为，朱希祖的研究很可能受杜威 1919 年访华演讲的影响①。1927 年，上海商务印书馆出版了戈公振的《中国报学史》。该书利用了大量第一手资料，被方汉奇称为"中国新闻史研究的开山之作"。该书的第二章以《官报独占时期》为题，用二十一节概要地阐述了中国古代邸报、官报、小报的发展情况。裴正义研究后认为，20 世纪初在欧洲，社会心理学家研究"心理沟通"现象时形成了传播学的概念，而这一概念于二三十年代传入了中国，社会学领域用的"心理沟通"，其实就是传播②。

此外，林语堂于 1936 年出版了英文版的《中国新闻舆论史》（*A History of the Press and Public Opinion in China*，上海别发洋行发行，Kelly & Walsh Limited，同年又在美国芝加哥出版）。刘家林教授评价说，此书在戈公振、白瑞华等人的研究基础上，"建立了最早的舆论史学研究的专著框架结构与理论体系，是我国舆论学研究的开山之作"③。该书分古代时期与现代时期两部分，古代部分着重写了古代新闻事业、歌谣以及汉、魏晋、宋和明时期的舆论事件，可见并不是一部完整的古代舆论史研究著作。宁树藩在另一部译本中评价本书说："本书是我国第一部舆论史，即第一部关于言论出版自由斗争的历史……把我国历代舆论斗争的历史看作一个具有内在联系、前后相承的统一体。"④可见，该书可以视为华夏舆论传播研究的奠基之作。

1944 年，胡先缙在《美国人类学家》期刊上发表了《中国人的面子观》（*The Chinese Concept of Face*）。后来，戈夫曼的面子理论、布朗和莱文森的礼貌理论以及华裔学者丁云珠（Ting-Toomey）与同事的面子协商理论相继发展。社会学关注的"面子"问题也是华夏传播研究在人际沟通中着重关注的。哈佛大学著名华人学者、受业于社会学大师帕森斯的杨

---

① 高海波.被遗忘的中国早期传播研究：评朱希祖的《道家与法家对于交通机关相反之意见》[J].国际新闻界，2011，33（1）：37-41.

② 袁军，龙耘，韩运荣.传播学在中国 [M].北京：北京广播学院出版社，1999：291.

③ 林语堂.中国新闻舆论史 [M].王海，何洪亮，译.北京：中国人民大学出版社，2008：序7.

④ 林语堂.中国新闻舆论史 [M].刘小磊，译.上海：上海人民出版社，2008：序19.

联陞于 1957 年发表了《报——中国社会关系的一个基础》（*The Concept of "Pao" as a Basis for Social Relations in China*）。该文探索了中国社会关系的重要概念——报。这里的"报"毫无疑问是华夏传播研究的重要范畴。另一份更重要的文献是他的一篇题为《中国文化中之媒介人物》的演讲稿，刊发于《大陆杂志》第 15 卷第 4 期上。该文创造性地提出了"媒介人物"的概念，这一概念指经济上的商人、企业家、掮客、买办，社会上的媒人、门房，法律上的律师，外交上的使节，宗教上的传教士、牧师、巫师等，文化上的教师、同传译员等，他们或做人与人的媒介，或做人与神的媒介，或做人与物的媒介。杨先生在回答提问时说："媒介是一个作用，任何人都可以发生媒介作用……'媒介'，西洋学者视为一种大学问。非有大学问，不能成为媒介人物，不能发生媒介作用。"[①] 由此可见，杨先生此时应当对西方的传播学有所了解，其研究更具有华夏传播气质。香港地区的金耀基分别于 1981 年与 1986 年的两次国际汉学会议上提交了《人际关系中"人情"之分析（初探）》和《"面""耻"与中国人行为之分析》两篇论文。他意识到，把握中国文化的关键概念（钥辞）是理解中国社会的重要路径，他相信要使"'社会科学中国化'应从中国人的经验生活中去掌握那些国人之思想行为的重要概念，以作为建构较高层次社会理论的重要砖石"[②]。这一经验对我们今天把握华夏传播理论的指导意义依然明显。

三、以邮驿史为代表的文史哲海滩上散落着华夏传播的美丽贝壳

关于中国邮驿史的研究文献，早在 20 世纪 40 年代便有了楼祖诒的《中国邮驿发达史》（1940），之后传承不绝如缕，有刘广生主编的《中国古代邮驿史》（1986）、臧嵘的《中国古代驿站与邮传》（1991）、陈鸿彝的《中华交通史话》（1992）。中国古代印刷术的研究亦是如此，早期有卡特的《中国印刷术的发明和它的西传》（1925 年英文版，1957 年中文版）、张秀民的《中国印刷术的发明及其影响》（1958）、史梅岑的《中国印刷发展史》

---

① 　杨联陞.中国文化中"报""保""包"之意义［M］.北京：中华书局，2016：134.

② 　金耀基.跋［M］//杨联陞.中国文化中"报""保""包"之意义.北京：中华书局，2016：137.

（1966），后有集大成者钱存训的多本论著。钱存训先生的《中国纸和印刷文化史》一书中的附录《中国印刷史书目》提供了著作近一百本、论文数百篇，可见当时这方面研究之兴盛。显然，无论是邮驿还是印刷术，都以传播工具（媒介）为研究对象，因此，前人对这方面的研究为我们深入、系统地建构华夏传播学以及各分支奠定了基础。因此，我们可以将此类研究列为华夏传播研究的辅助系统，它属于泛华夏传播研究的范围。美国的中国史专家孔飞力写了一本书——《叫魂：1768年中国妖术大恐慌》。作者在中译本序言中写道："专制权力如何凌驾于法律之上而不是受到法律的限制；官僚机制如何试图通过操纵通讯体系来控制最高统治者；最高统治者如何试图摆脱这种控制。"[①] 作者探讨了中国传统社会的政治传播，官方与民间信息通讯体系如何建构，又是如何发挥作用的。陈世敏先生慧眼独具，指出："孔复礼[②]这本书所要解答的，正是不折不扣的传播问题，也是具有中国特色的传播学问题。"[③] 当然，陈世敏对这本书的关注源于吴予敏先生的推荐。据吴予敏介绍，他还给一位研究公共关系的博士推荐了李佩甫的长篇小说《羊的门》。他认为，这些书都不是专门研究传播学的著作，但是我们可以从中看到中国特色的社会传播形态是那样富于戏剧和启发性。

---

① 孔飞力.叫魂：1768年中国妖术大恐慌［M］.陈兼，刘昶，译.上海：上海三联书店，1999：中译本序言1.
② 孔复礼：即孔飞力，台湾译名。
③ 陈世敏.华夏传播学方法论初探［J］.新闻学研究，2002（71）.

第三章　路漫漫其修远兮，吾将上下而求索
——华夏传播研究第一波的探索期（1978—1992）

　　之所以将 1978 年作为华夏传播研究第一波的开始时间，不仅是因为这一年是中国改革开放的开端，而且是因为在这一年余也鲁在香港举办了有自觉意识地研究中国传统文化中的传播问题的研讨会，从此传播学与中国传统文化的融合发展开始生根发芽了。之所以选择 1992 年作为这一时期的结束时间，不仅是因为这一年邓小平的南方谈话，标志着新一轮思想解放的兴起，而且是因为在下一年（1993 年）华夏传播研究开启了由个人号召到有组织、系统地推动发展的新阶段。总体而言，这一时期华夏传播研究的特征是以新闻学为研究主体的包括文史哲在内的一批学者面对传播学这一新鲜事物，本能地从中国传统文化中寻找可以对应的方面；同时开始自觉地借助传播学这一方法来观照中华文化，从中看到了学术研究的新大陆。因此，我们可以说，西方传播学的引入引发了中国学者的思考，一些无意识的研究活动以分散的形式开始了。例如，宋嗣廉的《中国上古演讲史》（1987），宋嗣廉、黄毓文的《中国古代演说史》（1991）等著作都可以视为华夏传播研究的早期成果。

一、施拉姆的两次访华及两次"中国传学研讨会"拉开了华夏传播研究的序幕

　　在香港与台湾地区一批接受过西方传播学系统教育的学者，尤其是施拉姆亲传的学生余也鲁、徐佳士等人的大力推动下，在香港与台湾地区，尤其是在台湾兴起了一股传播学中国化研究的热潮，这与当时方兴未艾的非西方世界的民族主义思潮呼应。在思想上出现了"研究者不应以西方社

会的发展为主体，而应转向以在地（中国）历史中的文化现象为主体，并用现代的学理加以分析"①。朱立倡导以古人的传播活动为主体，用现代的学理加以分析，以"使传播研究中的行为科学研究也能有个'根'，进而为我国的传播学建立完整的体系"②。

在这一时期，中国实行了改革开放政策，大陆的学者在香港与台湾地区学者的帮助下，逐渐参与海峡两岸暨香港华人新闻传播教育科研的交流中，进而逐步融入世界新闻传播研究的潮流。1989年，戴元光先生在余也鲁的推荐下，获奖学金赴美学习和考察。1991年，戴元光与美国夏威夷大学东西方中心的朱谦教授合作，用两年时间采用定量的方法研究中国的文化传播问题，探讨中国人的观念变化，研究传播与价值观变化的关系，出版了专著，开创了以传播学方法研究中国问题的先河。③当时在复旦大学攻读新闻学硕士的居延安，也在朱谦的帮助下赴美学习。

1977年8月，施拉姆应弟子余也鲁之邀来到香港，协助在香港中文大学开创当时中国第一个传播学哲学硕士课程，"又为中国传学研究提供咨询，希望能从中国悠久的历史与传统中找出传的原理与实际，来丰富已有传学理论"④。可见，余也鲁为推动中国传播学研究下了一番功夫。经过一段时间筹备，1978年，香港中文大学传播研究中心举办了首次为期一周的"中国文化与传统中传的理论与实际"研讨会（后常简称"中国传学研讨会"），历史学、人类学、社会学、文学、哲学以及传播学开展了跨学科研讨，分享了中国人在传播艺术上的成就。余先生的豪情很感染人，他说："中国人数千年有记录的历史中，和我们在比有记录的历史更长远的悠久传统中，恐怕已经历了一切人的传通经验与尝试。不少中国人，并没有一本教他们传播之道的书，也未受任何传播的专门训练，但运用媒介，进行说服，其匠心独运与娴熟的程度，教许多精研传播的西方人都惊异不置。传的艺术已深潜于中国文化中，流漾在中国人的血液里，只差作系统性的与

---

① 林丽云.台湾传播研究史：学院内的传播学知识生产［M］.台北：巨流图书公司，2004：158.

② 朱立.开辟中国传播研究的第四战场［J］.（台湾）报学，1978，6（1）：20-27.

③ 袁军，龙耘，韩运荣.传播学在中国［M］.北京：北京广播学院出版社，1999：21-23.

④ 余也鲁.门内门外：与现代青年谈现代传播［M］.香港：海天书楼，1980：241.

科学性的发掘与整合。现在该是开始的时候了。"① 这些学者的目的是"为现阶段的传学研究寻一个属于自己民族的'根'出来"。1978 年 6 月，台湾政治大学举行了第二次"中国传学研讨会"，与会者台湾方面有徐佳士、汪琪、杨孝荣、陈世敏、朱立②。会上，徐佳士提交了《中国传统中人际传播特征初探》一文，指出中国人的人际传播具有知足、求秩序、以礼教为工具、谨慎运用非语言传播符号等特征。在这两次多学科对话的"中国传学研讨会"上，学者们更为深入细致地分享了中国人在传的艺术方面的成就，例如，政令如何传达并深入民间，革命的思想如何散播，新发明与新思想何以受阻又何以传开，以及传播工具的运用、说服方式的推陈出新等，并且找到十二个入口，即十二个可以着重研究的主题。余也鲁先生回忆说，施拉姆"一直静静聆听，凭他对传播现象的敏锐观察和洞见，不时做出指点；且事后参与讨论，写了一篇文章，从张骞的探西域和郑和的下西洋为中国开疆辟土，提出中国传的研究应可为整个传播研究的疆域打开新局面"③。施拉姆这篇文章的题目为《论探险》，他认为传播学研究类似于张骞通西域④。现在我们无法确知关于汉代通西域等事件施拉姆是否从余也鲁那里获悉，但应当八九不离十。有一点可以印证，那就是余也鲁试图借助施拉姆来推动中国传播学研究，而施拉姆乐意为之。四十多年过去了，中国传播学的研究成果已非常丰富，无论是中国传播的断代史研究还是各个领域的专题性研究都时有佳作出版，而且呈现出越发明显的跨学科态势，即从传播学的媒介、信息、关系、互动等视角来考察中国社会问题，系统性与科学性的研究已初步呈现，反映出传播学作为一个研究视角或领域的本质。当然，系统建构理论体系和观念范畴体系才刚刚开始。

在余也鲁先生的主持下，香港中文大学传播研究中心提出过"有计划、有系统地从中国文化的传播中寻找传播原理与原则"的构想，并认为这个构想"规模最大、需时最长、需要财力也最巨，但影响也应该最深远"。他们制订了三项研究计划："一、翻译传播学理论著作；二、整理中国学者已

---

① 余也鲁.门内门外：与现代青年谈现代传播［M］.香港：海天书楼，1980：25-26.

② 朱立.开辟中国传播研究的第四战场［J］.（台湾）报学，1978，6（1）：20-27.

③ 余也鲁.传播学及"中国传"在中国破冰之旅（1982—2002）［M］//王怡红，胡翼青.中国传播学30年：1978—2008.北京：中国大百科全书出版社，2010：613.

④ 余也鲁.万水千山都是诗：余也鲁回忆录［M］.香港：海天书楼，2015：246.

有的研究成果；三、探索中国传统的传播理论。"① 可惜，在两次会议之后，余也鲁先生的主要精力已不在传播学的研究与推动上了。

1982年4月21日，应华南师范大学邀请，为教育传播理论讲习班做学术报告，施拉姆正式赴广州访华，余也鲁全程陪同，并担任翻译，后应邀北上上海与北京，开启了传播学的破冰之旅②。据余也鲁回忆，施拉姆在复旦大学的演讲中"首次在中国大陆提出对'中国传'的研究"，并指出："'中国传'的研究可以从历史着手，但不能止于历史，应继历史的研究找出观念、通则、原理和形式，然后在当代社会与当代人中求证，从而进入国际传学研究领域，充实并丰富人类的大传播研究。"③ 据说，他的演讲激起复旦大学在读新闻学研究生的兴趣，一些研究生要求更换题目，做"中国传"研究。紧接着5月31日，施拉姆在中国社会科学院新闻研究所的座谈会上说："在孔夫子的学生记录的谈话里，谈到关于传的问题。亚里士多德在他的著作中，也提到不少关于人与人之间传的学问。"④ 余也鲁在座谈会结尾时做了时称"中国的传学研究"方面的鼓劲发言，产生了巨大影响。当时中国社会科学院的许多硕士生、博士生的研究选题都往这方面靠拢，其中最突出的当属吴予敏先生。吴先生读了余也鲁译述的施拉姆的《传学概论：传媒·信息与人》后，对传播学萌生了将传播学方法引入文化史研究的念头，并于1986年11月构思，1987年5月动笔，大约用了半年的时间完成了中国大陆第一部华夏传播研究著作——《无形的网络》。他在该书的后记中深情地写道："从communication（传播）的角度来研究中国文化，我认为是可以大有作为的，它可能切入中国文化和社会生活的微妙至深之处。"⑤ 该书采取"生命、社会、历史"⑥ 的观察视角，并在"社会组织与传播行为""官制演变与信息传达""社会舆论和社会控制"等方面体现了建构本土传播理论的高度自觉。陈力丹曾盛赞："这本书的

① 吴文虎.对中国大陆传播学研究的思考［J］.暨南学报（哲学社会科学版），1994（2）：127-135.
② 宣伟伯，余也鲁.传媒·教育·现代化：教育传播的理论与实践［M］.北京：高等教育出版社，1988：后记217.
③ 余也鲁.传播学及"中国传"在中国破冰之旅（1982—2002）［M］//王怡红，胡翼青.中国传播学30年：1978—2008.北京：中国大百科全书出版社，2010：617.
④ 宣伟伯.传学的发展概况［J］.新闻学会通讯，1982（14）.
⑤ 吴予敏.无形的网络［M］.北京：国际文化出版公司，1988：后记.
⑥ 吴予敏.无形的网络［M］.北京：国际文化出版公司，1988：209.

研究是开创性的，正是它启发我注意到中国古代社会生活传播结构在孔子那里的雏形。"① 同时，国内首部传播学专著《传播学原理和应用》（戴元光、邵培仁、龚炜）出版。这是个有趣的现象。中国大陆第一部华夏传播研究著作和第一部介绍西方传播学理论的专著同年面世，足以说明传播学本土化一直是学者自觉的学术情怀。戴元光后来在余也鲁、朱谦等帮助下赴美学习，回国后将田野研究法运用到对西北地区人们的价值观的研究上，主编了定量研究与定性研究相结合的《撞击下的浮躁与选择——当代中国西北人的文化价值观》一书。曾经对佛教传播史情有独钟的他，于2005 年与金冠军主编了《中国传播思想史》（四卷本），对华夏传播思想史的研究有开创之功。笔者综合前人研究，认为可以以西方为方法，以中华文化为立场，以世界为目的进行华夏传播研究②。以西方为方法，就是将西方传播学的理论成就和研究方法作为华夏传播研究的工具，发挥拿来主义的精神，不拒斥西方的方法，固然西方传播学有其适应的西方文化与意识形态背景，但我们可以把有些人类传播学共同的方面在借鉴中内化为我们的东西。以中华文化为立场，正是学者所倡导的"以中国为方法"，即从中国的本地经验（中国的历史与文化）出发，而不是从西方的经验出发，这个就是"体"。以世界为目的，则是要放眼全球，把中国经验、中国思考、中国方案、中国模式放到世界的话语体系中开展学术对话，共同探讨与解决人类文明可持续发展的传播学难题——人类何以共同生活——我称之为"共生交往观"。

---

① 陈力丹.论孔子的传播思想：读吴予敏《无形的网络——从传播学角度看中国传统文化》[J].新闻与传播研究，1995（1）：2-9.

② 许纪霖认为沟口雄三提出的以中国为方法，有以世界为目的的格局，努力从中国内部理解中国，理解世界。[参见：许纪霖.以中国为方法，以世界为目的[J].国外社会科学，1998（1）：55-59.] 清华大学李彬教授则指出"以中国为中心，以中国为方法"（中国道路）取代以往的"以中国为中心，以西方为方法"（中体西用）、"以西方为中心，以西方为方法"（全盘西化）。[参见：陈娜.以中国为中心，以中国为方法：访清华大学新闻与传播学院教授李彬[J].新闻爱好者，2014（5）：50-55.] 单波老师提出的"新体用观"，认为以"交流如何可能"为体，"以中国为方法"，面向人类传播智慧，使其"用"贯通于创造性转化过程。[参见：单波.从新体用观的角度建构中国传播学的反思性[J].国际新闻界，2018，40（2）：15-21.]

二、华夏传播研究在以传播学拓展新闻学的热潮中孕育而生

中国大陆第一批从事华夏传播研究的人士，也大多具有新闻学教育和从业背景。学者以方汉奇和甘惜分前辈为代表，他们当时投入传播学在中国发展的洪流中，并成为核心的推动者。姚福申的《唐代新闻传播活动考》（《新闻大学》1982年总第5期）围绕露布、条报、进奏院状、邸报、榜文等梳理了唐代的新闻传播活动。他后来出版的《中国编辑史》（复旦大学出版社，1990）为华夏传播研究在探讨古代图书出版事业方面提供了宝贵资料。尹韵公在读硕期间写了一篇长文——《传播与古代中国社会》（又称《古代中国社会的传播现象——先秦至唐宋》），探讨了古代社会的传播工具起源、沿革与演变。尹韵公当时敏锐地意识到"古代中国虽然没有西方社会的近代意义上的报纸，但是，庞大的社会群落肯定离不开信息传播物。长达两千多年的封建社会中，告示、檄文、诏书、邸报等，都是近于报纸的信息传播物，它们伴随着古代中国进入了近代和现代"①。读博时，方汉奇建议他参考《宋代新闻史》，来填补明清时期新闻史研究的空白。尹韵公研读《宋代新闻史》后认为，朱传誉的成功"主要得力于他获取了新的思路和方法并引入新闻学领域。传播学的崛起，使新闻学的研究摆脱了以往那种光是直勾勾地盯着报纸本身的源流和沿革，而忽视了对古代社会其他新闻传播现象给予必要关注的困境，从而拓宽了研究领域的视野，给新闻学研究灌注了新的强有力的活力。经过传播学的洗礼，新闻学焕然一新。倘若没有传播学在思想认识上的革新，新闻史研究可能至今仍然徘徊在荒寂的羊肠小道上，许多有生命、有灵气的史料可能还躺在偏僻的角落里，上面落满灰尘，不为人们所注意。可以肯定地说，如果没有传播学的启发和帮助，我的博士论文将显得非常单薄。"②正是传播学的研究视角进入中国新闻史的研究，催生了一批华夏传播研究的经典作品。而尹韵公最经典的论文当属《"喉舌"追考——〈文心雕龙〉之传播思想探讨》一文。他凭借扎实的史学功夫和卓越的史识，不仅清晰地追索"喉舌"观念从先秦到明

---

① 尹韵公.结缘传播学 [M]//王怡红，胡翼青.中国传播学30年：1978—2008.北京：中国大百科全书出版社，2010：541-542.

② 尹韵公.中国明代新闻传播史 [M].重庆：重庆出版社，1990：前言3-4.

代的诞生、形成和发展的过程，而且发现"中国居然是世界上第一个诞生政府新闻发言人的国家！诞生于舜帝时期的第一个新闻发言人叫龙"[①]。难得的是，有了这本开创中国大陆断代新闻史研究的先例，随后方汉奇又指导李彬老师于 1998 年完成了博士论文《唐代文明与新闻传播》（新华出版社，1999）。甘惜分老师则指导何庆良完成博士论文《先秦诸子传播思想研究》（1993 年答辩）。该论文从传播功能论、传播效果论、传播媒介方式论、论辩思想、传播技巧论、传播心理论、受众需求论、传播控制论、传播道德论等方面考察儒、道、法、墨、纵横家的传播思想。这是中国较早系统研究先秦诸子传播思想的学位论文。十二年后，北京大学的肖东发教授指导仝冠军完成了同名博士论文。作者认为，"实现传播学的本土化研究有两个基本途径：一是通过对本土当下传播现状的探索、分析和研究，建立适于自身社会的传播理论与实践框架；二是通过文化史论的研究，挖掘传统文化思想宝库，抽取和吸收古代优秀的传播观念和理论，构建自己的传播理论体系[②]"。业界长期从事报纸宣传工作的郭志坤，几乎在与学界探索中国文化中传播问题的同时开展了先秦诸子宣传思想的研究。他于 1977 年开始收集先秦宣传思想的历史资料，并于 1983 年完成《先秦诸子宣传思想论稿》一书，于 1985 年由福建人民出版社出版。该书以流畅优美的笔调较为深入地探索了孔子、老子、墨子、商鞅、孟子、庄子、惠施、公孙龙、荀子、韩非子、吕不韦等人的宣传思想。

1985 年，在首届上海国际传播学学术讨论会上提交的苑子熙、肖月的《中国古代的传播》和黄星民、熊华丽的 *Rites-Music Communicatiox*（《礼仪音乐传播》）算是早期的有代表性的传播学方面的论文。与此同时，当时正在中国社会科学院攻读文艺学美学方向博士学位的吴予敏后来回忆说，"这（1986 年冬）是我第一次接触到'传学'，当时感觉非常新鲜"，"当时阅读到传播学著作的时候莫名兴奋。似乎我在那里看到了一种新的解释和分析系统，一个观察社会文化的新的视角……于是，我放下正在进行的博士论文的准备工作，拉出了一个从传播学角度分析中国传统文化的论著的提纲。当时，……只是感到有一种系统整理自己观念的愿望，希望从'媒介、社会组织、政治和观念'等四个层面阐释传播与中国传统文化的关联。

---

①　尹韵公.结缘传播学［M］//王怡红，胡翼青.中国传播学 30 年：1978—2008.北京：中国大百科全书出版社，2010：543.

②　仝冠军.先秦诸子传播思想研究［M］.北京：中国书籍出版社，2014：摘要 1-2.

这就是后来出版的《无形的网络——从传播学的角度看中国的传统文化》一书的由来"[①]。此后，沙莲香主编的《传播学——以人为主体的图象世界之谜》[②]（1990）一书可以说是传播学中国化的代表性成果。该书第三章《中国的传统传播方式及特点》下设"通贯古今的思想交流工具——汉字""金石碑刻的媒介作用""绝无仅有的国民全史""百家争鸣与文化大传播"等内容，行文中大多能结合中国社会的历史与现实材料，体现了中国学者对传播学消化吸收的高度。

三、台湾地区率先在传播学中国化方向上催生华夏传播研究自觉

我国台湾地区这一时期以政治大学新闻研究所为代表，一批硕士、博士论文围绕传播学中国化努力，比如，后来成为台湾"中央研究院"院士的张玉法的硕士论文《先秦时代的传播活动及其对文化与政治的影响》（1966 年由嘉新水泥公司文化基金会出版；1993 年由台湾商务印书馆再版，书名改为《先秦的传播活动及其影响》）、阎沁恒的硕士论文《汉代民意的形成与其政治之影响》（1971）、方鹏程的硕士论文《先秦合纵连横说服传播研究》（1973）、杨喜汉的硕士论文《平剧中演员的非口语传播》（1975）、石丽东的硕士论文《〈万国公报〉与西化运动》（1981）、徐佳士指导的魏荫驹的硕士论文《探索荀子学说中的传播理论》（1980）、祝基滢指导的关绍箕的博士论文《先秦非语文记号思想之研究——一个思想史与理论建构的综合分析》（1987）、潘家庆指导的胡幼伟的硕士论文《分析论语中的人际传播观念》（1987）、王洪钧指导的彭武顺的硕士论文《〈诗〉在周代政治传播中之应用》（1988）、严智宏的《探讨〈论语〉〈孟子〉对言论之基本理念》（1989）等。游走于业界与学界的吴东权花五年时间撰写了《中国传播媒介发源史》（1988）。他在书中深情地说，"在文化悠久的中国来说，虽然近代的文明被欧美拔了头筹，然而在古代，中国的传播方法与技能、手

---

① 吴予敏.从"边缘邂逅"开始的学术之旅［M］//王怡红，胡翼青.中国传播学30年：1978—2008.北京：中国大百科全书出版社，2010：578.

② 原书名即如此。

段与工具，却并不逊于他国，试看中国的四大发明，其中印刷术就是传播媒介的一大巨献"①，进而整理了七大类（符号、音响、光影、象形、文具、器物、综合）三十种古代媒介（结绳、歌谣、烽火、书报、图腾、笔墨纸砚、驿传、戏剧等），并考察其发展流变和功能。1991 年，吴东权又花三年时间阅读《史记》《资治通鉴》《左传》《东周列国志》等书，越发感到中国自身有丰富的口语传播传统，于是整理资料，围绕颍考叔、张仪等三十位人物的经典案例，参照"现代的传播原理与观念，详加分析"，推出《先秦的口语传播》一书。他于书后跋中感叹："我们中国古代文化中，也有许多值得传播学者共同开发的宝藏，并非事事均须仰赖西方的舶来品。"②朱传誉作为华夏传播研究第一波的代表性人物，在第二波中继续发力。他的另一本力作《先秦唐宋明清传播事业论集》的出版是辑印他之前研究先秦与唐宋明清报业发展过程中刊发的文章，以期扩大学术交流。他曾认为"'开元杂报'只不过是唐开元年间，杂乱的新闻信，是写于绢，而非印于纸"③的见解是正确的。后来李彬的《唐代文明与新闻传播》（第二版）一书也认为"开元杂报"是"新闻信"，且得到了方汉奇先生的肯定。可以说，这已经成为两岸学界的共识了。林丽云评价这一时期台湾传播学者的在地化研究说："这个时期的'学术中国化'企图从中国几千年前的古籍中找出华人的传播形态与深层结构。但是，在长期的历史变迁中，中国文化已有很高的异质性与混合性，各地区有不同的历史经验，也可能有不同的思考模式与认知，可能与古籍中的意象有所差别。因此，研究者虽可从中国古籍中建构华人的'集体'性格，但可能无法贴切地阐释当代各地'华人'的多样特质。"④

这一时期的代表性人物关绍箕不仅推出了《沟通 100：中国古代传播

①　吴东权.中国传播媒介发源史［M］.台北：中视文化事业股份有限公司，1988：9.

②　吴东权.先秦的口语传播［M］.台北：台湾"行政院"文化建设委员会，1991：380.

③　朱传誉.先秦唐宋明清传播事业论集［M］.台北：台湾商务印书馆，1988：前言2.

④　林丽云.台湾传播研究史：学院内的传播学知识生产［M］.台北：巨流图书公司，2004：161.

故事》(远流出版社，1989)、《中国谚语中的慎言思想》(《台湾新生报》，1992 年 2 月 11 日)、《西游记反映的传播问题》(《台湾新生报》，1992 年 9 月 19 日至 21 日)、《贾宝玉与林黛玉的人际传播问题》(《台湾新生报》，1992 年 12 月 24 日、27 日、29 日)等普及性的专著与文章，而且还努力从学理上加以探讨，发表了《刘子传播思想初探》(《报学》，1991 年第 1 期)一文。

第四章　咬定青山不放松，立根原在破岩中

——华夏传播研究第二波的创立时期（1993—2002）

将 1993 年确立为这一时期的开端，理由十分充足，因为这一年中国大陆以厦门大学为基地，成立专门推动华夏传播研究的校级机构，这是空前的举措。该机构实质性地召开了多场研究"中国传"的学术研讨会，开始了有组织、有计划地系统推动这一研究，进而产生了第一部论文集、第一部概论性著作、第一套丛书……而将 2002 年作为这一时期的结束，理由也是充分的，因为这一年黄星民的《华夏传播研究刍议》一文发表。这是华夏传播研究具有里程碑意义的一篇文献。该文厘定了华夏传播研究的概念，阐述了其意义，并确立了"华夏传播研究"作为一个研究领域的学术地位。总体而言，这一时期大陆与港台地区呼应，接力华夏传播研究，并逐渐成为华夏传播研究的中心。

一、1993 年：华夏传播研究奠基元年

1993 年注定是中国传播史上，当然也是华夏传播研究史上不寻常的一年。在这一年，探讨传播学本土化研究成为学界的亮点。对此，学界已有一定的共识。台湾学者陈世敏指出，1978 年香港与台湾地区召开了两次"中国传学研讨会"，台湾组织了研究团队，也取得了成绩。"可惜的是，传播学术界却迟至一九九三年在厦门大学点燃传播学本土研究的火苗，于一九九七年出版《华夏传播论》，开启了第二阶段的'中国化'工作——寻求中国式（本土的）传播理论。"[①]《中国传播学 30 年：1978—2008》评价道："1993 年，厦门大学成为大陆传播学

---

① 陈世敏.华夏传播学方法论初探［J］.新闻学研究，2002（71）.收录于陈国明.中华传播理论与原则［M］.台北：五南图书出版股份有限公司，2004：135.

本土化的一个学术中心。在 20 世纪 90 年代，厦大是三次与传播学本土化相关的研讨会召开之地。"① 这一时期华夏传播研究领域几次重要会议详情如下。

（一）"首届海峡两岸中国传统文化中传的探索座谈会"

1993 年 5 月，厦门大学在庆祝复办新闻传播系十周年之时，在新闻传播学者的共同努力下，举办了"首届海峡两岸中国传统文化中传的探索座谈会"。会议围绕"传播学中国化"问题展开讨论，其成果就是 1994 年出版的《从零开始：首届海峡两岸中国传统文化中传的探索座谈会论文集》，"这是中国大陆出版最早的具有本土文化视角的传播研究文集"②。会议还决定收集大陆和港台地区有关中国传学的著作，加上西方传播学著作，建立资料库。于是，厦门大学新闻传播系就拥有了当时较好的资料室。戴元光评价这次会议"是中国人研究自己'传'的经验的高层次学术会议"③。其实，这次会议的最重要意义在于开启了以厦门大学传播研究所为推动机构的全国性的、有组织的传播学中国化关键领域——华夏传播研究——的联合攻关行动。随后，1994 年，孙旭培在《新闻与传播研究》创刊号上发布了《为"传播研究中国化"开展协作——兼征稿启示》。文章呼吁："我们要从中国的历史背景、文化传统、社会习俗和民族心理的角度，系统地研究传播对于中国社会政治制度的演化、经济的发展、民族的融合等方面发挥的作用。中国丰富的历史典籍和民间文化中，有无数与传播有关的现象、实例、事件，需要我们分析、研究；有大量与传播有关的观念、思想和智慧，需要我们总结、概括。对这些传播实践和观念进行研究和总结，必将把传播学提高到新的水准，升华到新的境界。"④ 文中还刊发了课题招标启事，一方面是断代史方面的课题：两汉传播史、唐代传播史、清代传播史和中国近代传播史（1840—1919）；另一方面是出一本《中国古近代传播概论》，并由孙旭培起草了《华夏传播论：中国传统文化中的传播》的写作框架。台湾学者陈世敏胜赞此文是"中国传播研究革命宣言"，并认为"1994 年标记着

① 王怡红，胡翼青.中国传播学30年：1978—2008［M］.北京：中国大百科全书出版社，2010：103.
② 王怡红，胡翼青.中国传播学30年：1978—2008［M］.北京：中国大百科全书出版社，2010：105.
③ 戴元光.论传播学的中国化［M］//戴元光.戴元光自选集：传学札记：心灵的诉求.上海：复旦大学出版社，2004：6.
④ 钟元.为"传播研究中国化"开展协作：兼征稿启示［J］.新闻与传播研究，1994（1）：34-38.注：原文献即为"启示"。全书同。

传播研究中国化正式提出"①。征文发布后反应热烈，中国社会科学院新闻研究所在会后就如何开展有组织、成规模的华夏传播研究项目起草了提纲，向全国有关专家征求意见，中国人民大学、四川大学社会科学院、安徽大学、郑州大学等高校的学者积极响应。②当年11月29日至30日，余也鲁、徐佳士、郑学檬和孙旭培四位发起者于厦门大学聚首，研究了《华夏传播论：中国传统文化中的传播》一书的作者名单，并在提纲的基础上规划了一批选题（含四个断代史课题、十二个方面的专题研究以及从中国传统文化中找寻出原则与原理，结合现代社会实际进行研究验证，建立科学理论），公开招标，并公布了资助办法，孙旭培负责招标。会议还计划举行第二届华夏传播研究学术研讨会，以期更深入探索中国历史和传统中的传的知识和理论，并对立项项目的中期研究报告进行检查。同时，会议确定由厦门大学传播研究所负责具体运作，郑学檬负责整个项目，厦门大学新闻传播系代主任郑松锟为联络员。1995年，孙旭培再次公布了招标启事③，台湾也发布了招标启事，同时指出："会议确定，为有系统地进行'传播研究中国化'，从中国传统文化中探索并整理已有的传播思想，建立中国传播理论。"④1995年3月，黄星民被余也鲁动员从美国归来，担任项目协调人，协助郑松锟工作。12月，厦门大学传播研究所对几十份有效的申请表进行初审，初审结果报于在香港海天基金会资助下成立的华夏传播学术委员会（由余也鲁、徐佳士、郑学檬、孙旭培、陈培爱五人组成），最后分两次立项，审批通过"中国传播研究资助项目"，共"五史六论"十一个项目⑤，可惜多数项目并没有正式出版。

① 陈世敏.拦得溪声日夜喧：贺《新闻与传播研究》创刊［J］.（台湾）新闻学研究，1994（49）.

② 许清茂.海峡两岸文化与传播研究［M］.厦门：厦门大学出版社，2005：2.

③ 孙旭培.向前推进中的中国传统文化传播研究兼招标启事［J］.新闻与传播研究，1995（1）：34-35.

④ 传播研究简讯编辑部.关于《中国传统文化中的传播》补述［J］.（台湾）传播研究简讯，1995（2）：2.

⑤ 11个项目中，"华夏传播研究丛书"第一批出版的目前仅有2001年文化艺术出版社出版的郑学檬编著的《传在史中：中国传统社会传播史料选辑》、黄鸣奋著的《说服君主：中国古代的讽谏传播》、李国正著的《汉字解析与信息传播》；另外，秦志希的《中国先秦传播史》、徐培汀的《秦汉传播史》（当时已定稿）、尹韵公的《魏晋南北朝传播史》、高国藩的《隋唐传播史》（当时已完成初稿）、徐枫的《宋代传播史》、邵培仁的《中国受众特质研究》、黄星民的《风草论：儒家传播效果理论》、黄顺力的《二十世纪初中日跨文化传播》等均未正式出版，不过有些零星论文发表。

（二）中国传播学研讨会（1997）

1997 年 11 月，厦门大学新闻传播系与传播研究所召开了"中国传播学研讨会（1997）"。参会者有来自中国大陆、中国台湾、中国香港、澳大利亚、新加坡和韩国的三十八位学者，会议主题是从传播学的角度研究中国历史上的传播活动与传播观念，探讨并归纳出富有中国特色的传播理论，为建立中国传播学做准备。会议邀请戴元光、臧国仁、吴伟和萧君分别对中国大陆、中国台湾、英美和澳大利亚的传播学研究现状做介绍，并请中国台湾的陈世敏、臧国仁、胡幼伟做了传播学研究方法的讲座。当然，会议的主要内容是关于前期立项课题的中期报告。孙旭培做了题为"《华夏传播论》成果总结及今后几个突破口研究设想"的发言。黄星民深信"中国的传播学要发展，要建立'中华传播学派'，使中国的传播学能与美国传统学派和西欧批判学派三足鼎立，华夏传播研究是必不可少的工作"①。此时，华夏传播研究已然有了雏形，也有了方向与目标。

1997 年，由孙旭培担任主编的《华夏传播论：中国传统文化中的传播》由人民出版社正式出版。这是华夏传播研究学术史上的里程碑事件，作为中国传播学中国化的重要成果而永载史册。"可以说是一本不寻常的著作，是在传播学领域中由海峡两岸的学者合作的首本系统性论著。"②余也鲁称赞该书"是部研究中国传的上佳启蒙书"。暨南大学的胡文虎回忆说，他刚开始对 70 年代至 90 年代初的传播学本土化研究并不欣赏，认为"是在整理国故，要从故纸堆里、老祖宗那里去挖掘'传播'格言警句"。但《华夏传播论：中国传统文化中的传播》出版后，他说："他们的努力至少说明了，西方的传播理论同样可以在东方得到印证，从我国古代直到近代，都生生不息地繁衍着与传播学接近或类似的传播理念。同时，东方和中国的传播理念又可以反过来丰富和发展传播学的研究，使传播学研究的本土化前进一步，而且更容易为国人所接受和认同。"③潘玉鹏也认为："这本专著的出版标志着传播学已在中国落地生根、开花结果，真正地把西方的传

---

① 许清茂.海峡两岸文化与传播研究［M］.厦门：厦门大学出版社，2005：5.

② 孙旭培.研究对象中国化［M］//王怡红，胡翼青.中国传播学30年：1978—2008.北京：中国大百科全书出版社，2010：563.

③ 袁军，龙耘，韩运荣.传播学在中国［M］.北京：北京广播学院出版社，1999：280.

播学与中国社会、政治、经济、文化结合起来，创造性地形成和发展了我国的传播学。"① 台湾学者陈世敏也称赞这一时期包括《华夏传播论：中国传统文化中的传播》在内的成果："可谓小有成绩，但后继无人，后人不弹此调久矣。"② 在包括港台在内的全国都存在这种情况，中国传播学者除了黄星民，没有学者以华夏传播研究为自己的志业，矢志不渝地推动其发展。厦门大学正是在黄星民和郑学檬等前辈的不懈坚持下，使此领域作为厦门大学新闻传播学院的研究特色而不断向前发展。85 岁高龄的郑学檬依然对华夏传播情有独钟，笔耕不辍，时有佳作出版，如发表于《厦门大学学报》2017 年第 4 期上的《8 至 14 世纪海上丝绸之路的跨文化传播考察》（与毛章清合作）。陈世敏老师对传播学中国化研究的兴趣，受到加拿大学者伊尼斯的政治经济学研究的启发，那就是要"从研究自己的社会文化问题开始"，而中文传播学当时却是"失根的兰花"，"无法搔到本土社会结构和文化的痒处"。于是他探讨了华夏传播的研究方法，认为"方志学不仅是一种在地的社会理论，也是一种观察、理解在地社会的方法论"③，并对"华夏传播论"迈出第二步充满期待。

（三）第三次全国传播学研讨会

1993 年 5 月 25 日至 30 日，中国社会科学院新闻研究所与厦门大学联合召开了"第三次全国传播学研讨会"。"这次研讨会是 20 世纪 90 年代以来的第一次全国性传播学研讨会"，在本次会议上，建立"有中国特色的传播学"成为主要议题。李彬评价说，此次会议是中国传播学第三代崛起的契机。一是因为此时"第二代的大多数已风飘云散，硕果仅存者寥寥无几，而且大体也都处于'交班'状态；二是自这次会议之后，全国传播学研讨会就固定为两年一次，每召开一次就多出一批……"④

---

① 赵凯，丁法章，黄芝晓.二十世纪中国社会科学（新闻学卷）[M].上海：上海人民出版社，2005：214.

② 陈世敏.我的学术师承及学术交流 [M]// 王怡红，胡翼青.中国传播学 30 年：1978—2008.北京：中国大百科全书出版社，2010：595-596.

③ 陈世敏.我的学术师承及学术交流 [M]// 王怡红，胡翼青.中国传播学 30 年：1978—2008.北京：中国大百科全书出版社，2010：597.

④ 李彬.大众传播学（修订版）[M].北京：清华大学出版社，2009：前言Ⅶ.

（四）1993 中文传播研究暨教学研讨会

1993 年还有一次重要的两岸学术会议，那就是 1993 年 6 月 27 日至 30 日，台湾政治大学传播学院连续四天举办的"1993 中文传播研究暨教学研讨会"。方汉奇、甘惜分、宁树藩、孙旭培等十八位大陆学者与会。会议论文于 1995 年由台湾政治大学传播学院研究中心印行了《中文传播研究论述：1993 中文传播研究暨教学研讨会论文汇编》（臧国仁主编）和《中国大陆新闻传播研究》（陈世敏主编）两部论文集。前者收录了朱立的《传播研究中国化的方向》、赵雅丽的《孔子与亚里士多德修辞思想比较分析——以说服的论据为例》以及刘静伶的《中国是个缺乏语艺的民族？——初探荀子的辩说观点》等文章。

值得注意的是，1993 年甘惜分教授指导的博士生何庆良的《先秦诸子传播思想研究》博士论文顺利答辩。论文从传播功能论、传播效果论、传播媒介方式论、论辩思想、传播技巧论、传播心理论、受众需求论、传播控制论、传播道德论等九个方面重点论述了儒、道、法、墨、纵横家的传播思想。作者认为："研究诸子传播思想不是整理国故，也不是发思故之幽情，而是探索如何利用历史遗产服务于今天、面向未来的严肃课题，这是中国传播学研究所不能忽视的。"

同年，海外华人学者朱谦与居延安合作的《长城站立废墟之中：中国传播与文化变迁》（*The Great Wall in Ruins: Communication and Cultural Change in China*）以定量的研究方法探讨"文化大革命"以后中国社会思想观念的重大裂变。朱谦、居延安还与韩国两位学者合作出版了《现代化与革命：韩国和中国的文化变迁》（*Modernization VS. Revolution: Culture Change in Korea and China*）。

这一时期的台湾学者继续反思传播学在地化问题，强调当以研究对象为主体，探索它们的文化脉络与运作的逻辑，并直接催生了"中华传播学会"（1996）。该学会以陈世敏为代表，他认为"把学术探索工作直接置于我们自己的历史文化情境之中"，"只有在地的研究，才能够成为垂诸久远的学术传统"[1]。台湾政治大学的潘家庆回顾这段本土化研究历史时指出，当

---

[1] 传播研究简讯编辑部.中华传播学会六月十六日成立［J］.（台湾）传播研究简讯，1996（6）：27-28.

时"我们除了注意国际研究方向，也要回头看看自己应努力的焦点：中国语文的科学化研究；中国传播历史；中国历代以来传播理论的发掘等问题"①。

二、《华夏传播论：中国传统文化中的传播》等优秀作品在第一次传播学中国化争鸣中诞生

在华夏传播研究兴起的时期，有一次难忘的学术争鸣。李彬回忆说，他发表于《现代传播（北京广播学院学报）》1995年第6期上的《反思：传播研究本土化的困惑》，其实是为了参加1995年在成都召开的全国第四次传播学研讨会而准备的。"其实我的那篇文章既不针对他本人（孙旭培），更不针对传播学本土化，从某种意义上来说，倒是回应他的观点，支持他的观点的，我只是从中表达了自己对具体怎么操作的某种困惑。"②李彬时为中国人民大学博士生，其"反思"精神不可谓不深刻。他说："当人们试图从传统文化中去总结、概括、提炼什么特色时，不是早有固定的范式与框架预先设置在思想之中么？换言之，以独立独行相标举的本土化，本质上也许恰恰显示出西方话语的支配性。"③这真是一种悖论：我们一方面要本土化，另一方面又离不开西方传播理论。其实，化解之道正在于确立自己的主体意识，时刻对自己在以下两方面保持高度的自觉：一方面，自己是否将西方话语或理论简单地移植到中国而忽视西方情境；另一方面，自己能否用中国的话语和中国的思维，根植中国情境，生发一种中国式的传播观念和理论。对于后发国家而言，借鉴西方观念，而不唯西方是从，来探讨自身的人文社科发展之道本是通则。李彬的反思基于以下困惑：一是没有取回真经，断章取义地理解西方传播理论；二是本土化实质上成为西方理论的跑马场而不自知。归根结底，李彬是在担心落入"西方理论，中国现实"的窠臼之中。只不过，李彬文章中的一句话可能刺痛了为传播学本土化而努力的孙旭培先生。李彬说："从本土化的实绩看，传统文化似乎不像被'弘扬'，而倒像被拉到'国

①　袁军，龙耘，韩运荣.传播学在中国［M］.北京：北京广播学院出版社，1999：379.

②　袁军，龙耘，韩运荣.传播学在中国［M］.北京：北京广播学院出版社，1999：88.

③　李彬.反思：传播研究本土化的困惑［J］.现代传播（北京广播学院学报），1995（6）：7-9.

际'博览会上被拍卖，一切都得按'接轨'的标准办理，结果就跟金发碧眼的西方女子穿一袭旗袍，让人总感到有种说不出的不伦不类。"事情往往是这样的：批判别人容易，自己动手却也未必。当然，或许正是这种质疑，越发促进相关学者的深入研究。孙旭培后来在《华夏传播论：中国传统文化中的传播》一书的序中对此做出回应："'传播学研究中国化'的目的，通俗地说，就是通过研究中国的传播历史和现状，为传播学的丰富和发展做出贡献，使传播学不至于只是'西方传播学'。"① 他表示："传播学研究中国化也是一个过程，就是通过大量挖掘中国文化（包括传统文化和现代文化）中间关于传播方面的财富，促进传播学的发展，最终创造出集东西方文化精华之大成的传播学。"② 相比而言，王怡红的《对话：走出传播研究本土化的空谷》一文的观点更为尖锐。王怡红首先肯定地指出："中国的传播史肯定有自己的线索，而且传播的存在方式也会在细节上与西方不同。"作者只是有点儿爱之深，责之切，表达她对"传播学中国化"的口号提出十多年却没有开花结果的失望。她认为本土化有点儿"为时过早"，"记得1982年时，我国正处于介绍传播学理论之初，尚未完整地引入传播学学理的时期。在无任何学术准备和学术积累的情况下，这个口号就出现了。殊不知本土化必然是建立在对传播学理论的深入认识、辩证否定和批判的基础上的创新。没有对传播学原原本本的了解，谈何本土化的基础？可以说，当时是一个学术思想不足、对西方传播学连失望都没有的时期"，因此，认为传播学中国化是"情绪化的提法"，产生了"空谷现象"，进而给出了解决之道："关键的问题是，我们的本土化研究始终缺少一种对话的氛围和勇气。由于缺少对话，我们在研究实践中，一次次无可奈何地陷入沉默。对一些基本理论、关键词语的历史发展缺少认真的梳理；缺少不同观点的交锋，缺少学派；对传播焦点问题孤陋寡闻，对这些亟待对话的内容无端忽视，这种种缺陷足以导致我们的基础研究对所化之物十分迷茫，传播实践对理论寻而不遇，应用研究无法套用西方传播理论，分析解释我国传播业现实问题。传播学几乎可以被现实所抛弃了，只剩下几个西式名词，在各种场合被用来用去。在我们尚未找到更合适的本土化的路径之前，我们不妨把对话看作我们为学的一种方法。"作者希望中国传播学能够在不断对话中具备对话的能力，而不至于自说自话。显

① 孙旭培.华夏传播论［M］.北京：人民出版社，1997：序言4.
② 钟元.为"传播研究中国化"开展协作：兼征稿启示［J］.新闻与传播研究，1994（1）：34-38.

然，作者不反对本土化，"确定传播学研究本土化的目标，一方面反映了传播学者对我国民族文化的关怀，另一方面反映了传播学研究的学术自觉。传播学本土化是我们强调民族的特殊性，强调文化作为独立的个体而存在的产物，是我们追求学术独创性和理性思考的结果，同时又是传播学深入研究的必然发展"①。这些文字现在看来依然觉得鞭辟入里，依然是传播学中国化努力的方向与原则。孙旭培回应说，传播学中国化是个过程，无所谓早晚，认为西方传播学著作千百本，如果等都学好了，那本土化研究就不知"猴年马月"了。因此，他指出，一部分人可以继续介绍西方传播学，照西方的路数做下去，另一部分人可以做"本土化"研究。"我们只能边学习、吸收人家的，边总结、创造自己的，当然更重视创造。"孙旭培有只争朝夕的推动本土化的精神，在早期尤为难能可贵。没有他的努力与坚持，就没有后来里程碑式的《华夏传播论：中国传统文化中的传播》。孙旭培多年后对争鸣的态度是：国学基础好的老一代可以挖掘中国传统文化中的传播宝藏，外语好的青年人可以多倾向西方传播学研究，两者"不能相互指南，不能强求一律……学术批评我是赞成的，但一味指责别的学派，我不赞成"②。邵培仁认为，本土化研究要建立在熟悉西方传播学的基础上，不要自我设置一个完不成的难事，他提倡"边引进，边吸收，边创新"。"两年后，孙旭培主编出版了传播学本土化研究专著《华夏传播论》，以实际行动和具体成果为这场争论画上句号。"③ 这些前辈们的态度是实事求是的。"万物并育而不相害，道并行而不相悖。"此后，华人传播学界在此问题上继续争论，到现在也没有一个结论，也不会有结论，因为事物总是在相反相成中前进。华夏传播研究总是在本土化与全球化互动中开拓前进的方向，总原则是不能迷失主体性这一根本方向。多年后，李彬教授对华夏传播研究的评价有了根本的改变："曾任中国社会科学院新闻与传播研究所所长的孙旭培研究员主编的《华夏传播论》（人民出版社1998年版），这部书从传播学的视角对中国传统文化的方方面面重新进行审视和梳理，提炼了一系列植根于本土文化的传播规律，是

---

① 王怡红.对话：走出传播研究本土化的空谷［J］.现代传播（北京广播学院学报），1995（6）：10-13.

② 袁军，龙耘，韩运荣.传播学在中国［M］.北京：北京广播学院出版社，1999：269.

③ 邵培仁，廖卫民.中国新闻与传播研究30年学术论争的历史考察（1978—2008）［J］.中国传媒报告，2008（1）.

传播学本土化的一次成功尝试。"① 然而九年以后，李彬的这本教材在清华大学出版社出修订版时，悄然地删除了"成功"两字。这说明他对华夏传播研究有更新、更高的期待。

三、与新闻学交融中开创华夏传播研究的天地

这一时期基本上还处于在新闻学和新闻史的框架里发展传播学的阶段。华夏传播研究在新闻话语框架中基本上侧重以报纸发展为主线来研究中国传播史。正因如此，传播学虽然传入中国多年，但是许多研究成果依然以新闻与传播并称，比如尹韵公的《中国明代新闻传播史》、李彬的《唐代文明与新闻传播》。李彬曾回忆说："90 年代末的博士论文《唐代文明与新闻传播》，是自己学术人生的一个翻转。因为在方汉奇先生门下受业后，思想与学术发生了根本性转向，一方面自西徂东转向中国，开始关注安身立命的这方土地；另一方面聚焦社会历史，思考文化政治。不过，当时还处于一种自为状态，后来才达到某种自觉状态。"②

此外，还有徐培汀、裴正义的《中国新闻传播学说史》。该书除了第一章《先秦传播思想》，其他章节基本上围绕历代邸报以及近代办报的思想与实践，因此也可以说是一部新闻传播思想史。钱辛波、余家宏、方汉奇在各自作的序中都认为此书对解决"新闻无学"问题有帮助，也说明了这一点。该书是历经十年打磨而成的中国大陆第一部具有通史性质的新闻传播（思想）史。作者对这本书的定位是新闻学史："新闻学史是学术史，它以新闻思想、新闻学术发展为主线，以学者为主体，以学派、学著、学刊、学会为具体内容。"③

四、"华夏传播研究丛书"出版

2001 年 5 月，由厦门大学郑学檬主编的"华夏传播研究丛书"在文化

---

① 李彬.大众传播学［M］.北京：中央广播电视大学出版社，2000：序4.

② 陈娜.以中国为中心，以中国为方法：访清华大学新闻与传播学院教授李彬［J］.新闻爱好者，2014（5）：50-55.

③ 徐培汀，裴正义.中国新闻传播学说史［M］.重庆：重庆出版社，1994：后记449，绪论3.

艺术出版社正式出版。郑学檬在总序中说，该丛书从 1993 年初议，1995 年"中国传播研究资助项目"正式立项，是"为了帮助中国学者进一步从中国传统文化中探索并整理出已有的传播思想，建立中国传播理论，促进'传播研究中国化'，从而丰富人们对传的行为的认识，为社会科学的研究提供更准确的分析和解决问题的思考方法"。该项目由余也鲁发起，厦门大学传播研究所组织实施，得到了香港海天基金会、厦门大学新闻传播系及联合基金会的资助。1999—2000 年，首批书稿完成。郑学檬提出："'传播研究中国化'离不开三个基础工作，这就是引进吸收国外的传播学研究成果，调查研究中国当代的传播现状，发掘光大中国传统文化中潜藏的传播理论。"[①] 而该丛书的三部专著均指向第三个工作，即"发掘光大中国传统文化中潜藏的传播理论"，分别是郑学檬的《传在史中：中国传统社会传播史料选辑》、李国正的《汉字解析与信息传播》和黄鸣奋的《说服君主：中国古代的讽谏传播》。这三部著作可以作为 20 世纪 90 年代以来华夏传播研究的一次集体亮相。在今天看来，这批成果依然是很有开拓性和基础性的成果，当然也许直接的理论建构还处于萌芽阶段。

（一）《传在史中：中国传统社会传播史料选辑》

《传在史中：中国传统社会传播史料选辑》一书由余也鲁作序。余也鲁在序中明确指出："中国人的一个优秀传统，是以文传世。"立言，立德，立功，无一不是传播。他认为："我们不仅有丰富史料，也有迫切需要，来建立起我们自己的传播研究。"郑学檬作为历史学家，凭借深厚的史料功底，从二百一十部古籍中摘录与传播相关的史料，进而按传播的开始、传播的观念、传播的原则、传播的过程、传播的环境、传播的技巧、传播的形式等七大方面把全书分为七章，并为每条史料做简释，点明其所蕴含的传播学价值。比如，他引用了《白虎通》中"圣人者何？圣者，通也，道也，声也。道无所不通，明无所不照，闻声知情"，并分析说："班固把圣人具备的三个条件概括为通、道、声。其中通与声包含着信息灵通的意思，可见，圣人这个称呼（名词）是和传播联系在一起的，这实在是个惊人的见解！"[②] 郑学檬

---

① 郑学檬.传在史中：中国传统社会传播史料选辑［M］.北京：文化艺术出版社，2001：序.

② 郑学檬.传在史中：中国传统社会传播史料选辑［M］.北京：文化艺术出版社，2001：前言3.

的这一发现，与十五年后潘祥辉提出的"圣人是传播之王"的观点不谋而合。由此可见，这部史料选辑的价值所在。

（二）《汉字解析与信息传播》

《汉字解析与信息传播》一书由陈培爱作序。陈老师是文学出身，对汉字学有自己的理解。他指出，该书"以全新的信息传播视野，探索了汉字背后极具人性化的运用内涵"，并认为："直接运用汉字作为传播媒介进行'测字'，这里的'字'并不负载社会公认的语言信息，这又是中国传播史上一个十分独特的现象，耐人寻味。"李国正作为中文系教授，汉字学是他的看家本领，而此书又引入信息传播视角，着实别开生面。他认为，汉字凝聚着汉民族古老奇特的人文信息，那么"这些特殊信息是怎样层层凝聚在汉字头上的？是什么原因使汉字具备了这种特质，什么人能够破译这些承载特殊信息的代码？……汉字传播了哪些类型的特殊信息？它们的传播模式、传播特点是什么？汉字传播特殊信息的方法、模式、规律、功能，对建立中国特色的传播学有借鉴"[①]。该书分上篇《汉字的哲学解析与信息传播》，下分《"八卦"的起源与信息传播》《〈周易〉的信息结构及其发展》《〈周易〉传播信息的特征》《〈周易〉传播信息的模式》《〈周易〉传播信息的功能》等五节；下篇《汉字的艺术解析与信息传播》，作者围绕"测字"这种独特的信息传播方式展开研究，分为《测字的源流与信息传播》《汉字的分类与信息结构》《测字传播信息的特征》《测字传播信息的模式》《测字传播信息的功能》等五节。十分难得的是，作者提出了"以《周易》为媒介的传播模式"[②]（详见图1-1）。

作者还运用《左传》等古籍的占卜事例来进行深入细致的分析，而这一研究无疑深刻地影响着姚锦云的博士论文《沟通的演化：春秋释〈易〉与德性交往观的形成》（浙江大学，2016）的写作。由于汉字以象形为基础，具有强大的表意功能，因此具备可分析特性，测定便是对这一特性的充分发挥与运用，可以说是最具有民族性的一种语言传播方式。总而言之，语言传播的研究对于传播学来说具有基础性作用，对于华夏传播理论建构来说具有地基性作用，期待将来能在这方面再拓展研究，例如陈国明就以

---

① 李国正.汉字解析与信息传播［M］.北京：文化艺术出版社，2001：引言1-2.
② 李国正.汉字解析与信息传播［M］.北京：文化艺术出版社，2001：97.

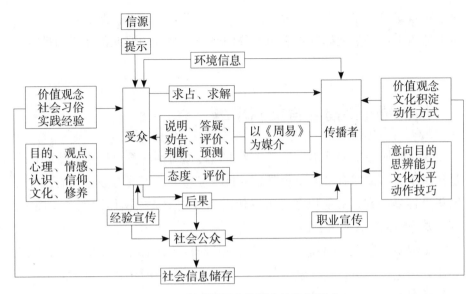

图 1-1　以《周易》为媒介的传播模式

八卦来建构华夏的人际关系发展的模式[①]。当然还可以基于汉字传播的延伸进行研究，比如对诗歌、民谣、谚语的研究。吕宗力的《汉代的谣言》（浙江大学出版社，2011）正是这方面的研究。

（三）《说服君主：中国古代的讽谏传播》

《说服君主：中国古代的讽谏传播》是一部专门讲述中国古代讽谏传播的专著。该书序言部分主要讲述了讽谏传播的流变，然后分六章分别阐述了讽谏传播的主体、手段、方式、对象、内容、环境等内容。在该书《余论：讽谏传播启示》中，作者认为讽谏传播发生在特定传播主体（臣下）和特定传播对象（君主）之间，以特定传播手段（主要是文言）传达特定传播内容（与礼法和道义相适应），采用特定传播方式（自下而上的规劝）以适应特定传播环境（中国古代社会）的要求，并总结了一些讽谏传播的原则。对于传播主体和传播对象，他认为要待人以诚、循之以道、以人为镜，排除成见、以心交心、容纳异议。在传播手段和传播内容上，他提出了身教为重、导引情志、积极阅读、体认寓意、共识为主、以意为主等六项原则。在传播方式和传播环境上，他提出了未雨绸

---

① 陈国明.易经八卦的人际关系发展模式［M］//陈国明.中华传播理论与原则.台
　　北：五南图书出版股份有限公司，2004：203-229.

缪、重视疏导、自我保护、因时制宜、当面批评、疏通言路的原则。附录部分从以上传播的主体等六个角度分别对晏子个人的讽谏传播活动进行了分析。

五、海外传播学者贡献卓越

这一时期一批海外华人学者成为中西传播对话的重要桥梁。他们自身是传播学者，又拥有华人文化背景，且身处海外，因此有最适合的条件开展华夏传播研究，并能以西方可以接受的方式阐述中国传播观念和理论。现主要介绍几位代表人物。

美国罗德岛大学的陈国明教授是海外华夏传播研究的杰出代表，他主要研究跨文化传播，其成果特色主要体现在研究中西比较视角下的中国社会传播问题上，代表性成果有：The Impact of Confucianism Organizational Communication（Guo-Ming Chen，Jensen Chung.*Communication Quarterly*，Vol42，No2，1994）；Persuasion Through the Water Metaphor in Dao De Jing（Guo-Ming Chen，G.Richard Holt.*Intercultural Communication Studies*，XI-1，2002）；Buddhist Perspectives and Human Communication（Rueyling Chuang，Guo-Ming Chen.*Intercultural Communication Studies*，XII-4，2003）；The Impact of Feng Shui on Chinese Communication（*China Media Research*，Vo3，No4，2007）；Bian（Change）：A Perpetual Discourse of I Ching（*Intercultural Communication Studies*，XVII-4，2008）；Toward an I Ching Model of Communication（*China Media Research*，Vo5，No3，2009）。他的这些成果已由笔者组织翻译，以《海外华夏传播研究（陈国明卷）》为名出版。他在美国创办了"中华传播研究学会"，并成为创会会长。陈国明现有代表性的中文作品是其主编的《中华传播理论与原则》（2004）一书。该书分为三篇：第一篇由七篇论文组成，探讨了华夏传播研究的相关宏观理论、方法问题；第二篇也由七篇论文组成，从中观层面探讨了道家、儒家等与华人传播的关系问题；第三篇由十篇论文组成，从微观层面研究了华人社会中的脸面、关系、礼、报、客气、缘、气等与华人沟通的关系问题。该书的作者大多是华人传播学界有影响的学者，能够较好地用传播话语表达中国传播独特的一面，因此在一定程度上，该书成为这一时期具有代表性的华夏传播研究成果。

　　曾受聘于浙江大学的赵晶晶（J. Z. 爱门森）老师，先后主编由浙江大学出版社出版的《国际跨文化传播精华文选》《传播理论的亚洲视维》《欧美传播与非欧美传播中心的建立》《"和实生物"：当前国际论坛中的华夏传播理念》四部论文集。这些论文集精选了近年来国际上中外学者对包括中国在内的亚洲独特的传播传统的研究成果，当然也包括国际上传播学研究的前沿成果。其价值与意义在于促进传播学者（主要是中国学者）加强对华夏传播研究领域的信心与投入，以便将来能够以华夏话语和理论系统地建构华夏传播学。

　　美国迪堡大学的昌行教授是研究修辞说服的行家。多年来。她致力于将美国口语传播的系统理论传播到国内，亲自撰写出版了《言语沟通学概论》。她合著和独著的著作有：Rhetoric of the Chinese Cultural Revolution：Impacts on Chinese Thought，Culture，and Communication（The University of South Carolina Press，2004）；Rhetoric in Ancient China，Fifth to Third Century B. C. E.：A Comparison with Greek Rhetoric（The University of South Carolina Press，1998）；Chinese Communication Studies：Contexts and Comparisons（Xing Lu，WenShan Jia，D.Ray Heisey，et al.Ablex Publishing，2002）；Chinese Communication Theory and Research：Reflections，New Frontiers，and New Directions（WenShan Jia，Xing Lu，Ray Heisey，et al.Ablex Publishing，2002）。此外，她还有许多涉及华夏传播研究领域的论文：*Bicultural Identity Development and Chinese Community Formation: An Ethnographic Study of Chinese Schools in Chicago*[1]*; A Burkean Analysis of China Is Not Happy: A Rhetoric of Nationalism*[2]*; From"Ideological Enemies"to"Strategic Partners": A Rhetorical Analysis of U.S. — Chinese Relations in Intercultural Contexts*[3]*; An Ideological/Cultural Analysis of Political Slogans in Communist*

[1]　LU X. Bicultural identity development and Chinese community formation：an ethnographic study of Chinese schools in Chicago［J］. Howard journal of communications，2001，12（4）：203-220.

[2]　LU X . A burkean analysis of China is not happy：a rhetoric of nationalism［J］. Chinese journal of communication，2012，5（2）：194-209.

[3]　LU X. From "ideological enemies" to "strategic partners"：a rhetorical analysis of U. S.-China relations in intercultural contexts［J］. Howard journal of communication，2011，22（4）：336-357.

*China*①*; An Interface Between Individualistic and Collectivistic Orientations in Chinese Cultural Values and Social Relations*②*; Language Change and Value Orientations in Chinese Culture*③*; On the Study of Ancient Chinese Rhetoric/ Bian*④*; Studies and Development of Comparative Rhetoric in the U.S.A.: Chinese and Western Rhetoric in Focus*⑤。

贾文山，现任中国人民大学新闻学院教授，曾为美国加州杰普曼大学传播学系终身教授。他有著作 *The Remaking of the Chinese Character and Identity in the 21st Century: The Chinese Face Practices*（Ablex，2001）。近年来，他受聘于国内大学，在国内刊物上发表了二十余篇论文，主要有：《面子VS实力：中美全球传播模式比较研究》（2010）和《跨文明交流、对话式文明与人类命运共同体的构建》（2017）。

张惠晶，美国伊利诺伊大学香槟分校传播学博士，曾任伊利诺伊大学芝加哥分校教授、厦门大学客座教授，现为纽约州立大学教授。主要研究方向为华人沟通行为与东西文化比较，曾任中华传播学会会长，其英文版著作《伶俐、创意与谦虚：华人的语言行为》（2010）作为"外教社跨文化交际丛书"在国内出版。

六、华夏传播研究第二代学者担纲主角

20世纪90年代以来约十年间，黄星民、吴予敏、邵培仁、李彬、尹韵公、戴元光、杨立川、张玉法、关绍箕等人成为第二代华夏传播学人。下面择其要者介绍一二。

① LU X . An ideological/cultural analysis of political slogans in communist China[J]. Discourse & society, 1999, 10(4). 487-508.
② LU X . An interface between individualistic and collectivistic orientations in Chinese cultural values and social relations[J]. Howard journal of communications, 1998, 9(2): 91-107.
③ LU X, CHEN G M . Language change and value orientations in Chinese culture [J]. China media research, 2011.
④ LU X, DAVID F. On the study of ancient Chinese rhetoric/bian[J].Western journal of communication, 1993, 57(4): 445-463.
⑤ LU X. Studies and development of comparative rhetoric in the U.S.A: Chinese and western rhetoric in focus [J] .China media research, 2006, 2 (2), 112-116.

厦门大学的黄星民不仅参与见证了华夏研究第一波的盛况,而且成为这一时期最具代表性的学者。他的学术成就集中体现在他在《新闻与传播研究》上发表的论文:《"大众传播"广狭义辨》(1999)、《礼乐传播初探》(2000)、《华夏传播研究刍议》(2002)、《从礼乐传播看非语言大众传播形式的演化》(2000)、《"染论"与"难论"——从哲学方法论的角度探讨墨翟与韩非的传播效果论》(2005)、《略论中西方传播观念的异同——"Communication"与"传"词义比较》(2000)等。他论证了传统社会也存在大众传播,礼乐传播正是中国传统社会中核心的大众传播形式。他确立了"华夏传播研究"这一领域的内涵与意义,比较了中西传播观念的差异,指出中国重时间偏向,西方重空间偏向。他的这些成果成为研究华夏传播学不可绕过的经典文献。

20世纪90年代是文化传播学兴起的时代,传播学者展开热烈探讨。戴元光于1996年连续撰写了《西北文化传播中的冲突与裹携》《"丝绸之路"上的文化大传播》《从佛教在中国的传播看文化传播的适应原理》等多篇文章,关注中国历史与现实的文化传播现象,并从传播原理上加以分析。童兵在给戴元光的《传播学笔记》作序时说:"我国古代贤杰早就懂得了信息共享的道理,并留下了不少至今读来仍熠熠发光的名篇,外人曾把孔子周游列国美誉为一场影响广泛的政治和文化传播活动,称司马迁的《史记》为最早的通讯社——信息总汇和传播中心,在传播史上,中国的鸿儒巨将们为华夏赢得了光辉的一页。"[①] 童兵显然也期待学人能够多探讨华夏传播活动与思想,建构中国的传播史。戴元光与金冠军一同主编了四卷本《中国传播思想史》(2005),其中古代卷上下册由余志鸿撰写,全面探索了中国古代各个时期的传播思想与传播现象等。徐培汀撰写了近代卷。戴元光近年来还主编了"传播思想史论系列丛书",对中西传播学进行系统介绍、研究和反思,贡献巨大。

邵培仁是中国传播学早期的开创者,也是华夏传播研究的主要推动者。他十分关注传播学中国化问题,在这一时期发表了《论传播学研究的中国特色》(1995)、《论我国传播学的发展趋势》(1996)、《传播学本土化研究的回顾与前瞻》(1999)等文章,其中最具代表性的是1998年发表的《论

---

① 童兵.求索者的足迹:《传播学笔记》序 [M]//戴元光.传播学笔记.兰州:甘肃文化出版社,1996:2.

中国古代受众的信息接受特色》一文。该篇文章认为："'观''味''知'三个概念最能反映和揭示出中国古代受众原始的和一贯的信息接受的精神状态、操作特色，而且可以结合现代的最新科研成果对接受特色加以初步认定。"① 主客交融，是中国式信息接受的主要特色，应当深入研究。

此外，台湾的关绍箕先后出版了《中国传播理论》（1994）、《中国传播思想史》（2000）两部重要著作，是这一时期的核心代表。武汉大学的李敬一也勤于著书，先后推出《中国传播史：先秦两汉卷》（1996）、《中国传播史论》（2003）两部著作。

七、华夏传播研究在多学科交叉中崛起

作为国家教委"八五"人文社会科学研究规划项目成果的《中国古代符号思想史纲要》（苟志效、沈永有、袁铎，1995），以西方符号学为参照，研究中国古代思想史中的符号思想，主要考察了中国古代的哲学符号学思想、易学传统中的符号分析精神和小学系统中的符号意义理论，并对其运思特征、思维趋向和逻辑进程进行了概括总结。这对于研究华夏符号传播理论有重要指导价值。尤其是作为群经之首的《周易》，其独具中国特色的八卦符号系统锻造着华夏传播理论的独特气质，因此，把握《周易》的传播智慧是建构华夏传播学的必由之路。

1995年，闾小波的《中国早期现代化中的传播媒介》一书出版。该书将《时务报》当作中国早期现代化过程中的大众传播媒介，探讨其对社会变革所产生的影响。张立伟的《心有灵犀——儒学传播谋略与现代沟通》（1998）一书引经据典，与中外案例相结合，较为系统地分为《匹夫不可夺志：客方定向》《先立乎其大者：主方先导》《言有物言有味：信息加工》等三部分，把儒家的沟通智慧深入浅出地呈现出来。1999年，在第六次全国传播学研讨会上，芮必峰做了题为"从孔子的'仁'学思想看中国人际关系的本质特征"的发言。他认为宗法血缘关系是中国人际关系的核心，忠恕之道是中国人际关系的指南，信义为重是中国人际关系的价值追求。周月亮于2000年出版的《中国古代文化传播史》一书更多从"文化的传

---

① 邵培仁.论中国古代受众的信息接受特色［J］.杭州大学学报（哲学社会科学版），1998（3）：45-52.

播"而不是"传播的文化"的角度，探讨了先秦至明清的文化传播史，突出各个时期富有特色的传播成就。2002年，厦门大学的赵振祥出版了《唐前新闻传播史论》一书，作者选取了唐代以前大量的新闻材料，并进行论证，例如论证了"志怪"文本具有社会新闻性质。2002年，陆锡兴出版了《汉字传播史》。该书着重整理了汉字传播的路线和时间，即传播的地理走向和传播的历史时间；汉字传播的状态，即汉民族如何使用汉字和使用的范围；等等。

八、《华夏传播研究刍议》：标志着华夏传播研究领域的确立

黄星民的《华夏传播研究刍议》一文是继《华夏传播论：中国传统文化中的传播》一书之后具有标志性的一篇文献。这是因为"华夏传播"的提法，虽然最早出现在《华夏传播论：中国传统文化中的传播》一书中，但书中未说明这一概念。随后，"华夏传播研究丛书"使用了"华夏传播研究"这一概念，但未做说明。真正将其作为概念提出的是黄星民，他在《华夏传播研究刍议》一文中清晰地勾勒出"华夏传播"一词使用的脉络，进而分析"华夏"一词的文化意涵——华夏特指古代中国，且内含文化自信。他说："这个研究领域的名称，从1978年的'中国文化与传统中传的理论与实际'研究开始，经过了'本土化''中国化''中国特色''中国传统文化与传播'等衍变，终于有了一个明确简洁的名称。这长达二十几年的名称衍变过程，反映出人们对这个研究领域的认识从模糊到清晰，同时也透露出这个研究领域不断发展、不断成熟的信息。"他这样定义华夏传播研究："华夏传播研究是对中国传统社会中的传播活动和传播观念的发掘、整理、研究和扬弃。"[①]这个定义包括三个层面的含义：其一，指出中国传统社会是该研究的范围，即大抵指涉五四运动以前的中国社会。其二，指出"传播活动与传播观念"是该研究的对象。"传播活动"包括传播媒介、传播人物、传播事件、传播制度等以及它们的沿革流变、经验教训和基本规律；"传播观念"指的是关于传播的言论、观点、学说、思想，甚至传播哲学等，重点是华夏传播思想与传播制度。其三，指出"发掘、整理、研

---

① 黄星民.华夏传播研究刍议［J］.新闻与传播研究，2002（4）：80-86，96.

究和扬弃"是该研究的基本指导思想。"发掘、整理"是研究者对华夏传播活动进行客观的描述，是基础。"研究和扬弃"是研究者在发掘、整理的基础上，运用传播学等当代社会科学的研究方法加以验证或阐释，力争从中找出带规律性的东西，从而把它们提高成科学的传播理论，用来指导今天的传播实践，丰富和发展世界传播学理论。"研究和扬弃"也可以从批判的角度入手，告诫我们如何避免过去的失误。这样"华夏传播研究"的价值与意义就十分明显了：学术意义，即熔铸西方传播科学理论和华夏传播学说精华于一炉，共同解释、指导和总结今天中国的传播实践，形成中国特色的理论范式，形成传播学"中华学派"；发扬时代色彩，华夏传播研究在华夏文化与信息传播两方面保持着灵动的张力，这样既有助于发扬中华文化的魅力，又有助于探索适合中国国情，能够阐释中国实践的信息传播学说；为世界提供启示，华夏技术与传播道德的结合，是中华文明延续的内在原理，这对于世界传播事业的健康发展具有一定启迪意义。[①]

不过，黄星民心目中的"华夏传播"研究的对象是传统文化，强调的是"向后看"，研究传统社会积淀的传播智慧，其实，还有一个可取的方向，当是"向前看"，即探讨中华优秀文化在现当代社会如何传承发展的问题。这既事关中华民族核心价值观的发扬问题，也事关中国传播学的学术话语体系建构的问题。因为只有能够回应时代问题的研究，才是有生命力的。因此，笔者尝试将"华夏传播研究"的范围延续至今，并将建构"华夏传播学"作为"华夏传播研究"的目标。所谓"华夏传播学"是在对中国传统社会中的传播活动和传播观念进行发掘、整理、研究和扬弃的基础上建构起来的能够阐释和推进中华文明可持续发展的传播机制、机理和思想方法的学说，亦是立足中国历史与现实，能够诠释中华文明传播现象，解决中国社会传播问题，运用中华术语建构起来的具有中国风格、中国气派的理论体系。[②] 这一概念力求让华夏传播研究贯通古今，且树立的研究目标既诠释中华文化绵延五千多年的传播原理，又展望中华文明走向未来、走向世界的路径。一句话，在返本中开新，在开新中返本。以"不忘本来，吸收外来，开创未来"的思路建构和发展华夏传播研究。其核心范式是传递中国知识（传递中国历史与现实信息）、洋溢中国智慧（建构中国和谐共

---

① 黄星民.华夏传播研究刍议［J］.新闻与传播研究，2002（4）：80-86，96.

② 谢清果.华夏传播研究的前史、外史及其开端［R］.中国传媒报告，2016（4）.

生关系）、体现中国精神（共享中华文明意义）、建构起中国"传播之网"等。因此，这样的"华夏传播学"贯通古今，以传统为主，以现实为辅；以现实为导向，以传统为着力点；试图通过对中国传播史论与西方传播史论的双重观照，寻找传统与现实的逻辑起点，以社会运作与信息传播的互动为主线，夯实中华民族圆"中国梦"的传播学基础。[①]

---

① 谢清果.华夏传播学引论［M］.厦门：厦门大学出版社，2017：绪论11.

第五章 山重水复疑无路，柳暗花明又一村

——华夏传播研究第三波的调整发展期（2003—2012）

　　将 2003 年视为这一时期的开端，主要是因为上一时期截止到《华夏传播研究刍议》一文的发表时间 2002 年。虽然有组织地开展华夏传播研究暂告一段落，但是华夏传播研究的种子已撒播开来，学术的火炬随之传承开来。尤其是 1997 年传播学正式列入学科目录，传播学与中国文化的融合发展便由自发、自觉进入自然的阶段。2003 年，青岛大学新闻与传播学院的孙顺华出版了《中华文化与传播》一书，标志着教学领域开始关注传播学与中国文化的融合，因为此书是同名课程的教学成果。作者力图"从文化与传播的互动关系视角阐释独具特色的中华传统文化的形成、发展和影响，探讨中国历史上和现实中种种传播现象的本质和规律"①。作者主要探讨了国家的传播体制、中华文化的社会化传播、汉字演变和文字传播技术发展、文字传播和非文字传播，以及中华文化的内聚与外扩。全书侧重中华文化的传承，较少传播理论的探讨，体例上和论述上似乎有几分《华夏传播论：中国传统文化中的传播》的影子②。之所以将 2012 年视为本时期结束的时间，不仅因为党的十八大胜利召开，中国大陆进入新时代，2012 年就自然而然地成为一个历史节点，还因为这一年为推动华夏传播研究而辛劳的余也鲁先生走完了他九十二年的人生历程。

　　之所以称为调整发展期，主要是因为此后虽然"华夏传播研究"作为一个领域已然形成，但是没有像上一波那样有组织地推动学术研究开展的

---

①　孙顺华.中华文化与传播［M］.北京：新华出版社，2003：前言1.

②　笔者向孙顺华老师求证，她说《华夏传播论：中国传统文化中的传播》是她写作的主要参考书，并且她曾于2001年前后开了"中华文化与传播"这门课。

活动。不过，黄星民、尹韵公、李彬等前一期旗手性人物或者亲自撰文，或者培养硕士生、博士生，依然在夯实该领域的基础。而这一时期，港台地区在这一领域的研究相对沉寂，大众传播研究似乎一统天下。许多在此领域耕耘的学者产生了施拉姆所说的"十字路口"效应："传的研究成了学术研究的十字路口，许多人从这里经过，但没有留下来。"[①] 在市场经济大潮冲击和国内意识形态统帅的背景下，许多学者或往广告学，或往新闻学，或往思想政治领域等方向拓展。于是余也鲁在接受访问时略带感伤地说：

> 传播学现在成了一个多头或者无头的状态，没有一个人带头了，现在都是各说各的。有的拿到地理也讲一番，有的拿到历史也讲一番，你看不出他到底想讲什么，想研究什么。现在这些大学里面，好像厦门大学是搞广告，它把注意完全放到广告上。广告只是传播的一小部分嘛，是技术。我帮厦大建立了一个研究所，那个研究所应该做"中国传"的，他们把"中国传"列为三大目标之一。结果另外两个目标都搞得很好，就这个目标没有人搞，很可惜啊，很可惜。记得有一位教授写过一本《华夏传播论》，如果沿着那个路子走下去，现在肯定很有成就。传播学研究应该有一个中心，有一个主导的人，能够把现在有的东西整理一下。现在没有看见有个中心的领导在哪里，有一个机构或者哪个大学来牵头。[②]

2012 年春节前夕，香港中国通讯社总编辑施清彬、中国新闻社上海分社副社长崔煜芳受复旦大学新闻学院童兵教授的委托，对余也鲁先生做了此次专访。后余也鲁先生于当年 9 月 8 日离开人世，因此可以说余也鲁先生是带着遗憾走的。引述余也鲁先生的这段感言，是为了立此存照。因为笔者现在作为厦门大学传播研究所所长有责任尽心竭力地去完成这位老人家的遗愿。可以告慰他的是，我于 2013 年（新闻传播学系创办三十周年之际）自筹经费创办了《中华文化与传播研究》期刊，此创刊号的封面主题是"缅怀余也鲁先生"，刊载了多位余也鲁生前友好人士撰写的回忆文章。后来时任厦门大学新闻传播学院新闻系主任庄鸿明教授在参加纪念余先生逝世一周

---

① 宣伟伯.传学概论：传媒·信息与人［M］.余也鲁，译述.北京：中国展望出版社，1985：代序Ⅷ.

② 余也鲁，施清彬，崔煜芳，等.中国传播学研究破冰之旅的回顾：余也鲁教授访问记［J］.新闻与传播研究，2012，19（4）：4-9.

年的时候，专门带上几本创刊号赴港祭奠，表达我们厦门大学传播研究所一定会继承他的遗愿，把华夏传播研究推上一个新的台阶的决心。

这一时期的华夏传播研究的主要特征是"满天星斗"般从传播学角度研究中华传统文化，似乎在为下一阶段再次有组织地开展华夏传播研究进行人才和组织上的准备。因为在这一时期崭露头角的一些年轻学者，在下一阶段无疑会成为该领域的主力军。

一、以儒道为重点的中国传播思想研究越发强劲

儒道互补是中国传统文化的主要特色，孔子与老子又是其代表人物，且他们的思想成为中国思想的内核，因此对孔子、老子传播思想的研究比较突出，这既是把握华夏传播智慧的关键环节，又是增强民族文化自信的必然要求。2007 年，湖南大学的崔炼农推出新作《孔子思想的传播学诠释》。作者认为孔子思想深层次的核心内涵是普遍的社会交换理念，并以此角度进一步解读孔子的言论，结合孔子"德之流行，速于置邮而传命"的惊世论断与"德、礼、政、刑"施政方略，勾勒出其"君子修己成德，以德化人"的政治传播思想路线图。[①] 2009 年，孔子第七十五代直系子孙孔健先生出版了《阳光下的孔子：孔子与大众传播学》。该书认为，《论语》为现代人构建和谐社会、建立良好的人际关系提供了方法。孔子开办学校，授业解惑；整理文献典籍；周游列国传播学道等，可以说其一生都在传播，生命即传播，传播即生命。这就是孔子的人生。[②] 笔者近年来给研究生开设"老子传播思想研究"课程，力求从传播学的视角将《老子》一书中蕴藏着的丰富传播智慧以中国式的话语表达出来，从一个新的角度展现了中华传播智慧。笔者先后主持福建省社会科学规划研究项目"道家符号传播思想研究"（2009）和中央高校基础科研业务费资助项目"道家传播学的理论建构"（2010）两个课题。作为课题的成果之一，笔者主持撰写了《和老子学传播：老子的沟通智慧》（2010）一书。该书总论部分从传播主体定位——以正治国，传播策略探索——以奇用兵，传播效果追求——以无事取天下等三方面探讨了老子传播思想的总纲领，进而从传播过程观念认知、语

---

① 崔炼农.孔子思想的传播学诠释［M］.长沙：湖南大学出版社，2007：内容简介.

② 孔健.阳光下的孔子：孔子与大众传播学［M］.北京：中国民主法制出版社，2009：内容简介.

言传播、人内传播、人际传播、具象传播、"无为"传播原则、信息传播道德、公共关系、传媒历史、"小国寡民"的传媒考量、老子与彼得斯"交流的无奈"的比较研究等方面分论《老子》一书的传播智慧。同时，笔者与郭汉文合作先后出版了《和老子学养生：老子的健康传播智慧》(2010)、《和老子学管理：老子的组织传播智慧》(2011)。北京印刷学院的教授魏超于2010年出版了《老庄传播思想散论》一书。该书从传播主体、传播符号、传播技巧、传播受众、传播过程、传播环境等方面以随笔的手法生动地陈述了老庄传播思想与当代传播实践存在许多不谋而合的地方。北京大学新闻传播学院肖东发教授的博士生全冠军于2005年通过了《先秦诸子传播思想研究》博士论文答辩。该论文对儒、道、法、墨代表人物的传播思想进行宏观、微观的系统总结，突出探讨他们的传播模式，颇有创意。该书于2014年正式出版。还有大量期刊上的论文，如吴景星、姜飞的《"传—受"博弈过程的本土化诠释——中国道家"可传而不可受"思想对传播研究的启示》(2009)，笔者的《内向传播的视阈下老子的自我观探析》(2011)，笔者与于宁的《老子思想中的媒介拟态环境批判意识及其治理之道》(2011)，等等。

值得一提的是，周伟业撰文明确将华夏传播理论称为东方范式。他以汉语成语、谚语、俗语为例，认为华夏传播理论蕴含着行胜于言的传播取向、一诺千金的传播伦理、"信言不美，美言不信"的语言理论、"防民之口，甚于防川"的舆论警示，表现出以人际传播为核心、既重视语言又怀疑语言、聚合中华文化基因等特征。相对于欧美传播理论，华夏传播理论在文化根源、价值取向和思维方式上具有自己的文化特性。[①]

二、中华传播史研究的继承创新

2004年，王醒的《中国古代传播史》一书将传播学引入新闻学。从框架上来看，该书涉及的内容更多是新闻学，如第一章《古代文学与新闻传播》中就有《文字新闻作品的起源》《记事文体的写作启示》《〈史记〉与新闻学》《笔记体新闻》等节。该书的重点在于"探讨在中国古代漫长的信息传播史上，哪些媒介发挥过作用，以及发挥过怎样的作用，它们是如

---

① 周伟业.东方范式：华夏传播理论的内涵、特征与价值——以汉语成语、谚语、俗语为中心的思考［J］.南京政治学院学报，2010，26(5)：110-113.

何传播新闻信息的，在信息传播中的地位和影响，等等"①。2005 年，郝朴宁、陈路、李丽芳、罗文合著了《中国传播史论》。该书有五分之二的篇幅探索了从先秦到元明清的中国传播史，其余部分则探讨近现代的新闻传播思想。2006 年，宸晓红编著的《中国古代文化传播概要》②从文化传播学的角度呈现各个时期传播的特点。黄镇伟的《中国古代的文化传播》一书，导论分析了中国古代文化传播的主导观念与组织体制、物质条件和社会环境、基本形式和主要媒介。2007 年，殷莉出版的《清末民初新闻出版立法研究》一书，对清末民初近三十年我国新闻立法的过程、新闻法制思想、新闻立法的实践及其成果进行了全面系统的研究，丰富了我国新闻法制史的研究。2008 年，史媛媛出版《清代前中期新闻传播史》一书。该书研究发现，清代的新闻传播在前代基础上有所发展，达到古代新闻事业发展的最高峰，显露出向近代新闻传播过渡的迹象。2010 年，中国台湾连启元著的《明代的告示榜文——讯息传播与社会互动（上）》一书探讨榜文是如何运作的，民众是如何反馈的，其社会效果如何等。

三、中华文艺传播研究异彩纷呈

2009 年，钱锡生出版《唐宋词传播方式研究》一书。该书明确从传播方式入手，研究唐宋词的歌舞传播、吟诵传播、手写传播、题壁传播、石刻传播、印刷传播，并探讨了传播方式对传播的影响。2009 年，江岚出版《唐诗西传史论——以唐诗在英美的传播为中心》一书。该书研究了唐诗在英语世界被译介、传播与接纳的历史进程。2010 年，陶涛出版《唐诗传播方式研究》一书。该书从唐代的交往、科举制度、交通往来、音乐舞蹈及统治者的重视与提倡等方面分析了唐诗传播的文化原因，并重点论述了唐诗传播的书写、演唱、诵读等方式。

四、中华传播媒介研究视角独特

北京师范大学文学院的于翠玲于 2006 年出版《传统媒介与典籍文化》

---

① 王醒.中国古代传播史［M］.太原：山西人民出版社，2004：386.

② 宸晓红.中国古代文化传播概要［M］.北京：中国社会出版社，2006.

一书。该书将书籍看作媒介形态（包括版本形式与复制手段的演变），并考察了中国典籍在中国传统社会的流通以及为读书人所阅读和接受的实例，在近代受到的西方书籍的冲击以及在当代大众文化语境中发生的变异等现象①。2007年，上海政法学院的孙藜出版《晚清电报及其传播观念（1860—1911）》一书。该书从电报这一最早的电子传播媒介入手，考察了晚清电报及其传播观念的历史演进。该书着重考察了中国早期现代化过程中，新传播技术与社会生活、思想观念变化之间的互动关系。2008年，上海财经大学的宋迎平出版《宋代刻书产业与文学》一书。作者认为，刻书产业成为宋代文学创新的强大推动力，为中国文学由诗文为主体的雅文学向小说戏曲为主体的俗文学的转型奠定了传播形式的基础。2009年，武夷学院的路善全出版《在盛衰的背后——明代建阳书坊传播生态研究》一书。该书描述了明代传播生态的历史图景，演绎了建阳书坊传播内外生态、传播新生态、产业生态等的变化，最后指出，建阳书坊的盛衰演变是由传播生态作用造成的。

五、华夏政治传播研究热度鼎沸

对于拥有五千多年文明的中国而言，传播学者从事华夏政治传播研究是理所当然的事，这方面的成果自然也突出。博士论文方面有雷大川的《"乐"：政治意义的宣化——先秦政治传播观念研究》（2009）、贾兵的《先秦诸子政治传播观念研究》（2011）等。专著方面有陈谦的《中国古代政治传播思想研究》（2009）。论文方面的成果如下：胡河宁的《大禹治水：中国古代组织传播的前科学叙事》（2010）以组织传播的视角考察了大禹如何从洪水灾害、社会变革与部落联盟环境出发，运用舆论等手段实现说服，进而掌握部落政权的过程；巫称喜的《神权政治与商代信息传播》（2009）考察商代占卜中的人神沟通行为中政治权力的博弈；王醒的《春秋战国时期的新闻传播制度》（2008）考察春秋战国时期社会制度结构中的信息流通；刘大明的《试论宋代谣言传播的政治风险防控》（2012）从宋廷防控谣言的制度设计考察宋代政治生活中的风险防控；黄春平的《汉代朝政消息

---

①　于翠玲.传统媒介与典籍文化［M］.北京：中国传媒大学出版社，2006：绪论10.

的发布——布告》（2010）、《汉代军事信息的传播——檄文》（2011）着重
考察汉代政治实践中的媒介功能，如汉代布告的信息功能和檄文的军事传
播功能；杨军的《宋代榜的传播学解读》（2011）探讨了宋代"榜"的信息
传递功能。这些研究从政治运作的角度考察了政治信息是如何传递的以及
当时产生的影响等问题，为人们分析中国传统社会中的传播活动提供了一
个别样视角。

第六章 大鹏一日同风起，扶摇直上九万里
——华夏传播研究第四波的高速发展期（2013 年至今）

之所以把这一时期的开始时间定为 2013 年，是因为这一年是有意识建设华夏传播研究学术共同体的开端。正所谓"文章合为时而著"，在"文化自信"意识崛起的新时代，中华文化的复兴已成为社会共识，而以中华文化的传播学研究为使命的华夏传播研究自然就顺势而兴了。如果说此前主要是为"华夏传播研究"的学术合理性而奋斗的话，那么这一时期就进入了学科体系、学术体系与话语体系综合建构时期。这是因为这一时期已然呈现出华夏传播研究"三大体系"建设的实质性成果，例如，专业领域学术期刊的创办，教学体系的形成，学术共同体的缔造，学术研讨会和工作坊的连续举办，尤其是一批青年学者的涌现，一批优秀论著的出版，更有一些学术刊物开始以专栏的形式刊载本领域论文，这些都是该研究领域影响力不断提升的标志，也是趋向成熟的标志。而这些成果正是从 2013 年开始积累起来的。值得一提的是，2013 年，师承清华大学李彬教授的李漫博士出版了《元代传播考——概貌、问题及限度》一书。作者考察了元代主要的新闻与传播问题，包括邸报以及传播活动、传播类型、传播内容、传播渠道、传播方式、传播规律等，进而对元代传播与政治、经济、社会、文化等关系进行探讨与分析，为把握元代新闻与传播的总体状况和基本面貌提供了认识框架。之所以把这一时期称为"高速发展期"，是因为这一时期以"华夏传播"命名的论著集中出现，这标志着学科、学术与话语建设的内在自觉；许多学者在这一时期为华夏传播理论建构和方法探讨做出了富有开拓性的贡献。

一、华夏传播研究的刊物阵地建设新进展：《中华文化与传播研究》和《华夏传播研究》创刊

2013 年是全国乃至世界唯一以推动华夏传播研究为自己使命的传播研究所——厦门大学传播研究所二十周年庆的年份。为了纪念前辈的丰功伟绩，更为了进一步推动华夏传播研究再上新台阶，研究所决定创办一本学术期刊——《中华文化与传播研究》。笔者作为主编在以《责无旁贷地推进华夏传播研究》为题的发刊词中写道："我们将在许多海内外学者的关心指导下，继承华夏传播研究的传统，高扬华夏传播研究的主体意识，争取中国文化国际话语权。我们将以刊物为平台来集聚研究队伍，一切切磋琢磨，共同促进中华文化传播与创新，以无愧于这个多彩的时代。"① 该刊可分为两个阶段，前四年为第一阶段——刊物探索阶段，共出版五期，前三年为年刊，第四年为半年刊，且是以国际连续出版物的形式出刊。创刊号以"缅怀余也鲁先生"为主题，并刊登了苏钥机、郑学檬、孙旭培、许清茂、陈培爱、黄鸣奋、刘训成、黄慕雄等人的九篇纪念余也鲁先生的文章，同时刊载了台湾汪琪的《本土学术发展的前景：由复制型研究谈起》，黄鸣奋的《从电子媒体到数码儒家》，李展的《明清之际中西文化交流对当代中西跨文化传播的启示》，林升梁、李文瑾的《跨文化广告传播的民族情感与价值体系》等论文。尤为可贵的是提供了首份《华夏传播研究文献编目》，初步描绘了这一研究领域的学术图谱。2014 年第二期以"传播学中国化的历史、现实与未来展望"为主题，特邀台湾的刘忠博组织专题座谈会，形成了《2014 继往开来：传播研究本土化座谈记录》，刊载了香港马成龙的《传播学的中国化》、黄旦的《传播学本土化研究的批判性反思》、笔者的《华夏传播学勃兴的东方视维、问题意识与方法自觉》。此外，开辟《华夏传播研究》专栏，刊登了复旦大学博士生郑博斐的《在交往中实现自我与他者——论孔子传播思想的核心内涵》、中国传媒大学博士生常启云的《文化传播学视野下的红包文化媒介属性分析》以及厦门大学硕士生上官仪的《创新扩散角下的元曲传播研究》、杜恺健的《鸠摩罗什版与玄奘版〈心经〉翻译修辞与说服效果比较研究》等。这些论文在当时都是很有新意的。

---

① 谢清果.责无旁贷地推进华夏传播研究［J］.中华文化与传播研究，2013（1）.

2015 年第三期创新形式，特邀《人民日报（海外版）》高级编辑齐欣先生担任执行主编。本期以"中国文化遗产传播：理论、方法与实践"为主题，以近乎专辑的形式，有开创性地提出"中国文化遗产传播"这一概念，并试图从理论、方法与实践三个层面来建构"中国文化遗产传播学"的学术框架，这是个亟待继承研究的领域。齐欣老师本身就是这一理论的开创者与实践者，他以"遗产小道"为方法，对大运河等遗产进行学理与实践的探讨。2016 年第四期邀请吴胜涛老师主持"民族／文化心理研究"这一主题，同期刊登了"中华文化与大众传播研讨会"（2016 年传播研究所主办）会议论文，主要有黄鸣奋的《石刻对联与中华文化的传播》，王维生、戴美玲的《旧学与新知、传承与创新——以厦门筼筜书院为例探索当代书院建设与发展的若干关键问题》等。2016 年第五期以"华夏文明传播研究"为主题，刊载了刘忠博的《从华人文化观点再思考集体主义脉络下的人际关系》、王仙子的《先儒家知、诚、信传播观念及其当代启示》、赵梅等的《人际传播学之"据"与心性之学之"礼"》等文章。

2017 年，传播研究所与中盐金坛盐化有限责任公司合作，正式将《中华文化与传播研究》改版为学术集刊，由九州出版社出版，并确定为半年刊。自此，该刊进入第二阶段。截至 2022 年底已出满十二辑。本刊延续了传统的办刊方式，即每期都有主题，且该主题为本辑的一个专栏；同时又开创了新形式，即每期确定十个专栏，其中《盐文化研究与传播》《贤文化与组织传播研究》《国学新知》专栏由中盐金坛盐化有限责任公司的文化部主持，其他七个专栏由研究所邀请海内外学者主持。由于篇幅所限，这里仅介绍十二辑的主题：第一辑为"乡村传播与文化空间"；第二辑为"中国古代政治传播研究"；第三辑为"中国礼文化传播研究"；第四辑为"老子传播思想研究"；第五辑为"大道和学生探究"；第六辑为"认识传播学探索"；第七辑为"圣贤文化与组织传播研究"；第八辑为"盐文化传播研究"；第九辑为"公益广告研究"；第十辑为"媒介学视角下的中华文化传播"；第十一辑为"华夏传播与媒介考古学"；第十二辑为"'一带一路'与中华文化传播"。每辑的文章均被中国知网全文收录，更加方便读者查阅。

2018 年，厦门大学传播研究所庆祝建所二十五周年的时候，在新闻传播学院领导的支持下，决定创办《华夏传播研究》集刊（半年刊），由中国传媒大学出版社列入"传媒集刊方阵"出版，以与《中华文化与传播研究》集刊相互呼应。《中华文化与传播研究》办刊宗旨是"华夏传播·文明传承·文化自觉·民族复兴",定位是以华夏文明传播研究与贤文化传播为主要特色的综合性新闻传播类集刊,论文字数通常在 1 万字以内;而《华夏传播研究》则是以"中华文化立场·全球传播视野"为办刊宗旨,努力开展中西传播思想对话,着力打造传播学"中华学派",力争成为华夏传播研究领域高端专业性学术集刊,每篇论文字数可长达 3 万—4 万字。新刊以建构"华夏传播学"为己任,创刊号上有《中华文化传播史》《文化传播的全球化与本土化》《文化传播理论视域》《中华文化海外传播研究》等栏目,主要刊发有毛峰的《诞生与绵延的奥秘——中华文明的传播内核与传播特质》,芮必峰、郭云涛的《徽州祭祖中的宗族社会文化传播研究》,黄鸣奋的《社会治理:中国古代格言传播的启迪》,沙垚、曾昕的《16—19世纪世界体系中的景德镇:文化传播、劳工抗争与遗产反思》,陈国明的《"中"、自我能力、社交 / 传播(沟通)能力:一个中国的视角》等十二篇文章。第二辑主要有林克勤、祁家璐的《新世界主义视阈下的汉语国际推广:以 2.0 时代的孔子学院发展为例》,周伟业的《言行之间:华夏传播理论"行胜于言"的传播价值取向》,郝雨的《人文精神:中国媒介批评的理论之魂》等佳作。第三辑主要有邓建国的《意义、他者与身体:高度媒介化时代传播哲学的三个重要议题》,张波的《"关系"研究的历史沿革、经验检视及对华夏人际传播研究的启示》,孟华的《汉字的意象性:面对汉语的无声性和面对图像的有声性》等佳作。从第四辑开始,刊物改由九州出版社出版。第四辑设有《华夏文明与传播学》《中华文化与媒介呈现》《华夏传播与新媒体研究》《华夏传播史研究》《华夏传播研究札记》《华夏传播学术史钩沉》《华夏传播研究动态》等栏目,刊发了张兵娟、张兢、孔正毅、魏海岩、陈谦、郑学檬等学者的文章,并刊载了笔者的文章《厦门大学传播研究所发展简史(1993—2019)》。该文首次梳理了厦门大学传播研究发展的历史,对于全面系统地了解大陆华夏传播研究发源地的概况具有重要意义。第五辑刊载了邵培仁老师的《作为天地人三极视维的中国古代生态思想》、何勇老师的《仪礼独占和扩散:朝向古代中国的史前传播》、褚金勇的《从"口头"到"案头":〈诗经〉"重章叠句"修辞的生产传播研究》等一批优秀论文,特别收集了华夏传播研究四十多年来有代表性的学者邵培仁、孙旭培、吴予敏、杨立川等四位学者的学术评述以及访谈实录,呈现了华夏传播研究在中国的产生发展的历程。从第六辑开始,本刊与河北大学新闻传播学院合作，主编由笔者与韩立新院长联合担任。本辑邀请姚锦云老师做了《华夏传播研究何为？》的刊首语，刊载了赵立敏老师的《传承与嬗变：中华文明螺旋式上升的崛起之路——一种新进化论视野下的文明发展观》，李涛、许思远的《中国陶瓷海外传播及文明共同体的符号对话——基于丝绸之路考古的研究》等论文，并发表了尹韵公和黄星民两位前辈的访谈录。第七辑刊载有杨柏岭教授的特稿《中国本土传播学研究的发展之思——以华夏礼乐传播论为考察中心》。该文章是在为笔者编著的《华夏礼乐传播论》所写的序的基础上修订而成的。本辑中，张兵娟、刘佳静的《中国礼文化传播的特点与价值诉求》，韩丛耀的《大风起兮——汉的精神气象与图像特质》等论文很有分量。《华夏传播研究学人志》专栏刊载了黄鸣奋、赵晶晶、李庆林、李敬一等四人的访谈录。特别值得一提的是，本辑刊载了2020年的华夏传播研究年度综述以及华夏政治传播研究等年度专题综述。第八辑，张兵娟、李阳撰写了刊首语《回归经典：中华典籍的文化传承及当代价值》，刊载了李庆林、万卉英的《罪己诏的政治传播功能与中国古代政治传播观念探析》，吴予敏教授指导的宋晓娜的优秀硕士学位论文《谣谚中的民间交往观念研究——以〈古谣谚〉为基础文本》等论文。《华夏传播研究学人志》专栏刊载了郑学檬、孙顺华及笔者的学术思想评述。第九辑，刊首语《华夏传播研究的本土问题意识与本土方法探索》由潘祥辉教授撰写。本辑除了刊载2021年华夏传播研究年度综述和专题综述，还开设了《华夏国际传播研究》《华夏民俗传播研究》《华夏地域传播研究》等专栏。何勇老师的《从"乌台诗案"看宋代印刷文集的政治惩戒与法律风险》，揭其涛、朱小阳的《从"馨香祷祝"到"网络祈愿"——中国本土祈愿行为的传播社会学研究》等论文很有新意。第十辑，刊载了《〈华夏传播研究刍议〉与"华夏传播研究丛书"出版二十周年纪念》专栏，因为2022年是《华夏传播研究刍议》发表二十周年，故设专栏以示纪念，也以示对前辈开拓这一研究领域的感恩。此外，本辑每个专栏都设有专栏主持，这样可以让本刊编辑更加明确责任分工，做好编辑工作。本辑有徐燕斌的《宋代的官方传播与基层社会控制——以榜文、粉壁为中心的考察》，陈雅莉、吴梦洁的《"中国脸"的他者定义：西方时尚文化对中国面孔的再现偏好及其影响》，李承志的《传播存在论视域下的华夏传播研究再议——〈华夏传播研究刍议〉发表二十周年近思》等佳作。第十一辑正逢厦门大学传播研究所成立三十周年，为此，特设了《纪念厦门大学传播研究所成立 30 周年》专栏。该专栏既有庆祝活动的综述，又有第三届华夏文明与传播学中国化高峰论坛会议综述，还对谢清果、张兵娟、潘祥辉、李红、姚锦云等五个华夏传播研究会的核心成员做了专访，并且有 2022 年华夏传播研究年度综述以及乡村文化传播研究等专题综述。该辑新设《华夏传播与铸牢中华民族共同体意识研究》和《华夏传播百草园》两个专栏。本辑刊载陈建云的《"兰亭论辩"中的传媒、政治与学术》、赵晟的《作为舆论媒介的〈诗经〉——先秦贤人的共享语义空间》等佳作。目前正在编辑第十二辑。总之，刊物以每年两辑的进度稳步出刊。感恩海内外同行的支持与帮助。

令黄星民等前辈欣慰的是，我们顺势而为，办了两本集刊，打造了崭新且广阔的学术交流平台，均已入驻中国知网，许多优秀学者或自荐或受邀来主持专栏，刊物质量与声誉不断提升。此外，浙江大学传播研究所主办的《中国传媒报告》已出版 86 期，该刊以国际刊号出版，季刊，时有刊发华夏传播研究的文章，例如，2016 年第 4 期（总第 60 期）就刊载有笔者作为《华夏传播研究》专栏主持的一组文章。《西北师大学报》2019 年第 2 期首次刊出《华夏传播研究》专栏；《郑州大学学报（哲学社会科学版）》2019 年第 3 期刊载了两篇礼文化传播的文章；《广西职业技术学院学报》也拟开设《华夏文明传播研究》专栏；等等。2023 年，华夏传播研究会的副会长潘祥辉教授受邀在《传媒观察》上开设《华夏传播研究》专栏，进一步提升了华夏传播学派的学术影响力。笔者也在《三明学院学报》上开设了《数字人文与文化传播》专栏，并与媒介融合方面的刊物合作，不断推进中华文化传播的研究，夯实华夏传播研究的学术基础。另外《新闻与传播研究》《国际新闻界》《新闻大学》《现代传播（中国传媒大学学报）》四大刊也是发表本领域文章的重要期刊。可见，华夏传播研究越来越受到学界的认可与关注。

二、华夏传播研究教学体系已然成形

2013 年 9 月，厦门大学正式为传播学专业本科生开设了"华夏传播入门"必修课，2015 年 9 月改名为"华夏传播概论"，从此华夏传播研究正式进入教学实践领域。当然，此前黄星民开设有"媒介发展史"、许清茂开设有"传播思想史"等课程，只是还没有明确在课程名称上体现"华夏传播"。厦门大学又开风气之先,这一时期致力于华夏传播学的教学体系的建构,初步形成了本、硕、博三个学位等级通贯的教材体系,并且此专业方向的博士后也在设立中。本科生方面开设"华夏传播概论""华夏文明传播"课程,硕士生方面开设"华夏传播史论""中国传播理论研究"课程,博士生方面开设"华夏传播研究前沿""媒介学与文明研究"课程,硕士生、博士生通修的选修课有"中国传播理论研究"。出版了配套的教材,本科生教材是《华夏传播学引论》(厦门大学出版社,2017);硕士生教材是《华夏文明与传播学本土化研究》(九州出版社,2016);博士生教材是《共生交往观:文明传播的"中国方案"》(九州出版社,2019)。还出版了系列教辅,其一,本科生读本:《华夏传播学读本》(世界道联出版社,2014),汇集了有代表性的三十八篇论文;《华夏传播学的想象力:中华文化传播研究著作评介集成》(九州出版社,2018),汇集了一百零四部著作的提要与评介。其二,研究生读本:《光荣与梦想:传播学中国化研究四十年(1978—2018)》(九州出版社,2018),既探讨了传播学中国化进程与论争,又回顾了华夏传播研究的历史成就与专题成果。其三,博士生读本:《华夏文明与舆论学中国化研究》(九州出版社,2018)。开展了华夏文明传播研究的读书会,读中国传统元典,如《中庸》《论语》《庄子》《周易》等,并辅以西方传播学经典,如《对空言说:传播的观念史》《传播的历史:技术、文化和社会》《作为文化的传播》等,努力促进古今中外的传播思想对话,进而建构出华夏传播学。同时,陆续推出《中庸的传播思想》(九州出版社,2018)、《庄子的传播思想》(九州出版社,2019)、《〈论语〉的传播思想》(九州出版社,2020)等系列成果,以期夯实传播学中国化的基础。笔者还开设了"华夏文明传播"全校性核心通识课程,把《共生交往观:文明传播的"中国方案"》一书作为课程教材,把《华夏文明研究的传播学视角》(厦门大学出版社,2019)、《华夏传播研究:媒介学的视角》(社会科学文献出版社,2020)两本著作作为教辅,同时组织团队建设"华夏传播学引论"线上课程。

此外,国内其他大学也开设了一些课程,形成了群星璀璨的局面。例如,青岛大学的孙顺华于2001年开设选修课"中华文化与传播";南京大学的潘祥辉于2018年开始开设本科生课程"中国传统文化与传播",研究生课程"华夏传播研究";莆田学院的吉峰副教授开设全校性选修课"闽台妈祖文化传播";西北师范大学的李红开设选修课"文学与文化Ⅳ:中国文化中

'势'的文献细读";西南政法大学的刘大明给研究生开设"中外新闻传播史专题"……相信越来越多的同行会开设更多与华夏传播研究相关的课程。

三、华夏传播研究会成立，标志着学术共同体形成

为了进一步推动华夏传播研究再现 20 世纪 90 年代的盛况，厦门大学传播研究所发愿搭建学术交流平台，形成学术共同体。为此，我们于 2016 年 3 月 25 日晚，在南京大学召开的中国新闻史学会新闻传播思想史研究委员会筹备成立的会议上，申请成为该会的华夏传播研究工作组，并得到了批准。随后于 2017 年 11 月 18 日，在厦门大学新闻传播学院召开的该会年会上，借助会议东道主的优势，传播研究所发起承办了年会上的华夏传播研究分论坛，并于 19 日上午在厦门大学南光二教学楼 201 教室召开了华夏传播研究会成立的筹备会，包括华东师范大学、西南政法大学、深圳大学、广州大学、郑州大学、厦门大学、西北师范大学、暨南大学等大学的十余位代表畅谈了推动华夏传播研究的思路，共商筹建研究事宜。同年 12 月 19 日，笔者作为筹备组组长应邀参加了全球修辞学会在浙江越秀外国语学院召开的学术年会。会长陈汝东代表该会批准"华夏传播研究会"加盟的申请。我们期望与该会共同推动中国文化传播研究。2018 年 9 月 16 日，在江苏省常州市金坛区召开的首届"华夏文明传播与企业家精神培育"研讨会的闭幕式上，华夏文化促进会的驻会主席廖彬宇先生亲自莅会授牌，标志着"华夏文化促进会传播研究专业委员会"（简称"华夏传播研究会"）正式成立。会上礼聘吴予敏为荣誉会长，郑学檬为首席顾问，孙旭培、邵培仁、李彬、戴元光、陈国明、孟华等学者为学术顾问，笔者任会长，潘祥辉、张兵娟、李红、姚锦云、钟海连为副会长，叶虎为秘书长。从此，华夏传播研究有了自己的学术共同体，有了稳定的组织推动相关学术活动。

四、专业学术会议与工作坊持续举办，华夏传播研究的影响力不断提升

在华夏传播研究会正式成立的前后，以传播研究所为推动机构，已经开始举办专业性学术研讨会。2016 年 5 月 14 日，由厦门大学传播研究所、厦门箕筥书院、两岸关系和平发展协同创新中心以及厦门伟纳机电技术有

限公司共同举办的"中华文化与大众传播研讨会"在厦门箅笪书院学术交流中心举行。2018 年 5 月 18 日至 19 日，由西南政法大学新闻传播学院和厦门大学传播研究所联合主办，西南政法大学法治新闻研究中心承办的"传统文化与传播学术研讨会"在西南政法大学渝北校区举行。本届研讨会的主题是"传统文化与传播的问题、话语与理论建设"，来自复旦大学、厦门大学、暨南大学、西南政法大学、华东师范大学、扬州大学、江苏宏德文化出版基金会等近二十所科研院校和文化团体的三十余名学者参加了本次研讨会。学者们围绕主题，各抒己见，就中华文明传播的世界意义、华夏传播的微观视域、"一带一路"与华夏文明传播、儒释道文化传播等问题展开深入的专题研讨。2018 年 9 月 15 日至 16 日，由华夏传播研究会与中盐金坛盐化有限责任公司、江苏宏德文化出版基金会共同主办的首届"华夏文明传播与企业家精神培育"研讨会在江苏省常州市金坛区举行。近百位专家学者与会，以主题报告会和"企业家精神培育工作坊""华夏文明传播研究工作坊"等不同形式，围绕中华优秀传统文化传承创新、企业家精神培育与文明企业建设发展等话题展开研讨。2018 年底，福建省高等学校人文社会科学研究基地——中华文化传播研究中心落户厦门大学新闻传播学院。2019 年 4 月 12 日至 13 日，由郑州大学新闻与传播学院、华夏传播研究会联合举办的首届"礼文化与华夏文明传播研究"工作坊在郑州大学新闻与传播学院穆青研究中心举行。本届工作坊以"新时代、新路径、新发展"为理念，共分为会议主题发言、华夏传播研究分享、青年学者礼文化研讨和博士生礼文化论坛等四个部分。专家学者们从传播学本土化出发，探讨中国文化、华夏传播、先哲智慧、礼乐文明及其与中国、世界发展的时代关联，在学术争鸣过程中探索内在脉络，在扎根文化历史中推陈出新。2019 年 5 月 11 日至 12 日，第一届"媒介中国研究百人会"在南京大学新闻传播学院顺利召开，其间，潘祥辉主持了"传统文化中的传播考古"研讨组圆桌会议与"传统文化与华夏传播"论文发表组圆桌会议。来自传播学、历史学、政治学等多个领域的专家学者在此共聚一堂，共同探讨传统文化的传播学议题，并就如何用传播学的方法来做中国文化中的研究议题展开讨论。2019 年 7 月 5 日至 6 日，在全国人民喜迎中华人民共和国成立七十周年之际，首届"贤文化与华夏传播研究"工作坊在厦门大学新闻传播学院成功举办。本届工作坊旨在探索和彰显中华文化中崇贤、尚贤、聚贤、访贤、求贤等博大精深的"贤"文化智慧，深研建构华夏文明传播理论体系的进路问题，深化学科对话与融合。本届工作坊由厦门大学传播研究所与中盐金坛盐化有限责任公司共建的华夏文明传播研究中心发起，华夏传播研究会、厦门大学人文学院哲学系、江苏宏德文化出版基金会共同承办。

此外，值得关注的是，在中国港台地区和中国大陆已成功举办了十二届"世界华文传媒与华夏文明国际学术研讨会"。该研讨会集聚了海内外传媒的业界与学界的学者，共同探讨传媒与华夏文明传承的问题，并且常有许多与华夏传播研究相关的文章。以在重庆大学举办的第十一届研讨会为例，该届研讨会的主题为"人类命运共同体与华文传播"，会议设有"华文传播的理论体系与话语体系""华夏文明传播的历史与现实"等多个议题。2018 年福建省传播学年会也专设了"华夏传播研究"分论坛。

五、华夏传播研究学术体系亮点频现

本时期的华夏传播研究形成了一次新的高峰，主要表现在以下几个方面。

（一）"华夏文明传播研究文库"等丛书出版

厦门大学传播研究所与中盐金坛盐化有限责任公司开展校企合作，联合主编"华夏文明传播研究文库"，首次提出"华夏文明传播"理念，努力将"文明传播学"的视角引入华夏传播研究，试图用中国的中庸、天下、和谐、礼乐等中国式话语体系来阐述华夏文明的沟通智慧，向世界说明华夏文明的特质是以追求"天下太平"为己任，秉持"和而不同"的共生交往观①。该文库是继 2001 年"华夏传播研究丛书"之后的又一套由厦门大学传播研究所主持的丛书，丛书从 2016 年至 2019 年三年间已由九州出版社出齐十卷：《大道上的老子：〈道德经〉与大众传播学》（2016）、《华夏文明与传播学本土化研究》（2016）、《生活中的老子：〈道德经〉与人际沟通》（2017）、《张湛、卢重玄〈列子〉诠释研究》（2017）、《甲骨文四重证据研究法》（2018）、《华夏传播学的想象力：中华文化传播研究著作评介集成》（2018）、《中庸的传播思想》（2018）、《华夏文明与舆论学中国化研究》（2018）、《光荣与梦想：传播学中国化研究四十年（1978—2018）》（2018）、《中华传统文化传播研究举隅》（2019）。从 2019 年起，陆续出

---

① 谢清果.华夏文明与传播学本土化研究［M］.北京：九州出版社，2016：总序7.

版"华夏传播学文丛"，主要有《共生交往观：文明传播的"中国方案"》（2019）、《华夏礼乐传播论》（2021）等；"经典与传播研究丛书"，主要有《庄子的传播思想》（2019）、《〈论语〉的传播思想》（2020）、《经典新探：王充〈论衡〉的传播学释读》（2021）、《周易的传播思想》（2022）等。

（二）一批中青年学者涌现，一批优秀成果发表

这一时期出现了本领域第三代中青年学者接棒的新局面。概而言之，第一代华夏传播学者为余也鲁、徐佳士、朱传誉、郑学檬等；第二代为黄星民、吴予敏、黄鸣奋、尹韵公、邵培仁、李彬、戴元光、杨立川、关绍箕、张玉法等；第三代主要有潘祥辉、谢清果、姚锦云、李红、张兵娟、刘大明、王仙子、贾兵、黄春平、陈谦、白文刚等。潘祥辉以传播考古学为特色，发表了《瞽矇传诵：先秦"盲媒"的传播考古学研究》《"对天发誓"：一种中国本土沟通行为的传播社会学阐释》《传播之王：中国圣人的一项传播考古学研究》《传播史上的青铜时代：殷周青铜器的文化与政治传播功能考》等论文，后集成《华夏传播新探：一种跨文化比较视角》（2018）一书。学者评价说，它体现"华夏传播研究的新进展、新前沿、新水准"，其独特的视角"给沉寂一时的华夏传播研究吹入了一股新风"①。谢清果注重华夏传播理论的研究，主要发表了《"风草论"：建构中国本土化传播理论的尝试》《华夏说服传播的概念、特征及其实践智慧》《华夏公共传播的概念、历史及其模式考索》《华夏媒介批评的概念、思想流变及其价值取向》《华夏舆论传播的概念、历史、形态及特征探析》《华夏传播研究的前史、外史及其开端》等文章。李红将中国传统的"势"引入视觉修辞研究，发表了《视觉之势：论视觉修辞的活力之源》《再论视觉之势：传统、内涵及其合法性——基于中西比较的视野》《庄子的"吾丧我"：主体趋近世界的路径》等文章。姚锦云与其导师邵培仁联合发表了一系列有分量的文章，主要致力于本土传播理论与观念研究，代表作有《华夏传播理论建构试探：从"传播的传递观"到"传播的接受观"》《从思想到理论：论本土传播理论建构的可能性路径》《为历史辩护：华夏传播研究的知识逻辑》《传播理论的胚胎：华夏传播十大观念》等。张兵娟钟情于中国礼

---

① 潘祥辉.华夏传播新探：一种跨文化比较视角［M］.上海：复旦大学出版社，2018：序一1.

文化传播研究，发表了系列专题论文，主要有《中国礼的教化传播思想及当代价值》《传播史上的孔庙祭祀礼制及其当代价值》《传播学视野下的中国礼文化与认同建构研究》。刘大明发表了《宋代图书出版业的侵权治理机制探析》等文章。王仙子师承黄星民，主要从事儒家"诚"的传播观念研究，主要发表了《作为仪式的传播——〈尚书〉诚传播观念的性质、流变及其意义》《〈孟子〉诚传播思想》等文章。贾兵师承许正林，主要从事先秦诸子政治传播思想研究，发表了《先秦诸子政治传播观念的历史局限》等文章。黄春平师承尹韵公，发表了《汉代邸报问题辨析——兼论戈公振的"邸报说"》等汉代传播媒介研究文章。陈谦发表了《论中国古代谏议思想与信息传播》《中国古代政治传播思想及制度概说》等论文。白文刚发表了《文明传播中的受众动机与传播效果》《政治传播中话语战胜的内在机理——清前期正统性辩护话语策略的理论启示》等论文。

此外，一些不以华夏传播为主要研究领域的学者也关注了这一领域，推出一批有影响的作品，比如中国社会科学院的朱鸿军，发表有《经筵会讲：一种中国本土的政治传播仪式及其演变》《被压抑的仪式传播——清初经筵的文化涵化、移转和控制》等论文；中国人民大学的赵云泽，发表有《"书同文"：中国古代政治制度变化与媒介变革影响研究》《宋代士人阶层重组与言论清明格局的形成》《古代传播媒介"露布"政治功能考察》等论文。付晶晶的《中国古钟文化传播述论》（2016）一书以中国古钟为研究对象，探讨"钟"这一文化符号与文化传播的关联，从古钟文化的传播语境入手，考察了宫廷钟文化、寺庙梵钟文化以及民间钟楼文化，揭示出钟在不同传播语境下的文化特质。华中科技大学赵尚发表了《论"报"的中国文化背景——我国古代信息传播意义上的"保""报"关系考》（2015）一文，并于2016年完成其博士论文《我国古代官方信息传播的伦理性特征研究——以信息传播意义上"保""报"关系为中心的考察》。

（三）华夏传播理论探讨方面出现多点突破新局面

这一时期，华夏传播理论研究方面的成果较前一时期有显著跃升，相关学者表现出极大的热情。笔者率先提出以"华夏传播学"命名"华夏传播研究"的理论成果，发表了《华夏传播学勃兴的东方视维、问题意识与方法自觉》（2014）一文，又发表了这一时期前期的研究综述，即《2011—2016：华夏传播研究的使命、进展及其展望》（2017）一文，这是期刊上首次发表本领域的综述文章。其他方面进展简述如下。

其一，中华文化以"内求诸己"为主要特色，因此在内向传播方面积累了丰富的思想素材。笔者近年来主要在华夏内向传播研究上着力耕耘，发表了《道家内向传播的观念、路径及其目标》《新子学的当代转向——以儒家道心、人心的博弈与当代自我传播智慧为例》《儒家"修身为本"的内向传播意蕴考析》《内向传播视域下的先秦儒家"慎独"观》《新子学之"新"：重建传统心性之学——以道家"见独"观念为例》《中庸：儒家内向传播的独特运思方法》《作为儒家内向传播观念的"慎独"》《内向传播的视阈下老子的自我观探析》《内向传播视域中的佛教心性论》等十余篇文章，从而初步呈现了儒释道的内向传播智慧，彰显了中国内向传播的精神超越性特征；并于2020年结集出版了《华夏自我传播的理论建构》一书，作为厦门大学百年校庆献礼著作，被收录于"南强丛书"（第七辑）。

其二，在华夏政治传播研究方面成果突出。陈谦出版《中国古代王朝政治传播制度研究》《中国古代政治传播思想研究》两本著作；白文刚出版《中国古代政治传播研究》一书；潘祥辉发表了《宣之于众：汉语"宣"字的传播思想史研究》《"歌以咏政"：作为舆论机制的先秦歌谣及其政治传播功能》《"秦晋之好"：女性作为媒介及其政治传播功能考》等论文；张昆在国家形象传播领域耕耘，发表有《唐代的政治传播体系建设与国家整合》《唐代的对外传播与"中国"在前近代国际关系中的国家认同建构》；笔者提出了"共生交往观"，于2019年陆续发表了《天下一家：新时代人类文明交往观的中国气派》《共生交往观的阐扬——作为传播观念的"中国"》《构建人类沟通共同体的理论依据、可能路径及其价值取向》（与徐莹合写）、《中华新文明主义的共生交往特质》等系列文章。

其三，一批前辈学者开始回望中华传统，进入华夏传播研究领域。比如，吴予敏发表《从"零"到一：中国传播思想史书写的回顾和展望》《"重构中国传播学"的时代场景和学术取向》等；芮必峰发表《作为信仰"装置"的秦汉石刻：一种媒介学的视角》《致中和：中国文化中的主流传播价值观》《先秦儒家人际交往思想重估与再释——基于胡塞尔现象学视野》；黄旦发表《媒介变革视野中的近代中国知识转型》《作为媒介的史料》等；邵培仁则在探索本土传播理论方面继续发力，发表《携手共同构建人类整体传播学》《打造中国文化全球传播新景观》等佳作；郑学檬则继续从史学角度探索华夏传播，发表《8至14世纪海上丝绸之路的跨文化传播考察》等论文；黄鸣奋继续研究格言的传播智慧，在《华夏传播研究》上连载三篇文章。

其四，在华夏传播研究史研究领域继续有佳作面世。刘大明出版了《宋代新闻传播与政治文化史稿》。巫称喜出版了《殷商文化传播史稿》，他指出："甲骨卜辞绝大多数都是商代官方预测性信息的记录，是研究商代传播史的重要资料。"此书填补了商代传播史研究的空白。李漫博士的《元代传播考——概貌、问题及限度》一书弥补了元代传播史研究的空白。该书主要围绕元代"报纸"问题，元代官方信息传播的路径，官方信息向民间传播的路径，元代政治、经济、文化诸方面与传播的关系问题，展开论述，从而呈现了元代中心与边缘、地域与地域、中央与地方、社群与社群之间沟通与运行的复杂问题。2017 年，李礼出版《转向大众：晚清报人的兴起与转变（1872—1912）》，探讨了晚清社会转型时期报人群体的兴起与大众观念。此外，史学领域也出现了传播学的研究视角，着重从信息传播的视角对传统社会的政治运作进行了新的考察，成果很有新意。例如，李浩的《天子文书·政令·信息沟通：以两汉魏晋南北朝为中心》，邓小南、曹家齐、平田茂树主编的《文书·政令·信息沟通：以唐宋时期为主（上、下）》，邓小南主编的《政绩考察与信息渠道：以宋代为重心》。这些著作都表达了信息传播将是理解世界、把握社会运作的基本路径，某种程度上表明华夏传播学具有跨学科与元学科的性质。

（四）华夏传播研究的方法论求索

一门学科成熟的标志之一是形成有自身特色的研究方法。为此，台湾学者陈世敏曾经提出"华夏传播学方法论"问题。他认为，学科当具有本体论、认识论、形上（价值）论、方法论等四个层面，而中国特有的经学、理学、训诂、考据等都有自己的如上"四论"。他以方志学为例，认为方志本体是地方史，认识是"究天人之际，通古今之变"，价值论在于反映地方特色，方法论是通过考察、记录、誊抄、访问，取得民风民俗的第一手资料。况且，方志强调社会互动，又是地方社区的资料库，是研究中国社会传播的贴切方法。[①] 上海大学新闻传播学院教授郝一民（郝雨）近年来热衷

---

① 陈世敏.华夏传播学方法论初探［M］//陈国明.中华传播理论与原则.台北：五南图书出版股份有限公司，2004：132-145.

于建构"中国媒介批评学"。他希望运用中国的方法论建构有中国风格的媒介批评学，即从中国传统文化中吸收人文精神的内核，作为媒介批评体系的基本立场和理论建设的灵魂，并从我们的经典文化中寻找媒介批评的思想方法和思维逻辑，从我国传统文艺批评理论中借鉴基本概念和表现方式，创造一套真正符合中国大众传播现实的原创性批评学体系，进而推出了《中国媒介批评学》一书。潘祥辉正努力将中国传统训诂学方法打造成传播考古学的研究进路，期待不久的将来"传播考古学"能够成为华夏传播研究的重要方法之一。

值得一提的是，传统的中庸之道也可以成为一种研究方法。黄星民认为，"中庸"乃"心物相和"，反映了中国人以自身独特的方式进行思考，既有重体悟的价值渗透观念，又有注重自我与包括自我在内的世界诸方面的认知与确证，进而努力追求两者之间的平衡，具体来说，就是诚意正心与格物致知的统一。沙莲香与陈禹等成立了"中庸读书小组"，以定量的研究方法揭示了"中庸"具有的本体论、认识论、价值论、方法论价值。例如，发现中庸有类于"黄金分割点"，是"各种关系的多数人可接受度"；中庸社会的实现有赖于"狂"与"狷"两个极端的人格的存在，要尊重不同人格类型的存在；中庸与博弈论有共同之处，即从事物的内在的、固有的结构和动力机制去看待其发展，上善若水，顺其自然，虽然前者更强调自然规律，后者更强调发挥人的主动性。中庸的境界具有天下视野，即将全人类的利益看作属于人类的每一个个体。总之，"它（中庸）含有统计学和数学上的正态分布原理和肥尾'幂次律'原理，含有变化自'隐微'始的'预见'，含有群体中互惠原理和信任与善自行产生的'互动反馈'原理，含有极端处'狂'的出现以及孔子'择狂'的不可避免之'幂次律'原理。总之，'中庸'潜藏了与现代科学'不谋而合'的一面，具有一种可以'对话'的空间"[①]。中庸不仅是一种民族社会心理，而且可以被打造成为一种研究方法，更重要的是这种方法将来很可能成为理解华夏传播理论与智慧的根本性方法。

（五）"庄子没有传播思想"引发的学术争论

尹连根认为邵培仁与姚锦云的文章《传播受体论：庄子、慧能与王阳

---

① 沙莲香.中国民族性（三）：民族性三十年变迁［M］.北京：中国人民大学出版社，2012：303.

明的"接受主体性"》提出的观点有待商榷。尹连根的主要立论在于邵培仁、姚锦云的文章"由余英时的'内在超越'和'外在超越'是无法推导出两种文化下的双方传播思维的异同的。换言之，内倾的文化不必然是接受的内向，而外倾的文化也不必然是传递的外向"①，进而认为"接受主体性"有"生造概念之嫌"。在尹连根看来，"任何传播活动中，接受者之主观能动性的发挥是不言自明的"。姚锦云回应称，"接受主体性"是一种学术"概念化"努力和"释义符"表征，且符合中国文化"施受同辞""虚己待道"的习惯②。说到底，双方的纷争主要是对概念理解上的差异。同一个"主体性"，中国哲学的主体性与西方哲学的主体性是不同的。中国哲学的主体性带有本体论意义，即主体是与天地同在的主体；而西方哲学的主体性带有认识论意义，即主体是认识世界的主体。再者，其实这就好比学术上经常粗略地说中国人重集体主义，西方人重个人主义一样，中国人也有"各人自扫门前雪，哪管他人瓦上霜"的个人意识，西方也有强烈的社会意识。约略地提中国"内求诸己"的自省文化观，相对而言，更重视"受"，无论是他人的感受，还是自己的感受，因为传受双方的地位是时时互换的。其实，邵培仁、姚锦云之文的意思在于中国文化更倾向于人文关怀，而西方文化则更倾向于传播效果的物化指向。在此基础上，从传播学的角度，我们就可以发扬中华文化的特质性取向，在现代社会情境上建构出面向现实与未来的中国传播学，从这个意义上提"接受主体性"是可以接受的。尹连根笔锋一转，认为"庄子固然有传播活动或者说传播行为，但并没有所谓的传播思想可言"。姚锦云回应称，《庄子》没有传播学意义上的思想，但《庄子》有对传播活动与现象思考意义上的传播思想。再者，《庄子》一书中既有"君子之交淡如水"的交往问题，也有"得意而忘言"的符号与意义关系思考，因此，不能说《庄子》没有传播思想。庄子那个时代是论辩盛行的时代，庄子对此也表达了许多自己的看法，这不能说不是一种传播思想。尹连根提出，要避免对传统文化进行"标签化解读"，而应当"在实践活动与古代思想之间建立起有机的内在联系逻辑，从而廓清现实发展的历史脉络，展示媒体、政治和社会复杂关系演绎的机理，继而帮助我们

---

① 尹连根.审慎对《庄子》进行传播学层面的"本土化"：与邵培仁、姚锦云两位老师商榷［J］.国际新闻界，2017，39（5）：155-173.

② 姚锦云.再论庄子传播思想与"接受主体性"：回应尹连根教授［J］.国际新闻界，2019，41（2）：132-152.

更好地理解和诠释当代中国人的传播思维和媒介现实"。这是非常中肯的意见。

尹连根针对姚锦云的回应文，又撰写了《庄子与中国传播学的本土化》。从文中表述来看，尹连根不再纠结于庄子有没有传播思想。尹连根认为："《庄子》所关注的问题与传播不在一个理论抽象层次上，两者之间很难找到合适的契合点。当然，这种层次之间的距离也许并非不可逾越的鸿沟，但至少提醒我们需要有取珠还椟、避名居实的苦心孤诣，需要慎之又慎地说明庄子在哪个抽象层次'接通'了传播。否则，势必难逃落入比附的窠臼。"尹连根特别强调不可对经典"穿凿附会"，要有"敬畏之心""了解之同情""取珠还椟"之苦心孤诣。他最后给出了传播学本土化的路径，主要是借鉴社会学本土化的路径，即体现出"一种与我们当下生活紧密相连的活的传统"，取法中国哲学的思辨，以阐发中国传播思想；学习史学的诠释，来研究中国传播活动，即"运用一手史料的广度与深度，以及材料提出观点"①。尹连根的新文"从前提、内涵、印证三个角度来质疑'接受主体性'作为概念的正当性"。这种追求从学理上探讨与提出新概念的一般通则，是值得肯定的。不过，概念的成熟也不是一朝一夕的，历经争鸣的风雨洗礼，相信有一天，华夏传播学界能够不断地以更合乎学术规范的方式提出自己的概念。

无论争论多么激烈，双方都肯定从传统文化中探讨传播学本土化是一个路径。这样的争论是发展过程中的争论，这样的争论必将以更大的进步来回馈。

---

① 尹连根.庄子与中国传播学的本土化［J］.新闻与传播评论，2020，73（6）：99-110.

第七章　雄关漫道真如铁，而今迈步从头越

——华夏传播研究的未来方向的思考

华夏传播研究的未来，其实就在当下，就在以上学术史回顾中，因为未来已来。在此，笔者集中撷取在这数十载发展过程中，学者提出的真知灼见，这种见解恰恰铺就了通往未来的道路。

一、起点：建构基于本土经验的华夏传播学

华夏传播研究的拓荒者余也鲁以意见领袖和说服理论提出的过程为例认为，"许多传播形式或观念早已存在于实际生活、习惯与行为中，它们在那里，历史悠久、世代相传，是指导我们'传'的活动的原则，要下功夫去找寻、整理、加以组织，才能形成有系统的理论。应用这些又可以生发新的理论"。加之，不同文化与传统会产生不同的传播观念与原则、形式，因此，"在中国的文化、传统与实际中应该可以找到中国的传播理论"[1]。历史与传统烙印着我们中华民族的传播方式、手段与观念，由此完全有可能整理成华夏传播理论。20世纪80年代，颜建军的《关于建立中国沟通学的构想》一文承继了余也鲁的见解，其基本立场是"世界各民族的文化创立、规定并制约本民族人民的沟通方式，中国的沟通方式就扎根于中华民族的传统文化之中"。他认为，中国沟通（传播）学可分为一般理论和分支理论。前者包括信息理论、符号理论和意义理论，大体上要阐述中国传播理论的基本范畴。后者大体上是传播学的分支学科或研究领域。包括：其

---

① 宣伟伯.传学概论：传媒·信息与人［M］.余也鲁，译述.北京：中国展望出版社，1985：代序 XX .

一，内向沟通。主要内容是内圣外王。其二，人际沟通。主要内容是基于五伦（父子有亲、君臣有义、夫妇有别、长幼有序、朋友有信）的人际关系。其三，环境沟通。主要内容是自然环境、社会情境以及语境对沟通的影响。其四，组织沟通。主要对象是中国古代高度的中央集权制度所依托的官员选任制度与通信工具一体化所形成的超稳定性结构。其五，民间沟通。主要内容是民谣、谚语、山歌、女书等独特的沟通媒介。其六，情感沟通。传统文化是情感型文化，情感影响着沟通。其七，劝服与宣传。主要内容是传统修辞史论、合纵连横的说服以及喉舌观念。其八，娱乐传播。主要内容是娱乐与人际沟通。其九，大众传播。造纸术与印刷术产生之后，大众传播事业就开始了。其十，口语沟通。主要内容是中国的言语持"慎言"态度，讲究说话得体，顾大局。其十一，非言语沟通。人承载着世代相传的思维方式和行为模式。其十二，中西沟通方法。中国沟通注重情境关系的把握，而西方沟通讲究对对象属性的把握。①

二、目标：建构基于中西对话的华夏传播学

孙旭培的《华夏传播论：中国传统文化中的传播》虽然研究的对象是中国传统社会的传播现象与传播活动，但他的目标是"通过大量挖掘中国文化（包括传统文化和现代文化）中关于传播方面的财富，促进传播学的发展，最终创造出集东西方文化精华之大成的传播学"②。黄星民也期待华夏传播研究将最终促成"传播学中华学派"③，以与欧洲学派和北美学派相媲美。陈国明也认为："正是华人传播学者，如何对中华文化诠释再诠释，创新再创新，建构出一个独立与特殊的所谓的'中华传播学'或'华夏传播学'，然后经由谈判与策略性的联系与互动，投射到全球脉络的过程。从传播学的角度，无疑地，中华传统文化蕴藏着大量尚待开发的宝贵知识。这种具有文化认同色彩和知识贡献，是未来人类全球化社会之所需。"④进而，他主张严格建构华夏传播学的学科体系——当从本体论、认识论、方法论、

---

① 颜建军.关于建立中国沟通学的构想［J］.新闻学刊，1987（10）.
② 孙旭培.研究对象中国化［M］//王怡红，胡翼青.中国传播学30年：1978—2008.北京：中国大百科全书出版社，2010：562.
③ 黄星民.华夏传播研究刍议［J］.新闻与传播研究，2002（4）：80-86，96.
④ 陈国明.中华传播理论与原则［M］.台北：五南图书出版股份有限公司，2004：20.

形上论等方面努力。赵晶晶教授在其编译的《传播理论的亚洲视维》的前言中强调:"作为一个既成事实,传播理论的亚洲中心学派已经在国际上出现,并在逐渐发展壮大和成熟,尽管该学派目前还不能说在国际传媒理论领域内领率一时,但影响已经形成。其视角之叠加多重,立意之新颖,分析之透辟明澈,触角之延伸多元,内涵之深沉丰富,理论之廓落大气,胸怀之开放宽容,对西方现有相关理论必将有所触动……"① 剑桥大学文学博士维莫尔·迪萨纳亚克认为,中国、印度、日本、韩国等亚洲国家创造的文明必当依赖于积极有力的传播体系,而"传播学要想在亚洲以及世界的其他地方变成一种更有意义的研究,就必须与相关的知识本源、情境信息及本地思维模式相联系。因此亟须发展亚洲的传播学理论、概念、方法和模式。"② 源于美国的传播学在世界的扩展,必须采取在地化方式,或者非欧美中心的世界其他各国应当自主发挥后发优势,从自己的历史传统中,从自己当下的社会实践中生发可以与欧美对话的传播观念和传播理论,以此自觉推动本国各项传播事业的发展。在传播学者看来,传播是一切社会活动的基础,加强传播意识、培养传播能力,是一国文化软实力的关键一环。邵培仁出版的《亚洲传播理论:国际传播研究中的亚洲主张》一书正是关于这方面的优秀成果。

三、路径:在理论化过程中建构华夏传播学

陈韬文先生也为中国传播学的发展把脉。他认为,华人传播学者研究华人社会,从这个意义上讲,"本土化"早已完成,但"现在最主要的问题是我们可否从华人社会的研究中产生新的概念和新的理论"③。诚然如是,当下的整个中国哲学社会科学界都弥漫着理论原创的焦虑。丰富深厚的中国社会实践理应诞生伟大的理论,然而,迟迟诞生不了大师,产生不了为世界所认可的理论成就。李彬教授认为,本土化研究当包括:第一,本土化的分层,包括理论的本土化,方法的本土化,实践的本土化;第二,本土

---

① 赵晶晶.传播理论的亚洲视维[M].杭州:浙江大学出版社,2008:前言2.

② 迪萨纳亚克.人类传播研究的亚洲方法:回顾与展望[M]//爱门森.国际跨文化传播精华文选.杭州:浙江大学出版社,2007:116.

③ 陈韬文.从个人的经历看中国传播学研究的发展[M]//王怡红,胡翼青.中国传播学30年:1978—2008.北京:中国大百科全书出版社,2010:603.

化的资源，主要有传统文化中的传播意识与传播手段，近代新闻事业的丰富经验以及改革开放以来的传播现象；第三，本土化的意义，建设有中国特色的传播学体系，注意为现实的传播活动提供思想方法，探讨本土化的可能，等等。进而他提出传播学研究的三个取向：从自然科学角度研究传播技术；从社会科学角度研究传播规律；从人文科学角度追寻传播意义。[①]这三个取向从根本上讲是用理论来提升我们的经验，将经验转化为在世界上可以对话的学术话语，此谓本土经验，国际表达。对此，邵培仁旗帜鲜明地认为："传播学研究的对象是人，中国化或中国特色的传播学，研究的对象就是中国人。中国人的性格或思维方式、文字与传受行为不同于外国人；中国的尊'长'贵'和'、崇'礼'尚'忍'等观念也是'本土化'的。中国的传播学者的世界观、宗教信仰、文化积淀、知识传承、社会背景等均是'中国化'的。"[②]

　　一些在欧洲受过传播学教育的学者，也积极为中国传播学将往何处去把脉。例如，著名媒介环境学专家林文刚曾撰文建议，筹建"中华传媒与文化研究中心"，来组织一整套大型、系统而宏观的"中国传媒生态文化史"，分前文字、文字、印刷与图像、电子传媒等四个传媒生态时代，围绕中华传媒的发展、符号和传播特点，来分析历史、政治、社群、经济和文化的发展[③]。陈韬文曾撰文提出"理论是本土研究与国际学术的纽带"，在他看来，再小的问题、再本土化的议题都应当提升到理论层面，只有这样才能与国际学界开展对话。

四、原则：打造以解决中国问题为导向的华夏传播学

　　学理研究应当有明确的社会问题意识，华夏传播学的建构不是发思古之幽情，而是着眼于向世界说明一个可沟通、善沟通、有担当的中国。"有鉴于此，传播学研究要扣紧中华文化的主题，并不是单纯着眼于中国古代

---

① 袁军，龙耘，韩运荣.传播学在中国［M］.北京：北京广播学院出版社，1999：90-91.

② 袁军，龙耘，韩运荣.传播学在中国［M］.北京：北京广播学院出版社，1999：229.

③ 林文刚.什么才是华人传通问题：中华传媒生态文化史初探［J］.（台湾）传播研究简讯，2000（22）：11-13.

文化或传统文化中有关传播思想、传播经验的总结与研究，也不是以此考据论证传播学理论中的某些理论、模式和观点，而是以民族性和时代性为支点，以中国现代、当代文化为重点，同时观照传统文化的继承，全面展开传播学的理论探索。"①笔者很认同这一思想。华夏传播研究虽然基于五千多年文明的历史实践，但是更应注意把当代中国社会治理作为着力点，探讨解释中华民族过去的路，理解当下所走的路，看清未来应走的路，这条路正是华夏文明传播之路。潇湘也说："倡导'本土化'有利于在传播学'地方性'研究中建立'主义'和'流派'，借以扩大传播学的知识体系。相对'本土化'而言，我们还应该提倡传播学研究的'世界化'，将'世界化'也作为一种学术立场加以坚持。这样，我们的研究可以变得立体化。在这两种趋向之间形成必要的张力，以使我们的学术目光更加开放自由，并有足够的空间来吸取最新的学术成果，丰富对本土经验的研究。"②对此，笔者直接将此思想表述为"中华文化立场，全球传播视野"。总之，正如邵培仁所言："我们要客观、冷静、全面地看待中国悠久历史和灿烂文化，既不要自高自大，也不要妄自菲薄。在虚心吸收、消化西方传播学知识的同时，要潜心探究、搜寻中国文化宝库中关于传播原理与理念的珍藏，努力向世界展示和返送中国人特有的传播思想和智慧，进而完全有可能开辟一个传播学研究本土化的新天地。"③在全国上下强调构建传播学自主知识体系的时代背景下，传播学界的学者应当增强文化自信，提升文化自觉，以守正创新为根本原则，珍惜和发扬中华民族的传播智慧，努力讲述中国传播智慧的故事。这也是为讲好中国故事提供学理支持。唯有如此，华夏传播研究才能行稳致远。

① 苑子熙.我国传播学研究情况［J］.新闻学会通讯，1986（3）.

② 潇湘.传播学本土化的选择、现状及未来发展［J］.新闻与传播研究，1995（4）：34-39.

③ 邵培仁.筚路蓝缕，以启山林［M］//王怡红，胡翼青.中国传播学30年：1978—2008.北京：中国大百科全书出版社，2010：642.

第八章 新时代华夏传播研究的使命、进展及其未来期许

华夏传播研究是传播学本土化的重要研究领域。近年来（2011—2016），在传播研究主体性思潮的推动下，华夏传播断代史、华夏传播媒介、华夏传播概念、华夏传播理论建构、民族文化传播学、诸子传播思想等研究方向都有相当大的进展，研究团队与专业期刊涌现，未来华夏传播研究当有广阔的发展空间。

华夏传播研究本是中国传播学研究不容忽视的一大方向或领域，伴随着传播学本土化研究的进程而不断发展壮大。然而，在以新媒体、互联网、大数据、社交媒体和大众传播为主要关注对象的传播学界的学术版图中，它依然是一棵小苗。纵览现有关于中国（华人）传播研究的综述性文章，少有顾及这一领域，不能不令人叹息。

一、时代的使命：华夏传播研究的传承与发展

回望历史，华夏传播研究在中华民族自主性意识推动下不断拓展。港台地区的余也鲁、徐佳士等前辈学者在传播学传入中国（首先是港台地区）伊始，便提出研究中国传统文化中的传播问题。前辈学者意识到中国不能缺席传播学研究。既然社会即传播，传播与人类伴随始终，那么中国拥有五千多年的文明，理应拥有丰富的传播实践、传播思想，甚至可以从中提炼出华夏传播理论。正是在这种民族情怀的感召下，中国的学者开始了传播学中国化的探索。后来，其中部分学者于20世纪90年代集聚在华夏传播的旗帜下，探讨中国传统文化中的传播问题，并以厦门大学传播研究所

为组织机构，开展学术研讨会，出版论文集《从零开始：首届海峡两岸中国传统文化中传的探索座谈会论文集》，合著概论性著作《华夏传播论：中国传统文化中的传播》，推出"华夏传播研究丛书"三卷（郑学檬的《传在史中：中国传统社会传播史料选辑》、李国正的《汉字解析与信息传播》和黄鸣奋的《说服君主：中国古代的讽谏传播》）。21世纪以降，厦门大学传播研究所的研究团队继承传统，继续给本、硕、博开设"华夏传播概论""中国传播理论研究"等课程，创办《中华文化与传播研究》刊物，推出"华夏文明传播研究文库"，开设"中华文化与传播大讲坛"，邀请海内外专家学者主要围绕中华文化传播相关议题开讲，努力推进华夏传播研究领域的教学与科研工作，期望能够再度引领该领域的学术研究。

华夏传播研究主要研究中华优秀传统文化中的信息传播问题，以努力构建本土传播理论、打造传播学中华学派为目标[1]。这一研究与一些国际学者倡导解构西方中心主义的传播理论遥相呼应。例如，剑桥大学文学博士维莫尔·迪萨纳亚克认为，中国、印度、日本、韩国等亚洲国家创造的文明必当依赖于积极有力的传播体系。换言之，一种传播体系总是与一种文明相伴随。因此在他看来，无论在亚洲，还是其他世界各地，传播学的研究要想变得有意义，就必须与当地的知识本源、情境信息及思维模式相联系。从这个意义上讲，亚洲学者有责任和使命来发展"亚洲的传播学理论、概念、方法和模式。"[2]学术界通常认为，包括中国在内的亚洲传播重内向、重集体、重关系，具有与西方不同的传播理论、概念、方法与模式。而华夏传播学的使命在于整理中国传统的传播理念、传播理论、传播制度，这不仅是理解当下中国诸多社会现象的重要依据，而且是反思中国传统、构建未来和谐社会所需要的传播资源，还是丰富世界传播理论的必由之路。基于此，笔者认为，华夏传播学是华夏传播研究的终极指向，是在对中国文化传播中的传播活动和传播观念进行发掘、整理、研究和扬弃的基础上，建构起来的能够为中华文明可持续发展提供传播原理和思想方法的学说。这里包括三方面含义：其一，以史鉴今，通过开展华夏传播研究，提炼华夏独特的传播理念、传播技艺；其二，华夏传播研究的目标在于既能解释中国传统社会的传播现象与活动，又能指导中国当代社会实践，实现传播

---

[1]　黄星民.华夏传播研究刍议 [J].新闻与传播研究，2002（4）：80-86，96.

[2]　迪萨纳亚克.人类传播研究的亚洲方法：回顾与展望 [M]//爱门森.国际跨文化传播精华文选.杭州：浙江大学出版社，2007：116.

理论的当代创新；其三，着力点在于将复杂的传播现象、传播制度、传播理念通过"由表及里，去粗取精，去伪存真"的功夫，形成一套能够保持自然生态和谐、社会关系和顺、政治运作高效廉洁、民众生活有序安宁、国际关系和平互助的传播思想、传播制度，以指导当下的传播活动，实现与社会运作方式的紧密配合。[①]

当前，在中国注重国家形象传播，追求提升我国文化话语权与软实力的大好形势下，传播学主体性呼声渐高的学术界在华夏传播研究方面的热情正不断被激发，一批青年学者涌现，一批有分量的成果出现，使这一领域大有兴起新高潮之势。为了回顾历史，把握当下，展望未来，且鉴于笔者已在《华夏传播学引论》和《华夏文明与传播学本土化研究》（九州出版社，2016）两部著作的绪论中相对系统地介绍了华夏传播研究的成就，因此，本章侧重评析21世纪第二个十年开始至2016年的代表性论著。论文以《国际新闻界》《现代传播（中国传媒大学学报）》《新闻与传播研究》《新闻大学》四本新闻传播学界最具影响力的期刊论文为主，旁及其他刊物；著作则是以六年来这一领域的作品为主，力求既生动准确又能概览式地展示中国大陆华夏传播研究的学术样态和发展趋势。

二、执拗的低音：华夏传播研究在传播学本土化方向上拓展

面对传播学中国化进程中的问题，学者们已有一定的探讨与争鸣。台湾学者认为，肇始于1978年的传播学中国化研究是传播学者回应学术中国化思潮的表现。于是，港台传播学者率先举办"中国传学研讨会"，目的在于"建立具有（中国）民族主义色彩的传播学"[②]。以陈国明为代表的一批从事中华文化的传播学研究的海外学者，充满信心地认为"要成功地扮演全球社会的一个分子，华人社会的传播研究，在批判吸收与转化西方思想的同时，必须深耕于中华文化的土壤，耙梳与建立起自我文化的认同，然后放眼全球社会，以资提供与接收必要的双向贡献。唯有经由健全的本土

---

① 谢清果.华夏传播学勃兴的东方视维、问题意识与方法自觉［J］.中华文化与传播研究，2014（2）：31-40.

② 林丽云.台湾传播研究史：学院内的传播学知识生产［M］.台北：巨流图书公司，2004：158.

性的发展与认同，再以此认同投射到整个全球社会，华人传播学才能显现其光辉与乐观的前景"①。就"华夏传播研究"这一方向而言，支持者表达了极大的热情，而反对者则表达了深深的忧虑。历史不断证明，矛盾是事物发展的根本动力，学术研究的深入也是如此。例如，香港学者李金铨教授曾直言："有人提倡整理古籍，只是实践至今多半落得'牵强附会'四个字。……如果只看文本，强作解人，用现代的名词附会古代的语脉，以致脱离整个时代背景和生活语境，终归是非历史的，片面的。"②国内最早出版华夏传播研究著作——《无形的网络》的吴予敏教授也曾以为："用古代材料为今人的概念加注解显然也是'拆碎七宝楼台，不成片段'之举。……时下不少中国传播思想史论著，都不能避免这个缺点。"③此类针对早期华夏传播研究的评价颇具代表性。其实，这类批评也是在为华夏传播研究的发展指明方向，即应当尽可能从中国的文化传统中去生发自己的传播观念与理论，尽可能用价值中立的精神，力求在历史真实情境中做有理有据的接地气研究。现实也是如此，华夏传播研究的学者正努力从微观与宏观两个方向推进研究。微观方面指的是从媒介批评、人际传播、内向传播等传播学研究各领域观照中国传播学的历史与现实的一系列努力；宏观方面指的是探讨建构不同于西方传播学的华夏传播学的可能性，并加以初步阐述。近年来华夏传播研究取得长足进展，上述批评已难觅踪迹了。

（一）华夏传播研究学者积极回应"本土化"路径与方法的质疑

邵培仁、姚锦云基于吉登斯的"双重解释学"，认为社会学家将大众"共有的常识（知识）"提升为理论，进而又用理论来解释"共有的常识"，从而化为大众的行动。如同凯瑞基于基督教仪式原型发展出传播的仪式观一样，中国的儒家道德传递观有可能发展为儒家道德传播理论。他们认为，

---

① 陈国明.中华传播理论与原则［M］.台北：五南图书出版股份有限公司，2004：20-21.

② 李金铨.视点与沟通：中国传媒研究与西方主流学术的对话［J］.新闻学研究，2003（77）：1-20.

③ 吴予敏.中国传播观念史研究的进路与方法［J］.新闻与传播研究，2008（3）：33-39，95.

经验与理论之间并不存在鸿沟，经验可以上升为理论，华夏传播研究可于此方向努力。^①邵培仁、姚锦云二人连续发文，致力于为"华夏传播"及其理论正名，直面学界对"华夏传播"的质疑，令人敬佩。他们认为，前人的经验通过语言和思想在后人的经验中延续，并成为后人的"意义之网"和"释义系统"，因此，以历史为对象的华夏传播研究能够发展为关于现实的知识。^②这一观点与笔者的观点不谋而合，那就是，华夏传播研究本身以对中国文化传统的研究为起点，落脚点是现实关怀，以能解释中国问题为突破口，因为"中国"本身就是一种方法。于是，邵培仁、姚锦云二人以"寻根主义"命名本土传播理论建构路径，并且初步提炼出中国传播的文化"基因"：其一，传播思想（阴阳和合的传播哲学），源自"阴阳"，指向"和合"与"天人合一"，其最高境界是"通天人，合内外"；其二，传播原则（情理交融的传播伦理），由"仁—礼""言—行""名—实"三对关系组成，其最高准则是"明贵贱，辨同异"；其三，传播观念（物我融通的传播意识），主要包含"观—味—知"的信息接受观、"风草论"的情感传播观等，其精神支柱是"参天地，赞化育"。如此看来，当前的华夏传播研究已经过破土而出的阶段，进入迎着风雨，立根又长芽的阶段。

（二）华夏传播研究正向理论建构方向挺进

浙江大学教授邵培仁主持过浙江省哲学社会科学规划项目"华夏传播理论研究：新视野、新思维、新路径"（2013）。笔者主持过福建省社会科学规划项目"道家符号传播思想研究"（2009）、厦门大学中央高校基本科研业务费项目"道家传播学的理论建构"（2011）。双方先后分别在《国际新闻界》《现代传播（中国传媒大学学报）》《浙江社会科学》等核心刊物上推出一系列有显示度的研究成果。其中，"风草论"原本是厦门大学黄星民教授率先提出并引起学界关注的学术构想。黄教授坚信此论是足以与西方"魔弹论"相媲美的一种华夏传播效果论。笔者带领的团队赓续这一研究传统，提出"风草论是建构中国本土化传播理论的一大尝试"的观点，认为"风草论"主要内含三个层面的传播观念：注重传播过程的风化

---

① 邵培仁，姚锦云.从思想到理论：论本土传播理论建构的可能性路径［J］.浙江社会科学，2016（1）：99-109，159.

② 邵培仁，姚锦云.为历史辩护：华夏传播研究的知识逻辑［J］.社会科学战线，2016（3）：140-151.

风行，关注受众主体性的草偃草起以及风吹草偃的传播效果。"风草论"表达了中国人对传播主体德行的关注以及对"以民为本"情境下的受众主体性的观照。① 此外，笔者的华夏传播研究团队正致力于建构能与西方传播理论进行对话的华夏传播理论，2016 年推出《华夏公共传播的概念、历史及其模式考索》《华夏舆论传播的概念、历史、形态及特征探析》《华夏媒介批评的概念、思想流变及其价值取向》等系列论文，试图在近年来较为活跃的公共传播、舆论传播、媒介批评、说服传播等传播学研究方向上呈现华夏文明传播史所积淀的思想观念、表现形态、历史变迁，并思考其当代价值，期望能引发学界关注，共同在相关方向上深入开拓。邵培仁的研究团队认为至少有"阴—阳""和—合""交—通""感—应""中—正""时—位""名—实""言—行""心—受""易—简"等十对华夏传播观念，它们既是中国传统思想的重要范畴，又是中国人日常传播行为和行动的"释义系统"，对发展出华夏传播理论至关重要。②

此外，在华夏传播的一些具体研究方向上也偶有亮点。郝雨教授的《中国媒介批评学》坚持立足中国传统文化，挖掘媒介批评思想与方法资源，例如，从传统文艺批评理论中借鉴了"印象式批评""诠释式批评""考据式批评"等方法。该书充分阐发了传统文化中的人文精神，并以此为内核，作为媒介批评的立场和理论源泉，不失为一部华夏传播研究领域的力作。③

（三）以"文明传播"概念开拓华夏传播学的崭新话语体系

如何推动中国传播学的理论创新是中国传播学界一直关注的热点问题。在此背景下，"文明传播"观念的提出及其系统的阐述，相当程度上可以视为传播学界观念创新与理论突破的一大重要举措。不过，当前似乎还未引起学界足够的重视。这种状况其实也不奇怪，因为随着网络新媒体盛行乃至大数据、云计算、VR 等传媒技术的涌现，传播学界绝大多数的目光被此吸引了，所以需要更多精力投入的华夏传播原创理论研究领域便

---

① 谢清果，陈昱成."风草论"：建构中国本土化传播理论的尝试［J］.现代传播（中国传媒大学学报），2015，37（9）：59-64.

② 邵培仁，姚锦云.传播理论的胚胎：华夏传播十大观念［J］.浙江学刊，2016（1）：203-215.

③ 郝雨.中国媒介批评学［M］.上海：上海大学出版社，2015.

少了几分热闹，反而更显得宁静而春意盎然。中国社会科学院新闻与传播研究所杨瑞明等研究员于 2007 年以"文明传播学的跨学科研究与学科创建"为题的课题被立项为院内重点课题。其课题成果以《文明传播的哲学视野》为名由中国社会科学出版社正式推出。该成果以传播哲学的高度，指出"文明传播"作为概念，是"文明的传播"与"传播的文明"的统一。前者强调的是"文明"在传播中的生成和发展；后者强调"传播"亦是在"文明"的观照下进行的，传播活动本身也进行着"文明"的洗礼。正所谓"文明通过传播，走向对话语境，达到和谐。传播是表明文明的手段，是显露文明的平台，传播的对话方式是实现和谐社会的有效途径"①。其实，关注这一议题的较早的成果当是毛峰的《文明传播的秩序：中国人的智慧》②一书。厦门大学传播研究所于 2016 年推出"华夏文明传播研究文库"，便是意在承继这一创新理念，期盼打造出华夏文明传播研究的学术新高地。

三、满园的春色：2011—2016 年华夏传播研究的基本态势

近年来，推动中华文化传播的呼声与举措渐成社会主流，作为以中华文化的传播问题为研究对象的华夏传播研究发展显著。

（一）继续在西方话语观照下，进行华夏传播研究的自我审思

一方面，从宏观上整体性考察中国文化传播问题，审思中华文化在现代的传播力问题。如，中国传媒大学隋岩的《符号中国》（中国人民大学出版社，2014）一书在充分解析符号学的核心概念与理论（例如，能指与所指、含蓄意指、元语言、隐喻和换喻）之后，结合中国丝绸之路、孔子、近代中国诸符号、民间符号、媒体符号等进行案例分析，最终落脚于以强符号传播中国这一根本目标上。需要指出的是，中国符号学作为符号学的一大流派日益受到学者的关注。祝东博士出版的《先秦符号思想研究》（四

---

① 杨瑞明，张丹，季燕京，等.文明传播的哲学视野［M］.北京：中国社会科学出版社，2012.

② 毛峰.文明传播的秩序：中国人的智慧［M］.北京：中国传媒大学出版社，2005.

川大学出版社，2014）便是代表。该书并不依伴西方符号理论，而是直接关注易学、孔孟、老庄、名墨、名法之学的符号思想。此后，他又出版了《中国古代符号思想史论》（科学出版社，2021）和《早期中国符号学思想与伦理转向》（上海人民出版社，2023），不断拓展了华夏传播符号学的研究，形成了本土符号学研究最具代表性的成果之一。

另一方面，从微观上将中国传统经典的智慧与传播学各学科进行对话。例如，西北师范大学的李红博士将老子的语言批判与价值批判导入对媒介批评的研究[①]。他还从传播符号学的角度分析老子"否定""二分""反""去"等符号逻辑运作思想，并归纳出"贵无""欲望批判""收敛""圆满""贵身"等新的传播伦理，颇有意义。[②] 以《论语》为对象的研究，亦层出不穷。徐瑶、樊传果认为《论语》中蕴藏了现代传播学所涉及的传播者、受传者以及和传播内容相关的传播知识学结构，并体现有"把关人"意识、"实事求是"原则、"选择性"定律和"反馈"过程的传播学价值隐喻。[③] 郑博斐认为孔子的"仁"是建立在交往基础上的实践性观念，是孔子传播思想的核心；而"礼"则注重时间与空间的联系，力求通过社会规范，建构社会秩序，是孔子传播思想的形式与目标[④]。

（二）尝试从中华文化的优势方面力争实现华夏传播理论的突破

笔者近几年从中国文化强调以"修身"为本这一共识出发，意识到中华文化定当在认识自我、超越自我方面有深厚的理论积淀，当可形成有特色的华夏内向传播理论。于是，笔者着力在华夏文明中的内向传播智慧方面进行深入探讨。经过研究发现，道家的内向传播通过涵养内心的清静灵明来实现自我的自由与逍遥。《内向传播的视阈下老子的自我观探析》一文指出："老子在方法上却采取了与传播学上的内向传播理论不同的操作方向，即通过对社会性活动的减损和人类已有知识的超越来实现自我升华。"

---

① 李红.老子思想与媒介批评 [J].国际新闻界，2011，33（4）：44-49.

② 李红.老子思想的符号逻辑及其传播伦理 [J].暨南学报（哲学社会科学版），2016，38（10）：65-73，131.

③ 徐瑶，樊传果.论孔子的传播思想 [J].中国传媒报告，2015，14（3）：103-109.

④ 郑博斐.在交往中实现自我与他者：孔子传播思想的核心内涵 [J].中华文化与传播研究，2014（2）：57-62.

《内向传播视域下的〈庄子〉"吾丧我"思想新探》则剖析了《庄子》一书提出的"吾丧我"的命题，视"吾"为"道我"，"我"为"俗我"，通过个体修炼（主要是心灵的内在对话）来消除后天自我观念对本性的遮蔽，以"丧我"为路径，回归道我、真我。此外，在华夏传播研究前辈学者黄星民老师的点拨下，笔者将"无"视为道家内向传播运作的独特观念与机制，即面对名缰利锁的诱惑，道家以"无"来化解。具体来说，以"心斋""坐忘"等方式提升自己对"道"（"无"）的向心力，以道之逍遥，激励自我心定于道。可以说，道家的内向传播是以解构的方式实现意义的建构。在此基础上，笔者进一步将目光转向儒佛文化。一方面，在《内向传播视域中的佛教心性论》一文中，以禅宗为核心继续探讨佛教心性论蕴藏着的内向传播思想，指出佛教的内向传播指的是修行者在充分认识自我的基础上，消除外在环境带来的烦恼和痛苦，开发内心的智慧和觉知，实现自我超越，达到成就佛果目标的一系列心理过程。借鉴弗洛伊德的本我、自我、超我的人格理论，我们发现，佛教所言的"贪嗔痴"等表现的就是"本我"的诸多欲望，而"戒定慧"则是"自我"意识的操持过程，其理想目标正是"佛"（禅悟）的"超我"境界。另一方面，在研读儒家《大学》《中庸》等经典过程中，笔者发现"慎独"是考察儒家内向传播观念的绝佳入手处，因为"慎独"本质上是儒家以圣人的心性品格来要求个体自我效法，进而个体接受了这种价值取向后，努力地在心灵深处开展自我与理想圣人的内在深层对话，以全方位提升自我。[①] 相应地，道家的"见独"观念最能体现道家式的内向传播智慧。理由是"见独"观念清晰地呈现了道家内向传播活动是如何运作，是怎样营造良好运作的环境条件的。具体来说，"见独"正是道家自我认知、自我反省、自我升华的内向传播活动。其运作机制是以"道我"对"俗我"的召唤，同时，"俗我"以"道我"为镜子来修身养性，而在此过程中，通过内观、心静如镜的一系列内向操作过程，终究能让心灵焕发"天光"，以促成"俗我"向"道我"的转化。

（三）以传播学的视角探索传统文化的当代生存境遇

中华文化博大精深，除了宏观上的学理探索，还需要从微观处的传播

---

① 谢清果.作为儒家内向传播观念的"慎独"[J].暨南学报（哲学社会科学版），2016，38（10）：54-64，131.

方式与路径、效果等方面进行细致剖析。近年来，中华文化传播，尤其是海外传播方面，随着"一带一路"倡议的提出，不同文化间的沟通日益成为优先关注的问题。对中国而言，文化的海外传播自然就成为中外联通的心理桥梁。在此背景下，以孔子学院为代表的中华文化传播研究蓬勃发展，比如，同济大学主编的"中华文化国际传播系列丛书"中便有《中华文化国际传播：途径与方法创新》（同济大学出版社，2016）等一系列著作。在此类汉语国际教育项目的带动下，对中华文化元素的传播学研究也很受关注，比如，对明代"衣冠禽兽"的官服制度进行文化符号解读，其实亦对作为非言语符号的服饰进行了内在权力、秩序及其关系的深刻解析。[1]碑刻是中国传承文明的重要媒介，体现了中国人传播偏向上的时间偏好，表现了《易经》中的"可久""可大"的思想。勒石表彰记事等功能直到今日依然广为运用，当然也有些功能弱化了。[2]另外，李萍关注中华文化元素或符号的海外传播研究，具有代表性的论文有《中华文化海外传播的策略性思考：基于"四大名著"海外传播的分析》。该文以四大名著的传播与接受研究为切入点，得出如下结论：想让"中国的"成为"世界的"，就得采用中国内容、世界主题、国际表达、产业运作，这样才能将高雅与大众连贯起来，增强文化传播力、影响力。[3]还有些学者关注新媒体时代下中华文化形象塑造。他们认为中华文化要想在当代重新焕发生机活力，就必须因应新媒体技术的变化，在坚持文化核心价值观的基础上，巧借各种传播形式，让中华文化观念深入人心，这样才能从根本上传承我们的文化。例如，通过动漫来塑造中华民族文化形象，比如《魔兽世界》对"龙"的正面塑造。[4]众所周知，近年来社交媒体兴旺发达，已成为世界人民信息交流的主要平台，中华文化要想扩大海外传播，就需要借助社交媒体，而要借力，就需要紧紧把握社交媒体的游戏规则，着重在社交人群喜欢的日常化、情

---

① 张玲."衣冠禽兽"的文化符号读解：以明代官服制度为例［J］.现代传播（中国传媒大学学报），2013，35（7）：82-85.

② 汪鹏.碑刻媒介的文化传播优势及其现代功能转型［J］.现代传播（中国传媒大学学报），2014，36（2）：155-156.

③ 李萍.中华文化海外传播的策略性思考：基于"四大名著"海外传播的分析［J］.现代传播（中国传媒大学学报），2012，34（1）：147-148.

④ 穆弈君，CHAN L.中华民族文化形象符号之动漫塑造［J］.现代传播（中国传媒大学学报），2014，36（12）：153-154.

感性、地方性的文化话题上用力。^①

编辑出版事业也是传播学关注的领域之一。图书本就是重要的传播媒介，华夏传播研究于此自然不能缺席。一批青年博士从历史学研究着手，走向传播学研究。如，李西亚博士的《金代图书出版研究》（中国社会科学出版社，2015），张献忠博士的《从精英文化到大众传播：明代商业出版研究》（广西师范大学出版社，2015），刘天振博士的《明清江南城市商业出版与文化传播》（中国社会科学出版社，2011），等等。

（四）关注民族文化的传播学研究

民族文化的传播学研究是华夏传播研究的重要组成部分，其研究对象是少数民族文化，内容侧重于民族文化在大众传播时代如何呈现自我的问题，尤其关注在举国大力发展文化创意产业背景下，平衡民族文化与社会、传媒的三方博弈，旨在保护民族文化的文化权利与权益。"传媒场域本身就是文化存在与再生的场域，所以传媒化是民族文化在现当代的一种新的生存方式。"^② 从这个意义上讲，关注中华传统文化的当代传播问题，是华夏文化研究的应有之义。因为华夏传播关注的不仅是历史上的中国、文化的中国，而且是当代生活中的中国，关注的核心正是中国人的交往方式。中国人的交往方式本身既是历史在现实的延续，又是现实对历史的再造，无论这种再造是否运用新媒体技术，是否或何种程度上受其他文化的影响，包括外国文化的影响。文化始终是进化的，是各种因素共同作用的产物。华夏传播研究关注的重点是中华民族这一族群共建共享的文化行为。文化是族群的身份标识，一种文化就是一种独特的传播方式，就是一种独特的生活方式。文化可以在传播中造就，也可能在传播中丧失。因此，我们有必要探讨一种文化如何更好地因应不同时代的传播方式，传播技术的变革。无法适应，无法自我革新，文化就可能不安全，甚至消亡。刘建华和巩昕顿（Cindy Gong）从传媒经济学的角度考察了跨文化交流与文化贸易中的文化折扣现象，探讨优化传播民族文化的主旨与声音。他们认为，发展民族文化影视传媒产品是既能发展民族文化产业，又能维护民族文化

---

① 徐翔.中国文化在国际社交媒体传播的类型分析：基于共词聚类的研究［J］.现代传播（中国传媒大学学报），2015，37（10）：38-45.

② 程郁儒.民族文化传媒化［M］.北京：中国社会科学出版社，2012：绪论6.

安全的路径。①

其实，早年郝朴宁②、仲富兰③、杨立川④等也提出过"民俗传播""传播习俗"等概念，甚至关注"民族文化传播学"议题。近年来值得关注的是，复旦大学的刘海贵教授主编了"中国少数民族传播研究系列"丛书，已在复旦大学出版社出版有《土风巴韵：土家族传播研究》（庹继光、李缨、庹继华，2016）、《凤尾竹楼：傣族传播研究》（柳盈莹，2014）、《白山黑水：满族传播研究》（汤景泰，2014）。刘海贵认为，面对民族文化资源严重流失与民族传播方式急速消亡的局面，研究各民族特有的传播方式和活动，尤其是本民族的民俗，非常有意义，因为民俗符号代代相传，凝聚成"集体记忆"，体现出其民族性。该丛书总体上既有历时性的民族变迁与信息传播的内在关联，又关注民族在共时性方面与媒介的关系，从而探讨各民族在大传播时代的生存与发展问题。从一定意义上讲，汉族与少数民族的民俗研究将是华夏传播研究的重要着力点。研究者的使命在于推动本民族增强文化传播力与凝聚力，形塑本民族的文化价值观，从而保护文化主体与文化安全。

中华传统文化的媒介呈现，是文化获得传承与创新的重要路径。在社会媒介化和媒介社会化的时代，中华文化传播的核心场域就是媒介（传统媒介与新媒介）。英国学者马克斯·H.布瓦索认为："文化是通过象征传播的一种模式，是由符号传达并获得的行为的明确和隐含的样式，构成人类群体的独特成就。"⑤春节是重要的节日，而唐人街又是海外中国人聚集的地方，因此中央电视台于2011年春节策划播出的《行走唐人街》节目，以直播的形式表现了全球华人共度中国年的欢心喜悦的情景，同时辅以网站、微博、微信等新媒体手段，增强了中华文化的传播力。

（五）华夏政治传播研究兴起

21世纪以来，政治传播研究的兴起，带动了从政治传播视角分析中国传统社会中的政治沟通、政治信息传递、政治传播制度及政治传播思想

① 刘建华，GONG C.民族文化传媒化［M］.昆明：云南大学出版社，2011.

② 郝朴宁，等.民族文化传播理论描述［M］.昆明：云南大学出版社，2007.

③ 仲富兰.民俗传播学［M］.上海：上海文化出版社，2007.

④ 杨立川.传播习俗学论纲［M］.西安：陕西人民出版社，2009.

⑤ 布瓦索.信息空间：组织、机构和文化中的学习框架［M］.王寅通，译.上海：上海译文出版社，2000：421.

的研究。青岛大学陈谦出版的《中国古代政治传播思想研究》（中国社会科学出版社，2009）、《中国古代王朝政治传播制度研究》（中国社会科学出版社，2016）两本专著，从思想和制度两个层面系统探讨了中国古代政治传播问题。贾兵的博士论文《先秦诸子政治传播观念研究》（上海大学，2011）集中探讨华夏政治传播观念探索时期的先秦诸子的政治传播观念，着重从思维机制、思想根源、价值取向、社会诉求、引导观、宣传观、传播致效观等方面加以全景式考察，进而评析了先秦诸子政治传播观念的历史局限和当代价值。作者创新性地提出："先秦诸子政治传播观念依据卑感文化的心理机制而产生，又反过来通过在政治层面的运作而强化了这一文化心理机制。"中国传媒大学白文刚的《中国古代政治传播研究》（中国社会科学出版社，2014）一书从王朝现实的政治运作入手，考察了政治合法性建构、政治文化传承、日常政治运行、国家对外形象建构、政治动员等方面的政治传播实践，让人对中国古代政治传播的实际情况有了学理性的认知。南京大学的潘祥辉有一系列富有特色的华夏政治传播的论文。例如，他阐述了殷商青铜器的媒介属性，并以"媒介域"（融合媒介）的概念审视集用器、祭器、礼器以及书写媒介于一身的青铜器；[①] 他在考察中西方中发誓这种沟通神与人、人与人的社会传播现象的基础上，指出基于中国人的"天命信仰"，中国的"对天发誓"与西方的"向上帝宣誓"不同，具有建构社会信任、促进社会沟通、整合社会秩序的功能，从而成为中国本土独特的沟通行为。[②] 潘祥辉还从传播考古学的视角，从"圣"的来源、演变、中西圣人的差异等角度进行探赜钩深，认为圣人的原型是拥有超凡的传播能力，能够沟通天地人神、偏倚耳听口传的"传播之王"。[③] 有趣的是，宋代正式制度化的"经筵"，被视为政治传播仪式而引起学术界关注。"经筵"制度是一种自下而上的传播机制，它给予士人参与政治的机会，发挥教化帝王和政治进言的功能，从一定程度上表明，古代政府内部允许自下而上

---

① 潘祥辉.传播史上的青铜时代：殷周青铜器的文化与政治传播功能考［J］.新闻与传播研究，2015，22（2）：53-70，127.

② 潘祥辉."对天发誓"：一种中国本土沟通行为的传播社会学阐释［J］.新闻与传播研究，2016，23（5）：30-46，126-127.

③ 潘祥辉.传播之王：中国圣人的一项传播考古学研究［J］.国际新闻界，2016，38（9）：20-45.

的传播机制存在。[①] 值得关注的是，史学领域也出现了传播学的研究视角，开始着重从信息传播的视角对传统社会的政治运作进行新的考察，成果很有新意。例如，李浩的《天子文书·政令·信息沟通：以两汉魏晋南北朝为中心》（复旦大学出版社，2014）研究了汉魏两晋南北朝以文书为传播渠道的政令传播现象；邓小南、曹家齐、平田茂树主编的《文书·政令·信息沟通：以唐宋时期为主》（北京大学出版社，2012），邓小南主编的《政绩考察与信息渠道：以宋代为重心》（北京大学出版社，2008）以唐宋社会为观照点，以政令传递的媒介——文书为考察中心，从而较为深刻地考察了当时政治运作背后的媒介逻辑。这些研究都强调信息传播将是理解世界、把握社会运作的基本路径。这一观点在某种程度上表明传播学在一定程度上具有元学科的性质。

（六）诸子传播思想研究发展势头依然强劲

华夏传播研究四十多年来，诸子传播思想抑或儒释道传播思想研究始终不绝如缕，且大有越发壮大之势。这种势头一方面得益于传统文史哲的研究积淀十分深厚，对史料等挖掘十分充分，为从中提炼传播思想奠定了坚实的基础，另一方面得益于传播学的迅速发展。传播话语已成为各个学科的主流话语，尤其是从事文史哲研究的学者和硕士、博士自觉地借鉴传播学的理论话语来观照自身研究领域的问题，如《西游记》《西厢记》版本传播等研究。当然其中最为突出的便是对《道德经》与《论语》传播思想的研究。例如，武汉大学的单波、肖劲草从对话、关系、互动等三方面阐述了《论语》与西方文化在传播智慧方面的差异，突出孔子在建构"仁"的主体间性的交往精神方面的现代意义。[②] 笔者从事老庄道家研究二十余载，着力将老学与传播学相结合，打造"老子传播学"这一跨学科交叉研究领域，推出了一系列著作：《和老子学传播：老子的沟通智慧》（宗教文化出版社，2010）、《和老子学养生：老子的健康传播智慧》（宗教文化出版社，2010）、《和老子学管理：老子的组织传播智慧》（宗教文化出版社，2011）、《大道上的老子：〈道德经〉与大众传播学》（九州出版社，2016）。这些

① 朱鸿军，季诚浩.经筵会讲：一种中国本土的政治传播仪式及其演变［J］.现代传播（中国传媒大学学报），2016，38（10）：18-24.

② 单波，肖劲草.《论语》的传播智慧：一种比较视野［J］.国际新闻界，2014，36（6）：76-91.

作品分别从语言传播、人际传播、组织传播、健康传播、大众传播等视角
来剖析《道德经》文本及其流传，且重点探讨了"道可道，非常道；名可
名，非常名""无为""小国寡民"在符号学、传播效果以及传播社会责任
等方面的意义。最有特色的是将《道德经》与彼得斯的《交流的无奈：传
播思想史》一书进行比较研究，探索了两者在语言的失真与意义之惑、文
字的冒险与意义的曲解、交流无奈的破解之道等方面所进行的富有启发性
的阐释，发表有《交流的无奈：老子与彼得斯的不谋而合》《老子对人际传
播现象的独特思考——与〈交流的无奈——传播思想史〉比较的视角》《架
构"交流的无奈"通向"人际的和谐"桥梁——论老子人际沟通的逆向思
维》等多篇论文。暨南大学的蔡铭泽认为，老子的"道"是包括信息传播
在内的宇宙间万事万物赖以发生发展的根本动因，"德"的范畴规定了真实
性、以人为本和出以善心等信息传播的基本准则，而"无为"的人生态度
体现出信息过滤、贵言、不尚贤和注重内在传播等基本方法。[①]中国传媒大
学的刁生虎在《老子思想的传播学解读》一文中依照拉斯韦尔的 5W 模式，
归纳出老子的传播思想：传播主体面对"反者道之动，弱者道之用"的传
播内容和"莫之令而自均"的受众，借助"名可名，非常名"的传播媒介，
要达到"太上"之境和"上士"之行的传播效果，就必须做到"慈""俭"
而"不敢为天下先"，从而更好地完成传播活动。孔子传播思想研究方
面，代表性著作有崔炼农的《孔子思想的传播学诠释》（湖南大学出版社，
2008）、孔健的《阳光下的孔子：孔子与大众传播学》（中国民主法制出版
社，2009）。此外，先秦诸子的传播思想亦传承早期的研究热点，如全冠军
出版了《先秦诸子传播思想研究》（中国书籍出版社，2014）。该书在探讨
了先秦传播思想的价值、先秦诸子传播思想产生的背景及前诸子时代的传
播思想后，逐一探讨了孔子、孟子、荀子、老子、庄子、墨子、韩非子等
七子的传播思想。其中最精彩之处是，作者认为先秦存在"和而不同"与
"尚同"两大传播思潮。前者以儒道为代表，注重个人与社会间的和谐传播
关系；后者以墨法为代表，要求个体服从于社会传播系统。最后，作者比
较了先秦传播思想的经验性与西方传播理论的经验主义的差异，比较了修
齐治平模式与 5W 模式、赖利夫妇模式与尚同模式，颇有启发。廊坊师范
学院的贾奎林主持河北省社会科学基金项目"先秦诸子传播理论研究"。他

---

① 蔡铭泽.老子传播思想探析 [J].湖湘论坛，2012，25（6）：94-99.

认为，先秦诸子传播理论具有普适性，即都着眼于协调社会阶级矛盾关系，以实现全社会的和谐共荣为终极价值诉求，同时以"民"为本的治国策略和对"社会和谐"的共同追求也使得不同价值主体间取得了利益共享的主体间性，有助于克服西方传播理论的狭隘性。[①]

（七）以传播史的研究展现博大精深的华夏传播智慧

中国传播史的断代研究已然蔚为壮观，20世纪至21世纪前十年里，先秦、两汉、唐、宋、明、清等各个时期都已有专著，唯独魏晋南北朝以及元代付之阙如。令人欣喜的是，李漫博士的《元代传播考：概貌、问题及限度》[②]弥补了这个缺憾。该书主要围绕元代"报纸"问题，元代官方信息向民间传播的路径，元代政治、经济、文化诸方面与传播的关系问题，"语言之边界"和"空间化的民族"（蒙古族）、"时间化的民族"（汉族）引发的元代限度问题展开论述，从而呈现了元代中心与边缘、地域与地域、中央与地方、社群与社群之间沟通与运行的复杂问题。

巫称喜教授于2015年出版了《殷商文化传播史稿》。巫教授是研究甲骨文的行家，当他介入传播学的研究时发现，"甲骨卜辞绝大多数都是商代官方预测性信息的记录，是研究商代传播史的重要资料"。该书有许多令人耳目一新的创见。作者首先认定甲骨卜辞有信息属性，进而指出商代占卜制度是为了保证占卜预测与信息采集、采信、宣示、传播顺利进行，为治国理政提供决策依据。而在这一过程中，卜人具有"命龟取兆权"，即将要询问的事项告诉"神龟"，并灼龟甲以取得兆象；贞人具有"信息初测权"，即对兆象做出初步推断与预测；占人具有"信息终测权"，一般由商王担任，他结合兆象与初测结果做出最终预测。作者还归纳出商代传播制度与传播模式。[③]

四、光明的未来：华夏传播研究的特征与发展方向

纵览华夏传播研究的进展，不难发现其已呈现出以下特征：研究主体年轻化；研究对象多元中有集中；学科交叉性增强；研究时段与中国古代

---

① 贾奎林.先秦诸子传播理论普适性分析［J］.现代传播（中国传媒大学学报），2011（1）：165-166.

② 李漫.元代传播考：概貌、问题及限度［M］.北京：北京大学出版社，2013.

③ 巫称喜.殷商文化传播史稿［M］.广州：暨南大学出版社，2015.

史研究热点时段高度一致，华夏传播研究的论文往往集中于先秦、汉代、唐代、宋代、清代晚期等历史上较为辉煌的时期，如，黄春平对汉代露布等进行研究，①魏海岩对宋代定本制度进行研究。②从论文发表来看，新闻传播学界的核心刊物《国际新闻界》和《现代传播（中国传媒大学学报）》中时有相关论文，《新闻与传播研究》侧重于发表华夏传播史类的文章，《新闻大学》则更倾向于发表华夏传播媒介方面的文章。同时，浙江大学传播研究所办的《中国传媒报告》和厦门大学传播研究所办的《中华文化与传播研究》《华夏传播研究》因主办者均为华夏传播研究的不懈推动者，刊物自然成为华夏传播研究成果的展示平台。可见，华夏传播研究的基础正日益夯实。

展望未来，华夏传播研究的发展方向将会在以下几方面有所推进。

1. 在审思"传播学中国化"议题上推进华夏传播研究，建构起华夏传播学（华夏传播理论），立足中国文化传统与现实社会实践，研究中国问题，提出中国见解，解释并前瞻性地分析中国社会传播问题。

2. 继续推进中国新闻传播史和思想史的研究，尤其是就其中一些核心概念，如关系、礼乐、舆论、符号等，开展与西方传播思想的比较与对话。例如，赵尚博士探索了具有"保"性质的"报"观念的历史流变，分析了"报"与西方宣传的差异，并评价其积极意义与消极意义。③

3. 继续推进中国媒介史、媒介思想研究，探讨中国历史上各个时代的媒介运用与变迁，深入细致地考察媒介与当时社会的内在关系，以期为探索中国传统社会的传播规律奠定基础。例如，《再造"中心"：电报网络与晚清政治的空间重构》④探讨了电报网络对驿传等旧媒介建构、维系的空间与社会联系之网的重构，而这一过程伴随着晚清政府致力于将电报网络纳入权力的结构之中，以维系其中心和权威。

4. 继续推动"民俗传播学"研究。中国 56 个民族有着丰富的传播经

---

①　黄春平.汉代军事信息的传播：檄文［J］.新闻与传播研究，2011，18（3）：41-47，111.

②　魏海岩.宋代定本制度存废新考［J］.新闻与传播研究，2012，19（2）：87-91，113.

③　赵尚.论"报"的中国文化背景：我国古代信息传播意义上的"保""报"关系考［J］.国际新闻界，2015，37（9）：145-156.

④　孙藜.再造"中心"：电报网络与晚清政治的空间重构［J］.新闻与传播研究，2015，22（12）：37-61，126-127.

验，及时挖掘、总结、提升这些传播经验，以为华夏传播学的建构夯实基础。研究中华文化传播，不可能脱离当下的时空，只有贯通古今，以今溯古，才能使华夏传播研究接地气。也就是说，应当着重研究中华文化意象的诸方面，如宗祠文化、乡贤文化、节日文化等，与民族精神、价值传承的关系，避免文化"乡愁"漫延开来。

5.继续推动华夏传播理论创新。近年来，浙江大学的邵培仁教授和他的博士生姚锦云提出了中国传播观念的"接受主体性"概念、"传播辩证论"、"传播模式论"。笔者近年来提出"中西传播理论特质差异"说，以"心传天下"概括华夏传播理论的特质，强调和谐传播，注重生活经验，以"天下"为价值终极取向；以"理剖万物"概括西方传播理论的特质，强调科学追问，讲究实证方法，追求问题意识导向，以传播效果控制作为目标。笔者认为，应当推动华夏传播理论"走出去"战略，以建构和谐世界的传播理想，抑制西方文化霸权主义，尊重文化多样化，奉行"和而不同"的相处交往之道。① 我们坚持在更深入地研究中西方传播理论的差异的基础上开展华夏传播研究，提出富有中国特色的传播理论与思想观点，进而开展中西方对话，这样有利于对人类传播理论做出中国贡献。

---

① 谢清果，祁菲菲.中西传播理论特质差异论纲［J］.现代传播（中国传媒大学学报），2016，38（11）：30-35.

第九章 反思中国传播学的"中年危机"，求索华夏传播研究的历史机遇

　　相较其他传统社会科学，我们认为传播学是一个年轻的学科。但若将1978年郑北渭先生在《外国新闻事业资料》上译介的两篇论文看作大陆传播学开端的话，本土传播学研究其实已走过了四十多个年头，是一个"70后"。恰恰在这个本应"不惑"的年纪里，传播学面临着一些此前未有的困惑。

　　首先是价值失范的困扰。在经历四十多年的高速发展后，我们会发现过去在范式和方法上形成的路径依赖正在遭受挑战。一方面，传播学运用现有理论阐释和预测当下发生事物的能力不足，用现有认识框架去把握未来的信心在渐渐流失。另一方面，它急于摆脱困境又深陷学科内卷的陷阱[1]，以致尽管不断引入大量领域的理论资源，传播学研究所能产出的知识却略显单薄和高度同质化[2]。

　　还有一重困扰则来自身份上的焦虑。作为一个横向学科，传播学并不对应某一类社会结构，而和人类的行为特质有关，[3]它广泛存在于人类社会文化生活的几乎所有产品当中。特别是在当今的外部环境下，几乎每天我们都可以从信息产业和前沿科学领域中吸收新的概念，这些概念又无不被

---

① 韦路.中国传播学研究国际发表的现状与反思［J］.国际新闻界，2018，40（2）：154-165.

② 胡翼青，张婧妍.中国传播学40年：基于学科化进程的反思［J］.国际新闻界，2018，40（1）：72-89.

③ 张国良.传播学的特点及其对中国的贡献［J］.国际新闻界，2018，40（2）：118-122.

寄予某种颠覆现有规则的期待。相比我们过去所熟悉的学科概念，当今的传播系统正在变成一个超社会系统或元社会系统，^①不断更新的常识和日益深化的社会媒介化进程，都让传播学的研究边界显得很不稳定。我们会发现，即便面对共同的研究对象，不同领域学者对它的理解也语焉不详或各执一端，理论研究者的探讨和行业现实也产生偏离，^②始终难以形成共同的认识和价值基础，"身份危机"^③也就在其中自然发酵。它集中表现为近年来建构新闻传播学科的主体性问题的关注，^{④⑤}以期摆脱阈限焦虑并构建"主流范式"和"中心理论"，摆脱对强势学科的依附性关系，完成传播研究作为一门"显学"的主体性体认。^⑥

按照发展心理学的观点，这其实是处在该生理阶段时会自然产生的一种心理状态，僵化的心理状态和生活模式已经不能把握新的机遇、焕发创造力，造成心理上的繁衍感停滞。用更通俗的方法来说，传播学遇到"中年危机"了。内部发展瓶颈和外部环境变化，构成了这场"中年危机"的两方面考验，进而它要求新闻传播学的每个细分领域都应积极适应挑战的变化。同样面临挑战的华夏传播学，则在世界与传播学的断裂式剧变中表现出其韧性与适应力。它从过去相对传统的小众领域和封闭讨论中走向开放，以更全球化和现代化的视野把握时代机遇，以更加自信、有活力和想象力的姿态走进大众视线。笔者仅以近年来新闻传播学界重要刊物论文和相关著作为例证，展示并分析华夏传播学研究呈现出的发展新态势，并将此趋势归结为一种全球本土化的努力。

---

① 刘海龙.传播中的身体问题与传播研究的未来［J］.国际新闻界，2018，40（2）：37-46.

② 朱春阳.研究的"画术"［J］.新闻大学，2020（7）：3.

③ 张涛甫.影响的焦虑：关于中国传播学主体性的思考［J］.国际新闻界，2018，40（2）：123-132.

④ 董天策.新闻传播研究的主体性［J］.新闻与传播研究，2018，25（增刊1）：101-102.

⑤ 潘忠党.走向反思、多元、对谈的传播学［J］.国际新闻界，2018，40（2）：47-52.

⑥ 邵培仁，陈江柳.人类整体传播学：人类命运共同体视阈下的传播研究［J］.现代传播（中国传媒大学学报），2019，41（7）：13-20.

一、旧瓶装新酒：华夏传播的范式沿革和视野推进

20 世纪 90 年代，厦门大学传播研究所牵头组织的"首届海峡两岸中国传统文化中传的探索座谈会"在中国学者共同努力下顺利举办。次年，厦门大学出版社对本次会议的论文进行整理出版，并以余也鲁在会上总结时用的《从零开始》为题，华夏传播研究由此启程。[①] 我们如果将眼光放得更远些，就可以通过历届全国传播学研讨会的主题名看到，中国传播学四十多年的发展历程就是一个始终以"本土化"为根本追求并不断深化认识、强调创新的过程。[②] 华夏传播研究，是这个"大气候"中的一番"小奋斗"，它既是立足中国本土、历史的学问，也是面向当下、未来和世界的研究，肩负着历史使命和社会责任。[③] 老一辈学者怀揣美好愿景，展开对"中国文化与传统中传的理论与实际的探索"[④]，筚路蓝缕，开创出一条特色鲜明的学术道路。

在世界和传播学的断裂式剧变中，特别是在建设新文科与中国特色哲学社会科学体系的时代号召下，华夏传播研究迎来了巨大的前景和发展机遇。随着对学界的认识理解不断深入以及我国文化自信的不断增强，不断发展壮大的华夏传播研究在主体意识和方法自觉上都日趋成熟，华夏传播正以一种更加具有活力和想象力的姿态进入学科主流视野。

（一）认识进化：面向本土与世界的华夏传播研究

"从零开始"一说并非虚言，鉴于当时中国传播学研究本身还处在吸收模仿的起步阶段，早期的华夏传播研究往往采取以西方话语为观照进行自我审视的方式与当时主流学术话语进行对话，借西方传播学理论参照传统文化语境，探讨本土的传播实践与传播观念的异同。这种研究思路过去被

① 谢清果. 2011—2016：华夏传播研究的使命、进展及其展望［J］.国际新闻界，2017，39（1）：101-117.
② 张咏华.中国传播学研究迈向本土化/中国化过程的脉络：从14次中国传播学大会的角度［J］.新闻记者，2019（1）：63-70.
③ 邵培仁.面向现在、未来和世界的华夏传播研究［J］.现代视听，2020（6）：85.
④ 余也鲁.万水千山都是诗：余也鲁回忆录［M］.香港：海天书楼，2015：229-230.

认为带有"民族主义"和"复古主义"色彩，^①简单地以西方的传播学概念来生搬硬套中国传统文化，有学术标签化^②之嫌，但确有历史原因。究其症结，这些努力仍然是在西方传播学的理论话语框架中寻求本土化的理论创新。学者们为实现中西之间的理论对话，往往下意识地将自身所倡导的"中国理论"、"中国方法"与"中华范式"误作为西方理论用以比较和凝视的对象。过分强调通过中西比较发现中国的特殊性，继而把"本土性"全然当作"特殊性"来进行阐释，很容易落入新的"东方主义"的怪圈。

尽管半殖民时代已经被彻底翻篇，但殖民主义话语时至今日仍在以不同形式影响着我们的思维。潜意识中，我们还是会将"与世界对话"误解成与西方现有理论成果对话，以致"把他们的问题当作我们的问题，把他们的文化当作我们的文化，把他们的体验当作我们的体验"。^③近年来，在朝着理论建构方向挺进的过程中，华夏传播在对自身的范式思考越发深入，逐步意识到横向的中西对话存在理论切割材料的潜在弊端，更加侧重对历史语境的纵向传播考古，^④致力于从中国古人的经验去检验或发现古代传播的"中层理论"，^⑤或尝试从传统观念、日常语言出发，形成具有本土色彩的理论，^⑥或尝试跳出舒适圈，以传播学的独特视角切入与其他学科的对话当中。^⑦

在对传播学认识结构的反思过程中，有学者提出从"传播的传递观"到"传播的接受观"的视角转换，探讨传播当中不同的主体间关系的可能，

① 王怡红，胡翼青.中国传播学30年：1978—2008［M］.北京：中国大百科全书出版社，2010：295.
② 尹连根.审慎对《庄子》进行传播学层面的"本土化"：与邵培仁、姚锦云两位老师商榷［J］.国际新闻界，2017，39（5）：155-173.
③ 潘祥辉.华夏传播新探：一种跨文化比较视角［M］.上海：复旦大学出版社，2018：335.
④ 姚锦云.论中国传播史研究的想象力与典范性探索——评《华夏传播新探：一种跨文化比较视角》［J］.国际新闻界，2020，42（10）：144-158.
⑤ 吴予敏.从"零"到一：中国传播思想史书写的回顾和展望［J］.国际新闻界，2018，40（1）：90-108.
⑥ 姚锦云，邵培仁.华夏传播理论建构试探：从"传播的传递观"到"传播的接受观"［J］.浙江社会科学，2018（8）：120-128，159.
⑦ 潘祥辉，孙英智.文明比较视角下的中国媒介考古学需要返本开新［J］.教育传媒研究，2021（3）：34-36.

以建构新的本土概念。①② 也有学者认识到西方传播学研究从逻辑前提下就存在主体预设，由此从庄子的"吾丧我"思想出发，探讨了这种以主体性消解实现主体敞开的思想，以及可能存在的"物化"式的主客交融的本土传播学意蕴。③

激发华夏传播研究的想象力，关键在于摆脱西方传播学理论框架，④尤其是修正以"传播学思想"为坐标系界定"传播思想"⑤的偏颇认识。传统思想观念范畴、历史实践和其他地方性知识正越来越得到重视，复杂的文化语境也越来越成为思考的焦点。从社会学与史学等学科的本土化实践上可以看到，实现传播学理论本土化需要诉诸社会学式的"文化自觉"、哲学层面的思辨以及历史学层面的传播活动诠释等多条路径的共同探索。⑥

总的来说，华夏传播虽一头钻进研究传统社会语境的"土问题"中，却并非一项只管埋头深挖的巷道工程，至少在对自身范式和方法论的思考上它是很时髦的。它始终秉持着前卫和开放的姿态，吸收前沿理论，适应学科环境，对自己的定位不再停留于传统社会科学封闭的知识体系内，而是根据当下传播研究领域多学科和开放性的特点，将传播学构想为摆脱学科建制，以共同价值为导向的整体性研究领域。⑦

（二）方法补足：用多学科、跨文化方法激发学术潜力

华夏传播在学术主体性上的发展，一方面获益于学界近年来反思学科

---

① 姚锦云.再论庄子传播思想与"接受主体性"：回应尹连根教授［J］.国际新闻界，2019，41（2）：132-152.
② 姚锦云，邵培仁.华夏传播理论建构试探：从"传播的传递观"到"传播的接受观"［J］.浙江社会科学，2018（8）：120-128，159.
③ 李红.庄子的"吾丧我"：主体趋近世界的路径［J］.西北师大学报（社会科学版），2019，56（2）：24-31.
④ 吴予敏.从"零"到一：中国传播思想史书写的回顾和展望［J］.国际新闻界，2018，40（1）：90-108.
⑤ 姚锦云.再论庄子传播思想与"接受主体性"：回应尹连根教授［J］.国际新闻界，2019，41（2）：132-152.
⑥ 尹连根.庄子与中国传播学的本土化［J］.新闻与传播评论，2020，73（6）：99-110.
⑦ 邵培仁，陈江柳.人类整体传播学：人类命运共同体视阈下的传播研究［J］.现代传播（中国传媒大学学报），2019，41（7）：13-20.

发展路径和价值取向的整体思潮，另一方面归功于同人们具有创新意识和想象力的研究成果。

面对广泛存在于传统哲学范畴、历史文本乃至当下我们的日常文化生活中的传统传播思想观念，华夏传播的相关研究在广泛吸取不同领域的经验智慧的基础上，形成了非常多元和具有自身色彩的方法工具箱。在跨学科思维的助力下，将民族考古学、古文字学研究用于推论和理解原始社会中的交往观念和媒介技艺，① 基于出土文物研究推断中华传统价值观如何通过原始活动被塑造，② 或者借鉴历史人类学的民间文献与田野调查方法来研究祭簿、曲艺等传承至今的传统文化实践，③④ 以此提出从文本内容的阐释到历史语境还原，再到社会功能分析的传播社会学分析思路。⑤ 有些研究则代入微观的历史场景和特殊历史视角，拓宽了我们对某一历史时期社会传播活动整体面貌的了解。比如，卞冬磊以《林则徐日记》为主要线索，仅从"林则徐去广州"这样一个极微观的叙事对象出发，管窥19世纪中前期中国社会传播网络的特征与潜在问题。⑥ 龙伟以票号商业通信档案为线索，尝试对清末民间通信的传播速度进行可以量化的比较和观察，由此考察近代社会的变革条件。⑦

当然除了古老的文化遗存，也有学者致力于研究传统社群、传统意识在现代媒介文化中的实践状况。比如，以规范的田野调查方法考察传统村落社群，探讨伴随媒介和传播而展开的传媒空间、身份认同、交往网络等

---

① 林凯，谢清果.重返部落化：结绳记事的传播模式、机理与功能探赜 [J].国际新闻界，2021，43（2）：159-176.

② 陈月华，潘沪生.从图案化影像遗存探析我国原始游戏活动中的价值观塑造传播 [J].现代传播（中国传媒大学学报），2020，42（9）：16-21.

③ 庄曦，何修豪.徽州祭簿的媒介叙事与乡民记忆建构研究 [J].现代传播（中国传媒大学学报），2020，42（3）：24-28.

④ 李乐.唱新闻：浙江传统乡村的声音景观和感官文化 [J].现代传播（中国传媒大学学报），2020，42（1）：67-71.

⑤ 李东晓."唱新闻"：一种地方说唱曲艺的传播社会学研究 [J].新闻与传播研究，2020，27（8）：94-108，128.

⑥ 卞冬磊.林则徐去广州：19世纪中国"传播网络"的一个片段 [J].国际新闻界，2018，40（11）：6-21.

⑦ 龙伟.清季民间通信的传播渠道及其速度：基于严修日记与山西票号通信的观察 [J].现代传播（中国传媒大学学报），2021，43（6）：53-57.

过往人类学不太关注的领域和议题；①②③ 抑或摈弃过往传播研究的文本中心主义取向，转而寻求一种行动中心主义假设，尝试以微观的、日常的行动取向的思路考察一个传统传播观念在现代语境下的实践问题。④

在研究视野不断拓展的过程中，华夏传播的学术目光投向更加多元的研究对象，同时在对研究文本的选取和处理方式上也有了更多新认识。除了传统的经典文本，学界也在探索通过笔记、日记、历史、故事、小说等文本探寻古人的真实生活或精神世界⑤ 的可能性。在诸如《水浒传》这样的文学经典中，其实就投射了作者实际身处的明代社会中新闻与传播活动的现实状况。⑥ 在传统文化中存在的大量图像和声音文本同样可以通过视觉分析⑦ 来理解其生产和传播中的过程机制。

在这些方法探索中，潘祥辉提出的传播考古学或许最能代表华夏传播研究的特色。按其荣获中国新闻史学会新闻传播思想史研究委员会 2018 年度 "最佳著作奖" 的《华夏传播新探：一种跨文化比较视角》一书中说法，它代表着一种 "对古代传播媒介或传播现象进行的正本清源式的研究"⑧。数千年赓续不断的华夏文明缔造了我们独特的民族语言和文字，由于汉字的传承性特点，它既作为一种现代表征，又留存着自原始社会文字形成以来就蕴含的观念意向。陈寅恪先生便有 "解释一字即是作一部文化史" 的说法。潘祥辉的这部专著以训诂学方法为基础，以传播学的认识和思维方式为索引，对一些汉字背后的传统传播观念进行了非常精彩的释读。比如，

① 孙信茹.田野作业的拓展与反思：媒介人类学的视角［J］.新闻记者，2017（12）：70-78.

② 孙信茹，王东林.微信对歌中的互动、交往与意义生成：对石龙村微信山歌群的田野考察［J］.现代传播（中国传媒大学学报），2019，41（10）：19-25.

③ 杨星星，唐优悠，孙信茹.嵌入乡土的 "微信社区"：基于一个白族村落的研究［J］.新闻大学，2020（8）：1-15，126.

④ 林羽丰.月子传授：行动中心的传统传播研究［J］.新闻与传播研究，2020，27（9）：64-77，127.

⑤ 李红.反求诸己：华夏传播研究的范式［J］.山西大学学报（哲学社会科学版），2020，43（2）：74-82.

⑥ 尹韵公.《水浒传》里的信息表达与传播呈现［J］.新闻春秋，2020（3）：49-54.

⑦ 陈阳.中西交流视野下晚清酷刑的图像传播研究［J］.新闻大学，2021（3）：99-109，120-121.

⑧ 潘祥辉.华夏传播新探：一种跨文化比较视角［M］.上海：复旦大学出版社，2018：7.

从"宣"字看到传统政治传播思想中偏重德化的抽象情感性①；从"媒"字看到女性在古代文化实践中如何充当"生物—社会"复合型媒介角色②；由"圣"字从媒介学意义上看到"圣人"在巫术文化传统中被赋予的独特想象③。杨柏岭对"化"字从其文字学到观念史进行了考察，阐释了"化"的观念如何贯穿于中国文化对传播互动的独特理解中。④ 除了能够从前沿的人文和社会科学中汲取方法养分，华夏传播同样在重新发掘学界关注的中国古代和近代知识传统这座富矿，包括训诂学、谱牒学、金石学等都在华夏传播研究的探索中焕发新生。

长期以来形成的学科传统，使我们形成了对方法的过度类型化和概念化的思维惯性。这既让我们的方法工具箱显得过于拥挤，又让我们对理论和方法本身缺乏自觉。相较之下，华夏传播领域内的研究更加注重以问题本身而非以方法为导向，更加灵活地将东西方智慧化为己用。当然，这种大胆假设、大步创新的姿态必然会带来些许争议。但这恰恰能说明当前它具有学术活力和吸引力。

二、单向与多维：华夏传播的多元视角与本土理论建构

作为一种现代性的知识建构，把传播学现有理论框架作为方法反观传统历史文化的可行性是存疑的，因而中国的传播研究不能只是验证西方传播理论的有效性和普适性的实验室，更需立足于自己的历史和现实，提供自己的经验和创意，构筑自己的观念和理论。⑤⑥ 这也是华夏传播研究始终

---

① 潘祥辉.宣之于众：汉语"宣"字的传播思想史研究 [J].新闻与传播研究，2018，25（4）：76-94，127-128.

② 潘祥辉."秦晋之好"：女性作为媒介及其政治传播功能考 [J].国际新闻界，2018，40（1）：109-127.

③ 潘祥辉.传播之王：中国圣人的一项传播考古学研究 [J].国际新闻界，2016，38（9）：20-45.

④ 杨柏岭.本体、认识与价值：中国古代"化"观念传播论 [J].新闻与传播研究，2021，28（8）：110-125，128.

⑤ 吴予敏.从"零"到一：中国传播思想史书写的回顾和展望 [J].国际新闻界，2018，40（1）：90-108.

⑥ 吴予敏.中国传播研究的再出发 [J].新闻与传播评论，2020，73（2）：1.

坚持的研究愿景。近年来，学者们基于本土语境和历史实践，在更丰富的层次和更多元的主题中探索本土理论建构的可能。它的研究视野也在不断拓展，将传统和现代交织的多元主题共同纳入本土化的思考当中，具有很强的策略性和针对性，既扬长补短，又充分展现了本土思维特色。

（一）发挥特长：聚焦古代新闻和政治传播实践

新闻史研究可以说是国内新闻传播学科中最具传统的突出领域。它长期以来围绕中国古代新闻传播活动所产生的研究传统与丰硕成果，是我们了解本土新闻和出版活动历史，尤其是古代政治传播实践的重要入口。它与关注本土历史实践中的传播思想观念的华夏传播形成了良性互补。因而尝试运用学科优势，以新闻史研究提供的研究范式和实践样本为基础，正在促进华夏传播对中国古代传播实践所反映的思想智慧进一步深入思考。

整体上看，中国古代的大量出版和信息传播活动都具有鲜明的政治属性，学者们往往着眼于单一历史现象或历史事件，导向背后的权力关系和传播因素。比如，中国古代的历书发行就是长期由官方垄断的业务，这种垄断反映了从中央到民间个体一元化的传播格局及其维系统治权威的特殊职能。[①] 以《中庸》为代表的儒家四书经典的形成，同样是宋代出版实践沿革的结果。雕版印刷的普及运用以及官方出版活动的推广，不仅以其新的媒介逻辑重塑了宋代士人的交往方式，而且间接促生了南宋的理学文脉。[②][③] 兴于传统出版行业的理学文化，其衰亡与西方近代报业体系的冲击息息相关。受此影响的清代儒学思想家更关注客观世界，更具有实用主义情怀，理学思想因此衰落。[④] 作为替代，在报刊影响下的晚清文人完成了书写文化的转型以及士人群体的重新分化。[⑤]

雕版印刷为宋代带来了出版业的繁荣。官方的深度参与是中国古代政

① 汪小虎.中国古代历书的编造与发行［J］.新闻与传播研究，2020，27（7）：111-125，128.
② 杜恺健，谢清果.赋权的转移：媒介化视角下的四书升格运动——以《中庸》为例［J］.现代出版，2019（4）：88-93.
③ 杜恺健.宋代《中庸》元典化的媒介研究［D］.厦门：厦门大学，2019.
④ 赵云泽，刘珍.宋明理学的衰落与清代传播观念不变［J］.东岳论丛，2020，41（9）：77-86.
⑤ 褚金勇.媒介与书写：报刊媒介影响下晚清文人的书写转型［J］.新闻春秋，2019（6）：28-34.

治传播的特点，由此出现特定的历史现象。比如，宋代政治新闻传播的主要机构——进奏院，就是围绕新闻的抄发、镂印、传播工作沿革形成的，它使得中央权力可以借由信息传播向地方延伸。在政治实践中，信息传播作为一种权力必然引来新的博弈，比如围绕它的定本模式演变的皇权与相权间的争夺。① 但由于它掣肘于复杂的官僚体系，权力过度博弈必然导致效率低下，这间接为民间新闻业带来发展空间。② 以技术进步为主导，在传播活动中，信息活动样式的转变和重新赋权都会引发新的权力博弈。我们由此即能以新闻史和技术史视角，理解报禁和文字狱等现象缘何在这一特殊历史时期出现，③ 同时还可以明显看到它对后世官方与民间历史修纂活动产生的重大影响。④

新媒介取代旧媒介，往往意味着新文化驱逐旧文化，新制度替换旧制度。单以从简牍到纸张的书写载体转化过程为例，基层政治重心的上移、中古时代地方社会结构的变化、新兴士绅阶层进入历史舞台、"皇权不下县"的古代政治传统局面的形成，其实都和造纸普及导致的"基础账簿制作主体由乡变为县廷"这个看似微小的历史变化直接相关。⑤ 这种以小的媒介技术和传播活动变革引爆时代场景的规律现象，在活跃的宋代新闻出版史研究中得到了各路学者全景式的共同还原展示。甚至我们可以从"邸报诗"这种特殊文本中看到古代受众在新闻活动中反映出的受众心理状态和主体形象。⑥

我们能够以新闻史研究所揭露的某一时代场景下的某一具体传播实践为支点，撬动对中国本土传播实践、观念整体性和规律性的认识，看到中国古代政治实践的智慧和宝贵经验。中国古代这种高度政治化的社会传播

---

① 魏海岩，韩立新，陈建群.皇权和相权争夺中的信息控制：宋代邸报定本模式演变考［J］.新闻与传播研究，2021，28（8）：95-109，128.

② 赵云泽，董翊宸.宋代政府信息传播机制的内生性矛盾：以进奏院为中心的分析［J］.新闻大学，2021（2）：1-15，121.

③ 郭志菊.从版印媒介技术发展看宋代的文字狱及书禁报禁［J］.新闻大学，2018（3）：23-30，147.

④ 魏海岩，宋妍，刘诗萌.中国古代官报入史考［J］.新闻与传播研究，2017，24（3）：64-83，127.

⑤ 张荣强.简纸更替与中国古代基层统治重心的上移［J］.中国社会科学，2019（9）：180-203，208.

⑥ 刘大明.媒介与诗歌：宋代邸报诗的新闻传播活动价值［J］.国际新闻界，2019，41（6）：164-176.

实践模式，既制衡了传播的偏向，使其结构运行保持长久的生命力①，又可以使其类推广延到基层社会生态、民间传播活动当中，让我们更加接近于对中国传统传播观念、思想智慧的全貌性了解。

（二）补足短板：对本土媒介实践的考察与阐释

新闻史研究是华夏传播可以借力的一块"长板"，但实现传播学从理论到范式的本土化创新，还需要在很多方面补课。长期以来，过度地依存新闻传播学的学科概念框架对中国传播思想史的研究造成了自我限制，它已经习惯于在邸报、塘报、民意、谣言这些规范概念下面耙梳。②但还有许多学者把眼光拓展到了古代新闻出版活动之外，关注其他存在于传统文化实践和生活情境当中的特有媒介及传播现象。

这些媒介有些具有鲜明的物质特性，比如中国古代石刻文化。作为物质载体的石刻因其神圣性、永恒性、稳定性和公告性而拥有建构时空观念、"装置"信仰的作用，在秦汉这一特殊历史时期扮演着特殊角色。③又如孔庙这一兼具时间与空间偏向性的祭祀空间，以其"隐形传承者"的媒介角色在中华文化的传播中具有先进功能。④同理，在明末清初时期出现的教堂，因其对社会关系进行重新分配而构成谣言生产与传播的内外生因素。⑤

另外一些媒介作为民间习俗或制度化结构存在于我们的历史文化当中。比如"瞽矇传诵"这一诞生自原始口传社会中的文化传统，事实地缔造了盲媒这一中国历史上最早的职业传播者群体，继而在上古时代的"乐教"和"声教"体系中发挥核心作用。⑥在先秦时代，歌谣扮演着重要角色，尤其是

---

① 徐燕斌.中国古代的政治传播与社会控制述略：基于媒介史的视角 [J].现代传播（中国传媒大学学报），2017，39（10）：51-56.

② 吴予敏.从"零"到一：中国传播思想史书写的回顾和展望 [J].国际新闻界，2018，40（1）：90-108.

③ 贾南，芮必峰.作为信仰"装置"的秦汉石刻：一种媒介学的视角 [J].现代传播（中国传媒大学学报），2018，40（11）：53-39.

④ 张兵娟，王闯.传播史上的孔庙祭祀礼制及其当代价值 [J].现代传播（中国传媒大学学报），2018，40（1）：29-34.

⑤ 汪金汉.教堂空间与谣言生产：明末清初反教谣言的传播学分析 [J].新闻春秋，2019（6）：35-41，60.

⑥ 潘祥辉.瞽矇传诵：先秦"盲媒"的传播考古学研究 [J].西北师大学报（社会科学版），2019，56（2）：14-23.

以它为载体所实现的政治表达、宣传教化、政治监督、舆论动员以及权力博弈①构成了华夏文明早期的许多独特面貌。当然，盲媒和歌谣的社会性传播功能之所以可能实现，主要是因为巫文化是华夏文化的重要组成部分，许多由远古巫术活动演化而来的文化仪式在中国文化中扮演着特殊作用。

身为中国古代社会传播结构的一部分，许多媒介一直随着历史及其自身功能的演进不断产生形态变化。比如，起源于东汉的"露布"，作为一种政令公开方式在历史当中几经流变，并牵涉了多种政治力量基于媒介所展开的多维实践。②又比如，中国古代的家训文化，作为原始父系社会就已经存在的通过家庭内传播实现权力传承的行动机制，在中国经历了文学化和媒介化的转化，最终形成以宗族为基本单位，以家族先辈为共同主体，以存续家族资源为目的的特色传播控制实践。③中国发达的史学传统在政治传播生态中同样扮演着特殊角色，它采用自成体系的连续性记录方式，创造了通过历史书写与传播来实现对现实政治的"史论监督"功能。它不仅在上古社会中起到约束军权和官僚体制的作用，而且对中国近代新闻视野有一定的理念影响。④

这些媒介在不同历史时期具有不同形态，自然应被赋予不同的功能想象。比如，春秋时期作为礼器的鼎，其铭文和形制都有鲜明的宗族性特征，而它本身是一种实现宗族分封政治的连接媒介。战国时期出现的"铸刑鼎"逐渐走向平民化与生活化，⑤成为国家法律制度的媒介化载体。有些媒介实践的沿革由于和特殊的历史阶段、历史实践相互交织，往往能够形成影响深远的文化革命。赵云泽等人⑥⑦对汉字的沿革进行了考察，揭示了甲骨文

---

① 潘祥辉."歌以咏政"：作为舆论机制的先秦歌谣及其政治传播功能［J］.新闻与传播研究，2017，24（6）：68-86，127-128.

② 赵云泽，楚航.中国古代传播媒介"露布"政治功能考察［J］.新闻春秋，2017（1）：19-22.

③ 谢清果，王皓然.以"训"传家：作为一种传播控制实践的家训［J］.新闻与传播研究，2021，28（9）：75-92，127-128.

④ 李晓东，潘祥辉."史论监督"：一种中国特色的政治监督机制溯源［J］.新闻与传播研究，2019，26（10）：105-125，128.

⑤ 王沛.刑鼎、宗族法令与成文法公布：以两周铭文为基础的研究［J］.中国社会科学，2019（3）：85-106，206.

⑥ 赵云泽，董翊宸.中国上古时期的媒介革命："巫史理性化"与文字功能的转变及其影响［J］.新闻与传播研究，2019，26（7）：92-106，128.

⑦ 赵云泽，杨启鹏."书同文"：中国古代政治制度变化与媒介变革影响研究［J］.现代传播（中国传媒大学学报），2019，41（5）：29-35.

向鼎彝金文转变、秦代统一文字两场媒介革命分别是如何改变中国的文化面貌和历史进程的。前者将文字从一种"人与神"的媒介转化为"人与人"的媒介，构建了社会理性交往的基础资源和中华文明的基石。后者实现了文化统治和制度重塑，使秦朝"以吏为师"的政策得以推行，这是秦代和后世建立高效的中央集权官僚体系的基础，使中国古代"理性政治"成为可能。

更加注重自身的历史意识，更加注重从具体的文化实践情境入手，更加关注地方化、日常化和私人化的"小历史"，这让我们能进一步超越传播学既有的西方理论框架，看到研究对象和问题之间的内在机理、多样性与复杂性，在学科话语的解构与重构中形成本土化思考。

（三）本土思维：在"以我为主"的理论对话中拓展新版图

依余英时先生的评价，20世纪以来中国学人有关中国学术的著作，其"最有价值的都是最少以西方观念作比附的"[①]。华夏传播学的愿景，始终是尝试建立具有独立意识、民族立场和本土实践价值的传播学理论与范式。但这种尝试又并非特立独行"自成一派"，当下的华夏传播研究正以更加积极的态度将自己推入"学术市场"，秉持"以我为主"的主体意识和"中西对话"的理论追求，实现与西方传播学的经典理论和学术体系进行批判性对话。

近年来的一些重要研究成果选择关注中国传统哲学中的特殊概念或范畴，尝试对其中的传播观念展开探讨。诸如"化"这样的本土哲学概念，在儒释道三家的不同阐释中实际建构起了各自富有本体论意义的传播观念，同时又蕴含类似"传—受"一体化的传播效果论等思想共性。[②] 在对龙山文化以降的历代考古发现的梳理过程中，我们可以看到"中"与"中和"的文明理念如何被以不同形式的物质媒介呈现和传承，构成中华文明五千年不断裂的文化逻辑。[③] 从中华文化在思考人的主体性问题时具有的时间偏向

---

① 余英时.论士衡史［M］.上海：上海文艺出版社，1999：459.

② 杨柏岭.本体、认识与价值：中国古代"化"观念传播论［J］.新闻与传播研究，2021，28（8）：110-125，128.

③ 刘庆柱.中华文明五千年不断裂特点的考古学阐释［J］.中国社会科学，2019（12）：4-27，199.

性，看到它如何促发儒释道三家对时空多元的理解和阐释。①

另一些优秀成果则对传统文化经典文本及重要思想家进行了再挖掘和再阐释。张明新等人从《论语》的文本出发，探讨儒家对于建构政治信任的观念和路径认识。其中既有"自上而下"的体制价值传播，以设置理想化的政治认知框架，也有"自下而上"的政治情感传播，以建构政治信任。由此，"上下交"的双向传播路径完成整合，实现了"其志同"的政治信任建构。② 潘祥辉③ 则聚焦东汉中后期社会政治批判思潮的开风气者——王符。王符对东汉的吏治、社会风气及政治传播失灵现象有着深刻的洞察和批评，进而对君臣、官民之间的政治沟通，对克服政治传播的信息壅塞及信息扭曲提出一系列主张。

这种对经典文本的再阐释也可以在比较哲学对话中寻找到新视角，从胡塞尔哲学的几个核心概念阐释先秦儒家人际交往思想的价值和可行性。④通过从认识本体出发的儒家传播观，我们可以看到儒家思想中以自我传播为思考起点延展出与他人、与世界交流关系的思考，进而理解儒家诸如"内圣外王"这样既具有时代意义和现实价值的传播观念⑤，更可为以芝加哥传播学派为代表的建构主义的自我观提供新的思想资源。⑥ 我们还可以从修辞学的视角上看到，中国人的交流活动讲究意境、内涵和隐喻关系，将西方修辞学强调的辩论、逻辑包裹在美学和情感的温暖外衣当中，这让中国传统的人际交流和说服活动有了独特性。⑦ 笔者主编的"经典与传播研究丛书"近年来已出版了《中庸的传播思想》《庄子的传播思想》《〈论语〉的

① 谢清果，王婕.与时偕行：华夏文明传播的时间偏向［J］.现代传播（中国传媒大学学报），2021，43（3）：41-47，53.

② 张明新，陈佳怡."上下交而其志同"：《论语》中的政治信任建构——以政治传播为视野的考察［J］.新闻与传播研究，2020，27（1）：69-86，127-128.

③ 潘祥辉."潜夫"之论：东汉王符的政治传播思想研究［J］.湖南师范大学社会科学学报，2020，49（3）：50-58.

④ 束秀芳，芮必峰.先秦儒家人际交往思想重估与再释：基于胡塞尔现象学视野［J］.新闻记者，2018（2）：58-65.

⑤ 谢清果.华夏自我传播的理论建构［M］.厦门：厦门大学出版社，2021：178-179.

⑥ 赵妍妍.一种儒家传播学思想中的自我观：兼与芝加哥传播学派自我观比较［J］.现代传播（中国传媒大学学报），2021，43（2）：67-71.

⑦ 谢清果，米湘月.说服的艺术：华夏"察言观色"论的意蕴、技巧与伦理［J］.现代传播（中国传媒大学学报），2019，41（10）：98-104.

传播思想》，希望在华夏传播积淀深厚的领域继续深耕，实现文化经典与现代理论的跨时代对谈。

　　中国文化中深藏的传播观念与智慧，浸润在我们的哲学理念、国学经典中，更以文化的集体无意识的形式深度融合于中国数千年的历史实践与文化变革中。对它的探寻往往需要像一场捉迷藏般，从文明的源头和字里行间耐心推敲。比如，钱佳湧、刘辰辰二人的研究探讨了上古时期"绝地天通"的巫术革命如何彻底改变华夏民族的历史面貌。[①] 该研究从逻辑上将权力秩序视作宇宙运行秩序的现世映射，进而合理化了权力集中化的现实，让民间巫术信仰收归于王权垄断。这种思维方式从上古的"绝地天通"中产生，并一直主导着中国人的自然宇宙观和传播过程中的行动理论，为我们从本土语境中理解"传播"寻找到新的阐释可能。从原始巫术信仰当中脱胎换骨的中华文明，用"礼"和"乐"创造性地利用了巫术仪式中的外在表征，并转化了其价值内核。"礼"的传播意义或功能常为我们津津乐道，而"乐"对礼制生成的意义则惯被忽视。以"乐"观"礼"，正确认识二者之间相互协调的运转机制，是古代建构社会政治秩序的文明传播基础范式。[②③] 赵晟的博士论文则揭示了存在于儒道两家认识论中的身体意识。它们对内向传播和交往观念的思考都带有鲜明的具身性思维，从而构成内外统一的身体交往观念。[④]

　　凭借对过往忽视的领域、文本、思想传统与历史活动的重新认识，对中华文明的范式自信与方法自觉，华夏传播研究正在不断拓展知识边界，补全自身的研究版图，形成更具系统性的分支学科。邵培仁所著的《华夏传播理论》作为一部系统性总结华夏传播问题意识、方法启示和理论贡献的重要著作，不仅探讨了华夏传播理论能否建构、如何建构等问题，而且创造性地提出"从观念到概念、从思想到理论"的建构路径，依据中华文化基因和传播元素探索性地提出一系列华夏传播理论观，既表征了华夏传播研究在全球

---

① 钱佳湧，刘辰辰."交通"天人：商周时期巫文化演进的传播学考古研究［J］.
国际新闻界，2019，41（11）：89-114.

② 张丹.以乐观礼：中国古乐的媒介功能观［D］.厦门：厦门大学，2020.

③ 谢清果，林凯.礼乐协同：华夏文明传播的范式及其功能展演［J］.新闻与传播
评论，2018，71（6）：59-68.

④ 赵晟.作为媒介的身体：儒道身体交往观的系统考察［D］.厦门：厦门大学，
2019.

传播时代的觉醒与现实，又丰富了华夏传播理论的认知与想象。"华夏传播研究论丛"［包括《海外华夏传播研究（陈国明卷）》《华夏传播研究在中国（谢清果卷）》《华夏传播年鉴（2019卷）》三册］是书写学科史的尝试，其中大量海外学者研究的中译本都是首次出版，对华夏传播研究的历史溯源进行了新的延展，让我们得以重新思考华夏传播研究草创的设想和路径探讨，深化对华夏传播研究发展逻辑的认识，强化学科意识。

三、从中国到世界：华夏文明传播的"出圈"尝试

习近平总书记在中共中央政治局第三十次集体学习中发表的有关加强我国国际传播能力建设的讲话，为当下的新闻传播学科赋予了加快构建中国话语和中国叙事体系以提升我国国际传播能力的时代使命，也为华夏传播学指明更加广阔的学术前景和发展道路。如果说过去的华夏传播学强调立足于本土语境，以地方经验建构更适用于本土的理论和范式，那么新的时代使命则让越来越多的学者敢于用本土话语为更多当代性的和世界性的命题寻找答案。许多相关研究正致力于从中国对外传播交往的历史经验中寻求一条有别于过去指导范式的"中国模式"，以实现对国际话语权和话语解释权的争夺。[1]

华夏文明传播奔流向前的历史发展进程涵养出非常鲜明的双向对话交流特征。在传播学中国化进程中，围绕着中西两种文明对话在理解和冲突间的多元互动，使得"传播"概念本身更像是一个不断致力于寻求深层次对话与互构的动态过程。以16世纪史料还原出的英国国家记忆中的中国形象让我们看到，这种对话过程往往具有鲜明的历史性，是特定条件下传播活动的结果，是客观交流条件和具有局限性的主体视角的共同呈现。在中英尚未直接接触的16世纪，英国多通过间接素材从地理、人文和商贸三个维度勾勒中国形象，这与这一时期英国对海上权力的谋求、国家制度的设计和对贸易逻辑的认知紧密联系，它始于物质性认识，其形象又在力量对比消长中不断变化。[2]19世纪逐步进入中国民众视野的画报媒介也起到相似

---

① 白文刚.文明传播视野中的"中国模式"与"中国故事"［J］.新闻与传播评论，2019，72（6）：5-16.

② 王润珏.探索与想象：16世纪英国国家记忆中的中国形象［J］.现代传播（中国传媒大学学报），2020，42（4）：62-66.

的历史作用。通过画报的图形叙事，下层民众对现代物质文明的想象被具象化为一个发达的"西方文明"。①

从本质上讲，近代文明史中的对话往往并非观念与观念、思想与思想间的直接对话，它们都有其物质性载体。比如，中国与周边和海外民族的交流互动，可以从游牧服饰装饰符号的流行变化中循迹。②又比如，杜莉、刘彤、王胜鹏等人共著的《丝路上的华夏饮食文明对外传播》（人民出版社，2020）一书，综合运用历史学、文化学和传播学的多学科知识，展现出全球贸易活动中的物质性交往如何促成文明交流、融合与演进。③即便放眼现代，以茶叶商品贸易为媒所开展的国际传播同样是消弭各国各地区间的文化差异和思维隔阂，最终化解中华文化国际传播之困可资借鉴的案例。④

无论 19 世纪德国学者李希霍芬在考察贯穿中国西北及整个欧亚大陆的贸易和交流通道时，将之命名为"丝绸之路"，还是从"海上丝绸之路"这个概念的形成与内涵中，都可以看到这种对异域文明丰富的物质性想象，⑤也可以看作一种殖民主义话语的对应产物。⑥张兵娟等人的研究从 1793 年英国大使马戛尔尼来华导致的"礼仪之争"着手，探讨了物质主导的文明交流形态并非一种必然，更像是西方殖民主义观念的产物。借助后殖民理论和传播学视角重新审视传播动机、传播手段及由中英价值观念偏差导致的认知障碍等因素，我们可以意识到中英在文明交流的仪式性和物质性两种态度间的差异冲突，也意识到西方殖民历史只是书写文明交流史的形式之一，弥补了在过往文明交往史书写中的主体性缺失。⑦脱离近代文明史的

① 黎蕤.陌生的文明：清末画报中的西洋想象——市井视角中的西洋 [J].新闻春秋，2020（5）：34-39.

② 李楠，张焱.跨文化视野下中国游牧服饰之媒介功能与意义 [J].现代传播（中国传媒大学学报），2020，42（5）：84-88.

③ 李楠，张焱.跨文化视野下中国游牧服饰之媒介功能与意义 [J].现代传播（中国传媒大学学报），2020，42（5）：84-88.

④ 杨懿.符号学视域下中华传统文化的国际传播：基于贵州茶的观察 [J].现代传播（中国传媒大学学报），2020，42（11）：60-63.

⑤ 毛章清，张雪.郑学檬教授谈"东方想象：海上丝绸之路的边际效应" [J].国际新闻界，2017，39（2）：174-176.

⑥ 王小英."丝绸之路"的语言学命名及其传播中的话语实践 [J].现代传播（中国传媒大学学报），2017，39（11）：84-90.

⑦ 张兵娟，李阳.传播学视角下中英"礼仪之争"再审视 [J].新闻与传播评论，2020，73（5）：102-115.

狭隘框架，我们应该看到，随着物质交往的推进，跨文化交流终将进入更深层次的理论、身份和权力冲突当中，而所谓冲突本身就代表着融合的过程，什么样的冲突往往造就什么样的融合。① 文化交流的冲突过程就是一个冲突内容被转化、规范，进而被冲突主体内化为其文化秩序的一部分的过程。所以，文化传播的最终理想状态一定是不分主客、内外的共生共构的状态。在这一点上，"中国"便是最能代表该文明传播观念的元符号，它主导了古代东亚文明交往实践，建立了无外、共生的传播秩序，使得域内文明都可以从文明交往过程中获益，形成共同维系和发展的文明共同体。②

这些研究既以不同角度回顾了中国对外传播的历史经验，又体现了华夏传播对本土话语的重视，不断尝试对西方民族国家叙事框架下的国际传播话语逻辑提出挑战，设想更具有包容性和开放性的世界交往秩序。在过去，与主流范式的疏远关系一直是华夏传播走出相对封闭的内部讨论并为传播学科提供理论贡献的一大劣势。如今，这种劣势反倒成为在建构中国特色哲学社会科学体系过程中，让它得以发挥特长，实现"出圈"的优势。越是具有本土特色的理论探索，越是能体现出寻求新模式的世界价值，而对外政治传播和文明传播研究，正在成为华夏传播探索发展的一座新的理论富矿。

四、五年回首：华夏传播研究的"变"与"不变"

笔者曾撰文《2011—2016：华夏传播研究的使命、进展及其展望》，而又一个五年过后，华夏传播研究发生了许多一如期望中的变化，同时也面临许多意料之外的挑战。本章以新闻传播学科的"中年危机"为引，希望能从大环境反思华夏传播近年来的总体发展趋势。

一方面，由于过去四十多年中，中国传播研究始终存在西方理论体系与自身经验及社会体验的相互割裂，我们被认为"既缺少在自身经验内部寻求关联和统一解释的努力，也缺少将西方理论还原到自身历史语境下的

---

① 赵立敏.理论、身份、权力：跨文化传播深层冲突中的三个面向——以汉传佛教在华传播为例 [J].国际新闻界，2020，42（9）：23-42.

② 谢清果.共生交往观的阐扬：作为传播观念的"中国" [J].西北师大学报（社会科学版），2019，56（2）：5-13.

意识"①。另一方面，过去狭义或纯粹的哲学社会科学研究已不再适应时代发展的要求，不能满足当代中国发展的期望，②亟待寻求新概念、新范畴、新表述，用新理论阐释和引领当代的、中国的具体实践。传播学面临的"中年危机"挑战，就是克服内部发展的结构性问题，并适应外部环境的需求变化。华夏传播研究近年来的变化，可以被看作中国传播学本土化发展为适应新的内外环境做出适度调整的缩影。我们可以大致总结为以下几个方面。

首先，它的开放性正在增强，更加追求方法和范式的多元化。华夏传播不断尝试吸收历史学、人类学、社会学及考古学等不同学科的方法，对形式丰富的中华传统文化进行多样化分析。尤为明显的是，当今的华夏传播不仅以中国的传统历史实践及文本为研究对象，还尝试对中国传统人文学科的方法加以现代转化和应用。

其次，它的研究视野和讨论维度正在拓展。前者表现在关注多样化的中国古代传播实践，很多过去未得到关注的历史现象、特殊文本受到学者关注。后者则体现为华夏传播不再只强调建构有别于西方传播学理论体系的地方性知识，随着它对本土传播实践、传播学本身理解的加深，它运用传播学的问题意识与思维特点重新阐释中国的历史实践，从中验证并总结一些不单是地方性，也具有普适意义的传播问题和传播规律。

最后，随着学科主体意识的不断成熟，华夏传播研究正在变得更加自信，它已经敢于参与新闻传播学界当下几乎所有重要的议题。创刊于2018年6月的《华夏传播研究》集刊以及2018年9月华夏传播研究会的正式成立，标志着学术共同体的形成和不断拓展。它们将为华夏传播研究提供新的坚实阵地，并更加自信大胆地尝试将自身带有民族性和地方性的鲜明话语用于全球性实践的讨论中。兼具本土视野和全球情怀是华夏传播研究始终秉持的价值传统，它不单面向过去、面向本土，还面向当代、面向世界。就像《共生交往观：文明传播的"中国方案"》（九州出版社，2019）一书从关注人类文明交流互鉴的视角挖掘中华传播智慧的世界意义一样，华夏传播正以其本土化的独特视角，为崭新的全球化理论话语做出贡献。这种

① 单波.从新体用观的角度建构中国传播学的反思性［J］.国际新闻界，2018，40（2）：15-21.

② 谢伏瞻.加快构建中国特色哲学社会科学学科体系、学术体系、话语体系［J］.中国社会科学，2019（5）：4-22，204.

"本土化"展望，是接下来一段时期内它对自身的首要学术定位。

毫无疑问，时代发展和国际形势的剧变，既为华夏传播研究提出了新的课题挑战，又提供了独特的窗口机遇，它因此正在进入自己最好同时也是最坏的时代。甚至可以大胆地说，近年来的华夏传播研究虽不是最热门的，却称得上是"最热闹"的。相比一团和气的整个新闻传播学界，这里可以看到更多基于学术观点和立场的交锋与商榷，而这种争议性和特别的讨论氛围恰恰能说明当前它具有学术活力与吸引力。它正以更加开放的姿态继续尝试建构具备多学科视角和全球性视野的本土话语体系。我们将会看到，未来在传统文化复兴、本土哲学社会科学体系建设、强化对外文化传播和国际政治传播能力等重要课题中，华夏传播能够提供的独到思考与理论贡献，继续扮演沟通传统和现代、本土与世界的桥梁角色。

就像"幼儿期"和"青春期"一样，"中年危机"是生命历程中不可避免的一部分。但不同于人类的是，传播学的学术生命还会很长，经历过一场小考后，无论华夏传播学，还是整个中国传播学学科，终将会以崭新而具有活力的面貌继续迈向未来。

第二篇

华夏传播研究与教学的

个体生命史

第一章　与华夏传播研究的美丽相遇

　　很荣幸向读者朋友们讲述我的学术成长历程，虽然并不成熟，但有一定特色。作为新闻传播教育战线上的新兵，我于 2006 年博士毕业并留校任教，至今仅有十几载的光景。回望自己与华夏传播研究这一由前辈们开拓的领域结缘的历程，总有感恩之情在心头涌动，总感觉有经验要与同人分享。我期盼华夏传播学得以构建，传播学中华学派能够确立，并走上与西方传播学相媲美的自觉发展道路。今日所谈，若能使我的同行、朋友以及未来即将从事华夏传播研究的学者们从中获得一点点启示，就不枉我花费相当长的时间梳理我的学术探索之路了。先从我的生活信条、为学信条和事业信条说起吧！

　　我的生活信条是："苔花如米小，也学牡丹开。"（袁枚）

　　生命是渺小的，却又是伟大的。因为生命是个奋斗不息的过程，是个不断追寻意义的过程。正因为有了意义，生命才显得如此多姿多彩！我深知自己学问尚浅，却有一颗不断向上的心，一颗向古人和今人，尤其是向前辈学者和同人学习的谦逊的真心。学术大咖是我心中的牡丹，而我只是一朵小小的苔花，虽然微小，但我要努力向上，在力所能及的范围内绽放自己的美丽与光芒！

　　我的为学信条是："千里之行，始于足下。"（老子）

　　老子是我最崇敬的一位先哲，他的《道德经》是我二十多年来时常学习的经典之一。我的许多论著都是向老子致敬的产物。老子深邃的思想，我深信之，笃行之，"千里之行，始于足下"这句名言便是其中之一。作为一名年轻学者，虽然我拥有经济学、法学、哲学、历史学等学科的教育背景，但我的新闻传播学知识主要是靠自学、前辈们的点拨而一点一滴地积累起来的。"千里之行"固然遥远，我也难说具备才华横溢的素质，但我相信，只要养成百折不挠的坚强意志，就终究能够到达千里之外的胜利彼岸。

我的事业信条是："中华文化立场，全球传播视野。"（谢清果）

当我逐步踏上华夏传播研究这条奇妙之旅后，我确实深深地爱上了这个领域，并立志为之奋斗终生。我开展华夏传播研究的第一个信条便是坚持"中华文化立场"——研究的基础一定要扎根在中华大地上，而我要充当一块推动传播学中华学派建立的铺路石，或者一级供后人向上攀登的台阶，为中国传播学的崛起奉献自己的光和热。当然，华夏传播学的建构不能局限在中华文化圈内"自娱自乐"，它必须在"全球传播视野"的帮助下，在中外思想的对话和砥砺中不断前行。对于外国的传播思想与传播理论，我们不妨抱着"拿来主义"的心态，参考借鉴，为我所用。只要我们本着"以我为主，综合创新"的理念，在一代代学者的持续努力下，久久为功，相信华夏传播学一定能够心至功成。接下来，我谈一谈我的成长历程，与读者诸君共勉。众所周知，做研究大体上是从博士生阶段开始的，而参加工作往往才是真正做学问的开始。经济基础决定上层建筑，有了相对稳定的工作，便有了安身立命的条件，工作作为研究的依托，会促使研究进入自觉的阶段。因此，我先从自己博士毕业参加工作这个时间点谈起，今后如有机会再详细回溯有生以来的种种感悟，以期与读者诸君深入谈心。

一、拐角处遇到爱：邂逅华夏传播研究

2006 年，当我从厦门大学人文学院哲学系科技哲学专业毕业时，同处人文学院的新闻传播系正处于升格为学院的重要时期。时任新闻传播系副主任黄星民老师从学院的未来发展全盘考虑，计划从哲学与历史两个专业引进老师，以便将来能够从史论方向加强厦门大学具有光荣传统的华夏传播研究领域。我就是在这样的背景下进入厦门大学新闻传播学院的。

华夏传播研究是厦门大学的传统优势领域，在 20 世纪 90 年代一度处于执中国传播学研究牛耳的地位，至少在当时带动了全国的传播学中国化研究，尤其是华夏传播研究。但是到了 21 世纪初，除了黄星民教授等个别学者还在苦心经营，华夏传播研究逐渐淡出了学界的主流视域，以至于余也鲁先生晚年曾感叹，中国传播研究各说各有理，但总是缺乏历史的省思，也缺少有组织的科研，各立山头。厦门大学着重发展了广告学，但广告学仅是传播的一小部分。他帮助厦门大学成立的"厦门大学传播研究"，主要

研究"中国传"。后来，有位教授出版了《华夏传播论》，如果照着这个路子坚持下来，肯定会有大成就。

冥冥中似乎有天意。黄星民老师退休以后，除了我，当时几乎没有同事愿意专门从事这个方向的研究，于是我就顺理成章地接手了他的这个研究方向。现在看来，新闻传播学科的发展无论是从历史还是从未来来看，都是有必要加强学科交流的。适当引进社会学、政治学、哲学等学科的人才，对于从不同的视角研究媒介和人类复杂的新闻传播现象，是大有裨益的。厦门大学新闻传播学院接纳了我这位非新闻传播专业的博士，给了我舞台和表现的机会，这也是我对新闻传播学院心怀感恩的地方。既然学院相信我，那我就必须全心全意地从事教学与科研，绝不拖学院的后腿，以报答学院领导与教授委员会的知遇之恩。并且，我立志担负起弥补余先生生前遗憾的重任。

初来乍到，我要上什么课呢？学院从我的实际情况考虑，建议我在过渡时期，一方面可以发挥自己的专长，开设"传统文化概论"课程，另一方面可以开设具有浓厚哲学意蕴的课程，如"批判学派的传播思想研究"等。此外，还得慢慢接手新闻传播专业的基础课程，如"新闻学概论""传播学概论"等。我按照前辈们的指导，积极地备课、讲课，以初生牛犊不怕虎的精神，买来许多新闻传播的经典著作，边学习，边研究，边写作。我还订阅了新闻传播领域的四大期刊：《国际新闻界》《新闻大学》《新闻与传播研究》《现代传播（中国传媒大学学报）》。当时我的同事许清茂教授，看到我在去漳州校区的车船上还拿着订阅的刊物时，深情地对我说："看来你是在认真地融入新闻传播专业，为你高兴！"同事的鼓励如同一股暖流涌上我的心头。跨专业学习并不容易，当时也有同事对我能否转型成功持不乐观的看法。但我相信："我能，我行！"别人完成新闻传播专业本、硕、博的学习需要十年的积累，我相信自己通过自学，也能用十年时间完成专业的学习。我采取的方法归纳起来有两个方面：一是向前辈学习，多请教，少走弯路。当时我经常向黄星民老师、许清茂老师、陈嬿如老师请教，有时也去听他们的课，当然更多的是看他们的书。二是我考虑自己没有新闻传播学科方面的学脉，有必要加强这方面的学科对接。恰好那个时期赶上学校允许在职做博士后研究，而且我院德高望重的陈培爱教授在人文学院历史学博士后流动站的专门史方向下设有传播史方向的博士后，于是我主动向陈教授表达了我的想法。没想到陈教授并不嫌弃我没有新闻传播方面的专业基础，愉快地接纳了我，并且同意我做中国近代科技传播史方向的研究。我之所以选择这个方向，是因为我是科技哲学专业出身，在写博士论文时已经积累了丰富的研究资料，加之我的硕士生导师郭金彬教授正在主持福建省社会科学研究"十一五"规划重点项目"中国科技思想研究文库"，我的研究方向恰好既能从传播史的角度切入，又可以兼顾专业背景。于是我埋头苦干起来，一面做博士后研究，一面从事教学。

感恩博士后三年的学习！陈培爱老师给我提供了许多成长机会，更是我的学术引路人。我在新闻传播学科方面的第一本著作——《中国视域下的新闻传播研究》便是在他的帮助下纳入"厦门大学广告与传播艺术丛书"并出版的。该书的出版极大地增强了我的学术自信。该书分"华夏传播研究""科学传播研究""广告传播研究""传媒与社会研究""新闻传播研究""影视传播研究"等六个部分，记录了我早期的学术研究成果，也记录了我带着硕士研究生从事研究的历程，并总结了我的研究心得：发挥优势，促进自己学术背景与传播学的交叉融合，是跨学科学者的必由之路。

（一）道家思想开启了我的华夏传播研究之路

刚进入新闻传播领域时，对于华夏传播研究的认知是粗浅的。我当时的本能反应是从自己的博士专业出发，从可以与传播学对话的方面切入，这便是语言。传播学者德弗勒曾指出，理解语言原理是传播学的核心。当时我阅读了武汉大学李敬一的《中国传播史论》一书。该书深刻地指出："道家在中国传播思想发展史上第一次提出传播活动中的'真''善''美'概念，并且论述了三者之间的关系，这是弥足珍贵的。"受此启发，我撰写了《道家语言传播的真善美向度》一文，全文近两万字。随后，我按真、善、美三个部分将之分成三篇独立的论文，遂有了《道家语言传播效果的求美旨趣》（曾获厦门市社会科学优秀成果三等奖）、《道家语言传播过程的艺术神韵》、《道家语言传播主体的求真意向》一组文章。这组文章后来收录在复旦大学出版社策划的"名校·名师·名课"通识系列教材中的《中国道家之精神》一书中。该书是我与我的博士生导师詹石窗教授合作撰写的。

这次成功的写作给我的启示是：当确定要写某个主题时，那就全心全意地投入，力求竭泽而渔。具体来说，就是尽可能多地搜集资料，充分理解与把握前人研究的文献，在此基础上建构自己的研究思路，力求做到综合创新。就选题的缘起而言，就要多读书，书中往往有许多明示和暗示。明示的选题，如李敬一老师指出道家的语言传播特色，只不过他没有深入去阐发，我们就可以接着研究；而暗示就是说，在有些书中作者会说某个方面薄弱，或者说值得研究，那往往都是我们可以继续探讨的方向。对于刚刚从事研究的青年学者而言，从这两方面入手往往会起到事半功倍的效果。此后，我带领团队在老子（道家）的语言传播和非语言传播方面继续拓展研究，取得了一些成果，比如《道家语言传播意象之美的哲学玄思与现实观照》《老子非言语传播思想的内涵、功能及其当代启示》《老子不言不辩思想与春秋时期传播环境研究——与雅典"尚辩"传统的比较视角》等。可见，只要在学术研究上用功，就可以针对同一主题从不同视角写出不一样的文章。

（二）广告启发我从事传统文化的当代传播研究

2007 年，我开始指导硕士研究生学习。当时新闻传播学院有一个好传统，广告、新闻学、传播学三个专业方向的研究生可以自由选择导师。这个优良传统使我与各专业的研究生相互学习，教学相长。而且我自己也努力结合各专业方向来撰写学术论文，以此促使自己更快地融入新闻传播学科。当时，我需要到漳州校区给本科一年级的学生上"新闻学概论"课，需要坐轮渡出海。在路上，我看到建设银行门口有个巨幅广告"善建者行"（寓意"善者建行"），下面还标明这句广告语得以产生的出处是"善建者不拔，善抱者不脱"（《道德经》）。

作为《道德经》的忠实爱好者，这则广告自然引起我的注意。于是，我下决心写一篇以这则广告为例来谈广告与传统文化关系的文章。接下来，我买了一本《现代广告与传统文化》，并查阅了中国知网上的相关文章，于是有了《论广告的深度创意与传统文化》一文。这个事例让我意识到，广告可以在建构社会主义核心价值观方面发挥作用。于是我继续探讨这个问题，撰写了《现代广告与社会主义核心价值体系的构建》一文。这两篇文章的面世让我明白一个道理：其实论文的选题就在日常生活中。我们应该做生活的有心人，努力用自己的专业知识解释和分析当下的社会现实，这既是彰显专业的路径，也是提升自我的方法。

（三）专业背景依然是从事华夏传播研究的重要优势

我的博士专业是科技哲学，主要研究中国传统科学思想，主攻道家科技思想。这个专业让我既有科技哲学的教育背景，又有中国哲学的专业基础。在转向传播学研究的起步阶段，我尽可能发挥专业所长，努力实现传播学与科技的交融，于是就有了科技传播的转向。在博士后研究阶段，我把研究的时段限定在中国近代，于是产生了博士后的研究题目"中国近代科技传播史"。在读博期间，郭金彬教授给我们开设经典研读的课程，他带领我们研读科恩的《科学中的革命》一书，指导我们该如何读书，如何从中提出问题，并让其成为选题来源。郭老师的方法很有效。他先后指导博士生撰写并发表了数十篇研读此书而形成的论文，而且大多发表于核心期刊。郭老师还有个很好的习惯，就是日常读书时，遇到有用的材料就会摘录下来，尤其是会及时将因此引发的灵感（选题）记录在本子上。这样日积月累，就形成了一本本选题集，待到观点成熟时，一篇篇文章的构想就出来了。这个方法也被我和我的学生借鉴，并不断传承下去。

我工作后还经常到郭老师家坐坐，谈谈学问，聊聊人生，每每都有感悟。记得有一天，他说起科学创意的传播问题时，凭着自己丰富的研究经验，指出科学发现和发明往往是从创意开始的，而创意既有可能在传播中生成，也有可能遭遇阻碍，同时科学创意也不是越早传播越好，需要考察具体的情境。他勉励我研究一下相关的问题。于是，我就动手研究，结合早年研读《科学中的革命》等著作所奠定的基础，先后写出了《科恩的科学传播模式及其效果检验方法》《科学革命与科学共同体中的科学传播》《科学创意的传播》等文章。这个经历告诉我，机遇只垂青于有准备的头脑，辛勤耕耘，终会有收获。另外一个感悟是，持续写作提升了我的领悟能力，对于研究来说，写作是一件重要的基础性工作。

三年博士后研究给我带来三个方面的收获：其一，出站报告一部分由科学出版社出版，即《中国近代科技传播史》（获福建省社会科学优秀成果三等奖）。其二，博士后在站期间，我先后拿到了博士后一般资助和博士后特殊资助。这两笔科研经费对我来说如久旱逢甘霖，使我得以有充足的经费开展科研活动。其三，我把博士后出站报告中因篇幅所限不能纳入出版的章节与硕士期间写的硕士学位论文合在一起，形成《中国科学文化与科学传播研究》一书。当时厦门大学国学研究院恢复办学，正在大力资助图书出版。在时任厦门大学国学研究院副院长陈支平教授的关照下，此书得到资助并顺利出版。回顾这段经历，我觉得善于把握机遇固然重要，最重要的是学会感恩。我感恩我所遇到的人，他们在我最需要帮助的时候给予了我无私的帮助，正是他们如同垫脚石般的帮助，助我在学术道路上攀上一座又一座高峰。从这个意义上讲，一个人的成功不是无缘无故的，是内因与外因综合起作用的结果。

我的科技哲学教育背景为我走进媒介技术研究领域，进而深入探讨华夏媒介变迁及其与西方媒介环境学派的对话提供了很大便利。在这方面，我们的团队已经取得了初步成果，如《尼尔·波兹曼论媒介技术演进与社会话语变迁》《老子的媒介技术观辨析》等。在下一阶段，我会着力在这方面耕耘，以因应媒介技术哲学和媒介环境学研究日趋成为学术前沿这一潮流。

（四）审时度势，借力打力，开拓"老子传播学"研究新领域，奠定华夏传播研究的基础

前文已言，我工作之初便进行了道家语言传播研究，而语言显然是一种符号，于是我借助符号学成为传播学研究的显学之势，2009 年以"道家符号传播思想研究"为课题成功申报了福建省社会科学规划研究项目。这是我的第一个华夏传播研究课题。这次研究课题申报成功极大地提振了我的学术热情与信心。于是，我决心一鼓作气，开创"老子传播学"研究新领域，并不断建构新时代的教学科研模式。当时我的构想是，既然传播学通常以内向传播、人际传播、组织传播、大众传播、跨文化传播为基本架构，那么，我就努力分别在这五个方向各写一本书，力争通过写论文、写专著促使自己尽快熟悉传播学的基本知识。说干就干，干就干好。我在老学与传播学的交叉学科方向上不断推出新成果。第一本书是《和老子学传播：老子的沟通智慧》。该书是我开设"老子传播思想研究"院选课的结晶。课上，我引导学生从语言传播、内向传播、人际传播、具象传播、信息传播、公共关系、传播模式、传播过程以及老子与彼得斯的思想对话的角度探讨《道德经》与传播学的对话，然后在此基础上编撰成书。

我从 1994 年 11 月起追随知名民间学者黄友敬先生学习《道德经》，后来我本着"独乐乐不如众乐乐"的思想，决定开设"道德经"校选课。这门课程现在已经发展成厦门大学校级核心通识课程和福建省级精品线上课程。与此同时，我坚持在《道德经》与传播学之间开展对话，努力建构"老子传播学"这一打通老学与传播学的新研究领域。具体过程如下：当《和老子学传播：老子的沟通智慧》面世后，我就开始构思《和老子学管理：老子的组织传播智慧》《和老子学养生：老子的健康传播智慧》这两本书。之所以考虑先出这两本书，是因为我当时觉得组织传播是研究中国传

统社会的重要理论资源，同时也为将来准备上"组织传播概论"课程提前备课，而健康传播研究在当时很热门。此外，我还想发挥自己在老学研究方面的优势。不过，最直接的动因是导师詹石窗教授正受托主编一套丛书。当我把自己准备出系列老学书籍的想法告诉他时，詹教授欣然同意，并协调把这两本著作纳入丛书出版计划。

经过努力，《和老子学养生：老子的健康传播智慧》《和老子学管理：老子的组织传播智慧》接踵面世。值得一提的是，应著名组织传播学者胡河宁的邀请，我参加了他在《今传媒》上开设的《组织传播》专栏，后一本书的绪论便以《老子的组织传播思想纲领初探》为题刊载于该刊 2011 年第 3 期上。为了探讨老子的内向传播智慧，我尝试以米德的主我客我理论作为参照，来观照中国的内向传播观念。凭借对《道德经》的熟悉，我想到《道德经》第二十章有"我"与"客人"的鲜明对比，可以运用内向传播理论加以分析，于是撰写了《内向传播的视阈下老子的自我观探析》一文。由此，我开始了为期八年的探讨华夏内向传播理论的求索之路，先后撰写了《道家内向传播的观念、路径及其目标》等近十篇涉及儒释道内向传播研究的论文。这些论文结集为《华夏自我传播的理论建构》（厦门大学出版社，2021），被纳入"厦门大学南强丛书"第七辑出版。

在老子人际传播智慧方面，我带领团队撰写出《老子"既以为人，己愈有"的人际印象思想考析》一文。在研读彼得斯的《交流的无奈：传播思想史》（现译为《对空言说：传播的观念史》）时，我感到老子的传播思想与之有可对话之处，于是带领研究生继续运用比较研究的方法加以探索，便有了《老子对人际传播现象的独特思考——与〈交流的无奈——传播思想史〉比较的视角》《架构"交流的无奈"通向"人际的和谐"桥梁——论老子人际沟通的逆向思维》等文章。受孔子后人孔健的《阳光下的孔子：孔子与大众传播学》一书的启发，我想，既然孔健先生写了本"阳光下的孔子"，我作为老子的"学生"，应该写本"大道上的老子"。于是，我带领我的研究团队，从宣传学、符号学、修辞学、说服学、舆论学、政治传播、媒介批评、战略传播、性别传播以及传播过程、传播艺术、传播效果等多角度，相对系统地阐发了《道德经》所蕴藏的大众传播智慧，推出了《大道上的老子：〈道德经〉与大众传播学》一书及《老子思想中的媒介拟态环境批判意识及其治理之道》《人类交流的无奈与超越——对"道可道，非常道"的再思考》《"反者，道之动"：老子的受众观念系统考察》等论文。

之后，我与研究团队继续深入开展"老子的人际沟通"研究，基于《道德经》文本，结合自身的人际交往体悟，逐章剖析书中所蕴含的人际沟通启示，于是便有了《生活中的老子：〈道德经〉与人际沟通》一书。为推进全国的老学研究与传播事业，我联合四川大学教授、业师詹石窗教授共同发起成立"华夏老学研究会"，并与江西宜春的崇道宫紧密合作，共同打造《道德经》文化传播基地。我们通过创办《中华老学》集刊（2019 年创刊），举办"《道德经》文化及应用博士学术论坛"，努力将《道德经》文化发扬光大。

二、明月几时有：海峡传播研究助我学术更加精进

2007 年 6 月，厦门大学新闻传播学院宣告成立，厦门大学的新闻传播学院步入一个新的发展阶段。当时厦门大学敦聘张铭清同志为新闻传播学院院长。张院长是中国社会科学院新闻研究所早期的研究生，又在海峡两岸关系协会工作过，精通两岸关系与传媒交流。他执掌学院时期，将两岸传媒交流研究作为学院的一个重要发展方向。2008 年，张院长牵头拿到了福建省重大项目、教育部重大项目以及国家社会科学重点委托项目，这三个项目都是涉台项目。项目争取下来后，需要举全院之力来完成。当时我也被征召进入研究团队，由此我开启了"海峡传播研究"新领域。

我最早介入的是有关福建如何在两岸交流中起先锋作用的省社科项目。后来，在国家社会科学基金重点项目"'一国两制'下的新闻理论与实践研究"项目中，我承担了两岸传媒共同市场研究专题、对台宣传的困境与出路、两岸新闻交流政策三个方面的研究。这些内容我都不熟悉，但做学问不可能时时都能做自己喜欢的内容和方向，有时因为各种原因，不得不进入一个相对陌生的领域。既然是非做不可的事，那就必须调整心态，迎难而上。于是我边学习，边研究。我当时的一个信念就是：学问都是相通的，不懂就从头学起，就当攻克一个个难题。

现在看来，我非常感恩参与了这些项目，表面看来，这些项目似乎是所学非所用，浪费了时间；但从现实效果来看，这方面的研究为我打开了一片新天地。后来我能够评上教授，也得益于这方面的成果（具体过程后续再慢慢道来）。这是一次难得的经历，前后有十年的时间。我的感受是：付出都会有收获，付出是很值得的。

（一）两岸传媒共同市场研究催生一组研究文章

在研究这个专题时，我充分发挥经济学的学科背景，积极撰写研究报告。研究报告被拆分成《构建"两岸传媒共同市场"的历史渊源与深远意义》《海峡两岸传媒共同市场构建的基础与愿景》《海峡两岸传媒共同市场构建的现实需要与理性前瞻》《"海峡两岸传媒共同市场研究"的问题意识与流变》《"海峡两岸传媒共同市场"构建的基本原则探析》等多篇文章。这一组文章后来申报了福建省社会科学优秀成果，获得了三等奖。

（二）对台宣传研究专题结出硕果

说实话，对台宣传研究大多是涉台的相关政府部门或媒体人撰写的文章，尚缺乏专业性的理论著作。虽然早在 20 世纪，我国已出现许多从国外译进的宣传学著作和国内陈力丹、李良荣等前辈学者的相关著作，但对台宣传学方面的著作仍鲜见。于是，我相对摸清了涉台宣传研究的现状后，果断提出建设"对台宣传学"理论体系的构想，并一股脑儿地投入这个课题研究。我买了许多宣传学和涉台研究的资料，包括国台办新闻发布会上发布的资料以及涉台宣传政策的文献汇编，并按照传播主体、传播对象、传播方法、传播效果等思路，写出 15 万多字的研究报告。虽然这个报告后来并没有被收入国家社会科学基金课题的结项成果中，但我相信努力不会白费。两年后转机来临。我申报了对台宣传方法与实践优化策略方面的课题，并幸运获批。我对之前的研究报告进行深化拓展并形成了一批成果，如《对台宣传受众定位的七大策略》《对台宣传的研究回顾、概念辨析与学科建构展望》《〈两岸传媒〉：两岸共同媒介的鲜活样本》《海峡两岸新闻交流政策的困境与出路展望》等。后来，我依托这些前期成果，申报了福建省社会科学规划重点项目（先后两次获得立项）、厦门大学中央高校基本科研业务费项目、福建省科技厅软科学项目等相关项目，进而带领团队写出了《"解严"后政党角力下台湾新闻自由的进步与迷思》《台湾地区新闻自由的困境及其救赎之道》《两岸智库媒体的营造与集群效应》《两岸政治互信中的传媒角色、功能及前景》（以该文为重要内容的课题获批教育部人文社会科学青年基金项目）等论文。这些课题和前期成果助我于 2014 年顺利评上教授，并获批博士生导师资格。

值得一提的是，我为了完成教育部课题而努力撰写的《两岸网络公共领域中的身份认同及其交往逻辑的功能考量》成为我申报第一个国家社会科学基金项目的重要论证材料（于 2015 年获批）。随着国家级项目研究的推进，研究团队也取得了一些成果，如《文化认同视域下两岸数字公共领域的功能与观念前瞻》《以侨为桥，构建有中国特色的公共外交网络》《两岸数字公共领域下的文化认同探究》《台湾选举文化与媒体生态下的竞选文宣研究》。这一系列项目与成果极大地激励我继续前行，意味着我由哲学向新闻传播学的转型是卓有成效的（当然，我将永远在路上，过往的成绩不过是我的学术万里长征的第一步）。

（三）对台宣传新闻交流政策研究，促发我的历史研究功夫

我是历史学博士后，研究的是传播史方向，因此，多多少少有一些历史研究的功夫。当时国家社会科学基金重大项目的相关人员安排我们研究台湾的两岸新闻交流政策和大陆的两岸新闻交流政策两个部分。我承担了大陆这一部分的研究。这部分自然要探索中华人民共和国成立以来两岸从孤立到接触再到全面交流过程中的新闻宣传和新闻传媒交流，我带领团队系统梳理资料，形成了几万字的研究报告，并发表了《老子传播思想视阈下的两岸文化交流研究》《海峡两岸新闻交流政策的困境与出路展望》《"寄希望于台湾人民"的两岸新闻交流政策诠释》《台湾三大报两岸议题话语框架比较研究——以"大一中框架"报道为例》等一系列成果。

在从事海峡传播研究的十年间，我从开始的不自觉到后来主动地立足地缘优势，积极开展两岸传媒交流合作研究，并因此常赴台湾交流，从而更多地了解了台湾的传媒教育，结交了许多台湾的朋友，这一切都是学术研究过程中的收获。近年来，我借助承担国家社会科学基金项目"海峡两岸数字公共领域与文化认同研究"之机，提出"两岸数字公共领域"的新概念，提出建构"对台宣传学"的构想，深化了"两岸传媒共同市场研究"，系统阐述了"建构两岸传媒特区"的构想，带领团队系统研究了"台湾新闻自由"观念的变迁，发表了一批论文，主编"两岸关系与海峡传播研究文库"，结集出版了《两岸关系与新闻宣传研究》《台湾新闻观念变迁与两岸传媒交流前瞻》等一系列著作。在从事海峡传播研究的时候，我逐渐将两岸传媒研究扩大为两岸文化交流，从而顺理成章地进入华夏传播研究领域，比如，我用老子思想分析两岸文化交流的原则，探讨闽南文化圈在两岸统一进程中的地位与作用（妈祖信仰在夯实两岸民意基础

方面的作用等）。我们的研究团队在这方面也取得了一系列成果，如发表了《妈祖文化中的道家元素与信俗传播的社会功能》《论妈祖女神符号传播对"21世纪海上丝绸之路"构建的积极作用》《妈祖文化：两岸情感沟通的媒介》等论文，获批"福建文化记忆的重构与传播话语建构研究"省级课题，联合全省同人编纂了《闽台文化记忆与海峡传播研究》一书。

小结

过去十余年的研究经历告诉我：没有白走的路，没有白吃的苦。一分耕耘，一分收获。天道酬勤是中华民族的优秀文化传统，也是我的人生信条。这个信条激励我朝着自己的奋斗目标勇敢向前。胜利终究属于奋斗者！过去的十余年，尤其是近五年来，我还着力在华夏传播学的话语体系、学科体系、学术体系建设等方面下功夫。功夫不负有心人，当下的华夏传播学已经走上了有组织的持续健康发展的快车道，必将成为中国传播学大家庭中富有生机活力、蓬勃向上的一员。

第二章 "华夏内向传播"理论的提出过程

华夏传播学是什么？为什么要努力建构华夏传播学体系？如何建构华夏传播学体系？这些是每一位有志于从事华夏传播研究的学者首先需要面对的问题。老子在《道德经》第六十三章中曾说"天下难事必作于易，天下大事必作于细"。我在建构华夏传播学理论体系的过程中，对这一点深有感触。华夏传播学学科体系的构建，诚非一时一人之力可成，可能需要几代学者接力方可完成。但我们作为新时代的传播学者，只要开拓进取，怀着深切的学术使命感，以建构华夏传播学为目标，以愚公移山的精神，从建构华夏传播学的子领域（内向传播、人际传播等）入手，从一对对范畴、观念开始，从一个个议题开始，从一种种媒介开始……集众人之力，久久为功，就必定能够建构起华夏传播学这座宏伟大厦。下面我就向读者朋友汇报自己近十年来在华夏内向传播理论探索方面的点滴心得，意在"呦呦鹿鸣"，"求其友声"，殷切希望更多的师友能够加入构建华夏传播学学科体系的队伍，共同为中国传播学的崛起而不懈奋斗。

一、阅历即优势：在老子思想的指引下，开启华夏内向传播研究

每一位从事华夏传播研究的同行都一定有切入这一领域的独特方式，以我的好朋友为例，潘祥辉从训诂学切入，李红从文化逻辑切入，张兵娟从礼文化切入，姚锦云从儒家注经和思想传承切入，白文刚、贾兵、陈谦从政治传播切入，刘大明从宋代舆论切入，黄春平从汉代媒介切入，王仙子从"诚"观念切入……我则从道家哲学切入。换言之，每位学者原先的学科背景都可以成为自己进入某一领域的优势，只不过其中的关键在于找

到契合点。就我个人而言，我对华夏传播学的认识也有个逐步深入的过程。刚开始的时候，我一方面含摄新闻传播学的知识与理论，另一方面努力依托现有学术基础，寻找可以优先从事研究的着力点。我的这个着力点，无疑就是道家思想，更具体一些，是《道德经》这本千古名著。在前文我已介绍过，我从大学时便开始研读《道德经》，到了博士阶段还专门研究《道德经》等中国哲学经典。因此，从《道德经》入手来阐发老子的传播思想研究，便是我最好的切入点。下面我就以发表在《国际新闻界》上的《内向传播的视阈下老子的自我观探析》一文为例来谈谈如何实现研究的契合。

读者阅读这篇论文的时候，一定能感觉到我对《道德经》文本的熟悉程度，大有信手拈来之感。坦率地讲，这篇论文也是迄今为止我所有发表的文章中相对满意的一篇。满意的原因就在于我写作时充溢着深切的、纯真的情感，仿佛当时老子的思想与西方内向传播思想在开展对话，而我不过在其中充当一个媒介而已，整个写作过程是那么自然，那么痛快。没有纠结，没有徘徊，没有困惑，有的只是酣畅淋漓的高峰体验。（如果做学问都是如此，那么夫复何求！可惜这样的体验可遇不可求，需要我们进行长期的学问求索和开悟心理准备。）这篇论文之所以写得有点儿自信，不完全出于对文本的熟悉，更在于其中所注入的中西传播思想对话的诉求，引导着我把握学术主体性，不让自己的头脑成为西方思想的跑马场。文章的摘要是这么写的：

> 老子的自我观蕴藏着独特的内向传播智慧，主要体现在要求自我确立起"惟道是从"的主体意识，进而以"道"的符号象征意义为媒介来引导自我省思，不断消除世俗价值观的污染，最终实现"无为而无不为"的自然、自由的人生境界。与侧重考察自我的社会性西方内向传播理论相比，老子的内向传播智慧更倾向于消融社会性对自我超越的干扰，注重自我内心通过向"道"的复归而实现自我升华。我的研究思路是：内向传播是人类自我存在的确证，从一定意义上讲，"我传，故我在"。这里的"传"，既有"外向传播"，又有"内向传播"。前者形成了人际传播、组织传播、大众传播、跨文化传播等传播形态；后者则形成了自我传播，即自我的心灵对话。这是传播学的共性。传播学作为人文社会科学的一个学科，作为"人学"，不同于自然科学，传播学究其本质是研究社会的信息传播，研究社会中所蕴藏的不同地

域、不同族群独特的交往方式和交往观念，因此，还有必要从"个性"的角度加以研究。从这个角度来说，研究中华文化元典的传播思想，包括内向传播思想，就特别需要在中西对话中确立中国人自己的传播气质、传播风格与传播观念。我赞同用"认识你自己"与"成为你自己"来标识西方与中国两种内向传播观的根本差异。显然，西方强调的是主客二元，注重的是个体的社会化进程。内向传播服务于个体的社会化实践，促使其成为一位合格的公民。而中国乃至东方则更强调主体的自我完善与自由，注重的是做回我们自己。个体的一些内向传播活动，要促成个体修身成圣，其社会化的努力终究也要落实在自我的超越上，社会实践则成为考验自我内向传播是否成功的核心标志。西方强调个体对这个世界的把握，在关系中实现自己的价值，即在战胜他者中实现自己，以凸显自己的方式来成就自己。而中国则更强调自己对自己的超越，甚至他者也是另一个自己，以一种天人合一的思维，在整体的忘我中实现自我。

当我打算从内向传播视角研究《道德经》时，我突然想到了该书第二十章。第二十章建构了"我"与"众人"对话的情景，以直观的方式阐释了得道之"我"与世俗"众人"在思想与生活方式上的重大差异，其主要内容如下：

> 众人熙熙，如享太牢，如春登台。我独泊兮其未兆，如婴儿之未孩。儽儽兮若无所归。众人皆有余，而我独若遗。我愚人之心也哉！沌沌兮！俗人昭昭，我独昏昏；俗人察察，我独闷闷。澹兮其若海；飂兮若无止。众人皆有以，而我独顽似鄙。我独异于人，而贵食母。

从表面上看，这段文字似乎与内向传播没有直接关系。但是，我意识到这里的"我"与"俗人"（"众人"）的表述区分，虽然说的是两种人，但是如果把这两种人放在一个人身上，这不就表明一个人在努力以"道我"（"客我"）为榜样，以召唤现实世界中的"俗我"（"主我"）吗？于是，一场轰轰烈烈的对话在心灵深处展开了——一种登高远眺的畅快感，一种斤斤计较的人际关系，一种意气风发的神情气质，一种"念天地之悠悠，独怆然而泣下"的感怀，还有一种"举世皆浊，而我独清"的孤独感……

这一切不正是一个人心理活动的生动写照吗？由此，我决定从此章入手，同时以米德的主我客我理论作为理论观照，来阐发《道德经》的自我观。米德的理论如火种，点燃了《道德经》文本中存在的自我观火炬，从而使《道德经》呈现出别样的内向传播观念。

明确思路后，接下来就要按照学术研究的一般方法论开展研究了。学术研究要建立在前人研究的基础上，要尽可能充分地占有研究资料。就内向传播而言，就要了解内向传播理论的准确内涵，在西方学术情境中有哪些研究的脉络（复旦大学新闻学院黄旦教授所说的学术地图或知识谱系）。只有厘清思想学说自身的发展脉络，我们才能较为准确地理解和运用，而不是简单地剪切他人的思想为自己作嫁衣。（当然，这是一种学术境界和理想，很不容易做到。但作为一种追求，我们还是要努力追求，说不定将来某一天就豁然贯通，如同王阳明的龙场悟道一样。）

在搜索文献的过程中，我发现只有陈力丹发表的《论人内传播》等少数几篇探讨西方内向传播理论及其运用的文章，研究中国本土内向传播的论著非常少。有些学者，如郭庆光，早就意识到儒家的内省式的内向传播，只不过没有做专题研究。李敬一在《中国传播史论》一书中也有"老子在社会关系中偏向个体内向传播"这样的表述，但未展开论述。较突出的研究成果是两篇博士学位论文。一篇是中国人民大学甘惜分教授的博士生何庆良撰写的《先秦诸子传播思想研究》（1993）。该文明确提出，道家意识到了内向传播的存在，将之称为"内悟法"，但只用了两页的篇幅做简要介绍，没有深入探究。另一篇是北京大学肖东华教授的博士生仝冠军撰写的同名博士论文《先秦诸子传播思想研究》（2005）。该文在老子传播思想部分仅简单地认为老子有内向传播和外向传播两部分思想，并认为"为道"是内向传播，可惜也未能进行深入研究。比较奇怪的是，两文相隔十二年，后者并没有引用前者。而且这两篇论文至今少有人关注，我当时是通过馆际互借才关注到的。掌握了这些材料以后，我的研究热情更高了，信心更强了，因为一方面，研究老子的传播思想，尤其是内向传播思想已经得到了前人的肯定，换言之，研究是可行的。另一方面，前人的研究尚存在薄弱环节，至少在老子的内向传播研究方面大有可为。

于是，我一方面阅读米德的《心灵、自我与社会》这部经典和胡翼青的《再度发言：论社会学芝加哥学派传播思想》，同时运用读秀学术搜索广泛查阅涉及内向传播（自我传播、人内传播）的已有文献，力争吃透内向传播理论。另一方面我继续研讨《道德经》文本以及后人的许多注疏本，力求更准确地把握老子的思想。经过两三个月的阅读与理解，我开始构思这篇文章的结构。大体的思路是首先论证《道德经》是有内向传播智慧的，而这一智慧用老子自己的话语表述是"坐进此道"。我的研究有个特点，就是力求在标题上提炼出让人一目了然的内容，因此第一部分就取名"坐进此道：老子思想的'内向传播'旨趣"。然后运用内向传播中最为成熟的理论，即米德的主我客我理论来分析《道德经》中的内向传播。我先概述老子有其自我观，接下来从第二十章中提出的"我"与"众人"（"俗人"）的六个不同方面逐一进行主我与客我分析。同时以点带面，全面运用《道德经》整部文本来服务于这一章的论述，让人感到老子的内向传播思想充溢于整本书，而不仅仅是这一章。文章到这里似乎可以结束了，但我跳出了米德的圈子，又引入他的学生布鲁默的象征互动论进一步论述老子的自我观，即"修之于身，其德乃真"的内省式内向传播取向，从而与第一部分相互呼应，较充分地论述了老子的内向传播思想。

经过这次研究，我总结出一个经验：西方的传播理论是工具，是拐杖，在研究起步阶段可作为借助的工具和镜鉴，观照华夏传播的研究路径与方向；而华夏传播学由"我注六经"进入"六经注我"的理论建构阶段时，就需要增强研究的主体性和理论原创性，西方理论只能作为"六经注我"的重要参照，而不能仍停留在亦步亦趋的效仿阶段。当然，这两个时期并不是截然分开的，有时是交错进行的，可以说是历时性与共时性的统一。

二、得陇可望蜀：庄子的"吾丧我"命题启发我深入开展内向传播研究

令我高兴的是，在我写作上篇论文时，文中引用的一篇文章给了我一个很大启发。刊发于《广东技术师范学院学报》2008年第7期的尹世英的《〈老子〉中的"吾""我"指代辨析》一文让我注意到，原来"吾"与"我"有这么重要的区别。虽然我并不完全认同作者的分析，但它引起了我的思考，让我联想到《庄子》中提到的"吾丧我"这一命题。

"吾丧我"这一命题，集中，精练，只有三个字，可谓前无古人，估计后面来者也不会太多。这一庄子式的命题是庄子内向传播思想的经典表述，也涉及"吾"与"我"的使用问题（古汉语专家王力对此就有所论述）。我

从内向传播理论出发，自然提出"吾丧我"是《庄子》内向传播的独特表达——"吾"是真我，是道我，是"客我"；而"我"是"俗我"，是"主我"。用佛教说法，即心死神活。能想到"吾丧我"这一选题，我非常高兴，直觉告诉我，这会是一篇有纪念意义的文章。这篇论文后来以《内向传播视域下的〈庄子〉"吾丧我"思想新探》为题发表于华东师范大学方勇教授主编的《诸子学刊》（南京大学核心集刊）第 10 辑上。

《内向传播视域下的〈庄子〉"吾丧我"思想新探》的写作框架与上篇论文不太一样。我直接从"吾"与"我"的分析入手，运用胡适的《吾我篇》中的语言学论述、《庄子》文本中有关"吾"与"我"的论述，以及道教文本中有关"吾"与"道"的论述，以较为扎实的文本功夫阐述了道家以自己的方式建构起来的内向传播思想体系。第一部分直接指出"'吾丧我'命题呈现内向传播语境中的主我与客我关系意识"。平日的文献阅读积累在此刻显示出了威力，比如施舟人的《中国文化基因库》收有《道与吾》，写作的时候我真切地想起了这篇文章，马上加以运用。

第二部分从"丧"这一意境入手，探讨"丧"为何义以及如何"丧"这一命题。我拟了一个让人一目了然的标题——《"丧"：庄子通过内向传播实现自我升华的基本途径》。在论述中，我注重中西方比较，运用了人格心理学、库利的"镜中我"、詹姆斯的多重自我等理论来阐明"丧"的过程正是庄子内向传播的展开过程。第三部分则借助庄子"法天贵真"的思想特质，以一个"真"字点出了《庄子》一书内向传播的终极指向。也就是说，庄子的内向传播活动不是漫无目的的，而是朝着"真"这一方向努力着。"真"是庄子独特的内向传播旨趣，而不仅仅是平常的心理活动。这一部分的标题直接取名为《真：庄子"吾丧我"内向传播活动的最终指向》。

论文最后一部分着重关注庄子是如何认识人在社会关系中实现自我超越，即"丧我"的。庄子内向传播关注的重点是人的自我认知、自我改造与自我超越。但是这一系列自我操作过程并不是无缘无故的，而是基于对社会信息的处理，最终要付诸社会实践，并对社会产生影响，而社会影响又会反馈到自我身上，又引发自我的处理，如此反复，就体现了内向传播的社会性问题。我把这一部分的标题取名为"'吾丧我'命题中呈现的自我与社会关系"。如此，我就较好地阐述了《庄子》"吾丧我"命题所蕴含的内向传播智慧，走出一条与文史哲研究"吾丧我"相关但又不一样的道路。（后来，我的好友李红也在这个命题上继续探讨，写出了题为《庄子的

"吾丧我"：主体趋近世界的路径》的好文，其核心观点是庄子的内向传播特点在于主客交融，而不是西方传播学所认为的客体的物化。）

三、无声而有声：儒家的"慎独"与道家的"见独"交相辉映

老庄两篇文章的顺利发表激发了我向儒家的内向传播思想进行探讨的动力。此时，我刚好带领我的博士生、硕士生读《论语》《中庸》等经典。我明确要求：每位参与读书会的同学，既要熟读经典，明白经典的基本含义，力求融会贯通；又要注意从传播思想方面考察经典所内含的传播智慧，无论是经典自带的思想，还是从阅读中受到启发而产生的思想，都可以研究。于是博士生杜恺健从政治传播的角度研究《中庸》，博士生赵晟从文化传播入手，硕士生祁菲菲从人际传播方面探讨，博士生林凯则从跨文化传播角度分析汉学大师安乐哲的著作中体现的独特智慧。作为读书会的组织者，我也不能例外。我认为学者既要把自己培养成为一名优秀的指挥官，又要成为一名骁勇善战的士兵。在研讨《中庸》的过程中，我注意到《中庸》中有"慎独"的观念，这个观念中有个"独"字，"慎"字又是一种心理状态的表述，直觉告诉我，其中一定有内向传播智慧。于是，我提出从内向传播角度来研究《中庸》。后来，我查阅了相关资料，丰富的资料验证了我的猜想。而且，无论是儒家还是新儒家，都指出"慎独"观念是儒家的核心观念，那么这个选题的研究价值就体现出来了。

我从中国知网收集了不少"慎独"的资料。更让我欣喜的是，手头刚好有本梁涛、斯云龙编的《出土文献与君子慎独——慎独问题讨论集》。这本论文集较为集中地收录了有关"慎独"研究的代表性作品。其中一些新出土的文献，对于分析古代儒家"慎独"观的深刻内涵，尤其是"慎独"观念对于儒家学术建构的意义具有重要意义（当然，我不是继续他们的研究，而是从内向传播的路数去挖掘被学者忽视的"慎独"观作为内向传播观念如何在儒家思想中发挥建构工具作用的）。发表于《暨南学报（哲学社会科学版）》2016年第10期的《作为儒家内向传播观念的"慎独"》一文，开篇以"作为一种儒家内向传播形态的'慎独'"为题，意在点明"慎独"是一种内向传播活动。接着以"内向传播理论视角下的儒家'慎独'论"为题，充分运用詹姆斯的物质自我、社会自我、精神自我理论分析儒家在这三方面

的思考，并突出儒家以"精神自我"为核心统领物质自我与社会自我。同时，我借助米德的主我客我理论分析"慎独"观念，指出"慎独"作为一种自我意识，体现为对本体的不断感悟，并萌生和催发理性自觉，形成道德感召力和执行力，这个过程是一个主我召唤客我（圣贤形象）来激励自我并实现自我超越的过程。"慎独"观念体现了儒家对道德本体的认知与记忆。

论文最后一部分是最有创意的部分。因为我试图深入探讨儒家内向传播的运作机制，恰巧我看到臧克和的《简帛与学术》一书中提到儒释道三家在心与物问题上有不同的思考，于是"心物相合：'慎独'的内向传播运作机制"就成为这一部分的标题了。这部分我最得意的是用视觉修辞来分析"慎独"的心理运作机制，并运用曾子的两个故事论述了"慎独"作为内向传播机制在儒家思想中如何运行并发挥关键性作用。在写这篇文章的时候，我顺势系统地考察了先秦时期涉及"慎独"的典籍，写成的《内向传播视域下的先秦儒家"慎独"观》本来是作为上文的一部分，以阐明"慎独"观的历史流变，但由于篇幅所限，这一部分只好忍痛拆开。后来这一部分文字单独刊发于《杭州师范大学学报（社会科学版）》2017年第5期。这正应和了我的经验，即写一篇文章不要过于约束自己，要努力全面、深入、系统地探讨，尽可能超越和打破原先设定的框架。一旦某一部分特别突出，字数也足够多，就可以单独成文，这样就可以形成一鱼多吃的最佳局面，就不愁没有文章可发了。

无独有偶，我在写作《作为儒家内向传播观念的"慎独"》一文时，看到有篇论及《庄子》"见独"观的文章，只不过那位作者把"见独"等同于"慎独"。学术的敏感性使我意识到，我完全可以写一篇《作为道家内向传播观念的"见独"》。我带着这篇新作参加了厦门筼筜书院举办的海峡两岸国学论坛时，幸运地被《人文杂志》的魏策策编辑看中。为了适合《人文杂志》的专栏《新子学》的风格，这篇论文以《新子学之"新"：重建传统心性之学——以道家"见独"观念为例》为题发表。

该文有些观点颇有新意，并让我明白了原来一直没有理解的问题。在文中，我认为"人即媒介"正是"人即信息"与"媒介即信息"的综合体现，也就是说，人本身就是一种媒介，而且是平台式媒介，既传播信息，又可以发挥媒介的传播功能。从这个意义上讲，儒道两家都是身体传播的行家，只不过儒家更注意将身体视为媒介，而道家更强调将身体视为信息。为什么呢？因为儒家注重"垂衣裳而天下治"，注重榜样的力量，通过树立典范来吸引和引导世人向他们学习，在无形中将核心价值观传递开来。而道家则注重身体就是道场，将身体视为俗世信息的载体，通过"无身""忘身"，即将身体虚化或悬置身体的方式实现自我境界的超越，将人格升华为真人，与道合真，逍遥自适。因此，我在第一部分便提出"独：'人即媒介'的自我观"，强调"独"注重自我意志之坚毅操持，有独守、独行之意。第二部分直入正题，阐述"见独"乃是"俗我与道我互动呈现出的内向传播形态"，强调"以独见道"，认为只有内心培育"独"的境界，才能见到道，进而点明"见独"本质上是"俗我"召唤"道我"的重要路径，因为"见独"当有主体（"主我"），而"独"可以视为"道我"。

论文的最后一部分进一步为读者揭开臻至"独"之境的庄子式方法。其中最有趣味的是借用了麦克卢汉"冷热媒介"的观点，认为"道"是一种"至冷媒介"，因为"道"是俗世中一切内含明确资讯的热媒介的超越与含摄，可无中生有，有返于无。如此，自我的内心就可以生成巨大的思维张力，即产生强大的悟性思维势能，从而豁然开朗。正是在这里，我悟到了"独"的真正含义正是"日"，即太阳。因此"见独"的本义是"看见太阳"或者说"太阳在心里升起"。心中如有太阳大放光明，自我好像通透了，没有阴暗，没有认识的死角，也就彻底明白了。所以说，修行的本质其实就是进入这样一种境界，即在自己的心底深处升起太阳。这当然是一种隐喻，它表明人只有放下一切价值观的束缚，达到自然逍遥之境，才能够找回自我，做回自己，活得明白。这就是儒释道三家都强调要修身、养身与炼心的本质所在。这属于论文写作的意外收获，增强了我对中华传统文化的信心。因为中华传统文化"内求诸己"的传播取向正是开发人体自我潜能，最终实现人的身心和谐，人与自然的和谐，人与人的和谐。试想，若人人都有一颗躁动的心，又在何处安放世界的安宁呢？

四、道通可为一：在儒释道间畅游的华夏内向传播研究，若水之大，取其一瓢

中华文化博大精深，我就以儒释道三家为核心，粹取其中核心的观念和命题，从内向传播的视角加以阐释，进而演绎出华夏内向传播的思想体系框架，奠定后人进一步研究的基石。为了更系统全面地呈现华夏内向传播智慧，我乘胜追击，着手研究儒家的"十六字心法"："人心惟危，道心

惟微，惟精惟一，允执厥中"。凭借过去五六年间从事华夏内向传播专题研究的经验，我自然地意识到"道心人心"说正是儒家内向传播思想的又一表征。因为道心与人心本为一心，而儒家修身的过程说到底就是道心与人心战于胸中，即开展心灵对话（内向传播）的生动过程。于是，我向对此有深入研究的厦门大学哲学系谢晓东教授以及他的学生张新国老师（后来成为陈来教授的博士生，现任职于南昌大学）请教。他们是这个议题的行家里手。取法乎上，方可明其究竟。在他们的帮助下，我随即开展儒家"道心人心"说的内向传播诠释，很快写出了《内向传播视域下的儒家道心、人心的博弈》一文。后来因参加方勇教授主办的新子学研讨会，于是题目改为《新子学的当代转向——以儒家道心、人心的博弈与当代自我传播智慧为例》。经方教授推荐，该文刊于《管子学刊》2018 年第 4 期的《新子学研究》专栏上。

佛家的内向传播研究是件艰难的工程，我一直视其为畏途。不过，为了研究的完整性，我还是尝试关注这一方向。《内向传播视域中的佛教心性论》[《扬州大学学报（人文社会科学版）》2016 年第 4 期]一文的创意在于运用了弗洛伊德的本我、自我、超我的自我结构理论分析佛家在身、心、禅互动中如何实现内向传播的自我超越。我还启动了以空为范畴来管窥佛教内向传播机制的研究计划，可惜只开了头，期待有时间再完成。

受陈力丹 2015 年在《东南传播》杂志上发表的《自我传播的渠道与方式》和《自我传播与自我传播的前提》两文的启示，我意识到"梦"也是一种内向传播形态。我联想到了"庄周梦蝶"这个故事，由此入手，撰写了《自我与超我的蝶变——内向传播视角下的庄子之梦新探》，刊于《诸子学刊》第十七辑上。

此外，为了给"华夏传播概论"课程编撰教材，我在建构《华夏传播学引论》的体系框架时，自然把"华夏内向传播"单独设置了一章，这一章的主要框架由"儒家'修身为本'的内向传播取向""佛家'明心见性'的内向传播操持""道家'心斋坐忘'的内向传播运作"三节组成。或许正是因为我们研究的新颖性，这三节后来以《中庸：儒家内向传播的独特运思方法》《儒家"修身为本"的内向传播意蕴考析》《道家内向传播的观念、路径及其目标》为题，分别发表在《名作欣赏》（2017 年第 25 期）、《吉林师范大学学报（人文社会科学版）》（2018 年第 3 期）、《未来传播》（2019 年第 2 期）上。另外，值得一提的是，我有幸在前辈学者黄星民老师的指导下，意识到"无"是道家的核心范畴，而且可以做传播学的诠释。黄老师指出，"无"可以说是道家的哲学方法论。我指导研究生在我原有研究的基础上以《无：道家内向传播的独特操作范式》为题撰写论文，后来刊发于《老子学刊》2015年第二辑上。我还在2017年开设的博士生必修课"研究前沿——华夏传播史论"上，开设了"华夏内向传播研究"专题讲座。经过八周的研讨，我指导研究团队完成了一批研究成果，如硕士生董方霞撰写的《内向传播观照下的"致良知"研究》刊于《中华文化与传播研究》第三辑上，博士生田素美和林凯分别撰写了以"仁""内圣外王"为主题的内向传播研究论文，硕士生刘雯、黄浩宇撰写了研究"诚明"与"中庸"的内向传播文章。内向传播研究实现了教研相互促进式发展。（受篇幅所限，其余相关文章的构思及观点不再赘述，以免有冗余之感。适可而止，恰到好处，也正是中华文化的精神所在。）

五、跬步致千里：从"华夏内向传播"的建构历程求索"华夏传播学"的建构路径

就个人的研究经历而言，我开始研究华夏内向传播观念的时候，还没有建构自己的知识体系与理论体系的"野心"，一种"倒逼"机制促使我不断思考，当相关研究积累多了，就慢慢形成了自身的理论体系。比如，我从研究老子开始，进而研究庄子；研究了道家，又去研究佛家，接下来研究儒家。就这样，以儒释道为核心的中华文化的内向传播理论体系逐渐丰满，论文结集出版也就水到渠成了。

当然，我对华夏内向传播的认知也有一个逐步深化的过程。最开始的时候，我从阅读郭庆光的《传播学教程》开始，进而翻阅李彬、董天策、陈力丹等人的传播学教材。教材是进入某一领域学术研究的基本着手处，因为其内容体现了众人的基本共识，而共识正是学科的基础所在。当时我对传播学的基本认识，是由内向传播、人际传播、组织传播、大众传播、跨文化传播这五大传播形态构成的基本框架。当时我以为，只要掌握这五个模块，似乎就能掌握传播学了。现在看来，这一思路本身并没有错，但研究境界不应局限于此，而应从传播问题着手，即回归到对传播基本问题的探讨上，比如传播是什么，传播哲学是什么，我们应该如何研究传播学，华夏传播学的建构应该从何着手，它将以什么样的面貌融入中国传播学的

学术版图中，为传播学界所认同，并成为不可分割的有机组成部分。现在的传播学界中，以刘海龙、胡翼青为代表的青年才俊正在努力拓展学科的边界，尤其致力于解构施拉姆的四大奠基人神话，重新认识传播学的历史，重新探讨中国传播学的发展方向。邵培仁、吴予敏、李彬、赵月枝、单波等前辈学者则着力重思中国传播学，从而为批判传播学、传播政治经济学、传播环境学等学科在中国的开疆拓土扫除认知障碍。

如同当年中国学者乃至世界的学者质疑"中国哲学""中国科学"是否存在一样，华夏传播学也是在一片质疑声中发展起来的。在我看来，一个新鲜事物的横空出世，总会引起世人的好奇，于是有一部分先行者投入研究，有一部分人不屑，甚至质疑。华夏传播学的发展不要害怕质疑。质疑本身是前进的动力。老子敏锐地指出"反者，道之动"，当然，他也明智地指出"弱者，道之用"。正反两股思潮之间的相互激荡，为华夏传播学这一新鲜事物的发展壮大，赢得了内生动力与外在促发力。历史终将证明，华夏传播学这一新生事物必将在中国学术之林中占有一席之地，如同学界承认"中国哲学""中国科学"在哲学界和科学界的合法性一样。

由于我意识到内向传播是华夏传播学建构中的一个基础性面向，因此，我持续地推进这个领域的研究，围绕儒家的修身、道家的养身和释家的空身三个角度，开展深入、全面、系统的研究。功夫不负有心人，《华夏自我传播的理论建构》一书的正式出版，为华夏传播学的理论建构又奠定了一块基石。

第三章　华夏传播学学科（教材）体系 建设的探索之路

如果说十几年前我加盟厦门大学新闻传播学院，只是为了谋求一份工作，那么现在，对我而言，从事华夏传播方向的教学与科研，已然是一份光荣的事业与沉甸甸的责任。正是这份使命与担当推动着我努力去建构华夏传播学这一具有强大生命力与光明前途的研究领域与学科方向。本章及第四章、第五章将着重介绍我是如何建构华夏传播学的学科体系、学术体系和话语体系（简称"三大体系"）的。当然，建构三大体系绝非我一个人所能想到和做到的，我能想和能做的只不过是十分坚定地参与建构这三大体系的过程中，并愿意在其中发挥作为普通一兵的应有作用。正所谓"功成不必在我，功成必定有我"。

华夏传播研究作为传播学中国化进程中一个具有鲜明特色的研究领域，肇始于香港中文大学。当时，作为施拉姆弟子的余也鲁为了开设传播学方向的研究生课程，邀请施拉姆赴港指导。1978年3月，余也鲁举办了跨学科交流的"中国传学研讨会"，从此"中国传学"（后来定名为"华夏传播研究"）便开始了其光辉历程。随后，在徐佳士、陈世敏等人的推动下，传播学本土化研究在中国台湾地区也如火如荼地开展起来，尤其在中华文化的传播学研究方面成就突出，一批研究《论语》《荀子》等中华传统文化经典传播思想的硕士、博士论文陆续面世。后来，以关绍箕的《中国传播理论》《中国传播思想史》为代表的一批著作相继推出，掀起了华夏传播研究第一波高潮。1993年，在时任厦门大学常务副校长郑学檬教授的支持与关心下，厦门大学成立了专门从事华夏传播研究的传播研究所。传播研究所举办了研讨会，出版了论文集，组织了全国性的研究项目招标，出版了"华夏传播研究丛书",等等,这一系列举措使厦门大学一时间成为 20 世纪 90 年代中国传播学研究的重镇,书写了中国传播学发展史上浓墨重彩的一笔。

一、三大体系的建构——华夏传播学的使命与担当

习近平总书记在 2016 年 5 月 17 日所做的《在哲学社会科学工作座谈会上的讲话》(下称"5·17 重要讲话")中强调:"要按照立足中国、借鉴国外,挖掘历史、把握当代,关怀人类、面向未来的思路,着力构建中国特色哲学社会科学,在指导思想、学科体系、学术体系、话语体系等方面充分体现中国特色、中国风格、中国气派。"[①] 这一思路从根本上为建构华夏传播学三大体系指明了方向。

(一)"立足中国"——华夏传播学的应有之义

建构华夏传播学的终极目标是形成如黄星民等前辈学者所提出的"形成与传播学欧洲学派、北美学派相媲美的传播学'中华学派'",其地基就是"立足中国"。"立足中国"就是根植于中华五千多年的历史与文化,审视中国社会的当下问题,展望中国未来的发展方向,体现了华夏传播学研究的价值指向。"立足中国"体现了华夏传播学的学科主体性,也体现了学者的研究立场。传播学无国界,传播学者有祖国。新时代的传播学者,必须与祖国同呼吸,共命运;必须做到学问精深,回答新时代的问题;必须能够向世界说明中国价值、中国主张、中国方案,也能向中国展示天下胸怀与世界担当。

(二)"借鉴国外"——建构华夏传播学的基本方法

传播学是舶来品,国外学者的精深思考是我们可资借鉴的"他者","华夏传播学"观念的确立正是观照西方传播学的结果。我赞同孙旭培教授的观点,传播学作为人文社会科学中的一门,不能像物理、化学等自然科学那样没有东西之别。换言之,传播学不能不问东西(当然,也不能把差异夸大到不合适的程度)。传播学应当发出中国声音,表达中国精神,分享

---

① 习近平:在哲学社会科学工作座谈会上的讲话(全文)[EB/OL].(2016-05-19). http://www.scio.gov.cn/31773/31774/31783/Document/1478145/1478145.htm.

中国思考，这是具有五千多年文明的中国已经和必将对世界所做的贡献。作为新时代学者的我们，应该顺应这种时势，为所当为。从这个意义上讲，中国第一次传播学研讨会上提出的"系统了解、分析研究、批判吸收、自主创造"十六字方针什么时候都不过时。西方的学术在不断演进（学术史上不同时期的转向就说明了这一点），我们需要时刻关注。中国传播学经过四十多年的发展，已进入"自主创造"的时代。当年的十六字方针只是提出问题，当下的主要任务是总结四十多年的发展与成就，夯实华夏传播学大厦的地基，以"四十不惑"的蓬勃进取精神和昂扬自信向世界展示中国传播学的成果和魅力。

（三）"挖掘历史"——建构华夏传播学的着力点

五千多年中华文明是华夏传播学研究取之不尽、用之不竭的资源。孔孟老庄等先贤的典籍中蕴藏着丰富的传播思想；中国这个泱泱大国在自我治理中，探索出了"中国之治"式的富有自身特色的政治传播制度、政策与观念；无论是古代的四大发明，还是当代的新四大发明，在媒介环境学派看来，都是影响社会的媒介。从当代媒介学角度对汉字、印刷术、造纸术、互联网等媒介开展的研究，都可以纳入华夏传播媒介研究的范畴。我们可以审思原生口语时代中国礼乐文明与西方宗教文明的差异；分析表意的汉字和表音的西方文字对形塑各自文明的影响，探讨东西方文明不同的传播偏向；探讨源于中国的印刷术、造纸术对东西方文明产生的或延续或突变的影响；深思新媒体时代东西方文明生存样态趋同或趋异的问题，即看看人类进入"地球村"的时代，人们是更加相爱了，还是愈加冲突了。要思考这一系列问题，我们必须回到历史。历史不能选择，但历史可以帮助我们思考，把握未来。

（四）"把握当代"——建构华夏传播学的出发点

建构华夏传播学不是发思古之幽情，而是中华民族伟大复兴的进程对传播学这一学科发展的内在要求。那就是，传播学要像社会学、政治学、经济学等学科所做的那样，从传播学角度为中国找到中华五千多年文明何来何往的学理表达，理直气壮地向世界说明中国。五千多年中华文明对人类做出了诸多贡献，尤其在人类如何更好地实现交往共生这一根本问题上，中国的思考不容忽视。在充满挑战与变数的当代，在进入信息文明时代的今天，我们尤其需要审慎地评估和省思每一种文明的价值，思考相互间的和谐共处之道。对于身处多极化、多元化世界环境中的中国，更加需要有"四个自信"的定力。"文化自信"是极其重要的自信，是当代中国屹立东方的基石。而华夏传播学无疑是体现这种自信的重要方向。华夏传播学聚焦中国五千多年来在人类交往共生这一根本议题上的行动与思考，探寻中华文明绵延五千多年的奥秘所在，为新时代中国行稳致远提供"压舱石"。

（五）"关怀人类"——华夏传播学的学术特质

华夏文明从来就不是小家子气的文明，它关心的是国治与天下平。作为华夏文明始终不懈追求的崇高目标，"天下平"用通俗的话来解释，就是你好，我好，大家好；中国好，世界好，中国更好。华夏文明的自我担当始终把"人类"放在心上，用"和而不同""己所不欲勿施于人""己欲立而立人，己欲达而达人"的文化精神来构建中国和谐交往理论，一方面安定本国人民，另一方面有助于世界人民和谐相处。正因如此，陈国明先生称中华文化是讲究"和谐传播"的文化。

（六）"面向未来"——华夏传播学的活力所在

不忘本来，立足当下，面向未来，是学术研究的基本旨趣。一种学问如果不能面向未来，那就失去了存在的价值，失去了生命力。华夏传播研究秉持"中华文化立场，全球传播视野"这一原则，以我为主，综合创新，在"返本开新"中为中华民族的伟大复兴提供思想资源和行动参考，把学术研究书写在中国的大地上，为提升中华文化软实力贡献力量。综上所言，华夏传播学既回应中华民族伟大复兴中的时代关切，又为华夏文明与西方文明进行顺畅对话与交融提供理论支撑。我们的指导思想是将中华优秀文化、马克思主义思想和西方优秀文明成果熔铸于一炉，打造出既能作为社会主义先进文化有机组成部分又能够因应时代发展需要的中国特色学科。这样的华夏传播学，从广义上而言，其范围几乎对应于中国传播学，只不过它关注的视野不只是作为地域的"中国"，而是作为文明的"中国"。总之，华夏传播学是能体现中华优秀文化精神、具有"中国特色、中国风格、中国气派"的传播学。从狭义上来说，华夏传播学只是中国传播学中的一个研究方向和领域，即华夏传播研究。华夏传播学是华夏传播研究的理论成果，它不仅站在中华文化立场上，着力归纳提炼中国人的传播智慧，而且力争统摄全球传播视野，综合创新，打造出体现民族性、时代性、先进性、全球性的传播理论。

因此，华夏传播学将成为中国人文社会科学中不可缺少的一个分支学科，或者说，可以为人文社会科学提供传播学的研究视角，即将信息传播研究作为探索中国社会历史变迁的内在机制与动力。

二、本硕博一体化——以教材为核心打造华夏传播学学科体系

习近平总书记在"5·17重要讲话"中指出："学科体系同教材体系密不可分。学科体系建设上不去，教材体系就上不去；反过来，教材体系上不去，学科体系就没有后劲。"在这一思想的指导下，我有意识地努力建构华夏传播学的教材体系，并将之视为打造学科体系的核心。之所以在教材体系的建构上下大功夫，是因为我深知，要实现前辈们提出的建构传播学"中华学派"的宏伟目标，就必须在教学方面久久为功，培养出一批既有中华传统文化修养，又有传播学专业素质的后备人才。前辈们在理论探索方面已经奠定了很好的基础，比如，吴予敏提出了圈层传播模式，黄星民提出了风草论与礼乐传播论，邵培仁提出了接受主体性与辩证传播观等。我们这一代学者除了继续理论探讨，还要从学科建设的高度来为华夏传播学的建构提速。于是，我在厦门大学新闻传播学院这个华夏传播研究的诞生之地率先开展了学科建设的探索。

（一）本科课程"华夏传播概论"的体系化建设之路

在黄星民教授的直接关心与指导下，我在传播学本科生中开设"华夏传播概论"必修课（初期名为"华夏传播入门"），这在全国都是一种创举。作为主讲教师，我不但要准备讲义，还力争把这门课打造为品牌课程。具体建设过程如下。

1. 继续创新，编写教材

编撰华夏传播研究领域教材的资源很丰富。这方面既有孙旭培主编的《华夏传播论：中国传统文化中的传播》这一概论性著作，又有潘祥辉的《华夏传播新探：一种跨文化比较视角》（2018）这一探索性理论著作，还有邵培仁所著的《华夏传播理论》（2020）这一总结提升性著作。此外，孙顺华老师曾开设过"中华文化与传播"课程，编写有《中华文化与传播》教材。我为了全面系统地掌握华夏传播研究现状，曾经下了一番搜索整理

的苦功，形成了汇编性资料《华夏传播研究核心论著编目》（后作为附录收录于《华夏文明与传播学本土化研究》一书中）。鉴于编目工作的极端重要性，我带领团队持续推进，努力每年更新一次，通过微信公众号"传播学本土化研究"发布最新目录。这份"编目"成为学者开展研究的"学术地图"。对于"编目"中的资料，我力争购买。有了大量资料储备后，编写教材就比较方便了。接下来是确定教材章节结构，形成编写提纲。我的基本思路是，既然是针对本科生的教材，那最好能与传播学科学生既有的知识结构相对接，这样学生接受起来比较方便。经过考虑，我参考了郭庆光《传播学教程》的部分基本架构，形成了华夏内向传播、华夏人际传播、华夏大众传播、华夏组织传播、华夏跨文化传播等五章核心内容；又参考了公共传播、说服传播、舆论传播、媒介批评、文艺传播、宗教传播等当时传播学热门研究领域的内容，创新性地建构了华夏公共传播、华夏说服传播、华夏舆论传播、华夏媒介批评、华夏文艺传播、华夏宗教传播等章节。这样，一本具有独特气质的教材——《华夏传播学引论》的编写框架就出炉了。在内容撰写方面，我先自己探索，就每一章内容列出具体框架，然后在本科生、研究生课堂上，将对论题感兴趣的同学集中起来，组成研究团队。学生结合自己的兴趣与能力选择论题，我给他们提供研究思路和研究材料。在写作过程中，我强调将每一章都当成一篇独立的学术论文和一个独立课题来研究，即有一定的学术回顾（相当于文献综述）：有该领域研究的历史发展（如华夏舆论传播研究，就得有中国历代舆论形态与思想的变迁），有对该领域的理论特色与历史影响的提炼，有一定的中西方比较视角。我一直力求教学与科研的美妙统一，守正与创新的相互结合。因此，在编撰《华夏传播学引论》近五年（2012—2017）的时间里，我们在《现代传播（中国传媒大学学报）》及多家大学学报上发表了八篇学术论文。这本创新性教材于2019年获福建省第十三届社会科学优秀成果奖三等奖。

2. 编写读本

读本是切入学科的最好的入门书籍。我借鉴时下流行的编写读本的做法，邀请博士生张丹一起编辑《华夏传播学读本》，后来编辑该书的修订版时博士生王婷也参与进来。该书精选了华夏传播研究领域三十余篇优秀学术论文，基本按照《华夏传播学引论》的章节顺序编辑而成，另外还增加了"华夏传播观念研究""华夏政治传播研究""华夏情感传播研究""华夏传播效果研究""华夏传播理论构建""华夏传播研究反思"等部分，大大方便了学生的入门学习。

3. 线上线下齐发力

我注意到慕课、线上线下混合式教学、智慧课堂等新型教学模式开始兴起，于是着手建设相关慕课。我以《华夏传播学引论》教材为基础，以"华夏传播学引论"为课程名称成功申请了厦门大学在线课程建设计划项目。2019 年，"华夏传播学引论"慕课开始建设。值得一提的是，这门慕课又有新拓展。我邀请田素美、史冬冬、叶虎三位老师和杜恺健、赵晟两位博士生增补了"华夏家庭传播""华夏修辞传播""孔子学院与中国文化传播""华夏符号传播""华夏身体传播"等五章内容。我把这门慕课当作我开设的博士生、硕士生各门课程的辅修内容，让学生课外自主学习。慕课的更新，催发读本的更新。2020 年，我按照慕课的章节顺序，编写出反映华夏传播最新研究成果的《华夏传播学新读本》（九州出版社）。

4. 编写核心著作集成

考虑到华夏传播研究领域的核心著作比较分散，为了方便阅读，我组织编写并出版了汇集一百零四部华夏传播研究核心著作提要、近 50 万字的《华夏传播学的想象力：中华文化传播研究著作评介集成》（九州出版社，2018）。每部著作的提要包含出版概况、内容提要、学术特色、观点撷英四部分。如此一本"集成"在手，可谓精华全有。教材、慕课、读本和著作集成构成了华夏传播学本科阶段系统而独具特色的教材体系。但"四位一体"不是休止符，而是新起点。我现在正筹备编写《华夏传播学人志》（暂名）一书，将四十多年来有代表性的老中青三代学者的学术成就和学术经验汇集在一起，发挥"他山之石，可以攻玉"的作用。

在教材体系化的过程中，有两件事特别值得一提。第一件事是，我在本科教学中开展创新实验，实行研究型教学模式，努力提升教学新成效。我在自己开设的"华夏传播概论"课上，既自己讲授，又组织学生根据课程进度组成一个个专题研究小组，通过讨论、分享、指导学术研究等方式，开展研究型教学，对于对科研有兴趣的同学，进行专门指导。有的学生论文经过反复打磨后，质量提升到了较高水平。以 2018 年为例，本科生米湘月的《说服的艺术：华夏"察言观色"论的意蕴、技巧与伦理》一文经过几轮修改后，发表在 2019 年第 10 期的《现代传播（中国传媒大学学报）》上。潘鹤的课程论文《"反者，道之动"：老子的受众观念系统考察》经过打磨后发表在《周口师范学院学报》上，还有的论文发表在《东南传播》

等刊物上。第二件事是，我在持续多年开设全校性选修课"中国文化概论"的同时，又开设了一门全校性核心通识课程——"华夏文明传播"。开设的目的一方面是想将自己的精力集中到华夏传播教学上，另一方面想延伸出新的研究方向——"华夏文明传播学"。由于这门新课是在有一定基础但还不是非常成熟的阶段开设的，所以还没有形成教材。为了给这门课编教材，我就在研究生课程"史论精解"上开设了"华夏文明传播研究"领域，带领博士生、硕士生共同研讨这个领域，在我的整体指导下，逐步打造出了《华夏文明研究的传播学视角》这本初阶教材（后续力争编写出《华夏文明传播论》这样的学术专著式高阶教材）。

（二）硕士研究生课程"史论精解——华夏传播史论"的体系化建设之路

厦门大学研究生教学建构了包含史、论、研究方法等三个层面的必修课程体系，在课程设置上表现为研究方法课、"史论精解"课和经典导读课三类课，每类课又有不同方向。比如，我作为"史论精解"类课程的授课老师之一，主要讲授"华夏传播研究史论""中国传播理论研究"等课程。受教学工作量的限制，我没有专门开设研究方法类课程和经典导读类课程。不过，我以我的方式努力在这三个方向上形成自己的课程教学体系。大约在美国北卡罗来纳大学访学期间，我开始构思硕士研究生课程教材的写作框架。我认为研究生教材应该比本科生教材要有明显的层次提升，所以考虑提出中国传播理论的学术架构。我知道，一下子不可能真正形成中国传播理论，但是至少我先提出来，立下一个努力方向，然后再一步步实施，这样就不愁没有成形的一天。基于这样的考虑，我撰写了以下提纲："心传天下：华夏文明的传播理论特质""风吹草偃：华夏文明传播的效果隐喻""家国同构：华夏文明的传播主体观""情深意切：华夏文明的传播情感论""天下归一：华夏文明的传播责任观""四海之内：华夏文明的传播时空观""保合太和：华夏文明的传播秩序观""秉笔直书：华夏文明的传播议程设置""以文载道：华夏文献传播与中华道统传承""传经明灯：华夏文明传播的独特模式""科举取士：华夏文明传播的动力机制""名实之辨：华夏传播符号的意义网络""夷夏之辨：华夏文明传播的安全意识"，等等。这样的设置，明眼人一看就知道作者是有"野心"的，因为这样的框架在现有的中国传播学论著中并不多见。按照方汉奇先生的打深井方法，其中的每一章都可以写成一部书。我深知这个任务一定要有团队才能完成。我打造团队的其中一个路径是将每年上课的研究生组成临时的学术研究团队，另一个路径是引导自己指导的硕士生、博士生去完成自己的构想。令我欣慰的是，厦门大学的硕士生、博士生确实有较好的学术素养，他们大多能很好地配合我完成一个又一个研究课题。访学归国后，我围绕上述框架一边讲授"史论精解"课，一边运用上述两个路径，组织编写教材。经过努力，我们完成了教材的初稿。在以这个框架为基础，并以"华夏文明与传播学本土化研究"为名申请研究生教改项目获批立项之后（2016），我在初稿的基础上，吸收以前的教学成果，进一步完善提升并出版。2017年，这本教材获得了福建省第十二届社会科学优秀成果三等奖（教材类）。

在研究生教育上，我对学生倾力指导，力争把每一位同学的课程论文都打磨到能发表的水平。具体做法：首先，我强调精选教学内容。课程名称不变，但内容每年都要更新。我通过这样的方式鞭策自己不断阅读新论著，将最新的学术成果及时地传递给学生，促使自己多出成果。其次，我强调教师现身说法。我会以自己写过的专题论文来现身说法，指导学生如何选题，如何破题，如何找资料，如何建构提纲，如何遵循学术规范。我在授课的同时，也跟同学们一样，选择课程的某一论题来写作。在课程结束前几周，我和同学们一样，把自己写作的过程向同学们做介绍，并接受同学们的提问。之所以这样做，是因为我想让学生感觉到老师也在跟他们一起学习，一起研讨，老师都这样做了，学生就没有理由不努力去写好论文了。再次，我向学生强调学研结合。每学期开课前，我先拟制出一组与主题相关的选题，然后在开课时让每位修课的同学自行挑选自己喜爱的题目，做好写作分工。在老师讲完课程基本内容后，便进入每位学生逐一展示课题研究计划的讲演阶段（一般从第五周开始）。学生阐述自己如何思考这个选题，打算分几个步骤或层次来开展研究，运用哪些材料，等等。之后是修课同学、老师和讲解同学进行的提问、解答和点评的互动环节。研究提纲经我认可后，学生就可以去写论文初稿了。整体来看，课程的教学经历了学生选题、教师讲解、学生展示研究提纲、教师批改、学生反复修改等环节。这样一个流程下来，修课学生不仅能写出一篇较为像样的学术论文，而且经历了一次难得的学术研究洗礼。我相信我这样对教学科研的坚守，能够起到一定的示范效果，对学生走上学术研究之路是有莫大帮助的。这正是我作为一位老师的初心。研究生的课程论文，或自行投稿发表，或被我纳入自己的出版计划。比如,《华夏文明与舆论学中国化研究》一书的出版,得益于我在开设"华夏舆论传播研究"专题课时,引导学生从时下热门的舆论学视角系统梳理中华五千多年舆论智慧与成就的结果。这本书拓展了华夏传播研究的范围。

(三)博士生课程"研究前沿"的体系化建设之路

我于 2015 年正式招收博士生,为博士生开设"研究前沿"课程。在此之前,我已开设针对硕士生的必修课"史论精解"和选修课"中国传播理论研究"。如何体现博士生课程的更高要求,如何衔接本硕博的一体化教育体系呢?我主要从两方面着手:一是由史入手,拓宽学术宽度。博士的"博"一方面体现在"广博",就是对研究对象全面系统地掌握;另一方面体现在"精深",也就是能够由博返约,综合创新,从博中看出问题,追寻方向。所以,我特别重视引导博士生梳理华夏传播研究学术史,评述前人的成果,借鉴优点,汲取养分,提升能力。二是开展专题研究。这方面我借鉴邵培仁老师的先进做法,就是在博士生刚被录取,还没报到时,便开始预备培养。从成为准博士生到正式报到,中间大致有五个月的时间,相当于一个学期。邵老师的做法是要求准博士生在这段时间写两篇论文,在正式到校报到时提交。我改良了一下,要求他们写一篇华夏传播研究方面的文章和一篇以西方传播学为研究对象的文章,并且我会预先给他们提供一个选题,这样既节省他们自己摸索的时间,又可以实现我整体的研究计划。还有就是,对于有心报考华夏传播研究的考生,我也会提议他们先撰写一篇华夏传播研究方向的论文。这样做有两个好处:一是先对考生的学术基础有个了解。因为有的考生跨专业报考,原先的专业与华夏文明传播不太相关。二是了解考生的研究能力和研究兴趣,避免为考博而考博。有的考生很会考试,但对华夏传播研究没有真正的兴趣。这样的学生招进来,彼此磨合就困难一些。而我深知培养博士生是华夏传播学发展壮大的根基所在。因此,我在考生报考时会明确告知他们,将来要是考上了,博士论文的选题只能限定在中华文化传播研究这个大的范围内,不做与此不相关的研究。如此一来,考生们至少提前半年就进入学术研究状态,有的甚至提早一两年就开始准备了。这几年越来越多的硕士生对传统文化传播感兴趣,早早就联系我,希望我能提供指导。我是来者不拒。因为搞研究最宝贵的是热情,有热情的学生我不能拒绝,拒绝了,可能就有遗珠之憾。经过几年坚持，有的博士生入学后半年或一年就发表了一两篇 CSSCI 论文，这样他们就提前完成了一大半博士生临近毕业时才能完成的发表文章的硬性要求，在之后的时间就可以比较从容地开展研究了。回到专题研究这个议题上。我鼓励博士生将自己的学术兴趣点与老师课程的专题相结合来开展学术研究。比如，博士生林凯对情感传播感兴趣，我就引导他先做华夏情感传播研究的综述，先大体把握这一领域的经典作品和权威学者，为进一步研究打好基础，这是面上的要求。点上的要求是，鼓励博士生无论是在修我开设的课程上，还是在我举办的读书会上（下文详述），都朝专题研究方向努力，如此坚持，久而久之，随着系列论文的发表，也就奠定了自己在这个领域中的位置，让学界知道你大体是研究哪个方向的学者。这一点对一个学者的成长是十分重要的。

我们知道，博士生课程一般是没有教材的，但并不是说博士生课程不需要教材。相反，我认为，为了提升博士生培养的成效，不但有必要形成教材，而且教材还要与时俱进。如何与时俱进？说到底，还是从史、论与方法三个方面着力。本着先易后难的原则，我按照华夏传播学术史、华夏传播理论体系和华夏传播研究方法论的顺序依次发力。"以史出论"是学界的共识。如果不明了学术史，不掌握本领域的学术谱系，那么学术研究就显得小家子气了。当然，这个学术史不仅仅是本领域的学术史，还包括中外历史、中外传播学术史。近年来，我一直在做学术史的回顾。我的做法是采取史论互证的方式。一方面，从学术史上寻找研究的薄弱点与空白点，比如我找到华夏内向传播研究是重大薄弱点，坚持研究了八年，形成了《华夏自我传播的理论建构》这本专著。另一方面，从理论研究中感悟历史的厚重，就是为了写好某个理论议题，积极寻找和梳理与这个议题相关的历史线索，从而写深写透理论取向的论文。在这方面，黄星民老师是我的学术榜样。他为了撰写"风草论"方面的论著，扎扎实实地查阅十三经和二十四史等图书，收集历史上现有的研究文献。此外，为了研究"电子口语传播"，他利用出国的机会，收集国外研究文献，不断做这方面的思考。尤其对"中庸"观念，他研究了一辈子，写出了《释"中"》这篇精美文章。此种精神令人敬佩！我虽不能至，但心向往之，也努力践行，多从历史的维度加以考察。比如，我写儒家内向传播观念之一"慎独"的论文就是这样做的，结果在完成理论取向论文的同时，又发表了一篇关于该专题的历史取向的论文。正是在如上的整体构思中，我首先朝着建构华夏传播学术史的方向努力，然后朝着建构其理论研究的方向努力。这个努力分几个层次进行：第一个层次，打基础，即整理了上文提到的《华夏传播研究核心论著编目》，在此基础上，我主持编写了《华夏传播学的想象力：中华文化传播研究著作评介集成》这本汇聚华夏传播研究领域核心著作提要的集成性作品。第二个层次，将华夏传播研究放在传播学中国化这一视野下，了解传播学本土化研究的各个阶段，把握这一进程中的问题，并进行反思。这正是对中国传播研究学术史高度重视的表现。做华夏传播研究不能只盯这个领域，要将视野扩展到整个中国传播学术史、整个中国人文社科学术史，甚至世界人文社科研究大势上。要做到这一点，我的经验是坚持阅读"两报一刊"："两报"是上海社会科学院主办的《社会科学报》和中国社会科学院主办的《中国社会科学报》，"一刊"是《读书》杂志。阅读"两报"能够了解国内外最新的学术成果。《读书》杂志有专题研究取向，作者往往是所在领域的专家，能够系统梳理相关领域的研究成果，读一篇文章就能够大致掌握某一领域的研究现状，可有事半功倍之效。《光荣与梦想：传播学中国化研究四十年（1978—2018）》一书就是这一层次的成果体现。第三个层次，在相对全面地掌握华夏传播领域中主要论著的基础上，由论著找它们的作者，进而系统地关注这些作者的学术历程，挖掘他们从哪个路径跨进这一领域，研究特色是什么，管窥学人研究的心路历程和可资借鉴的经验。秉持这样的思路，我正在带领研究团队做这件事情。以 2019 年的"研究前沿"课程为例，我先是利用暑假撰写了 6 万字的"华夏传播学术史"专题报告，然后在课堂上进行系统讲解，又引导学生每人集中研究一位学者，系统考察他们的学术变化过程，分析他们的成果，撷取他们研究的特色。在学生提交论文时，我又要求他们提出与学者进行进一步交流的提纲，请学者书面回答，如此一来即可形成《华夏传播学人志》这一成果的初稿。《华夏传播学的想象力：中华文化传播研究著作评介集成》《光荣与梦想：传播学中国化研究四十年（1978—2018）》和即将出版的《华夏传播学人志》构成了我探索华夏传播学术史的"三部曲"。在建构学术史"三部曲"的同时，我也在不断建构华夏传播理论研究的"N 部曲"：《华夏文明与传播学本土化研究》《华夏文明与舆论学中国化研究》《共生交往观：文明传播的"中国方案"》《华夏文明研究的传播学视角》《华夏自我传播的理论建构》……此外，我在老子传播学领域开创了另一个"N 部曲"：《和老子学传播：老子的沟通智慧》、《和老子学管理：老子的组织传播智慧》《和老子学养生：老子的健康传播智慧》《大道上的老子：〈道德经〉与大众传播学》《生活中的老子：〈道德经〉与人际传播》《当媒介学遇上老学》（暂名，拟出）《海外的老子：〈道德经〉与跨文化传播》（暂名，拟出）。我还希望带领团队陆续完成"华夏人际传播的理论建构""华夏组织传播的理论建构""华夏跨文化传播的理论建构""华夏大众传播的理论建构""华夏身体传播学""华夏家庭传播学""华夏情感传播学""华夏隐喻传播学""华夏圣贤传播学"等专题研究成果，可谓是宏大的理论构想催人奋进。第四个层次，华夏传播方法论。这个层次真是太难了。我的同行们在这方面做了许多有益的探索，例如台湾陈世敏的方志学研究方法，黄星民的"中庸"哲学方法论，潘祥辉的传播考古学，郝雨的媒介批评方法，黄旦的新报刊史方法，陈卫星的媒介学方法，张兵娟的文献与实践互证法，等等（这些方法是基于我的理解而所做的表述，未必是学者本人的表述，不当之处，敬请见谅）。我在十余年的研究探索过程中，也在尝试运用和建构"诠释传播学"的方法，比如我对儒家"慎独"和道家"见独"观念的研究，运用的基本上是这种方法。不过，坦率地讲，这种方法还缺乏系统的打造，可能还需要漫长的探索道路。虽然华夏传播学的方法论还未成形，但其目标非常明晰，那就是一定要形成有代表性的研究方法，打造专属于自己的工具箱。这个工具箱中除了通用的方法，还需要这个领域独有的方法。比如，可以考虑将诠释学、现象学等方法引入华夏传播研究中。在我看来，学术之道根在"经典"，只有研读经典，方可持续创新。所以我坚信，要做好华夏传播研究，必须要走"旧学商量，新知培养"式的"返本开新"之路，换言之，就是要坚守中华文化传统，读懂经典，读透经典，同时又能紧扣传播学学术研究前沿。所以，创办"经典与传播读书会"成为我培养硕士生、博士生的华夏传播研究功底的重要方法之一。我的"经典"观指涉以下三个层面的著作：一是中国传统文化中能够流传后世的典籍，如以孔孟老庄为代表的国学经典，以及西方文化中的重要典籍，如柏拉图的《理想国》、亚里士多德的《修辞学》（强调传播学视角的解读）。二是传播学领域中公认的优秀作品，如彼得斯的《对空言说：传播的观念史》、伊尼斯的《帝国与传播》等（侧重思想的梳理与阐发）。三是中西方经典的传播学对话或比较研究。"经典与传播读书会"每学期选择一部国学经典和一部西方传播学经典进行研读，通常每周集中分享研读心得一次，有时这一周分享国学经典，下一周分享西方传播学经典；有时一周同时分享两部经典心得。最后在学期末形成一篇读书报告。2020 年的读书会，在精读《礼记》和伊尼斯的《传播的偏向》《帝国与传播》《变化中的时间观念》等中外经典的基础上，增加其他经典文献的阅读，要求同学们各自选择一些相关的优秀作品，在会上分享。我举办读书会的用意是想使它发挥与"经典研读"课程类似的功能。因此，我基本上按照上课的标准要求同学们基于经典，从传播学角度加以研读，并坚持从自己感兴趣的传播学某一领域着手研究国学经典。例如，对身体传播感兴趣的同学，可以研究《论语》的身体传播观。这样一学期的读书会下来，大家就会写出一篇类似于课程论文的读书会论文。经过多年的努力，读书会正逐步走上正轨，助力我出版了《中庸的传播思想》《庄子的传播思想》《〈论语〉的传播思想》《周易的传播思想》等著作，这些书汇成"经典与传播研究丛书"。虽然读书会的模式还在探索中，但我相信这是一种很好的人才培养模式，具体运作方式可以灵活多样，没有最好，只有更好。

2019 年，我与中盐金坛盐化有限责任公司联合招收了第一位博士后，开启了我的博士后培养历程。之所以与企业联合开展博士后培养，是因为我希望华夏文明传播研究不能局限于书斋，还应该参与社会实践，而企业是最好的实践基地。中盐金坛盐化有限责任公司正在打造以贤文化为核心的中国管理模式，华夏文明传播研究正好可以与其合作打造"中华文明企业"，努力构建一套适合当代企业管理需要的"贤文化礼乐传播"的实践体系，运用在企业活动的方方面面，使企业成为实践中华文明的最佳载体，实现经济效益与社会效益的双丰收。"学科体系主要包括学科设置、师资队伍、人才培养、课程教育及评价机制等。"[1] 借鉴季为民老师构建中国新闻学体系的构想，华夏传播学的学科体系应以传播学的基本知识和理论为核心和基础，坚持中华文化立场，运用中国话语，打造有中国风格、中国气派的传播学术体系，同时涵盖新闻学的知识和理论，以媒介为核心切入点，同时观照边缘学科和交叉学科的知识和理论来进行学科设置和课程设计，并相应编写系统的传播学学科教材，建立专业化的师资队伍，并以此为基础开展课程教育和学科评价。其基本框架应涵盖华夏传播理论、华夏传播学术史、应用华夏传播学以及交叉学科等在内的知识理论系统与

---

① 季为民.加快构建中国特色新闻学"三大体系"［N］.人民日报，2020-02-03 （9）.

教学机制。在华夏传播学学科体系的建构中，当前最重要的是以蚂蚁搬家的精神，筑牢华夏传播学的知识体系。中期目标是建构狭义的华夏传播学，远期目标是希望到中华人民共和国成立一百周年的时候建构成广义的华夏传播学。这是我们的期许。殷切希望华夏传播学领域的同人勠力同心，以时不我待的精神，大胆创新，勇挑重担，在"三大体系"建构中找到自己的位置，奉献自己的学术热情，使华夏传播学体系早日建构成功。

第四章　华夏传播学体系之学术体系、话语体系建设的探索之路

上一章我介绍了华夏传播学学科体系建构的点滴心得，主要侧重教材建构方面。本章我与读者一起畅谈一下学术体系与话语体系建构方面的一些思考与做法，期望能起抛砖引玉之效，诚挚邀请同行结合自己的经验一起把这个话题引向深入，共同为了传播学中华学派的早日实现而不懈奋斗。

一、搭建学术平台：以学术共同体为核心，打造华夏传播学学术体系

华夏传播学作为一个学术体系，其建构之路才刚刚开始。参照季为民构建中国新闻学学术体系的思考，"学术体系主要包括学术思想、代表学者、学术流派、专业论著、研究方法、道德规范、评价标准等要素和学术活动平台等辅助系统"[①]。华夏传播学的建构要始终坚持以习近平新时代中国特色社会主义思想为指导，自觉运用马克思辩证唯物主义与历史唯物主义的立场、观点、方法开展研究，通过打造华夏传播研究会等学术共同体和以《华夏传播研究》《中华文化与传播研究》等专业刊物为代表的学术成果展示平台以及学术成果评价体系、学术社团组织、学术伦理规范等学术辅助系统，持续探索，精心建设，不断完善，世代传承，不断会聚各方面的人才，发展和完善研究方法，形塑华夏传播学的学术范式，增强学术共同体意识，推进学术创新，传承学术精品，推出学术新锐，提升华夏传播在

---

① 季为民.加快构建中国特色新闻学"三大体系"[N].人民日报，2020-02-03（9）.

中国传播学界的学术地位与学术话语权。

（一）学术刊物提升了华夏传播学的显示度

2013 年是厦门大学传播研究所成立二十周年，为了纪念前辈的丰功伟绩，进一步推动华夏传播研究再上新台阶，传播研究所决定创办一份学术期刊——《中华文化与传播研究》。著名学者孙旭培教授亲自题签了刊名。这份集刊前五期为年刊，2017 年与中盐金坛盐化有限责任公司合作后，转型为半年刊，由九州出版社出版，著名学者詹石窗教授题签了刊名，至2022 年共出版十二辑。2018 年，在厦门大学传播研究所庆祝建所二十五周年之际，在新闻传播学院领导的支持下，我决定创办《华夏传播研究》集刊（半年刊）。郑学檬教授题签了刊名，郑学檬、孙旭培、陈培爱、邵培仁、戴元光、李彬、吴予敏、赵振祥、陈国明（美国）、黄鸣奋等一批学者发来创刊贺词。这本集刊与《中华文化与传播研究》相呼应，由中国传媒大学出版社列入"传媒集刊方阵"出版。

（二）开辟专栏，进一步拓展学科展示平台

《中国新闻传播研究》集刊在其微信公众号上将《华夏传播研究》与《中国网络传播研究》《北大新闻与传播评论》《符号与传媒》一起列为新闻传播研究领域代表性集刊。暨南大学的刘涛在《理论谱系与本土探索：新中国传播学理论研究 70 年（1949—2019）》一文中专列"本土思想的理论推演"部分，指出李敬一、邵培仁、谢清果、潘祥辉、李红、姚锦云等学者"比较系统地关注中国传统文化或思想遗产中所蕴含的传播观念，努力以'华夏传播学的名义'与西方对话，追寻和确认中国传播的本土身份"[①]。为了进一步扩大华夏传播研究的影响，我认为很有必要跟一些学术期刊合作。2016 年，邵培仁老师邀请我担任其主编的《中国传媒报告》总第60 期中的《华夏传播研究》专栏主持人，并刊发了由我组织的一组文章；2019 年，《西北师大学报》第 2 期首次刊出《华夏传播研究》专栏三篇文章；同年，《郑州大学学报（哲学社会科学版）》第 3 期刊载了两篇礼文化传播的文章；2020 年，《山西大学学报（哲学社会科学版）》通过专栏刊发

---

① 刘涛.理论谱系与本土探索：新中国传播学理论研究70年（1949—2019）[J].新闻与传播研究，2019，26（10）：5-20，126.

华夏传播研究方面的论文。《广西职业技术学院学报》邀请我从2019年第4期开始开设并主持《华夏文明传播研究》专栏，逢双期刊出，一年三期，每期5—6篇论文。此外，《现代传播（中国传媒大学学报）》《新闻与传播研究》《国际新闻界》《新闻大学》四大刊也是发表本领域研究文章的重要期刊。可见，华夏传播研究已越来越受到学界的认可与关注。

（三）成立专业研究会，增强"华夏传播学"学术共同体意识

进入21世纪以来，我深切感到20世纪90年代盛极一时的华夏传播研究由于后续缺乏组织领导等原因，日渐有边缘化之势。于是，我发愿要重新搭建学术交流平台，形成学术共同体。功夫不负有心人，经过多方奔走联络，华夏传播研究的学术共同体逐渐成形，其建构之路经历了若干阶段和步骤。第一步，2016年3月25日晚，在南京大学召开的中国新闻史学会新闻传播思想史研究委员会筹备成立的会议上，我申请在该会下成立华夏传播研究工作组并得到了批准。第二步，2017年11月18日，借助新闻传播思想史研究委员会在厦门大学新闻传播学院召开年会之际，我发起并承办了年会上的华夏传播研究分论坛，于19日上午召开了华夏传播研究会成立筹备会，来自华东师范大学、西南政法大学、深圳大学、广州大学、郑州大学、厦门大学、西北师范大学、暨南大学等院校的十余位代表畅谈了推动华夏传播研究的思路，共商筹建研究事宜。第三步，同年12月19日，我应邀参加了全球修辞学会在浙江越秀外国语学院召开的学术年会，会长陈汝东代表该会批准"华夏传播研究会"加盟的申请，期望共同推动中国文化传播研究。第四步，2018年9月16日，在江苏省常州市金坛区召开的首届"华夏文明传播与企业家精神培育"研讨会闭幕式上，在全国一级学会——华夏文化促进会的支持下，"华夏文化促进会传播研究专业委员会"（简称"华夏传播研究会"，下称"研究会"）正式挂牌成立。研究会礼聘吴予敏为荣誉会长，郑学檬为首席顾问，孙旭培、邵培仁、李彬、戴元光、陈国明、黄星民等学者为学术顾问，由我担任会长。从此，华夏传播研究有了自己的学术共同体，有了推动相关学术活动的稳定组织。

为了彰显华夏传播研究影响力，不断提升学术显示度，我积极联合各方力量持续举办了专业学术会议与工作坊。早在研究会正式成立之前，我就以传播研究所为推动机构，举办专业性学术研讨会。如2016年5月14日，厦门大学传播研究所、厦门篔筜书院、两岸关系和平发展协同创新中

心以及厦门伟纳机电技术有限公司共同举办了"中华文化与大众传播研讨会"。2018 年 5 月 18 日至 19 日，西南政法大学法治新闻研究中心和厦门大学传播研究所联合主办了"传统文化与传播学术研讨会"。研究会成立之后，举办了更多学术研讨会，如 2019 年 4 月 12 日至 13 日，郑州大学新闻与传播学院与研究会联合举办了首届"礼文化与华夏文明传播研究"工作坊。在 2019 年 5 月 11 日至 12 日举办的第一届"媒介中国研究百人会"上，研究会副会长潘祥辉教授主持了其中的"传统文化中的传播考古"研讨组圆桌会议与"传统文化与华夏传播"论文发表组圆桌会议。2019 年 7 月 5 日至 6 日，厦门大学新闻传播学院举办了首届"贤文化与华夏传播研究"工作坊。2019 年 9 月 21 日，我受邀在首届"传播与认同研讨会"上做了题为"华夏传播研究学术共同体的建构历程"的主旨演讲。2019 年 11 月，研究会与南宁师范大学新闻传播学院合办"一带一路"倡议与华夏文明传播研究学术研讨会。此外，研究会还以协办机构的名义，参与举办了重庆大学新闻学院主办的第十一届"世界华文传媒与华夏文明"国际学术研讨会和华南理工大学主办的"跨学科视域下传统族群文化的现代传承与文化认同"学术研讨会。我还牵头在 2019 年亚太传播学会联盟年会上举行了一个"本土传播学"方向的讨论组。2020 年 10 月 31 日，华夏文明与传播学中国化高峰论坛于厦门大学科学艺术中心举办。本次高峰论坛为厦门大学百年校庆系列论坛之一，以"范式与学派：传播学中国化高峰论坛"为主题，邀请了全国高校四十余位专家学者、业界精英和青年学子探讨传播学中国化的理论创新成果，挖掘、整理、研究华夏文明的传播智慧，畅想构建传播学中华学派的路径。本次高峰论坛由厦门大学新闻传播学院主办，华夏传播研究会、厦门大学传播研究所、福建省高等学校人文社会科学研究基地——中华文化传播研究中心、中盐金坛盐化有限责任公司协办。11 月 21 日，华夏文明与跨文化传播学术研讨会在云南民族大学开幕，来自全国四十多所高校与科研机构的六十多位专家学者、业界精英和青年学子齐聚一堂，共同探讨华夏文明与跨文化传播的相关议题，旨在汇聚学术智慧，扩大中华文明与世界文明的交流，在国际文化交往中塑造美丽中国形象、传递中国优秀文化信息、促进不同文化"美美与共"。本次会议由中共云南省委宣传部、华夏传播研究会、厦门大学传播研究所、福建省高等学校人文社会科学研究基地——中华文化传播研究中心、云南民族大学主办，云南民族大学文学与传媒学院承办。会议的主题是"华夏文明与跨文化传播"，设置"跨文化交流背景下的华夏文明传播""华夏文明与少数民族文化传播""华夏文明传播与地方性知识生产"等分会场。12月8日，"华夏文明与传播创新高峰论坛暨华夏传播研究会年会"在深圳大学举行。本次会议由华夏传播研究会主办，深圳大学传播学院、深圳大学传媒与文化发展研究中心承办。会议旨在研讨华夏文明的源流特征与传承创新研究。2021年11月6日，由中国新闻史学会、中华多民族文化凝聚与全球传播省部共建协同创新中心——"丝绸之路"与中华民族共同体研究分中心、中国新闻史学会符号传播学研究委员会、华夏传播研究会主办，西北民族大学新闻传播学院承办的"铸牢中华民族共同体意识背景下华夏'丝路符号'传播论坛"正式召开。2022年4月16日，华夏文明与现代传播高峰论坛举行，会议由中国新闻史学会、安徽师范大学社会科学界联合会、华夏传播研究会主办，《学术界》杂志社、安徽师范大学新闻与传播学院承办，厦门大学传播研究所、福建省高等学校人文社会科学研究基地——中华文化传播研究中心、安徽省高等学校人文社会科学研究基地——创意产业发展研究中心、中盐金坛盐化有限责任公司、江苏宏德文化出版基金会协办。2022年9月2日，由陈元光故居燕翼宫开漳祖庙总祠、华夏传播研究会、四川大学老子研究院、台湾圣泽信仰联盟等共同主办的陈元光文化与中华文明传播学术研讨会在漳州市云霄县召开。研讨会以"陈元光精神传承与中华文化传播"为主题，与会嘉宾围绕陈元光文化及其精神内涵研究、陈元光文化与儒释道思想研究、陈元光文化与闽南文化关系研究、陈元光文化与闽台五缘文化研究、陈元光文化与闽南民俗研究、陈元光文化与民间信仰研究、中华优秀传统文化的双创研究、中华文明传播的相关研究等方面展开讨论。2022年11月27日，为贯彻落实党的二十大报告中"增强中华文明传播力影响力""坚守中华文化立场""讲好中国故事、传播好中国声音，展现可信、可爱、可敬的中国形象""推动中华文化更好走向世界"的精神，由厦门大学新闻传播学院主办，华夏传播研究会等单位协办的第二届华夏文明与传播学中国化高峰论坛召开。论坛共设置一场主旨论坛和四场平行分论坛。近二百位学者共聚云端，共同探讨中华文明标识建构与传播的现实问题、独特观念、理论范式和学派建构等问题，为世界传播学发展创新贡献中国传播学人的智慧。2022年12月3日，由中国新闻史学会指导，华夏传播研究会、中国新闻史学会符号传播学专业委员会、中国中外文艺理论学会文化与传播符号学分会、中华多民族文化凝聚与全球传播省部共建协同创新中心——"丝绸之路"与中华民族共同体研究分中心主办，西北民族大学新闻传播学院承办的第二届华夏"丝路符号"传播论坛召开。2022 年 12 月 11 日，由华夏传播研究会、福建省高等学校人文社会科学研究基地——中华文化传播研究中心、厦门大学传播研究所、华侨大学华文学院、同安区委宣传部、同安区社会科学界联合会联合举办的"《道德经》与中华优良家风家训传播研讨会"召开。本次研讨会的主题是《道德经》与中华优良家风家训传播关系"，将《道德经》中蕴含的生态文明思想、民本思想、"子孙以祭祀不辍"的家道智慧同中华民族家风家训和提高全社会文明程度的时代需求紧密结合起来，同时将学术研究与地方文化建设结合起来，让学术研究更接地气，研究成果更能落地，进而不断推动中华优秀文化传播与创新。2023 年 5 月 12 日至 13 日，庆祝厦门大学传播研究所成立 30 周年暨第三届华夏文明与传播学中国化高峰论坛在厦门大学召开。此次论坛由厦门大学新闻传播学院主办，厦门大学传播研究所承办，福建省高等学校人文社会科学研究基地——中华文化传播研究中心、厦门大学马克思主义新闻观研究与教育中心、华夏传播研究会、国际新闻与战略传播大数据实验室等协办。近百位来自南京大学、上海交通大学、南开大学、厦门大学、暨南大学、郑州大学等全国三十余所高校及单位的学者与业界专家出席论坛。此次论坛以"中国式现代化与中国传播学自主知识体系建构"为主题，参会代表就传播学自主知识体系建构与中华文明传播相关议题展开交流探讨，切磋学术真见。2023 年 8 月 3 日，由四川大学老子研究院、《中华续道藏》编纂专门委员会、福建海峡文化研究发展中心主办，平潭道教协会、厦门大学平潭研究院承办，厦门大学老子道学传播与研究中心、福建省高等学校人文社会科学研究基地——中华文化传播研究中心、华夏传播研究会、厦门市易学研究会、莆田东岳观等联合举办的"《中华续道藏》编纂与海峡两岸道学文化学术研讨会"在福建省平潭综合实验区台创园厦门大学平潭研究院一楼会议室成功举行。我作为华夏传播研究会会长，主持了开幕式，并做了"讲好《道德经》故事的几点思考"的主旨演讲。正是因为有了多场研讨会、工作坊的举办，华夏传播学才能以崭新的姿态重现于中国传播学界，并占据一席之地。

（四）主编专业丛书，彰显华夏传播学学术生产力

通过丛书集中展现某个领域或某个学科的学术成果，已成为许多学科

发展的标配。为了打造华夏传播研究的学术体系，夯实华夏传播研究的学理基础，开启新时代华夏传播学研究新高度，我主编了以下几套丛书。其一，主编"中华文化与传播研究丛书"。刊物与丛书互相配合，学科的显示度就会增强。在创办《中华文化与传播研究》集刊的时候，我同时筹划主编了"中华文化与传播研究丛书"。2014 年，我利用手头结余的科研课题经费出版了《华夏传播学读本》《道教养生哲学与生活传播》《〈道德经〉与当代传媒文化》等三部著作。其二，主编"华夏文明传播研究文库"。2015 年，厦门大学社科处资助著作出版，我提交了《大道上的老子：〈道德经〉与大众传播学》这部书稿。我当时心想：如果将来能出版一套丛书，就以这本书作为丛书的第一本著作。受这个念头启发，我开始主编"华夏文明传播研究文库"，进而首次提出"华夏文明传播"这个观念，因为当时我认为"文明传播"是华夏传播学的理论特质。"华夏文明传播研究文库"从 2016 年至 2019 年已出齐 10 卷，上面提到的那本是第 1 卷，其余 9 卷分别是《生活中的老子：〈道德经〉与人际沟通》、《华夏文明与传播学本土化研究》、《张湛、卢重玄〈列子〉诠释研究》（林俊雄著）、《甲骨文四重证据研究法》（巫称喜主编）、《华夏传播学的想象力：中华文化传播研究著作评介集成》、《中庸的传播思想》、《华夏文明与舆论学中国化研究》、《光荣与梦想：传播学中国化研究四十年（1978—2018）》、《中华传统文化传播研究举隅》（吉峰著）。其中有三本是同行编著，其余均为我编著。其三，主编"华夏传播学文丛"。2019 年，我开始主编第三套丛书——"华夏传播学文丛"。这套丛书我直接使用了"华夏传播学"这个提法，希望能够比"华夏传播研究"更为简洁明了。现已出版《共生交往观：文明传播的"中国方案"》、《华夏礼乐传播论》（九州出版社，2021），后续还将有《华夏文明传播论》等著作出版。其四，主编"华夏传播研究论丛"。为了赓续2001 年郑学檬主编的"华夏传播研究丛书"（三卷本）的传统，我也主编了三卷本的"华夏传播研究论丛"，这三卷分别是：《华夏传播研究在中国（谢清果卷）》，主要收录我和我的团队近年发表的论文；《海外华夏传播研究（陈国明卷）》主要收录陈国明在海外发表的论文，经他授权，我组织团队对论文进行了翻译，因此书中许多文章是第一次用中文形式推出；《华夏传播学年鉴（2019 卷）》，主要为今后出版专业年鉴试水。该丛书于 2020 年由九州出版社正式出版。其五，主编"经典与传播研究丛书"。出版这套丛书是为了呈现同名读书会的成果。该丛书已出版《庄子的传播思想》《〈论语〉的传播思想》《周易的传播思想》《经典新探：王充〈论衡〉的传播学释读》等，未来计划推出《〈礼记〉的传播思想》《〈尚书〉的传播思想》《〈孙子兵法〉的传播思想》等，出版总数至少达十部。其六，主编"华夏传播学读本丛书"。我认为既然中国传播学有政治传播学、经济传播学、文化传播学、艺术传播学、时尚传播学，华夏传播学同样也可以有华夏身体传播学、华夏情感传播学、华夏文明传播学等垂直细分领域。我现在已在指导博士生去开拓这些领域。为了与研究相配合，我规划了这套丛书，主要包括《华夏传播学新读本》《华夏文明传播学读本》《华夏身体传播学读本》《华夏情感传播学读本》等，其中《华夏传播学新读本》已出版。

二、提炼学术概念：构建华夏传播学的话语体系

季为民指出："话语体系反映人类交往活动中交往主体通过语言符号建立起来的表达与接受、解释与理解、评价与认同等多重关系，包括术语、概念、范畴、命题、判断、语言、思想等要素。"[①] 华夏传播学应以本学科核心概念为基础，以中华文化自身的话语系统为表达架构，总结我国五千多年来传播实践的话语逻辑，形成华夏传播学的表达系统和话语体系。其基本要素包括：术语和概念（核心概念、扩充概念、边缘概念、交叉概念）、基本观点和思想原则、专业知识和表达逻辑等。习近平总书记在"5·17重要讲话"中强调："要善于提炼标识性概念，打造易于为国际社会所理解和接受的新概念、新范畴、新表述，引导国际学术界展开研究和讨论。这项工作要从学科建设做起，每个学科都要构建成体系的学科理论和概念。"[②] 对于华夏传播学而言，在离真正建立学科还很遥远的当下，我们可以从打造核心和标识性概念、有代表性的理论体系着手，由点突破，再到面，再到体，最终形成一个完整的体系。习近平总书记强调，中国特色哲学社会科学应体现继承性、民族性，体现原创性、时代性，体现系统性、专业性。"绵延几千年的中华文化，是中国特色哲学社会科学成长发

---

① 季为民.加快构建中国特色新闻学"三大体系"［N］.人民日报，2020-02-03（9）.

② 习近平：在哲学社会科学工作座谈会上的讲话（全文）［EB/OL］.（2016-05-19）. http://www.scio.gov.cn/31773/31774/31783/Document/1478145/1478145.htm.

展的深厚基础。"①"要推动中华文明创造性转化、创新性发展，激活其生命力，让中华文明同各国人民创造的多彩文明一道，为人类提供正确精神指引。要围绕我国和世界发展面临的重大问题，着力提出能够体现中国立场、中国智慧、中国价值的理念、主张、方案。"②华夏传播学要积极因应时代的呼唤，回应传播学中国化过程中提出的时代命题，以中华文明五千多年的深厚积淀为基础，以自主、开放、包容、对话的原则，将传统文化资源转化为传播学的文化资本，让五千多年的实践成为构建华夏传播理论体系最为可靠的基础，进而在创造性转化和创新性发展中形成适合时代发展和国际合作潮流的学科体系、学术体系和话语体系，从而改变中国的话语权在世界上处于劣势的被动局面。只有打造出基于中国历史和现实的富有时代新气息的思想理论体系，中国才能在话语竞争中处于不败之地。正如习近平总书记所说："强调民族性并不是要排斥其他国家的学术研究成果，而是要在比较、对照、批判、吸收、升华的基础上，使民族性更加符合当代中国和当今世界的发展要求，越是民族的越是世界的。解决好民族性问题，就有更强能力去解决世界性问题；把中国实践总结好，就有更强能力为解决世界性问题提供思路和办法。这是由特殊性到普遍性的发展规律。"③华夏传播学只有为中华民族的伟大复兴提供思想资源与动力支持，才有生命力，才有底气与世界传播学对话。例如，面对西方文明的宗教传播本质，中国可以彰显中华文明的礼乐传播本质。发展路径是多元的，条条道路通罗马，不同的思想文化可以在共生交往中交流互鉴，共同进步，或许未来可以在中西对话中"行中庸，达中和"。

（一）提出"共生交往"新观念

华夏传播学的基本观念首先是"华夏"，即"中国"。"华夏"是"中国"的美称，其精神实质体现在"中国"上。因此，我首先提出"中国"是一种传播观念，进而分析指出这种传播观念的内核是"共生"。因为"中

---

① 习近平：在哲学社会科学工作座谈会上的讲话（全文）[EB/OL].（2016-05-19）. http://www.scio.gov.cn/31773/31774/31783/Document/1478145/1478145.htm.

② 习近平：在哲学社会科学工作座谈会上的讲话（全文）[EB/OL].（2016-05-19）. http://www.scio.gov.cn/31773/31774/31783/Document/1478145/1478145.htm.

③ 习近平：在哲学社会科学工作座谈会上的讲话（全文）[EB/OL].（2016-05-19）. http://www.scio.gov.cn/31773/31774/31783/Document/1478145/1478145.htm.

国"以"中"立国，而"中"体现着中心与边缘、内与外的关系，并将关系置于"中和"的价值目标之中，以达"适中""共赢"的效果。循着这样的思路，我发表了《共生交往观的阐扬——作为传播观念的"中国"》《中华新文明主义的共生交往特质》《构建人类沟通共同体的理论依据、可能路径及其价值取向》等一批有影响力的学术论文，并带领团队共同推进研究，进而结集出版了《共生交往观：文明传播的"中国方案"》一书，努力向世界阐述中华文明具有的共生交往独特气质。

（二）深化华夏文明传播学的研究旨趣

"文明传播学"是中国社会科学院新闻与传播研究所杨瑞明及其团队提出的一个研究思路，他们还出版了《文明传播的哲学视野》（中国社会科学出版社，2012）等书。我意识到这是一个可以深入探讨的领域，于是努力将"文明传播学"的视角引入华夏传播研究，试图用中国的中庸、天下、和谐、礼乐等中国式话语来阐述华夏文明的沟通智慧，向世界说明华夏文明的特质是以追求"天下太平"为己任，秉持"和而不同"观念的共生交往观。我能获批"华夏文明传播的观念基础、理论体系与当代实践研究"国家社会科学基金项目，主持"华夏文明传播学的理论体系、教学模式与实践探索的综合改革研究"省教改项目，带领的团队获批"华夏文明传播研究团队"，得益于我将研究着眼于探讨华夏文明的传播智慧这一时代需要。在日益全球化的当下，中国文化要走出去，就亟须向世界说明中国。最好的做法便是中国经验，世界表达。文明研究是国际学术界长盛不衰的研究课题，"华夏文明传播"研究的旨趣就是将中华文明放置在人类文明竞争的舞台上，进而以中国为方法，以中国为价值，向世界提供一种不同于西方却又为西方话语所需要、所能接受的传达方式。比如，人类命运共同体理念，其中国式表达可能是天下大同、家国天下、天下一家这样的话语，西方不容易理解，因为"家"不是西方理解世界的起点。如果我们要向世界传递这一理念，就需要用"共同体"这种流动于马克思理论和康德的哲学观念中，同时又为西方学者熟悉的方式来表达。这种表达在无形中传递着中国的传播智慧，我称之为"共生交往"。"共生交往"理念非常类似于马丁·布伯的"我和你"思想、巴赫金的"对话理论"和哈贝马斯的"交往理性"观念。学术研究需要有较高的学术站位，这样才能回应时代命题。以我的被厦门大学列入一流本科课程和课程思政建设目录的"华夏传播概论"课程为例，在课程建设过程中，我努力将习近平新时代中国特色社会主义思想、马克思主义新闻观融入华夏传播研究之中，深化华夏文明传播研究。例如，我一面聚焦"华夏文明传播"这一议题，潜心研究中华文明蕴藏的传播智慧，一面积极回应习近平总书记提出的人类文明交流互鉴的重要论述，撰写了《天下一家：新时代人类文明交往观的中国气派》等文章，同时在研究生课程中开设"华夏文明传播专题研究"，合作出版《华夏文明研究的传播学视角》一书，带领团队进行中西方传播思想的比较研究，推出《中华文化海外传播的新境界：中西传播思想的分野与对话》（中国戏剧出版社，2020）一书，不断深化华夏文明传播研究。

（三）提出"生活媒介"新概念

在教学相长思想的激励下，我带领和引导博士生、硕士生不断开拓出华夏舆论学、华夏媒介学、华夏自我传播学、华夏身体传播学、华夏礼乐传播论等华夏传播学研究新领域，与他们共同探讨研究课题，撰写论文，组织读书会，研读中西方经典，以愚公移山的精神培养华夏传播学研究的接班人。在倾力培养博士生、硕士生的过程中，我的体会是，对于正在成长中的年轻人，要把他们当成学术上的合作伙伴，共同开展头脑风暴，甚至一起申报各类课题。总之，把自己成为一名学者所做的所有工作都让研究生参与和体验，于实战中培养学生，增强他们毕业后的竞争力。我常勉励学生说："我不是世界冠军，但我力争成为培养世界冠军的人。"比如，刘翔的老师不是世界冠军，却能培养出世界冠军，这正是伯乐与千里马的关系。为师者当力求成为伯乐，学生当力争成为千里马；老师爱教，学生爱学，如此才能一起并肩站在学术研究前沿，开创华夏传播研究的新境界。

以2019年为例，我从欧文·戈夫曼的《日常生活中的自我呈现》一书获得启示。我想，日常生活中有许多媒介联系着人们，从而造就了一个多彩的世界。这些生活中的媒介在我们的世界中如同海德格尔所说的"上手"，而不是"在手"，我们日用而不知。目前，学人关注更多的是大众传播媒介，而忽视了日常生活中众多交往的媒介。于是我在讲授"中国传播理论研究"这门课时，组织博士生、硕士生从媒介学这一新兴的角度研究日常生活中的牌坊、茶文化、礼文化、长江、门、十二生肖、陶瓷等媒介，进而推出《华夏传播研究：媒介学的视角》一书。在授课过程中，我撰写了《媒介哲学视角下的老子之"门"新论》[《山西大学学报（哲学社会科学版）》2020 年第 2 期］一文。写这篇文章给我的感受是，压力出效果。为了尽快写出初稿，以便向学生讲解自己的研究心得，我强迫自己处于亢奋的写作状态，连续作战几天。由于初稿字数较多，后来将"作为生活媒介的门"这一类似综述的部分单独成篇，而论述《道德经》中出现的"门"的媒介意义部分独立为另一篇论文。这次研究再次成功证实了我以往写一篇论文可以分解成多篇的经验，也让我明白，对传统文本的研究，如果能引入新的视角，可能会有别样的发现。受此激励，我今后还会继续从事"老子与媒介学"的专题研究。

　　行文至此，该做个结语了。我始终怀着与学界同人共建华夏传播学的雄心壮志，把打造传播学中华学派作为自己的神圣使命。为此，我将秉承老子"不欲琭琭如玉，珞珞如石"的思想，以"功成不必在我，功成必定有我"的责任与担当，与华夏传播研究的同人乃至整个中国传播学界一起直面中国现实，关怀人类未来，立足中华文化传统，以"不忘本来，吸收外来，开创未来"的原则，向世界贡献传播学的"中国思考"。

第五章　厦门大学"华夏传播"系列课程思政实践与启迪

　　坚持立德树人，切实加强思想政治在教育教学过程中的全方位引领是党的教育事业的根本遵循。习近平总书记在中国人民大学考察时强调，"为谁培养人、培养什么人、怎样培养人"始终是教育的根本问题。要坚持党的领导，坚持马克思主义指导地位，坚持为党和人民事业服务，落实立德树人根本任务，传承红色基因，扎根中国大地办大学，走出一条建设中国特色、世界一流大学的新路。[①] 在 2018 年 9 月的全国教育大会上，习近平总书记强调，要把立德树人融入思想道德教育、文化知识教育、社会实践教育各环节，贯穿基础教育、职业教育、高等教育各领域，学科体系、教学体系、教材体系、管理体系要围绕这个目标来设计，教师要围绕这个目标来教，学生要围绕这个目标来学。[②] 2020 年 5 月，为深入贯彻落实习近平总书记关于教育的重要论述和全国教育大会精神，教育部印发实施了《高等学校课程思政建设指导纲要》，坚决把思想政治教育贯穿人才培养体系，全面推进高校课程思政建设，发挥好每门课程的育人作用，提高高校人才培养质量。[③] 全面推进高校课程思政建设，既是全面贯彻党的教育方针，为党育人、为国育才，也是新文科发展建设哲学社会科学中国特色、中国风格、中国气派

[①] 见习近平总书记于 2022 年 4 月 25 日在中国人民大学考察时的讲话。

[②] 习近平. 坚持中国特色社会主义教育发展道路 培养德智体美劳全面发展的社会主义建设者和接班人 [J]. 教育科学论坛，2018（30）：7-9.

[③] 教育部关于印发《高等学校课程思政建设指导纲要》的通知 [EB/OL].（2020-06-05）. http://www.moe.gov.cn/srcsite/A08/s7056/202006/t20200603_462437.html?eqid=fbfbb940000011d500000002642b903c.

的重要一环。①

　　厦门大学新闻传播学院"华夏传播"系列课程旨在为培养新闻传媒学子喜爱中华优秀传统文化，感悟中华民族的传播智慧，从而增强讲好中国故事，传播中国好声音的能力，实现培根铸魂。1983 年，厦门大学创办新闻传播系时，徐铸成先生招收了三位研究生，其中黄星民在余也鲁的影响下开始从事华夏礼乐传播研究。1993 年，厦门大学正式成立校级的传播研究所，专门推进华夏传播研究，从此传播学中国化研究进入了有组织开展的阶段。近四十年来，厦门大学的传播学教育和研究已经打造出传播学与华夏文明研究相融通的华夏传播研究领域，并成为海内外这一领域的研究重镇。尤其是 2013 年以来，厦门大学新闻传播学院全面推动华夏传播学教学与研究改革，形成华夏传播学本硕博一体化的教学科研体系，系全国高校首创且一直走在前列。主要表现在：本科阶段有"华夏传播概论"（配套教材《华夏传播学引论》，省级课程思政课程）、"华夏文明传播"（配套教材《华夏文明研究的传播学视角》，校级一流课程）课程，硕士阶段有"中国传播理论研究"（配套教材《华夏文化观念的传播学诠释与当代价值》，校研究生课程思政课程）、"史论精解——传播（华夏传播史论）"（配套教材《华夏文明与传播学本土化研究》，省级教材建设成果，校研究生教育精品课程）、"媒介学与文明研究"（配套教材《华夏传播研究：媒介学的视角》）课程，博士阶段有"研究前沿——传播（华夏研究前沿）"［配套教材《光荣与梦想：传播学中国化研究四十年（1978—2018）》］课程，同时出版了《华夏传播学读本》《华夏传播学新读本》等，作为教辅，还出版了"经典与传播研究丛书""华夏传播研究论丛"等多套丛书，作为参考读物。而且以厦门大学传播研究所为依托发起成立了全国性的华夏传播研究会，成功申报了福建省高等学校人文社会科学研究基地——中华文化传播研究中心，力争发挥新型智库功能，2022 年承担了福建省新型智库建设工作领导小组办公室"构建福建文化标识体系研究"的课题研究任务。此外，与央企共建院级华夏文明传播研究中心，培养华夏文明传播研究方向的博士生与博士后，初步形成独具特色的本土传播学教材体系和学术研究体系，这些举措都有助于推进传播学自主知识体系的建设。

---

① 姜红，鲁曼.新文科建设背景下新闻传播学科课程思政的融合创新研究：以"当代媒介素养"课程为例［J］.中国新闻传播研究，2022（1）：81-92.

　　"华夏传播"系列课程积极响应习近平总书记考察中国人民大学时发表的重要讲话精神和教育部发布的《关于提高高校新闻传播人才培养能力实施卓越新闻传播人才教育培养计划2.0的意见》，顺应传播学中国化研究的时代需求，把课程思政要求贯穿教学全程，创建了以本土传播学的观念和理论体系为特色的教学体系，致力于打造出一门有助于增强大学生中华文化自信，欣赏中华传播智慧的传播学专业课程。开课近十年来，"华夏传播"系列课程已成为厦门大学一流课程，获学校教务处官网专门推荐，获评福建省课程思政示范课，并入选新华网"新华思政"典型课程。课程坚持"中华文化立场，全球传播视野"理念，带领学生探讨中华文化何以延续五千多年的传播原理与机制，引导学生形成能够解释中国价值的华夏传播学的知识体系与价值追求，从而为学生提升传播中国能力提供学理依据。课程紧跟潮头，坚持以习近平新时代中国特色社会主义思想为指导，将习近平总书记系列重要讲话和中央有关会议精神，以及习近平总书记躬行实践的故事融入课堂实践，充盈课程思政的思想活力；课程追求守正创新，以"翻转课堂""成果导向"等教学形式激发课程思政的内生动力。本课程体现出独特的课程思政优势，吸引学生深入系统地研讨中华优秀文化中的传播智慧，润物无声地增强"四个自信"意识与爱国情怀。

一、立足中华：课程思政与华夏传播教研同向同行

　　人才培养是育人和育才相统一的过程，《高等学校课程思政建设指导纲要》（简称《纲要》）强调："建设高水平人才培养体系，必须将思想政治工作体系贯通其中，必须抓好课程思政建设，解决好专业教育和思政教育'两张皮'问题。"①以中华优秀传统文化为研究对象的华夏传播与课程思政的目标要求和内容重点十分契合，在人才培养的方向上同向同行。

　　《纲要》提到，要"加强中华优秀传统文化教育，大力弘扬以爱国主义为核心的民族精神和以改革创新为核心的时代精神，教育引导学生深刻理解中华优秀传统文化中讲仁爱、重民本、守诚信、崇正义、尚和合、求大同的思想精华和时代价值，教育引导学生传承中华文脉，富有中国心、饱

---

① 　教育部关于印发《高等学校课程思政建设指导纲要》的通知［EB/OL］.（2020-06-05）. http://www.moe.gov.cn/srcsite/A08/s7056/202006/t20200603_462437.html?eqid=fbfbb940000011d500000002642b903c.

含中国情、充满中国味"①。华夏传播研究一方面对中华传统文化进行发掘、整理、研究和扬弃，探讨中华文化五千多年绵延不绝的传播原理、传播机制与传播方法，汲取中国传统的传播智慧，增强民族文化自信；另一方面立足当下国情，探讨如何把中国传统的传播智慧运用到解决当下中国社会问题的过程中，进而打造出具有中国特色、中国风格和中国气派的传播学理论，为全人类的文明发展提供中国方案。课程以构建传播学中华学派为目标，坚持"中华文化立场，全球传播视野"理念，致力于培养具有中国情怀、中国价值的新闻传播人才。在授课过程中，教师注重引导学生将传播学的相关理论引向对中华优秀传统文化的探讨，让学生意识到中华文化传播中蕴藏着丰富的传播智慧。这些智慧是用中国话语、中国思想和中国理论来表达的，所以需要我们去整理、阐发，这样才能与西方的传播理论展开对话，阐释中国人是如何认识自己、他人与社会的，让世界理解中华文明绵延五千多年的奥妙所在。

　　重视课程思政建设与华夏传播学科建设的探索一脉相承，为学科发展提出了更高的要求。《纲要》强调："要根据不同学科专业的特色和优势，深入研究不同专业的育人目标，深度挖掘提炼专业知识体系中所蕴含的思想价值和精神内涵，科学合理拓展专业课程的广度、深度和温度，从课程所涉专业、行业、国家、国际、文化、历史等角度，增加课程的知识性、人文性，提升引领性、时代性和开放性。"① 以此为观照，"华夏传播"系列课程的创新点便在于：师生通过探讨华夏文明传播理论的观念基础，即通过对中华文化传统中的一系列核心传播观念加以梳理与诠释，比如，中庸、仁义、礼乐、诚信、忠孝、圣贤、家国、象势、政治、缘分、理气、心性、和同、公私、社会等观念，阐发中国社会特色的沟通模式与交往心理，挖掘精神内涵与思想价值，从而形成华夏文明传播的话语体系，不断增强其知识性；通过探讨华夏传播理论体系的核心组成部分，比如，探讨"心物一体"的华夏自我传播理论、"面子—关系"的华夏人际传播理论、"礼乐协同"的大众传播理论、"家国同构"的组织传播理论、"心传天下"的跨文化传播理论……在此基础上，还可以突出研究"达人利人"的情感传播理论、"天涯共此时"的传播时空观、"民为邦本"的舆论传

---

① 教育部关于印发《高等学校课程思政建设指导纲要》的通知［EB/OL］.（2020-06-05）. http://www.moe.gov.cn/srcsite/A08/s7056/202006/t20200603_462437.html?eqid=fbfbb940000011d500000002642b903c.

播理论等，从而缔造华夏文明传播的理论体系，不断增强其人文性；通过探讨华夏文明传播在当代中国的有效实践路径与形态，建构出具有引领力和开放性的华夏文明传播当代实践体系。习近平总书记在十九大报告中明确提出："要尊重世界文明多样性，以文明交流超越文明隔阂、文明互鉴超越文明冲突、文明共存超越文明优越。"[①] 华夏传播研究便是我国能够为世界不同文明的和平共处提供"方案"的重要学术增长点，世界迫切需要以中国和谐共存为根本要义的交往观念来对话西方以冲突对抗为基调的交往观念。[②]

立足中华，面向世界。思想政治教育与华夏传播教研在目标、内容、方向上同向同行，而且可以说是天然融通。同时，思想政治教育也是华夏传播教研的重要部分，其为华夏传播的学术体系、话语体系和学科体系提供了更深远的指导和更具时代性的启迪。

二、紧跟潮头：以时代精神充盈课程思政的思想活力

华夏传播的学问关切是传播学如何中国化的问题，是如何弘扬中华文明，引领当代世界变化的问题，也是回应马克思主义基本理论与中国实际、中国传统文化相结合的实践问题，即做到"两个结合"[③]。当前，华夏传播教研的视野在不断拓展，将传统和现代交织的多元主题共同纳入本土化的思考当中，华夏传播研究一面坚持自身具有民族和本土化立场的理论建构，一面用开放态度回应全球化与现代语境。[④]

习近平新时代中国特色社会主义思想是"两个结合"的重大思想成果，因此提高课程站位、提升理论高度、做好课程思政就必须坚持以习近平新时代中国特色社会主义思想为指导。同时，《纲要》明确指出："推进习近平新时代中国特色社会主义思想进教材进课堂进头脑。坚持不懈用习近平新时代中

① 决胜全面建成小康社会 夺取新时代中国特色社会主义伟大胜利［N］.人民日报，2017-10-19（2）.

② 谢清果.天下一家：新时代人类文明交往观的中国气派［J］.广州大学学报（社会科学版），2019，18（3）：30-36.

③ 习近平.在庆祝中国共产党成立100周年大会上的讲话［M］.北京：人民出版社，2021.

④ 谢清果，王皓然.中国传播学的"中年危机"与华夏传播研究的球土化展望（2017-2021）［J］.国际新闻界，2022，44（1）：61-80.

国特色社会主义思想铸魂育人，引导学生了解世情国情党情民情，增强对党的创新理论的政治认同、思想认同、情感认同，坚定中国特色社会主义道路自信、理论自信、制度自信、文化自信。"①"华夏传播"系列课程紧跟潮头，坚持以习近平新时代中国特色社会主义思想为指导，将习近平总书记系列重要讲话和中央有关会议精神，以及习近平总书记躬行实践的故事融入课堂实践，以昂扬向上的时代精神提升华夏传播研究的思想先进性，充盈课程思政的思想活力。近年来，"习近平致厦门大学建校100周年的贺信"、习近平总书记"在庆祝中国共产党成立100周年大会上的讲话"、《中共中央关于党的百年奋斗重大成就和历史经验的决议》、习近平总书记考察中国人民大学时的重要讲话精神及"习近平与大学生朋友们"系列报道等成为课堂上鲜活的研学资料。

2022年3月16日，《中国青年报》整版刊发《习市长指导我"要把马克思主义原著'厚的读薄，薄的读厚'"——习近平与大学生朋友们（二十七）》一文。文中，厦门大学1983级经济系校友张宏樑回忆了大学期间，习近平同志同他讨论《资本论》课程的学习，分享自己当年在梁家河研读《资本论》等经典著作的体会，讲述了习近平同志对厦门大学的一个普通学子的亲切关怀的故事。3月24日，在"中国传播理论研究"课程中，作为主讲老师，我带领同学们对《习市长指导我"要把马克思主义原著'厚的读薄，薄的读厚'"——习近平与大学生朋友们（二十七）》采访实录进行了热烈的探讨，并从中华文化和华夏传播理论的视角切入，以专业为根基，创造性地开展课程思政建设。

研讨式教学改变了由教师主导的垂直教学模式。学生针对所研讨的主题与教师、同学不断地进行交流碰撞，这个互动过程可以弥补"教"与"学"之间的断裂，使学生全身心地投入课堂中，提高学习的积极主动性。②不断推进"习近平新时代中国特色社会主义思想进教材进课堂进头脑"，并与专业教学相结合，这是厦门大学"华夏传播"系列课程一以贯之的课程思政特色与教学科研坚持。在2022年春季学期，厦门大学新闻传播学院特邀马克思主义学院副院长原宗丽为学生做"习近平新时代中国特色社会主

---

① 教育部关于印发《高等学校课程思政建设指导纲要》的通知［EB/OL］.（2020-06-05）. http://www.moe.gov.cn/srcsite/A08/s7056/202006/t20200603_462437.html?eqid=fbfbb940000011d500000002642b903c.

② 张卫国，李婧，李剑敏.柔中带刚、刚柔并济：研究生"研讨式课堂"教学管理新模式［J］.学位与研究生教育，2015（11）：39-44.

义思想解读"的专题讲座，推进了思政课教师与专业课教师进行合作教学教研。只有结合时代精神和优秀传统文化进行不断学习和研讨，学生才能够主动以中华文化为根基，中国社会实践为立场，汲取马克思主义的思想精粹，以习近平新时代中国特色社会主义思想为指导，在中国社会实践的大地上实现自我价值。

三、守正创新：以"翻转课堂""成果导向"激发课程思政的内生动力

建构科学合理的课程思政教学体系，不仅需要正确的教学方向和合适的教学内容，还需要有效的教学运行机制与评价体系。《纲要》强调，要坚持学生中心、产出导向、持续改进，不断提升学生的课程学习体验、学习效果，坚决防止"贴标签""两张皮"。[①] 厦门大学"华夏研究"系列课程在传统的教学模式的基础上按照"翻转课堂"的理念进行了教学手段创新，并以"成果导向"为教学成效的评价标准。古希腊哲学家普罗塔戈拉有言："头脑不是一个要被填满的容器，而是一束需要被点燃的火把。""华夏传播"系列课堂主张激活学生主动学习探索的热情，坚持以学生为中心、以成果产出为导向，最大限度地激活课程思政的内生动力。

课程采用线上线下相结合、引导学生自主探究的"翻转课堂"教学模式。课程在激发学生的学习自主性的同时，也使课堂教学更具问题导向性。[②] 课前，学生通过线下阅读老师精心编写的教材——《华夏传播学引论》《华夏传播学读本》《华夏文明与传播学本土化研究》等系列读物，通过线上中国大学"慕课"平台上的同名课程学习本章节的知识体系与理论架构。正如前文所述，课程思政的目标要求、内容重点与华夏传播研究同向同行，所以无论是系列读物还是"慕课"都富含对优秀传统文化的挖掘以及对华夏文明智慧的现代价值发微。学生通过自主阅读系列读物，自主在"慕课"平台上学习，不仅能够在头脑中搭建起"华夏传播"的理论大厦，还能够自然而然地

---

① 教育部关于印发《高等学校课程思政建设指导纲要》的通知 [EB/OL].（2020-06-05）. http://www.moe.gov.cn/srcsite/A08/s7056/202006/t20200603_462437.html?eqid=fbfbb940000011d500000002642b903c.

② 张乐，张云霞."翻转课堂"教学模式在高校思政课中的应用研究 [J].中国高等教育，2018（1）：36-38.

领悟到如何对优秀传统文化进行"创造性转化和创新性发展"[①]，如此自然体现出独特的课程思政优势，使学生在课程预先准备中打下了良好基础。

本课程引入 PBL（项目导向制，Project Based Learning）教学理念，主张以学生为中心，运用"翻转课堂""成果导向"等多种教学方法，以学生实现自主学习为目标，引导学生不断钻研华夏文明的传播智慧，在研究项目不断自主推进的过程中激发课程思政的内生动力。以本科生课程"华夏传播概论"为例，本课程的项目导向制专题研究主要分为五个模块（详见图 2-1）。

其一，项目确立：立足学术前沿，回应现实需求。每学期都会更新教学内容，并依托科研前沿、时代热点和合作单位需求，确立一个前沿研究项目。

其二，项目分解：成立研究小组，确定研究选题。坚持学研结合，依据课程章节和项目需求，围绕每学期的研究项目并结合教学大纲进度细化出十多个小专题，然后指导学生分组研讨，同时给每组配备一位博士生或硕士生，作为指导学长或学姐，实现本硕博联动。

其三，项目研究：撰写文献综述，建构论文框架。在课堂上，教师一般先行进行专题演讲，或重点解说，以巩固线上学习的成果。主讲老师常以自己写过的相关论文现身说法，指导学生如何选题，如何破题，如何找资料，如何建构提纲，如何遵循学术规范。选题确立后，教师引导学生按学术研究的基本规范进行文献综述，厘清研究思路，确立研究方法，构思写作框架，形成研究方案。

其四，项目交流：充分研讨辨析，涵养创新能力。通过学生讲演、专题小组讨论的"翻转课堂"展示，讲述研究过程、研究心得、研究不足和研究疑惑。学生与教师互动交流，在潜移默化中增强学术创新能力。

其五，项目提升：学长全程指导，教师悉心点评。博士、硕士学长或学姐和课程组老师一同点评学生的研究提纲和课程论文初稿，从语言规范到学理阐述，严格按照学术研究的要求，帮助学生修改论文，从而使学生完成课程论文的同时，经历了一次深刻的学术训练。

项目完成时，同学们也完成了优质论文，再经过严格定稿就可以出版了。平时教师随时辅导，答疑，提供研究材料，学生反复修改初稿，最终形成一篇优质的课程论文，从而巩固教学成果。优秀的课程论文将结集出版。

---

① 习近平.习近平在中共中央政治局第十三次集体学习时强调 把培育和弘扬社会主义核心价值观作为凝魂聚气强基固本的基础工程［J］.党建，2014（3）：4，6.

每学期确立一个
前沿研究项目

项目分解为十多个
小专题，并分组研
讨，每个小组研讨
一个专题

学长全程指导，
教师悉心点评

教师引导学生撰写
文献综述，建构论
文框架

学生讲演，专题
小组讨论，学生
与教师互动交流

图2-1 "华夏传播"系列课程项目导向制专题研究设计示意图

专业课程是课程思政建设的基本载体。[①] 课程思政的根基在于课程专业内容本身，以专业课的主动性为课程思政提供原动力，[②] 才可以更好地实现习近平总书记在全国高校思想政治工作会议上所强调的"提升思想政治教育亲和力和针对性，满足学生成长发展需求和期待"[③]。始终绽放着思政魅力这一多元创新的教学模式获得了学生的好评：

课程将线上理论学习与线下自主课题探索有机融合在了一起，课下同学们充分准备，课上同学们积极展示并且热情讨论。我在每一次课程学习中都学到了远大于90分钟课堂的知识，也在与同学们的思想碰撞中提高了自己。

分组学习中，每位同学对不同的传播学视野进行深入研究，大家都主动地突破传统传播学中固化的西式思维，尝试对传播学本土化形成深刻的认识。

我的论文在老师的建议下进行了多次修改。当看到自己一个学期的辛苦没有白费，一个学期的努力终于凝结成了人生中第一篇正式的

---

① 教育部关于印发《高等学校课程思政建设指导纲要》的通知 [EB/OL].（2020-06-05）. http://www.moe.gov.cn/srcsite/A08/s7056/202006/t20200603_462437.html?eqid=fbfbb940000011d500000002642b903c.

② 陆道坤.课程思政推行中若干核心问题及解决思路：基于专业课程思政的探讨 [J].思想理论教育，2018（3）：64-69.

③ 习近平.习近平在全国高校思想政治工作会议上强调：把思想政治工作贯穿教育教学全过程 开创我国高等教育事业发展新局面 [J].实践（思想理论版），2017（2）：30-31.

学术论文时，我十分欣喜。同时，这让我明白，没有"甘坐冷板凳"的毅力和严谨的治学态度，做任何事都不能成功。

这体现了以"翻转课堂""成果导向"为特色的教学方式增强了学生的课程学习体验、学习效果，教研相长，以教保研，以研明教，从而激发课程思政的内生动力。近年来，不少学生在研修"华夏传播"系列课程的过程中，撰写出许多优秀的论文，成果丰硕。在老师的指导修正下，其中质量较优的论文合集出版为《中华文化海外传播的新境界：中西传播思想的分野与对话》《作为媒介的圣贤：中华文化理想人格的传播学研究》等。就本科生而言，厦门大学新闻传播学院 2016 级学生米湘月的论文《说服的艺术：华夏"察言观色"论的意蕴、技巧与伦理》发表于核心期刊《现代传播（中国传媒大学学报）》，厦门大学新闻传播学院 2017 级学生孙培雯的论文《作为华夏公共传播形态的"东林运动"》发表于《广西职业技术学院学报》，厦门大学新闻传播学院 2017 级学生张萌萌的论文《故事化舆论：作为华夏民间舆论传播活动的古代"说书"》发表于《中华文化与传播研究》。这一系列文章展现着对中国悠久的历史、社会、文化的深入考察，洋溢着不断增强的文化自信，这正是"华夏传播"系列课程思政教育取得良好效果的最好证明。近年来，"华夏传播"系列课程增加了"我为课程写报道"的教学设计和教学成效反馈环节。每堂课都由一至两名同学合作完成对课堂的新闻报道，并依托"华传公学""华传学派""传播学本土化研究"等微信公众号进行宣发。此举既能够让学生在撰写新闻报道的过程中加深对课堂知识的理解，又能够极大地激发学生的主动意识；既是对新闻传播专业能力的充分训练和展示，又是培养学生主动传播优秀中华文化的责任担当。

"华夏传播"系列课程开设以来，教研团队不断调整课程教学安排，不断丰富教学方式，充分发挥学生的主观能动性，尤其是本科生的课程，破除了所谓"本科生难以做科研"的刻板印象。同时，教研团队始终坚持在知识传授与价值引领的统一中让课程思政发挥引领力。[①] 教师在引导和传授学生专业知识的过程中不忘培养学生的文化自觉、文化自信，不忘指引学生关注社会发展、回应现实问题，鼓励他们努力成为新时期立足中国、面

---

① 谭晓爽.课程思政的价值内涵与实践路径探析［J］.思想政治工作研究，2018（4）：44-45.

向世界的新闻工作者，为今后国家在新时期、新形势下"讲好中国故事，传播好中国声音"做出新贡献。

四、结语：持续深挖思政教育资源，构建具有时代特色的"华夏传播"

全面推进课程思政建设是落实立德树人根本任务的战略举措。《纲要》指出，落实立德树人根本任务，必须将价值塑造、知识传授和能力培养三者融为一体、不可割裂；全面推进课程思政建设，就是要寓价值观引导于知识传授和能力培养之中，帮助学生塑造正确的世界观、人生观、价值观。[①]在未来，"华夏传播"系列课程亟须深挖课程思政元素，不断将思政元素有机地融入课程教学当中，力争"从历史与现实、理论与实践等维度深刻理解习近平新时代中国特色社会主义思想"，使学生自觉成为"中华优秀传统文化、革命文化、社会主义先进文化"践行者、传播者、弘扬者。为此，我提出以下几点思考，作为今后不断改进课程思政的实践路径。

第一，要不断推进华夏传播学学科体系的建设，为课程思政提供丰富的"源头活水"。1978年3月，香港中文大学传播研究中心举办的"中国传学研讨会"是华夏传播研究的开端，如今的"他"已迈步越过"不惑之年"。但时至今日，华夏传播学的学科体系仍有待完善，依旧时常会思考如何解决华夏传播研究"价值失范"与"身份焦虑"问题。[②]"加快构建中国特色哲学社会科学，归根结底是建构中国自主的知识体系。"习近平总书记在中国人民大学考察时强调，要不断推动中华优秀传统文化创造性转化、创新性发展，不断推进知识创新、理论创新、方法创新，使中国特色哲学社会科学真正屹立于世界学术之林。[③]建构华夏传播学并不是发思古之幽情，而是中华民族伟大复兴的进程对传播学这一学科发展的内在要求，这也是课程思政的核心内涵。要从传播学角度为中国找到中华五千多年文明何来

---

① 教育部关于印发《高等学校课程思政建设指导纲要》的通知［EB/OL］.（2020-06-05）. http://www.moe.gov.cn/srcsite/A08/s7056/202006/t20200603_462437.html?eqid=fbfbb940000011d500000002642b903c.

② 谢清果，王皓然.中国传播学的"中年危机"与华夏传播研究的球土化展望（2017—2021）［J］.国际新闻界，2022，44（1）：61-80.

③ 见习近平总书记于2022年4月25日在中国人民大学考察时的讲话。

何往的学理表达，理直气壮地向世界说明中国。华夏传播学的学科体系应以传播学基本知识和理论为核心和基础，但要坚持中华文化立场，运用中国话语和中国概念，将中国实践提升为中国理论，用中国理论指导中国实践，打造有中国风格、中国气派的传播学术体系。具体过程是要坚持思想政治引领的高度站位，即以习近平新时代中国特色社会主义思想为指导，坚持马克思主义新闻观与传播观，以大传播的视野来涵盖新闻学知识和理论，同时以媒介为核心切入点，在新文科理论指引下，观照边缘学科和交叉学科知识和理论来进行学科设置和课程设计，并编写系统的华夏传播学学科教材，建立专业化的师资队伍。这一队伍要注重多学科交叉融合，人才培养不能局限于传统新闻传播学科，要加强文史哲的通识教育，以此为基础开展重构培养方案，以适应新时代课程教育和学科评价。[①] 要做到习近平总书记所要求的，"发挥哲学社会科学在融通中外文化、增进文明交流中的独特作用，传播中国声音、中国理论、中国思想，让世界更好读懂中国，为推动构建人类命运共同体作出积极贡献"。

第二，要不断汲取时代精华，提升课程思政的时效性，增强课程思政的"方向感"。"华夏传播"系列课程将继续以习近平新时代中国特色社会主义思想为指导，将专业知识与重要讲话、重要会议精神、时事政治、时代楷模、时代典范相结合。系列课程将始终坚持"以中国为观照、以时代为观照，立足中国实际，解决中国问题"，如此既能让学生结合社会实际，辩证地考察理论本身，又能推动华夏传播理论的创新；既能不断增强学生的现实关切，又能使在"象牙塔"中的学术课程更有"泥土的芬芳"。同时，《纲要》强调，要讲好用好马工程重点教材。马工程重点教材以马克思主义中国化的最新理论成果为指导，具有鲜明的中国特色以及立德树人的价值追求。"华夏传播"系列课程将继续切实落实与马工程重点教材的结合，"科学合理拓展专业课程的广度、深度和温度"。

第三，要不断创新课程思政的教学模式，加强与第二课堂的融合，在更广阔的实践中实现课程思政的"三全育人"。华夏传播理论本身源自华夏文明丰富多彩的社会实践，只有切实回到社会现实的田野中，才能感受到华夏文明传播的无穷魅力。"华夏传播"系列课程曾与国企合作，帮助公

---

① 　谢清果.我与华夏传播学体系的建构（下）："三大体系"之学科（教材）体系建设的探索之路［J］.广西职业技术学院学报，2020，13（1）：6-14.

司进行以"贤文化"为特色的企业文化建设。学生参与编写了《企业员工"贤文化"礼乐指南》，为企业文化建设做出有益贡献，得到了企业的肯定。学生还参与撰写公司内刊中文化传播方面的稿件，将专业知识运用到实战中。《纲要》强调："要注重学思结合、知行统一，增强学生勇于探索的创新精神、善于解决问题的实践能力……扎根中国大地了解国情民情，在实践中增长智慧才干，在艰苦奋斗中锤炼意志品质。"[①] 在未来，"华夏传播"系列课程将不断尝试打破学界与业界的边界，引导学生用实际行动体悟华夏传播理论，"用脚步丈量祖国大地，用眼睛发现中国精神，用耳朵倾听人民呼声，用内心感应时代脉搏，把对祖国血浓于水、与人民同呼吸共命运的情感贯穿学业全过程、融汇在事业追求中"[②]。

（特别感谢参加课程学习的博士生林宇阳悉心帮助我系统整理我开展课程思政的工作情况。）

---

① 教育部关于印发《高等学校课程思政建设指导纲要》的通知 [EB/OL]. (2020-06-05). http://www.moe.gov.cn/srcsite/A08/s7056/202006/t20200603_462437.html?eqid=fbfbb940000011d500000002642b903c.

② 见习近平总书记于2022年4月25日在中国人民大学考察时的讲话。

第三篇

华夏传播研究学人志

第一章　郑学檬——华夏传播研究的开矿人

👤 学人名片

　　郑学檬，教授，博士生导师，著名教育学家、历史学家。1960 年毕业于厦门大学历史学系，留校任教。1984 年任厦门大学历史系主任兼历史研究所所长。1985 年 9 月任厦门大学教务长，翌年 7 月任副校长，1998 年 7 月离任。曾于 1992—1998 年任中国唐史学会会长，后任中国经济史学会副会长，现为中国经济史学会荣誉会长。2020 年，郑学檬教授获得了厦门大学的最高荣誉奖项——南强杰出贡献奖，用以表彰郑教授在学术研究及教育领域的突出成就。

　　在华夏传播研究方面，1993 年，郑学檬教授参与在厦门大学举行的"首届海峡两岸中国传统文化中传的探索座谈会"，与余也鲁先生合作主编会议论文集《从零开始：首届海峡两岸中国传统文化中传的探索座谈会论文集》（以下简称《从零开始》），1994 年由厦门大学出版社印行，其中收录郑学檬教授的论文《中国传统的传播观念初探》。2001 年，郑学檬教授主编"华夏传播研究丛书"，丛书中收录了他的著作《传在史中：中国传统社会传播史料选辑》（以下简称《传在史中》）。2018 年，郑学檬教授担任华夏传播研究会的首席顾问专家。

　　泱泱华夏，拥有上下五千年的悠久历史，丰饶的传播史料资源堪称华夏传播研究的一大富矿。

　　作为一位历史学者，郑学檬在华夏传播研究的起步阶段，运用历史学专业背景以及广博的文史哲知识，从丰富的史料中汲取素材，研究中国的历史与传统，对深潜在中国文化中的传的艺术进行发掘和整理。郑学檬教授开辟了历史史料选辑与分析的华夏传播研究路径——通过选辑微观层面的中国传统社会中的史料，向生长在现代中国的读者指出古人的传世文字中所包含的中国人的传播智慧，介绍结晶其中的传播的经验和原则。[①]

我对郑学檬教授的学术研究历程进行了梳理，试图阐明郑学檬教授在华夏传播研究领域的成果及贡献。

一、学术历程

按照文献发表年度进行分组，可以清晰地看出郑学檬教授的学术研究历程。1962—1963 年的两年时间里，郑学檬教授在《厦门大学学报（社会科学版）》共发表三篇文章，均属于古代社会生产关系研究领域。1978 年，郑教授开始发表关于生产力史的研究成果。1980 年以后，论文成果集中表现为晚唐五代史及宋史研究。郑学檬教授发表的论文主题仍以生产关系研究居多，但不乏生产力史的相关研究，显露出郑学檬教授对创新的坚持与探索。1991 年，郑教授开始发表经济重心南移的相关成果，当年有两篇相关文献被知网收录，1996 年开始发表对外开放史的研究成果，1999 年开始发表市场史的研究成果。自 2016 年开始，郑学檬教授陆续发表了几篇关于海上丝绸之路的研究成果。

总体来看，郑学檬教授主要从事经济史研究，主要领域包括晚唐五代史、生产力史、技术史和区域经济史（以经济重心南移为突破口）以及市场史。[②]拥有数十年的执教经历，郑学檬教授不仅在史学研究领域建树颇丰，而且在史学研究方法与高校教育方面有独到且极富建设性的思考。

在全国图书馆参考咨询联盟的官网，检索作者为"郑学檬"的书目，得到二十三条结果。搜索结果显示，郑学檬教授所著或编著的中文图书共计二十三部。

郑学檬教授在华夏传播领域中的研究成果主要有三项。直接相关的研究成果包括余也鲁先生和郑学檬教授主编的《从零开始》、郑学檬教授编著的《传在史中》两部中文图书。此外，还有两篇郑学檬教授指导的学位论

---

① 郑学檬.传在史中：中国传统社会传播史料选辑［M］.北京：文化艺术出版社，2001：序3-4.

② 郑学檬，徐东升.郑学檬教授访谈录［J］.历史教学问题，2001（3）：5-7.

文，其一是《孔子对"言"的论述及实践：对中国古代一个传播事例的分析》（刘艳杰），研究孔子的传播观念与实践；其二是《三国时期的谣谚与消息传播》（毛章清）。根据黄星民先生对华夏传播的定义 ①，这两篇论文也属华夏传播的范畴。

二、华夏传播研究成果及贡献

郑学檬教授直接参与编撰的两本华夏传播研究著作，集中体现了郑学檬教授的华夏传播研究思想。按照成果发表的时间逻辑，分述如下。

（一）《从零开始》

1. 写作背景

1993 年，厦门大学举办了"首届海峡两岸中国传统文化中传的探索座谈会"。1994 年，厦门大学出版社印行会议论文集《从零开始》。

1992 年，郑学檬教授于厦门大学敬贤寓所完成《中国传统的传播观念初探》这篇论文，后收入《从零开始》。题含"初探"二字，其时，对于中国大陆来说，华夏传播还是一个相对崭新的领域。1993 年的座谈会，是"国内首次跨学科研讨中国传统中'传'的理论与实践问题"②。

2. 主要内容及分析

论文《中国传统的传播观念初探》主要论述中国传统的传播观念，分三点论述如下。

第一点是认知观念。郑教授以儒家认知观念为立论基础，明确认知过程中的传受者身份，提出"中国传学观念首先在教育领域中开始形成"，并指出"师是公认的传者"③；挖掘中国传统社会主导思想（儒家思想）的认知观念，其具有代表性，最能体现社会主流的认知体系。

第二点是社会等级下的唯上观念。郑学檬教授认为，"唯上"是受众关于"信息价值"的等级观念，这种等级观念"影响着传者与受者的心理"。

---

①　黄星民.华夏传播研究刍议 [J].新闻与传播研究，2002（4）：80-86，96.

②　谢清果.华夏传播学引论 [M].厦门：厦门大学出版社，2017：22.

③　郑学檬.中国传统的传播观念初探 [C]//余也鲁，郑学檬.从零开始：首届海峡两岸中国传统文化中传的探索座谈会论文集.厦门：厦门大学出版社，1994：16-24.

他进而指出，在这种等级观念之下，"生产知识、航海知识、商业知识出之于工、农、商、渔者之口"，而这些人却"人微言轻"，结果导致"泱泱大国，至今留下的工业著作、农业著作、商业著作非常少，以致社会上传的信息多属空洞说教，而罕见实在知识。中国传统社会之所以不易向现代工业社会过渡，与传的内容的这种倾斜不无关系"①。郑教授从中国传统社会传播观念的特点推导出其社会影响，直指近代中国的衰落现象，思路新颖，逻辑严密，见解独到。

第三点是民间传播。郑学檬教授列举了民间传播的种类，包括政治结社、人情观念、虚实兼容观念等。其中的人情观念非常具有启发性，开拓了华夏传播研究的思路。后续的研究者继续深入挖掘"人情"这一非常具有中国特色的传播现象。

3. 研究思想

作为一位历史学者，郑学檬教授运用历史学科的方法，在《中国传统的传播观念初探》这篇论文中探讨了传播领域的议题。这是一次成功的跨学科探索，鲜明地体现了郑学檬教授的跨学科研究思想，开辟了华夏传播跨学科的研究路径。郑学檬教授在论文中陈述了跨学科的必要性：中国传统社会有着悠久历史，所以对传播观念的研究是一个"相当长的""多学科合作探索的过程"。

跨学科的研究正契合余也鲁先生关于中国传的研究的设想。余也鲁认为，"首届海峡两岸中国传统文化中传的探索座谈会"应该是"现代中国首次跨学科的，比较有系统的有关传学的讨论"②。

（二）《传在史中》

1. 写作背景

"华夏传播研究丛书"，在 1993 年于厦门大学举行的"首届海峡两岸中国传统文化中传的探索座谈会"上初议，于 1995 年正式形成"中国传播研

---

① 郑学檬.中国传统的传播观念初探 [C]// 余也鲁，郑学檬.从零开始：首届海峡两岸中国传统文化中传的探索座谈会论文集.厦门：厦门大学出版社，1994：16-24.

② 郑学檬.中国传统的传播观念初探 [C]// 余也鲁，郑学檬.从零开始：首届海峡两岸中国传统文化中传的探索座谈会论文集.厦门：厦门大学出版社，1994：289.

究资助项目"方案。2001 年，丛书收录的《传在史中》出版。

这一历时较长的研究项目紧扣学术与时代热点。在学术方面，项目"主要目的是帮助中国学者进一步从中国传统文化中探索并整理出已有的传播思想，建立中国传播理论，促进'传播研究中国化'，从而丰富人们对传的行为的认识，为社会科学的研究提供更准确的分析和解决问题的思考方法"。时代意义则是，通过研究"信息传播社会属性的传播学"，抓住"中华民族传统文化"与"信息时代"（传播技术）这两个时代热点。[①]

2. 主要内容及分析

《传在史中》分为七章，每章选择与该章主题契合的中国传统社会中的文史哲资料，在章节下细分板块，每则史料都有对应的传播角度的分析，介绍具有中国特色的传播现象与传播智慧。分章节论述如下。

第一章《传播的开始》，基于"中国古代传播的真正开始是从文字的产生后开始的"[②] 这一观点，主要论述了中国传统社会传播内容的载体。

第二章《传播的观念》，论述了血缘观念、知行一致、天人感应、立德扬名、以文传世等具有中国古代特色并影响当世中国人传播活动的传播观念。其中以风靡草比喻民从教化的思想，认为教化包括舆论，舆论的主导归于最高统治者，其倡导方向左右着社会舆论的方向。[③] 这则史料选自《说苑》卷一，或可与"风草论"呼应。"风草论"最早由厦门大学黄星民教授在一次学术会议上提出，是一种中国传统社会与政治传播的"上行下效"的基本理念。其理念出自《论语·颜渊》中的"君子之德风，小人之德草，草上之风必偃"[④]。

第三章《传播的原则》，总结了十五条中国传统社会传播及接受信息的原则。

第四章《传播的过程》，从传者、受者、传播媒介等方面介绍中国特有

---

①　郑学檬.传在史中：中国传统社会传播史料选辑［M］.北京：文化艺术出版社，2001：总序2.

②　郑学檬.传在史中：中国传统社会传播史料选辑［M］.北京：文化艺术出版社，2001：3.注：原文如此，应更正为"中国古代传播是从文字产生后真正开始的"。

③　郑学檬.传在史中：中国传统社会传播史料选辑［M］.北京：文化艺术出版社，2001：20.

④　谢清果，陈昱成."风草论"：建构中国本土化传播理论的尝试［J］.现代传播（中国传媒大学学报），2015，37（9）：59-64.

的传播现象及智慧。

第五章《传播的环境》，分别介绍政治环境及人文社会环境两方面。

第六章《传播的技巧》，介绍了一些辩说、谈说、说服的技巧策略。

第七章《传播的形式》，分以下六个分点论述：语言传播、邮驿传播、移民传播、宗教传播、民间传播、若干特色传播（包括一些特色媒介与符号）。

3. 研究思想

《传在史中》是郑学檬教授在华夏传播研究领域的主要著作，集中体现了郑学檬教授的华夏传播研究思想，包括跨学科研究、现实指向及史学视角三个方面。

第一，跨学科研究。郑学檬教授运用历史学术背景，选辑史料，进行《传在史中》的写作，是跨历史学与传播学的探索。

在史料的具体选辑过程中，选择范围不局限于历史学著作，广罗文史哲资料。文章附录给出的书目索引共计一百一十四条，可以清晰地看出，史料包括《诗经》、戏剧等文学史料，以及史书和儒道思想等哲学史料。书题"传在史中"，该书语境下的"史"，或许更切合的解释是中国传统社会文史哲各学科、全方位、多角度的历史资料，而非学术意义上单纯的历史学。这更符合华夏传播研究的题旨——华夏传播研究的特质即在于文史哲学科与传播学的交叉融合。[①]

第二，现实指向。郑学檬教授通过研究中国传统文化中的传播现象及原则，脚踏实地，论从史出，最终指向现实社会。这种通过研究历史指向现实的学术取向，在《传在史中》一书中并不鲜见。例如"归纳出一二政治传播原则，在现今的社会中求证"[②]。又如在第六章中讲到"辨善"，着眼于现代社会人际传播，并强调要注意对方的价值观。[③]

虽然这部著作研究中国传统的传播经验，但其中许多历史风俗习惯的留存使得研究成果可以应用于当代中国实践，并且体现了在西方范式之外

---

① 谢清果.传播学"中华学派"建构路径的前瞻性思考［J］.新疆师范大学学报（哲学社会科学版），2017（6）：63-76.

② 郑学檬.传在史中：中国传统社会传播史料选辑［M］.北京：文化艺术出版社，2001：81.

③ 郑学檬.传在史中：中国传统社会传播史料选辑［M］.北京：文化艺术出版社，2001：84.

探讨中国范式的努力，提供了一种建构适用于中国的理论（如人情观念等）的可能性。这样的研究路径，正属于刘海龙提出的传播研究本土化的历史研究范畴，在当前的语境下是有价值的。① 余也鲁先生也指出："我深信研究中国的传播理论从历史着手是一个十分有用的途径，因为历史家的一个责任，在于'究天人之际，通古今之变'，所记录的正是'关系'与'演变'，刚好是传学研究所关注的题旨。"②

值得指出，以史为鉴，观照现实，是郑学檬教授一以贯之的学术取向。前事不忘，后事之师，历史是最好的教科书。以郑教授近年的学术路径为例，2016年，"一带一路"倡议越来越受到重视。同年，郑教授开始陆续发表丝绸之路研究的相关论文，学术重心始终紧紧把握着时代的脉搏。

第三，史学视角。即从史学视角切入华夏传播研究。郑学檬教授对史料进行分类，"从所接触的文史资料中，一再发现古人对自然、人文、文化环境影像传播过程的深刻认识"，又找出各种"独具中国特色的传的方式"，认为这些"无不可以作为研究中国传播的入口"。选择历史视角做切入口，不仅基于郑学檬教授的学术背景，而且观照到从历史视角切入的天然优势——从历史角度切入华夏传播研究的一个前提和必要性在于，中国人"以文传世""崇尚立言"的优秀传统，使得传播史料非常丰富。③

综观全书，内容涉及传播学的诸多微观层面。该书尚未梳理出统摄全书的传播学逻辑，涉及的传播理论也相对浅显，甚至偶有"用古代材料为今人的概念加注解"之嫌。由此观之，该书的华夏传播逻辑并不明晰。④ 但是，跨学科的创作要旨在于思路与视野的开拓。该书提供了一种华夏传播研究的历史视角与分析史料选辑的研究路径。一个领域、一个学科在从无到有的建构过程中，这种开创性的贡献弥足珍贵。

其时，传播学科在大陆尚是一个舶来的新兴领域，传播学科本身的建

---

① 刘海龙.传播研究本土化的两个维度［J］.现代传播（中国传媒大学学报），2011（9）：43-48.

② 余也鲁.论探索（代序）［C］//余也鲁，郑学檬.从零开始：首届海峡两岸中国传统文化中传的探索座谈会论文集.厦门：厦门大学出版社，1994：9.注：原文如此，更正为"历史学家的一个责任，在于'究天人之际，通古今之变'"。

③ 郑学檬.传在史中：中国传统社会传播史料选辑［M］.北京：文化艺术出版社，2001：序2.

④ 吴予敏.中国传播观念史研究的进路与方法［J］.新闻与传播研究，2008（3）：33-39，95.

构尚待完善，因而不必过分苛求。《传在史中》的定位应是一部具有启发性的通俗类读物，而不是一部专业性强、科研性强的著作。

虽然郑学檬教授不是传播学家，但"其实此书本身就是一次有效的传通"。"微观的中国传统社会史料的选辑，向生长在现代中国文化里的读者，介绍结晶在中国古籍中传的经验和原则，应该具有启发作用，对开拓进一步的研究工作大有益处"[①]。

正如余也鲁先生所说："科学的基本目的是解释现象，先建立一些功能性的理论，然后努力形成大体系理论。用这些理论来统合现有知识，解释人的和物的各种现象，并预测和控制未来。而好的理论更能指导新的研究课题。（不过，我们决不能看低没有理论依据或不依循已有理论指导来作的研究，仍可承先启后，创立特出的理论。）"[②]

三、治学风格

充盈丰沛的知识储备，是郑教授开展学术研究的基础。在此前提下，他用包容的态度看待所谓"专业""学科"，博采众长，并始终怀揣着开拓创新的勇气与思路，坚持推陈出新。

（一）横经荷笈，博览群书

郑学檬教授认为，读书"是一种做研究前的必不可少的酝酿过程"。"书读多了，才有'史识'、明'史德'、长'史才'，言不孤发，独步同侪也。"阅读是郑学檬教授坚持的学术传统，即"所谓文脉也"。[③]

（二）兼容并蓄，交叉融合

郑学檬教授反对"强调'专业'，读文学的自以为与历史无关，读历史的自以为与哲学无关，读哲学的自以为与经济学无关等，知识面褊狭"的

---

① 郑学檬.传在史中：中国传统社会传播史料选辑［M］.北京：文化艺术出版社，2001：序4.

② 余也鲁，郑学檬.从零开始：首届海峡两岸中国传统文化中传的探索座谈会论文集［C］.厦门：厦门大学出版社，1994：289.注：原文如此。

③ 郑学檬.勇于有为，善于自省：关于历史学学科研究生培养的点滴体会［J］.历史教学（下半月刊），2017（4）：2，3-7.

学术理念，认为这种"状况堪忧"。他广泛涉猎文史哲等社会科学领域，进行跨学科研究。

余也鲁评价郑学檬教授，"他知识的广博遍及文史与哲学"，"博闻强记、饱览古籍，是我认识的历史学者中最敢推陈出新的一位"①。

（三）抗辩求真，批判创新

郑学檬教授的专著《传在史中》，既有基于基本传播学理论演绎发掘的史料（如鸿门宴中的非语言传播②），又有基于史料归纳出的探索性结论（如慎言慎行原则③、兼听则明原则④等）。在第五章，郑学檬教授指出，进奏院状与开元杂报是"公文文书"，不是"报纸"，但"有报史专家以为是报纸"⑤。这触及了中国新闻史研究的一个议题，即"古有报纸"这一说法的正谬辨析。

直至今日，80多岁的郑学檬教授仍然笔耕不辍，新作频出，坚持开展学术研究。单是2021年已有两部著作付梓，"浙江学者丝路敦煌学术书系"中的《敦煌吐鲁番经济文书和海上丝路研究》（浙江大学出版社，2021）延续了郑学檬教授近年来的学术重心——丝绸之路，《印象·中国历史［隋唐卷］ 国家的统一与治理》（人民教育出版社，2021）则是一部郑教授一直以来持续深耕的隋唐史领域的专著。

事实上，郑教授作为著作等身的历史研究者、桃李满天下的教育从业者，不仅在学术领域有着丰硕的成果，在教育方面也有不菲的成就。本章只评述郑教授学术历程中对于华夏传播研究者而言十分重要的部分，聚焦于郑教授作为华夏传播研究的先行者、领路人这一身份，撷取其学术成果的片段。

扎根于中国历史的深厚土壤，作为最早一批开展华夏传播研究的学者，

---

① 郑学檬.传在史中：中国传统社会传播史料选辑［M］.北京：文化艺术出版社，2001：序4.
② 郑学檬.传在史中：中国传统社会传播史料选辑［M］.北京：文化艺术出版社，2001：56.
③ 郑学檬.传在史中：中国传统社会传播史料选辑［M］.北京：文化艺术出版社，2001：30.
④ 郑学檬.传在史中：中国传统社会传播史料选辑［M］.北京：文化艺术出版社，2001：32.
⑤ 郑学檬.传在史中：中国传统社会传播史料选辑［M］.北京：文化艺术出版社，2001：62.

郑学檬教授以勤勉踏实的治学品格、开放包容的治学态度、勇于创新的开拓精神，运用跨学科的思维路径，为华夏传播研究奠定了坚实的根基，开创了新的天地。郑学檬教授为传播学本土化的研究意识与历史定位设定了锚点，拓宽了传播学本土化的研究思路，是中华传统史料富矿的开矿人、华夏传播研究的奠基者，也是推动华夏传播研究创新发展的领路人。

总而观之，郑学檬教授对华夏传播的研究，与他一直以来所坚持的发扬传统史学精华、建构中国特色的历史学科、学术体系及话语体系的思想秉承了一脉相传的治学精神，即根植于中华传统，深入中国传统的丰富史料当中，挖掘历史富矿、发出中国声音，做开放包容的自主研究。这也是华夏传播研究者传承的应有之义。

📑 附：访谈录 ①

葛泽宇： 郑老师，您好！在中国大陆的华夏传播研究起步阶段，您曾经进行了华夏传播与历史学的跨学科探讨，为华夏传播研究提供了一种跨学科的研究路径。非常荣幸能够了解您对华夏传播研究的一些思考。首先，希望能向您请教几个关于《传在史中》这部著作的问题。这本书涉及许多传播学的知识，包括传播的过程、非言语传播、政治传播等，您最初是如何得知关于传播学的知识，从而进入华夏传播研究领域的呢？

郑学檬： 我没学过"传播学"课程，但和余也鲁等先生接触，了解他们的设想和愿景后，意识到，历史学也与传播学有关。我的最重要感觉就是"传在史中"。《尚书》《春秋》《左传》《国语》及二十四史，不就是传播史籍吗？汉字、学校不就是传播载体吗？腹诽、巷议、"一闻千悟"、"百闻不如一见"不就是传播之语吗？所以，我有学点儿传播理念的想法，于是关注余先生的传播中国化之倡议。

葛泽宇： 您是怎么想到要进行跨学科研究的呢？

郑学檬： 我谈不上做跨学科研究，只是从传播学角度，把与传播有关的史料加以初步整理，道可道之事，言及义之言。

葛泽宇： 余也鲁先生在《传在史中》序中提到，1991 年余先生和您初

---

① 访谈内容有删节。

晤于港岛，听您讲中国古史中传的艺术的小故事，认为您是一位"探索中国传学"的学人，可以向您求教。想来您是在和余先生会面之前就对传播学有所了解，并已经在有意识地搜集整理相关史料了。最初您为什么会对传播学产生兴趣呢？

郑学檬：这一点在上面已回答了。补充一点：我于2001年冬自台北中国文化大学讲课返厦，过香港，余先生留我住几天。在他的海天书楼办公室畅谈许久，每晚我们都一起进餐，谈东说西。还有一件事是，他作为虔诚的基督教信徒，主持了《圣经》注释的出版工作，并送我一本注释本，其注释内容非常丰富，是研究基督教传播史的重要文献。我读过部分章节，发现其功夫不凡。这本《圣经》启发我注意佛教为什么不西传而千辛万苦向东传入中国的问题。后来我写了《印度佛教向东而非向西传播的原因：东西方文化差异的一个案例》一文（《文史哲》2014年第6期）。至今我还在思考，基督教的七天一周，其根据是什么？是否受佛教七宝的影响，或古印度北斗七星崇拜的影响？四天交谈中，我们都围绕传播中国化这个主题，体现了他的爱国情感和传播中国文明矢志不渝的责任感。

葛泽宇：中国历史上下几千年，史料丰富，传播现象无处不在，可以选择的范围十分广泛，您是如何进行筛选的呢？

郑学檬：那本史料汇辑本编选时，大致上按传统分类方法，是很粗的。传播理念的提炼，需要深度研究。如果说我试着做过这方面的深度研究，那就是《〈窑头坏歌〉：内源性传播和外源性传播的互动效应》这篇文章（《华夏传播研究》第2辑）。

这本书在内容框架上设计为一则或几则史料配上几句短评，通俗易懂，可读性强。这样设计的初衷是什么呢？目的是便于阅读。

葛泽宇：您在构思这本书的逻辑框架时，遵循了什么样的思路呢？

郑学檬：我没想那么多。

葛泽宇：《从零开始》的后记中提到，作为会议的成果，尚有郑学檬教授和余也鲁教授主编的《中国历史上传播理论与实践资料选辑》有待编纂。该书为厦门大学传播研究所主编的"华夏传播研究丛书"之二，原定于1995年付梓，后来因为什么没能成书出版呢？

郑学檬：因作者多是非专业人士，一忙就放弃了。可见必须有一个专业队伍。

葛泽宇：距离您出版此书已有二十多年，此后您没有再出版或发表直接属于华夏传播领域的成果，您后续有继续关注华夏传播这个领域的打算吗？

郑学檬：我年事已高，寄希望于你们。

葛泽宇：您如何看待华夏传播研究领域的发展现状呢？

郑学檬：继续传播中国化主题，提炼有中国特色的传播学理论。

葛泽宇："华夏传播研究丛书"最初定下的目标是五史六论，最后只完成三本。"五史六论"计划悄然停歇，主要原因是什么呢？

郑学檬：时过境迁，希望你们来完成。

葛泽宇：华夏传播研究关注传播学的中国化，当代中国的社会科学有很多舶来品，甚至包括您主要研究的历史科学领域的一些研究方法。关于"中国化"，您有什么见解？在您看来，什么样的"中国化"才算是成功的，换言之，我们中国化的目标和方向在哪里？

郑学檬：传播中国化，意思是以中国历史经验为根据提炼出传播理论。如"情见乎辞""一闻千悟"等。

葛泽宇：涉猎传播学领域的知识对您的历史学研究有没有什么启发或帮助？

郑学檬：传在史中，以传明史。

（撰文：葛泽宇）

第二章　李敬一——中华文化传播研究的先行者与践行者

👤 学人名片

　　李敬一，生于 1946 年，湖北蕲春人。曾任武汉大学新闻与传播学院教授、博士生导师，中央电视台《百家讲坛》栏目主讲人，著名诗词研究专家。1970 年，毕业于武汉大学中文系并留校任教；1978—1979 年，在北京大学中文系青年教师进修班学习；1999 年，赴法国做学术交流。先后在武汉大学中文系、新闻系主讲"中国文学史""中国传播史"等课程，为全校开设公选课"唐诗欣赏""宋词欣赏"。曾任武汉大学新闻与传播学院广播电视系主任、教育部学位委员会新闻传播学科通讯评审专家、全国新闻教育学会播音与主持艺术专业委员会常务理事、湖北省新闻系列播音与主持高级职称评委会委员、湖北省重点（培育）学科戏剧与影视学首席负责人，现任华中师范大学武汉传媒学院新闻传播学院院长。

　　李敬一教授长期致力于中华传统文化的传播普及和新闻传播学研究。1998 年，主持教育部人文社会科学研究专项任务项目"中国传播史研究"；2001 年，主持湖北省教委人文社会科学研究规划项目"新闻道德与新闻法规研究"。独著与合著作品共计二十余部，代表著作有《中国文学史·先秦两汉文学史》《中国传播史：先秦两汉卷》《中国传播史论》《壮哉唐诗》《节目主持概论》《唐诗宋词名篇精选精讲》《司马迁》《休闲唐诗鉴赏辞典》等。发表《关于传播学研究本土化问题的思考》《中国农民革命战争史上的舆论传播》《佛教在华传播的现代解读》《新闻传播与辛亥革命爆发：兼说辛亥前后蕲春籍报人》等一系列学术论文。

李敬一教授是传播学本土化的先行者之一。他认为传播学的研究应突出中国特色，将传播学研究同中国社会发展和传播事业的实际结合起来，探索并建立适合中国国情和文化传统的传播理论体系，为中国的新闻传播实践服务。在《关于传播学研究本土化问题的思考》中，李敬一教授认为，出于历史和现实原因，中国的传播学研究在短时间内不可能出现西方那样有里程碑意义的传播学理论和学术概念；同时由于国情不同，我们也不可能照搬西方的理论来指导中国的传播实践。传播学研究本土化是一个新课题，建立有中国特色的传播学理论体系有待学术界做出艰苦努力，总体上需要"四个工作"：第一，加强对中国传播历史和古代传播思想的研究。他指出，对中国古代传播历史的深入研究是有意义的，这是一个崭新的课题，是一块有待开发的科学研究处女地。对于传播学研究者来说，研究中国古代传播历史既是学术使命，又是历史责任。李敬一教授的《中国传播史：先秦两汉卷》《中国传播史论》就是这一方面工作的突出成果。第二，加强对中国传播事业发展现状的研究，关注我国区别于其他国家或地区传播事业的某些特征。这些特征无法用西方传播理论简单地加以解释，如不进行深入研究，就无法正确总结出中国传播事业发展的规律，也就无法指导中国传播事业进一步发展与繁荣，更谈不上传播学研究本土化。第三，加强对西方传播理论及其最新发展态势的研究，取其精华，去其糟粕，洋为中用，发展创新。如李金铨所言，西方传播学理论不能定于一尊，除非经过国际层面的考验，否则终究还是停留在"西方"的理论层面。[1] 这就要求传播学研究本土化要吸收和借鉴带有人类社会发展不同阶段共性的观点，改造和融汇其具有一般性规律的东西，扬弃那些仅仅适用于资本主义社会的传播观念和理论。第四，尽快建立有中国特色的传播理论体系，注重研究传播学的历史与现状、基本原理及其应用、中国传播历史与传播思想发展史、传播与中国传统文化等。[2]

一、做中华文化传播研究的先行者

1996 年，李敬一教授的著作《中国传播史：先秦两汉卷》正式出版，

① 李金铨.传播研究的典范与认同：一些个人的初步思考 [J].传播研究与实践，2014，4（1）：1.

② 李敬一，刘兰珍.关于传播学研究本土化问题的思考 [J].新闻与传播评论，2001，2（1）：78-86，267，272.

标志着我国首部传播史专著诞生。① 这是一次规模宏大的本土性传播学文化探索，开创了分历史阶段研究中华文化传播的先例，对早期传播学本土化，尤其对中国古代传播史的研究做出贡献。② 在绪论中，李敬一教授开宗明义地阐述关于传播学中国化的思考，他提出：对中国自身的传播历史、传播方式、传播观念，尤其是对传播与中国传统文化、传播与中国社会发展的关系的研究，基本上是空白。传播学亟须中国化。③

先秦两汉是中国社会发展史上最为重要的时期，也是传播史上极为重要的节点，这一时期的传播事业有许多鲜明特点，是中国传播事业的源头。对包括先秦两汉在内的中国古代传播史进行研究，一直以来是华夏传播学研究的重要内容之一，亦是李敬一主张建立有中国特色的传播理论体系的组成部分。《中国传播史：先秦两汉卷》再现先秦两汉时期社会传播的全貌，阐述这一时期的传播与中华民族文化传统之间的渊源，探讨其对中国社会发展的影响。《人民日报》撰文认为：这部专著的问世，填补了传播学研究中国化领域的空白。此外，时任光明日报社总编辑王晨在序中说，该书不仅帮助我们更深地认识中国古代传播，也为我们认识中国文化传统的形成提供新视角。它从历史学、社会学、文化学的视角，驾驭、审视先秦两汉传播史，对上古、春秋战国、秦、西汉、东汉五个时期的传播方式进行重点研究；对焚书坑儒、张骞出使西域、黄巾起义等传播现象做出细致分析。此外，书中对先秦两汉的传播思想及大一统做专章论述。先秦诸子传播思想影响深远，借用马克思形容古希腊神话的艺术成就时的比喻，"就某方面说还是一种规范和高不可及的范本"。④ 秦汉时期的许多传播方式至今沿用，活跃的传播思想仍以不同形式产生直接或间接的影响。⑤ 秦汉时期大一统局面的形成，对中国传播事业的影响是空前的，使中国古代的传播事业进入一个新阶段。⑥

根据浙江大学传播研究所的《中国大陆传播学专著、译著要目》，传播

---

①　劳孟.首部《中国传播史》在武汉出版［J］.出版参考，1997（7）：8.

②　杨永军.论我国"传播学本土化"的理论构建［J］.学术论坛，2005（3）：155-159.

③　李敬一.中国传播史：先秦两汉卷［M］.武汉：武汉大学出版社，1996：2.

④　李敬一，刘兰珍.关于传播学研究本土化问题的思考［J］.新闻与传播评论，2001，2（1）：78-86，267，272.

⑤　李敬一.中国传播史：先秦两汉卷［M］.武汉：武汉大学出版社，1996：15.

⑥　李敬一.中国传播史：先秦两汉卷［M］.武汉：武汉大学出版社，1996：253.

学本土化研究的成果体现在三个方面：第一，纵向的中国传播现象和传播思想研究；第二，横向的中国传播学理论和传播问题研究；第三，从中国具体国情和传播实际出发进行本土化研究。^①《中国传播史：先秦两汉卷》无疑是第一个方面。此外，它也符合余也鲁所提倡的研究路径——"回到过去"，在中国传统文化中寻求传播观念，从历史经验中总结传播特征，建立自己的理论框架，偏重于传播理论的中国化。^②

在《中国传播史：先秦两汉卷》之后，李敬一教授于 2002 年出版《中国传播史论》，以专论形式对古代传播展开叙述和论证。中国有没有属于自己的传播思想和传播理论？它们与中国传统文化有怎样的联系？它们以怎样的方式影响中国社会的发展和当今传播的面貌？在中国传播史的整体架构下，李敬一教授在书中用二十二章回答了这些与传播学研究本土化息息相关的问题，纵向勾勒古代社会传播发展的历史线索；横向以点带面，对某一历史时期的传播实践做出历史总结。^③他从史实论（游说诸侯，传播的互动，史官记事，玄奘西游、鉴真东渡——唐代的对外传播，宋代书院，明东林党，秦焚书与清修书，邮驿传播，佛教传播）、人物论（司马迁与《史记》、张骞通西域、郑和下西洋）、思想论（道家、儒家、法家）、技术论（蔡侯纸、活字印刷）、发展论（先秦、汉唐、近代等）等五个方面对文化传播进行分类。史论结合，以传统文化的独特视角审视传播学，在历史与文化的双重参照下，全方位再现中国古代传播的思想观念与方式方法。

《中国传播史论》运用新闻史学和传播学的理论框架，从人文精神角度，对中国的传播历史、传播方式、传播观念，尤其是对传播与中国传统文化、传播与中国社会发展的关系进行初步探索。"传播不是一种独立的文化现象，传播活动对一个民族的文化传统的形成有着重要的促进作用，同时，又深受本民族文化传统、文化心理的制约。"^④李敬一教授把新闻（信息）传播视为整个文化传播的一个侧面，抓住古代传播的特点，对中华民族的传播历史和传播方式进行综合考察，探讨中国古代社会发展的历史轨

① 邵培仁.传播学本土化研究的回顾与前瞻［J］.杭州师范学院学报，1999（4）：36-41.
② 史冬冬.传播学中国化：在地经验与全球视野［J］.社会科学研究，2015（5）：45-49.
③ 李敬一.中国传播史论［M］.武汉：武汉大学出版社，2002：300.
④ 李敬一.中国传播史论［M］.武汉：武汉大学出版社，2002：299.

迹和演进过程，析理我国现阶段传播观念、传播思想、传播方式的历史传承与文化渊源。这部著作力求探寻中华民族历史发展所形成的文化传统及根深蒂固的传播观念，为传播学本土化研究及建立有中国特色的传播理论体系做出了贡献。因此，时任人民日报社社长王晨对这一研究予以高度评价，他认为李敬一教授"凭借深厚的传统文化功底，述中有评，见解独到，有些看法对研究中国新闻史应该是具有重要参考价值的"。

二、做中华文化传播的践行者

"与其坐而论道，不如起而行之。"与其他学者不同，李敬一教授走在传播和弘扬中华文化的第一线，尤其为古典诗词的推广做出很大贡献。"肚子里有墨水，步履下有清风。"他长期致力于以诗词为载体，弘扬中华传统文化，不仅是武汉大学"四大名嘴"之一，广受师生好评，还把课堂搬向电视荧屏。知行合一之间，他为中华文化的传播研究鼓与呼，更为弘扬中华文化践行奔走。

立足传播学研究的本土化，李敬一教授认为：我们不仅要将传播学研究同中国社会发展和传播事业的实际结合起来，更要从传统文化中撷取例证。他倡导在社会生活中领略诗词的意境美、欣赏诗词的语言美、感受诗词的形式美。[1] 多年来，他不遗余力地把古代优秀诗词作品中的思想美和艺术性传递给社会大众。2003—2005 年，他先后在中央电视台《百家讲坛》主讲《怎样欣赏中国古典诗词》《李后主和他的词》《屈原》《司马迁》；2008 年 6 月至 10 月，在北京电视台《中华文明大讲堂》主讲"壮哉唐诗"系列专题。李敬一教授提出，生活中处处有诗词，诗词既告诉我们怎样认识生活、反映生活、表现生活，又是提高我们人文素养、培养综合素质的重要方面。[2] "人民是最懂得传播，也是最精于传播的传播理论家和传播实践者。"[3] 李敬一教授用诗词为广大"传播理论家和传播实践者"打开融入华夏文明的一扇窗，是传播中华文化的真正践行者。

[1]　李敬一.古诗词"三美"[J].刊授党校，2013（10）：78.
[2]　李敬一.古典诗词与现代生活 [J].图书情报论坛，2009（3）：75-78.
[3]　李敬一，邹莹.中国农民革命战争史上的舆论传播 [J].新闻与传播评论，2002，3（2）：187-193，282，294.

📋 附：访谈录

刘韬：学界将《中国传播史：先秦两汉卷》誉为"我国首部传播史专著"，请您谈谈当时缘何写这本书。

李敬一：传播学是由西方学术界传入中国的社会传播理论，要消化它并以它来解释中国社会传播现象、指导中国新闻传播事业、推进中国社会发展进步，就必须中国化，即：研究自己民族的传播历史、传播经验；总结出有中国特色的传播理念、传播思想；运用该学科的基本原理，剖析历史个案、检视时代现象，使之更为现代、更为立体、更为实用。于是我利用自己的专业优势，将学术探索的关注点聚焦于中国传播史研究。

刘韬：《中国传播史：先秦两汉卷》出版发行后，《人民日报》《长江日报》《湖北日报》《中国读书报》，以及港澳地区的媒体均发消息或书评，引起很大反响。您能不能谈一谈这本书出版发行后所产生的影响？

李敬一：有人关注是好事，有人支持更是好事，抛"砖"而引出璀璨斑斓的"群玉"则尤令我欣慰。当今，许多新闻传播学者和学术团队将其学术目光聚焦于中国传播思想、中华传统文化研究，这是令人高兴和敬佩的。

刘韬：在《中国传播史：先秦两汉卷》之后，您并未在先秦两汉卷的基础上续写传播史，而是出版《中国传播史论》。您能谈谈当时具体的创作思路，以及这两部著作间是什么关系吗？

李敬一：《中国传播史论》实际上是《中国传播史：先秦两汉卷》的续篇，其中"史实论""人物论""技术论"等已将中国古代传播史的脉络自先秦两汉至唐、宋、明、清进行了粗略勾勒，对中华五千多年传播活动中的突出事件（如采诗观风、秦焚书、清修书等）、重要人物的活动（如司马迁采写纪实文学、鉴真东渡、玄奘西游、郑和下西洋等）、重大技术革新（如蔡侯纸、活字印刷等）做了深入具体的分析、介绍，但着眼点还是"论"，即试图对中国古代的传播理念、传播文化做一些总结，以期为后来学者构建中国特色传播理论提供一点参考。

刘韬：1970年，您从武汉大学中文系毕业，且一直以来在文学史及诗词方面造诣颇深，缘何会进入新闻传播学领域，最终又回到文学领域耕耘多年，是什么因素促使您研究重心的变化与转移？

李敬一：我是在 20 世纪 60 年代中期考入武汉大学的。那时，武汉大学中文系教师队伍中有"五老""八中""十二青"之说，其中有黄侃的弟子刘博平，楚辞大家刘永济，黄侃之侄黄焯，陈寅恪之弟陈登恪，唐诗宋词专家程千帆、沈祖棻、胡国瑞，语言文字学家周大璞、李格非，古文专家李健章等，都是大师级人物。我留校任教之后，这些老先生大部分健在，系里组织他们为青年教师集中补了一年的课，算是打了好的基础。后来，北京大学中文系举办了一个全国青年教师古典文学培训班，我有幸参加该班一年多时间的学习，又受教于彭兰、陈贻焮、袁行霈、费振刚等教授。此外，我还因为一个特殊机会，给著名历史学家唐长孺先生、历史地理学家石泉先生当了一年助手，使我学到不少历史知识，培养了我研究中国历史的兴趣。这样，学习、讲授中华传统文化便成了我的终身职业。后来，武汉大学筹办新闻学专业，白手起家，刘道玉校长从中文系点了几位教师过来搭一个班子，我被转到了新闻系，投入新闻传播学的教学、研究工作中，一干就是二十余年。退休后，又因社会需要，与媒体打交道多年，便应邀在电台、电视台及各类论坛讲一讲学习中华传统文化的心得体会。所以，我谈不上哪个专业领域"耕耘"，只是因工作需要而不断"变化"与"切换"。我们这一代人，都是普普通通一块砖，哪里需要哪里搬，如此而已。

刘韬：从您的学术经历上看，尤其在学术著作上，有一个比较明显的变化，即从传播史到文学史的转变。1996 年、2003 年，您相继出版《中国传播史：先秦两汉卷》《中国传播史论》，这两部著作一经出版，就在传播学界颇具声誉，不仅是"中国首部传播史著作"，而且在传播史研究方面被誉为"与西方传播学对话"的"填补空白之作"。六年后，也就是 2009 年，您又出版了《中国文学史·先秦两汉文学史》。十三年，三部著作，在创作或内容方面有什么关联？

李敬一：上面所提及的这几本书都是我在不同时期从事中国文学史和新闻传播史教学、科研的一点心得体会。此外，我还撰写过《壮哉唐诗》（华艺出版社，2008）、《休闲唐诗鉴赏辞典》（商务印书馆，2015）、《唐诗宋词名篇精选精讲》（武汉大学出版社，2008），以及参编《唐诗鉴赏辞典》、《宋诗鉴赏辞典》（上海辞书出版社）等书。这些文学类图书与传播史一类图书的"关联"之处便是：传播中华传统文化以及总结中华传统文化在其传播过程中的特点与规律。文学与传播学本质上是相通的，比如唐诗宋词，在它们产生的那个年代，人们从"主流"传播渠道（官方的朝报、露布、邸报等）获得的信息，远远不及从诗词中所获得的。所谓"夷歌数处起渔樵""满村听说蔡中郎""凡有井水处，即能歌柳词"，说的就是文学与社会传播之间的关系。这一点，讲文学史的人不关注，讲传播学的人也没有注意到。而我讲传播史，常常会结合文学史上的例子；讲诗词则往往提醒人们从传播学的角度认识古代社会，效果一般较好。

刘韬：2001 年，在《关于传播学研究本土化问题的思考》中，您认为"中国的传播学研究在短时间内还不可能出现像西方那样有里程碑式的传播学理论和学术概念；同时由于国情的不同，我们也不可能照搬西方的理论来指导中国的传播实践。要使中国的传播学研究在新的世纪有一个新飞跃，必须加紧建立有中国特色的传播学理论体系，传播学的研究应该突出中国特色，实现本土化"。十九年过去了，您认为我们国内的传播学研究是否具备了中国特色？抑或有哪些进展与不足？

李敬一：学术研究有一个积累的过程，理论高度是一项逐步构筑的工程，在这一过程中会产生里程碑式的标志性成果。我虽已退休多年，但乐见国内学术界有关传统文化深入研究、跨学科交叉研究、传播学本土化目标研究，这已成为大家的共识，这本身就是中国特色，希望能尽快多出研究成果。

刘韬：您曾提出"中国古代传播历史是悠久的，古代传播思想、传播观念对民族文化传统的影响是深远的，对它做深入的研究，是有意义的。这是一个崭新的课题，是一块有待开发的科学研究处女地"。如今，探究中华文化中的传播智慧已成为中国传播学中一道美丽的风景线。在对中国传统社会中的传播活动和传播观念进行发掘、整理、研究和扬弃的基础上，建构起能够阐释和推进中华文明可持续发展的传播机制、机理和思想方法，甚至可以成为一门独特的学问——华夏传播学。从"有待开发的科学研究处女地"到"华夏传播学"，您如何看待这一变化和发展？

李敬一：我以非常钦佩的心情关注"华夏传播学"的提出与研究。有了这方面的研究，中国古代传播史研究领域就不再是"处女地"，而是"高产田"了。

刘韬：在"传播学本土化"的论述中，您强调要进一步加强对西方传播理论及其最新发展态势的研究。您认为目前我们在引进和评价西方传播理论方面有哪些问题或不足?

李敬一: 从 20 世纪 80 年代开始,传播学在中国的发展大体上经历了三个阶段,即引进、介绍阶段,消化、理解阶段,本土化形成阶段。传播学是在传统新闻学理论基础上发展起来的,扩大了新闻的外延与内涵:将单纯的新闻信息传播规律研究,拓展为社会团体传播、社会成员个体间的传播与人的自身内向传播等,它成为社会学、新闻学、文化学、心理学交叉学科。而这些学科所涉及的内容会因民族历史、文化传统、社会制度、意识形态、宗教信仰的不同而大为不同。所以,我主张"传播本土化",同时也主张"传播学研究本土化",即用有中国特色的学术语言、中国人能理解的学术体系和中国人看得见的实用价值来构建和宣传,那种将传播学神秘化、抽象化、小众化的做法是不能鼓励的。

刘韬: 您如何看待传播学本土化与世界化的关系?对于有中国特色的传播理论体系走向世界,您有何建议?

李敬一: 世界化有三层含义。一是考察学习,来自西方的传播学理论,在当今纷繁复杂的世界上,有哪些新的发展和新的变化?我们要随时跟进和关注。二是交流、访问,将我们对传播学的独特理解和表述与国外同行交流,以期得到有益的建议和补充。三是通过走出国门,考察国际社会生活,增强民族文化自信,从而发展我们的新闻传播事业,推动中国社会的发展进步。

刘韬: 在华夏传播相关领域的研究中,您比较关心的议题是什么?

李敬一: 华夏传播研究是内容广博、富有特色、实用性强的学术探索,我希望通过这一课题研究,能从理论上解释华夏大家庭的文化传统,以及从这一传统出发,完善新时代新闻、社会传播、舆情及民意引导的新思想、新政策,从而推进中华优秀传统文化传承发展工程的建设与落实。

刘韬: 作为国内著名的诗词研究专家,您长期致力于中华传统文化的传播,不仅是武汉大学"四大名嘴"之一,广受武汉大学师生好评,还把课堂搬到了《百家讲坛》。请您结合推广中华传统文化的切身体会,谈一谈我们如何进一步加强对中华传统文化的传播。

李敬一: 党的十九大报告指出,"要坚持中国特色社会主义文化发展道路";十九届四中全会又进一步强调,要大力"推进中华优秀传统文化传承发展工程";此前,中共中央办公厅、国务院办公厅曾印发《关于实施中华优秀传统文化传承发展工程的意见》,其中重点任务包括"深入阐发文化精髓""贯穿国民教育始终""加大宣传教育力度""推动中外文化交流互鉴"等。这些都与教育工作者、新闻传播工作者有关。我认为，我们应当做的包括落实传统文化教学环节、加强传统文化研究、形成学习传统文化的良好氛围。我个人作为一名退休教师，精力有限，能力不足，除了出版前面提到的那些关于传统文化（文学史、传播史）的图书，近年来在机关、学校、工厂做了一些关于"传统文化与人才成长"之类的讲座，还应邀为澳门回归十周年撰写过《中华颂》，为湖北宜昌嫘祖公园撰写过《嫘祖赞》，为湖南长沙某单位广场撰写过《湘女赋》。这一"颂"、一"赞"、一"赋"，主要表达我对祖国传统文化的敬仰和热爱。此外，我曾获得一些机会去欧洲进行学术访问和交流，让中华传统文化得到世人的更多认可。在与我国香港、澳门、台湾地区的文化交流中，我更是将中华传统文化传播作为重要内容。2018年，台湾高校曾举办一个"《壮哉唐诗》读后感"征文比赛活动，我作为通讯评委，与台湾青年学生通过中华诗词建立了一些联系。不过，我们这一代人已逐渐老去，弘扬中华优秀传统文化，寄希望于"后浪"潮涌，乘风而前行。

刘韬：您先后在武汉大学中文系、新闻系任教，后担任武汉大学新闻与传播学院广播电视系主任、教育部学位委员会新闻传播学科通讯评审专家。从您执教多年的经验来看，您认为我国新闻传播教育有哪些优势，又应该注意哪些问题呢？

李敬一：新闻传播教育是一项系统工程，其人才培养是一个非常有意义的话题，简要说来无非是：一是多关注国际国内社会发展新形势；二是多研究中国历史与当下国情；三是多掌握科技进步，特别是媒介技术发展的信息；四是多培养复合型人才，注重多学科知识的学习。

刘韬：作为诗词研究专家，您在不同场合都曾强调学习中国古代优秀诗词对新闻传播人才培养的重要性。您认为，学习中国古代诗词对新闻传播人才培养有怎样的作用呢？

李敬一：学习古诗词可以让人洞察历史，增添智慧，更深刻地认识生活，更生动地表现生活，还可以让人"超凡脱俗"，提升品行修养和思想境界。这些不正是新闻传播人才所必需的吗？

（撰文：刘韬）

第三章　孙旭培 —— 行走在华夏传播的前沿

👤 学人名片

　　孙旭培，1944 年 12 月生，安徽怀宁人。1968 年毕业于安徽大学外语系，1978 年考入中国社会科学院研究生院新闻系，1981 年任《人民日报》驻安徽记者，1983 年进入中国社会科学院新闻研究所工作，致力于推动中国的新闻改革。重点研究新闻理论和新闻法。曾任中国社会科学研究院新闻与传播研究所所长、研究员，中国社会科学院研究生院新闻系教授、硕士生导师、博士生指导组成员，中国新闻法制研究中心研究员，华中科技大学新闻与信息传播学院特聘教授、博士生导师，河北大学新闻传播学院特聘教授、博士生导师，北京大学新闻与传播论坛课程教授，上海大学、天津师范大学客座教授，安徽大学兼职教授，武汉大学传媒研究中心客座研究员。曾任中国新闻学会联合会常务理事兼副秘书长、《新闻与传播研究》主编、《中国新闻年鉴》编委。出版有《新闻学新论》《新闻传播法学》《当代中国新闻改革》等著作，主编《华夏传播论：中国传统文化中的传播》《中国传媒的活动空间》等书，发表《纵向传播强劲，横向传播薄弱——论我国古代社会信息传播的特点》等百余篇论文。

　　随着 1978 年改革开放的春风吹醒大地，传播学中国化研究这一学潮呈现出蓬勃发展之势。根植于中国古老历史的华夏传播研究，在一批满含热忱的学者的大力推动下，由模糊到清晰，由凌乱到系统，由最初"从零开始"①的一个概念，逐步衍生为后来颇具规模的理论体系。孙旭培，正是这一学说的开拓者之一。

一、著书：首部概论性著作掀新章

（一）结缘华夏传播研究

自 1977 年 8 月始，施拉姆的两次访华开启了传播学进入中国的"破冰之旅"，其亲授弟子余也鲁举办两次"中国传学研讨会"，由此拉开了华夏传播研究的序幕。1993 年 5 月，厦门大学在新闻传播系建系十周年之际，召开"首届海峡两岸中国传统文化中传的探索座谈会"，来自全国各地的多学科学者会聚一堂，"一起商讨如何开展对中国传统文化中的传播的研究"②。孙旭培带着题为《谚语、格言与传播》的论文参与了此次研讨会。这场会议使孙旭培与华夏传播研究结下不解之缘。

会议期间，孙旭培提出研究并撰写全面论述我国传统文化中的传播的著作，"编写一本书，广泛论及中国古代文化中的传的现象，以便吸引更多的人来参加研究"，这个提议得到了余也鲁的欣然赞成。③在香港海天基金会的资助下，由余也鲁、徐佳士、郑学檬、孙旭培四人组建的华夏传播学术委员会，逐步开展相关课题的部署工作。

回京后，孙旭培便开始拟定《中国传统文化中的传播》（《华夏传播论：中国传统文化中的传播》最初拟名《中国古代文化传播概论》《中国传统文化中的传播》，最后正式出版时改为现名）一书的研究大纲。他以西方传播学已经开拓出的领域做参考，着手搭建框架，征求了不少学者的意见，并与余也鲁教授切磋后定稿。1994 年 1 月，孙旭培在其主编的《新闻与传播研究》创刊号上刊登《为"传播研究中国化"开展协作——兼征稿启示》，说明了这项研究的目的，欢迎学者报名参加。文章一出便引发社会

---

① 余也鲁，郑学檬.从零开始：首届海峡两岸中国传统文化中传的探索座谈会论文集［C］.厦门：厦门大学出版社，1994.
② 孙旭培.行进在华夏传播研究的路上：记我与余也鲁教授的相识相交［J］.中华文化与传播研究，2013（1）：9-13.
③ 孙旭培.行进在华夏传播研究的路上：记我与余也鲁教授的相识相交［J］.中华文化与传播研究，2013（1）：9-13.

热烈反响，台湾学者陈世敏曾胜赞此文是"中国传播研究革命宣言"，并认为"1994 年标记着传播研究中国化正式提出"①。

为了推进这项研究，1994 年 11 月 29 日至 30 日，余也鲁、徐佳士、郑学檬、郑松锟和孙旭培五位牵头人在厦门大学聚首，会议确定了以厦门大学传播研究所为平台，开展两岸学者共同参与的华夏传播研究项目。经商讨，会议敲定了《华夏传播论：中国传统文化中的传播》一书的作者名单。

（二）《华夏传播论：中国传统文化中的传播》的诞生

《华夏传播论：中国传统文化中的传播》的诞生来之不易，身为主编的孙旭培深有体会："有些题目，如环境与传播，社会环境与传播等，论述领域难以明确，参考文献甚少；还有些课题根本招标不到人，没办法，我只能亲自上马……"②余也鲁教授的积极推动、同人的热忱参与，使他下定决心将这件事做好。历经编撰、出版等一系列曲折之后，《华夏传播论：中国传统文化中的传播》最终于 1997 年由人民出版社出版。全书共 37 万字，分六编二十五章，囊括了中国古代传播的各个主要方面，其中孙旭培撰写了第四章第一节、第九章、第十二章（合著）。

作为"首部概论性著作"，并由"28 位学者共同著述"，毫无疑问，《华夏传播论：中国传统文化中的传播》是华夏传播研究学术史上的里程碑，成为"传播学本土化研究"的重要成果而永载史册，其意义不言自明。从其副书名"中国传统文化中的传播"可以看出，本书是对中国传统的传播思想与实践进行挖掘的成果，内容主要由中国的传统文化构成。

此书一经出版，便在学术界收获诸多好评。余也鲁高度评价了该书："《华夏传播论：中国传统文化中的传播》是奠基之作""是第二波大规模探险的成果，绘出探险领域的地图"。十二年后，他在文章中再次称赞此书，说道："今天读来，仍充满中国传统智慧的亮光，是部研究中国传的上佳启蒙书。"③

有支持赞扬，亦不乏质疑批评。对于该书的立场主张及写作细节，学

---

① 陈世敏.拦得溪声日夜喧：贺《新闻与传播研究》创刊［J］.（台湾）新闻学研究，1994（49）.

② 孙旭培.行进在华夏传播研究的路上：记我与余也鲁教授的相识相交［J］.中华文化与传播研究，2013（1）：9-13.

③ 余也鲁.传播学及"中国传"在中国破冰之旅（1982-2002）［M］//王怡红，胡翼青.中国传播学30年：1978—2008.北京：中国大百科全书出版社，2010：609-619.

界颇有微词。如有学者认为："该书的缺点和不足主要是理论概括不足，结构不够严谨，文字风格差异较大。"① 还有学者直接否定"传播学本土化"这一观点，这等于将本书的立脚点连根掘起。而孙旭培以其敏锐的观察视角、独到的思想理念，在激烈的学术争鸣中占据一席之地。

二、立说：观念独到，引领学术争鸣

（一）三个问题的论争

一个新鲜事物自萌芽产生到丰富发展，必将历经各种观点的辩驳、撞击与交融，"传播学本土化"这一议题正是如此。1997年《华夏传播论：中国传统文化中的传播》的问世，更是在原本便不平静的湖面掀起一阵风浪。在这本书的序言中，孙旭培对当时学术界热议的三个问题做出回应。

1. 要不要进行传播学本土化

围绕这一问题大体上分为三派：赞同派、反对派和部分肯定派。以孙旭培为代表的学者明确要求传播学本土化。他以澳大利亚传播学家奥斯邦的话为例："对于一个没有特殊传播理论的国家来说，一个最有效的、有力的开端是认真研究本国的传播史，尤其是本国传播政策形成的过程，从中发掘本国传播的目的、目标和原则。"

在文中，孙旭培毫不客气地批驳了两位年轻学子发表在《现代传播（北京广播学院学报）》的论文观点，认为他们对"传播学本土化"这一提法存在误解，或者存在片面的、形而上学的理解："传播学本土化的口号提得为时过早"，"口号过后，传播研究本土化空虚得几乎无人在场"②；"从本土化的实绩看，传统文化似乎不像被'弘扬'，而倒像被拉到'国际'博览会上被拍卖，一切都得按'接轨'的标准办理，结果就跟金发碧眼的西方女子穿一袭旗袍，让人总感到有种说不出的不伦不类"③。对于空谷喻和旗袍

---

① 戴元光，童兵，金冠军. 20世纪中国新闻学与传播学·传播学卷［M］.上海：复旦大学出版社，2001：175.

② 王怡红.对话：走出传播研究本土化的空谷［J］.现代传播（北京广播学院学报），1995（6）：10-13.

③ 李彬.反思：传播研究本土化的困惑［J］.现代传播（北京广播学院学报），1995（6）：7-9.

说，孙旭培敏锐地看出其偏颇之处："他们的文章以不怎么好懂的文字，对'传播学研究本土化'进行了否定甚至嘲弄。"①

后来李彬回忆说："其实我的那篇文章既不针对他本人（孙旭培），更不针对传播学本土化，从某种意义上来说，倒是回应他的观点，支持他的观点的，我只是从中表达了自己对具体怎么操作的某种困惑。"②可以见得，正是由于激烈的学术争鸣、观点交锋，华夏传播这一课题才可以在批判、反思中不断发展成熟。

2. 为什么要进行传播学本土化

孙旭培创造性地提出"科学国界说"，"科学是没有国界的，这句话总体上是正确的……但是人文科学稍有不同，它除了遵循人类社会（无论东方社会还是西方社会）的共同规律，还有一些是对某些国家与社会的特殊规律的总结……因为不同的国情和历史，不同的民族习惯和思维方式，其伦理学、哲学、美学的理论概括，就会不尽相同"③，回答了"传播学研究中国化这个命题是否成立"的问题。

他在提出"传播学本土化"的说法时，明确指出"通过研究中国的传播历史和现状，为传播学的丰富和发展做出贡献，使传播学不至于只是'西方传播学'"④，强调了中国传播实践对本土传播理论的号召。

3. 怎样进行传播学本土化

在研究路径的问题上，孙旭培坚持要从传播史着手，"从中发掘本国传播的目的、目标和原则"。余也鲁、邵培仁也一直强调研究我国传播理论的有效途径，即从历史着手。同时，从本国传播史入手，并不意味着"独立独行地另搞一套"。

针对本土化理论如何走向世界，孙旭培提出了"三步走"的战略：首先，要将传统文化中的传播理论进行升华，争取将其提炼成原理或术语；其次，要改进研究方法，利用更多的实证材料来论证，同时写论文要与国际性的学术规范接轨；最后，要将这些论文改写成英文，争取在国际性的

---

①　孙旭培."传播学研究中国化"的探索［J］.新闻记者，1997（9）：56-58.

②　袁军，龙耘，韩运荣.传播学在中国［M］.北京：北京广播学院出版社，1999：88.

③　孙旭培."传播学研究中国化"的探索［J］.新闻记者，1997（9）：56-58.

④　孙旭培."传播学研究中国化"的探索［J］.新闻记者，1997（9）：56-58.

学术刊物上发表。①

（二）归纳总结发展脉络

对于一种新鲜事物，在其发展到一定阶段时对其进行系统性梳理和归纳总结是十分有必要的，这便于人们清晰地审视其发展进度，总结经验成果，反思缺陷不足，从而及时调整未来的研究方向，改进研究策略。

孙旭培在 1994 年 3 月发表的《中国大陆传播研究的回顾与前瞻》一文中介绍了中国大陆传播研究的开端和历史进程，概括了中国新闻与传播研究在几个主要领域的进展情况，归纳出新闻传播研究呈现的若干新走向，最后展望了中国大陆新闻与传播研究今后须深入研究的八个课题。文章从过去、现在、未来三个维度对中国大陆传播研究做出较为系统的梳理。这在彼时刚刚兴起传播学本土化研究热潮的中国大陆具有深刻意义。

2000 年，孙旭培发表了《我国传播学研究向何处去》一文，于世纪交接之际，重新审视了我国传播学研究的进展和走向，在对我国传播学研究进行清晰定位的基础上，主张我国传播学界应重视微观的原创性研究，遵循学术规范，讲究研究方法。

三、育人：甘为人梯，延长学术生命

孙旭培不仅在华夏传播领域著书立说，丰富学说理论体系，而且始终密切关注最新的学术动态，鼓励和提携人才，身体力行地推动华夏传播研究不断向前。

（一）荐书、作序，提拔优秀人才

1994 年，林之达出版《传播学基础理论研究》。孙旭培高度评价此书，"堪称我国传播学界的一个新成果"②，同时提出了中国传播学者和中国文化独有的三个优势：中国拥有悠久的传播历史；中国人的思维特点和中国学

---

① 袁军，龙耘，韩运荣.传播学在中国［M］.北京：北京广播学院出版社，1999：269.

② 孙旭培.中国学者能对传播学做出较大贡献：读《传播学基础理论研究》有感［J］.社会科学研究，1996（2）：143-144.

者对辩证唯物主义的掌握，使中国学者对各种学术观点、理论、流派具有显著的归纳和整合能力；中国学者拥有历史唯物主义和阶级分析眼光。这无疑增强了学者进行传播学本土化研究的兴趣和信心。

2017 年 9 月，孙旭培为潘祥辉所著的《华夏传播新探：一种跨文化比较视角》一书作序，文中对作者不吝赞美："看到这本质量上乘的著作，我觉得作者是研究中国传统文化中媒介与传播现象的难得人才。从他以往发表的作品当中，也能看出他的学历和知识结构非常好。他有国学的良好基础，又有传播学的专业背景，做出的研究很扎实、很规范。"[①]

（二）讲学、交流，尽现师者风范

即使年近花甲，孙旭培依然停不下树人育人、学术交流的步伐。2001年，他受邀从北京奔赴武汉，来到华中科技大学担任新闻与信息传播学院特聘教授。在职期间，他培养了数十位优秀的硕士研究生和博士研究生，对那些虚心求教的青年学子不吝赐教。"能带出一个优秀的博士生，就等于延长了自己的学术生命。"他如是说。

2007 年，他当选为华中科技大学学生票选的"我最喜爱的导师"，颁奖词中这样写道：他是一位长者，朴实以行，即使于病榻之上仍然心系学子；他是一位谏者，诤言无惧，持之以恒而发"盛世危言"之声；他是一位师者，严谨律己，于三尺讲台挥洒平生而激情四溢。对孙旭培而言，这个奖项可谓实至名归，完美诠释了他兢兢业业而直言不讳的师者形象。

时至今日，孙旭培仍十分热衷于在各大高校开办讲座，不为名利，只为能够将更多的学术观点传递出去。2013 年 11 月，孙旭培在河北大学新闻传播学院做了一场题为"纵向传播强劲，横向传播薄弱——论我国古代社会信息传播的特点"的学术讲座。他通过对古代政治、经济、文化、宗教等领域的纵向、横向传播的对比，分析了限制横向传播的因素，并从封建统治者制定相关制度的思路分析了这些制度对横向传播的影响，最终得出"横向传播大发展是我国社会转型的必然趋势和重要标志"这一结论，并认为应在遵守社会主义民主政治原则的前提下，大力扶持网络传播，保

---

① 潘祥辉.华夏传播新探：一种跨文化比较视角［M］.上海：复旦大学出版社，2018：序二.

证其有足够大的覆盖面和信息量。① 在交流环节，年近古稀的孙教授用铿锵有力、耐心细致的回答赢得大家的阵阵掌声。

📑 附：访谈录 ②

戴云： 二十多年前您在《传播学在中国》一书中写到，"传播学在中国的研究属于'跑马占地'的阶段"。如今您对此是否有新的看法？

孙旭培： 二十多年前，对中国传统文化中的传播的研究才开始不久，到处是没有开垦的处女地，可以说，学人们可以"跑马占地"。以断代史方面的研究为例，当时只看到有台湾学者的中国宋代传播史、先秦的传播研究等著作或论文，除此以外，多数朝代的传播研究还无人问津。后来华夏传播学术委员会组织推进断代史的研究，虽然有些学者申报了一些题目，但除了徐培汀写出《秦汉传播史》、高国藩写出《隋唐传播史》（初稿），其他基本没有进展，例如，《中国先秦传播史》《魏晋南北朝传播史》《宋代传播史》等至今未面世。

近几年，厦门大学新闻传播学院加强了华夏传播研究的力量，并对这项研究加强了指导，华夏传播研究开始向专深的方向发展。虽然现在已经不是"跑马占地"阶段，但是学者在这个领域找题目仍然很容易，因为断代史的研究仍然缺项不少，专题研究也不是很多。1995 年列出的十二个专题，也没看到多少相关研究专著出现。

戴云： 您在 2000 年发表的论文《我国传播学研究向何处去》中提出，需加强"微观的原创性研究"。反观如今的研究现状，您对传播学研究在中国的进一步发展有何新的建议？

孙旭培： 国外的研究往往是从微观开始，先钻研小题目。拉斯韦尔就是在大量已有传播研究的基础上，才总结出 5W 模式，它成为传播过程的基本理论，也是传播学研究的基本内容。中国人的思维方式多是从宏观到微观，《千字文》从"天地玄黄，宇宙洪荒"说起；《三字经》从"人之初，性本善"说起。学术研究，往往爱写大题目，大题目写得差不多了，才逐

---

① 孙旭培.纵向传播强劲　横向传播薄弱：论我国古代社会信息传播的特点［J］.新闻与信息传播研究，2008（4）.

② 访谈内容有删节。

渐向中小题目延伸。现代学术研究提倡写专深的论文，没有大量专深的论文做基础，宏观的大题目的水平很难拔高。

但是先做的综合性、宏观性的著述，能发挥启蒙的作用。我当时要写一本《华夏传播论：中国传统文化中的传播》，目的就是向广大读者说明，从悠久的中国文化中研究传播是大有可为的，以便吸引较多的学人来从事这项研究，让他们进行中观、微观的研究。只有在大量专深的研究的基础上，几十年后，就有可能出现有比较系统的理论的、高水平的中国古代传播研究的综合性著作。在人文学科中，从综合到分析，再综合，再分析，都是常见的。

所以，现在我们要在中观、微观研究上排兵布阵，除了继续完成断代史，还要在1995年列出的许多专题（当然不限于那些专题）的研究上下功夫，例如古代政治传播、经济传播、文化传播、军事传播，每一个都是很大的专题；古代传播体制，古代的民间传播，古代新思想、新技术的传播等，也都是有意义的专题。

还有，非常重要的是，要从有关中国传统文化的传播的大量资料中总结出原理和规则，这是研究的过程；进而以这些原理、规则为纲目，统率这些材料，写出有关古代某个传播原理的专著，这是写作的过程。这项工作做得好，就可能对传播学理论的丰富做出贡献。

戴云：您认为研究中国传统文化中的传播理论，在今天有何现实意义？

孙旭培：研究中国古代的传播，首先，可以使今天的人们更深刻地理解古代社会。比如，研究中国古代横向传播，可以发现秦汉就有驿站，但它们只送官方文件，不送民间信件，直到近现代才开办老百姓可以寄信的邮政。这是由于封建统治者害怕横向传播会导致民间力量的集结，影响社会的稳定和统治的根基。诸如此类的事实说明，中国古代社会的纵向传播很强劲，而横向传播很薄弱。

其次，从中国古代传播研究中总结出的某些传播原理、传播规律，对今天的社会现实也会有启示意义。在《华夏传播论：中国传统文化中的传播》一书中，我写"科学传播"一章时，试图阐明"逆向传播"的原理：一个社会中，"逆向传播"不能存在，只能做"借经立言"式的传播，科学就不可能发展。

在写"谚语、格言中的传播原理"一节时，我发现很多谚语、格言是对传播规律的总结，古代、现代都适用，完全可以用现代的研究方法加以验证或论证。

戴云：您在《我国传播学研究向何处去》一文中强调，要注意遵循学术规范、讲究研究方法，还出版了《规矩与方圆：新闻传播学研究方法与规范》一书。那么，您认为在华夏传播研究领域应如何恰当运用研究方法？能否举一些具体的实例呢？

孙旭培：研究中国传统文化中的传播，要讲究学术规范，讲究研究方法的多样性。在这个领域，最主要的是，要善于运用文献研究法、逻辑分类法、定义法、归纳法（从个别或特殊的经验事实出发推出一般性原理、规则的推理形式或思维方法）和演绎法（由一般性知识前提推出个别性或特殊性知识的结论），等等。这些都是无须多加说明的道理。

我最关心的是，从中国古代传播研究中总结出的某些传播原理、传播规律。如前所述，在《华夏传播论：中国传统文化中的传播》一书中，我在"科技传播"这一章中概括出"逆向传播"的科技传播原理，等等。可是，这些都只是在长篇论述中提到而已。由于种种原因，事后未能以这些题目作为纲目，搜集相关资料写成专著。根据学术规范，我所提出的观点或术语，虽然看上去有道理，但由于缺乏充分的论证，只能算假说，不能算科学结论。我最近读到一部有关古代传播研究方面的书稿，文中许多地方迸发出真知灼见，有的确实能上升为原理，可都是匆匆带过。如果作者以某一灼见作为理论假设，重新组织材料，进行充分论证，就可能做出原理发现上的重要成果。

另外，我主张要思考到位。就是思考再思考，把自己得出的思想观点提炼再提炼：用一段话表达的，尝试提炼为一句话，进而用一个术语来表达。下面我用德国传播学者诺尔的"沉默的螺旋"观点为例说明一下。

一段话表达：人们在表达自己的想法和观点的时候，如果看到自己赞同的观点受到广泛欢迎，就会积极参与进来，这类观点就会越发大胆地发表和扩散；而发觉某一观点无人或很少有人理会（有时会有群起而攻之的遭遇），即使自己赞同它，也会保持沉默。意见一方的沉默造成另一方意见的增势，如此循环往复，便形成一方的声音越来越大，另一方越来越沉默的螺旋发展过程。

一句话表达：由于从众、从权威，非主流的意见在传播中往往处于越来越弱的地位。

一个术语表达：沉默的螺旋。

厦门大学黄星民教授的"风草论"的术语，就是从"君子之德风，小人之德草，草上之风必偃"这句话中概括出来的。

当然，这绝对不是要求所有的结论、观点都要做这种提炼，只有那些很重要、很有必要这样做的才可以提炼出术语。

戴云：在全球互联和"一带一路"倡议的时代背景下，您认为应当如何更好地将这些传播理论推向世界？

孙旭培：在全球互联、中国崛起的时代背景下，中华文化在全球的影响力越来越大。比如，世界上学中文的人越来越多，中国的春节在有的国家，例如加拿大，也成为节日。随着"一带一路"倡议的推进，我国文化、经济、政治的辐射力在加强，我国学界对周边传播、跨境传播、跨国传播的研究更加重视。

"一带一路"为这些研究既提供了更多的研究选题，也提供了研究条件。从古代来说，"共建一带一路国家"是中华文化传播产生或多或少影响的地方，到底有些什么影响？影响是通过哪些媒介和途径发生的？那里的民族和国家在这些传播的影响下与中原、中华相比有什么共性和不同？后者是做比较研究的着力点。研究的客体既有物质的，又有文化的、风俗的，甚至有制度的。加强对跨境民族的传播和周边国家的传播的研究，会找到比较丰富的资源，有利于进行与中华文化传播的比较研究。

从现实来说，这种研究有利于加强与周边国家和民族的互相理解，增进友好关系、促进交流。我国是个多邻国的国家，仅陆地邻国就有十四个。我国也是个多民族的国家，而且有三十多个跨境民族，其中哈萨克族、俄罗斯族、乌孜别克族、维吾尔族、塔塔尔族等，更是同时跨越了中国、俄罗斯、哈萨克斯坦、塔吉克斯坦、乌兹别克斯坦共和国等丝绸之路上的多个内陆国家，成为典型的跨境民族。加强周边传播研究，先要加强跨境民族传播的研究。只要跨境民族对中国信息和文化有了高度认知，就可以向边境外侧的跨境民族，乃至他们所在的国家进行传播，并对其产生影响。这是因为信息或文化在相同或相近民族间传播的速度，要远远高于不同民族间的传播速度。

不过，对于借"一带一路"促进不同民族和国家的交流，扩大中华文化的影响，既要积极，又不能急功近利，要防止为国际敌对势力制造"中国威胁论"提供借口。扎扎实实多做工作，天长日久自然会有收获。

戴云：您认为现今从事华夏传播研究的学子应该具备哪些素质？

孙旭培：我认为对国学有兴趣、有基础的新闻传播专业、历史专业、中文专业的学人，都很适合研究中国古代传播。有兴趣，就不怕坐冷板凳，甘于钻"故纸堆"。有基础，指除了有新闻传播专业的知识，还要有古汉语的素养，读一般的文言文不费劲。对于新闻传播专业的学生来说，那些外文稍差一点儿，古汉语好的学生，从事华夏传播研究不失为一种好的选择。但是，要把这项研究引向深入，尤其是进行中外比较研究，还是要把外文，特别是英文学好。

（撰文：戴云）

第四章　黄鸣奋——情之所系，力之所往，功之所成

👤 学人名片

　　黄鸣奋，1984年毕业于厦门大学人文学院中国语言文学系（中文系），获文学硕士学位，之后留校任教，从事学术研究。历任厦门大学中国语言文学研究所所长、中文系主任、戏剧影视和艺术学研究中心主任、人文学院副院长、厦门大学海外教育学院院长等职务，曾在荷兰阿姆斯特丹大学、莱顿大学访学。目前已退休，兼任北京电影学院未来影像高精尖创新中心特聘研究员、中国作家协会网络文学研究院（杭州）特聘研究员。已主持完成国家社会科学基金课题、国家艺术科学规划课题六项，教育部、国家汉办、福建省、厦门市等多项课题。独立获得全国高校人文社科优秀成果奖三项、福建省社会科学优秀成果奖十二项、厦门市社会科学优秀成果奖十四项。黄鸣奋教授在其论文集《华夏之光：跨文化、跨时代与跨学科探索》自序中认为其"真正的科研活动是从研究生阶段开始的"。在研究生阶段之后的学术研究实践中，黄教授不断地打破学科、专业、领域的界限，不断地融合不同学科，开展跨界学术研究，成果丰硕。根据上述自序所言，他受家庭影响，自幼被寄予行医的期望，具有从医的情结；因为个人经历，热爱科技，具有理工的情结；始终热爱中华文化，从小在父亲的影响下接受古典文学的熏陶。黄教授的学术成果多是立足于中华文化的沃土之上，他不断进行跨界研究，始终围绕着中华文化的核心理念，持续耕耘出文艺学、心理学（他认为心理学和医学比较接近）、传播学等方面的累累硕果。

黄鸣奋教授围绕中国传统文化开展学术研究，融汇相关学科知识，涉猎文艺理论、传播心理学、跨文化传播、华夏传播、网络与技术应用研究等领域。根据知网提供的信息，黄教授近年的研究重点集中在电影方面。以下结合黄教授的代表作，对其研究成果进行简要梳理。

一、文艺理论领域的研究

黄鸣奋教授毕业于厦门大学人文学院中国语言文学系中国文学批评史专业，早年致力于文学批评、文学理论的研究，代表作有《论苏轼的文艺心理观》《需要理论与文艺创作》《艺术交往论》等。

黄鸣奋的《论苏轼的文艺心理观》出版于 1987 年，是在其硕士学位论文的基础上经过进一步修改、整理而付梓的。本书比较全面地考察了苏轼的文艺理论见解，旨在发掘我国古典文艺心理思想宝藏。他把苏轼有关论述概括为"观察论""构思论""传达论""鉴赏论""批评论""诗画论"等六大板块，以"心""情""气""意""理"等五个范畴为内在线索，分为三十个命题，加以深刻剖析。《需要理论与文艺创作》出版于 1995 年，从需要的角度解读文艺创作。他认为"对人的需要的理解显然有助于对艺术规律的认识，艺术作品以其丰富的内容给需要理论以佐证"。该书从需要理论出发，对"需要主体与需要对象的关系""需要层次与人格特质""需要方向与人际关系""需要本位与人格倾向""需要模式与社会角色"等方面进行分章论述。出版于 1999 年的《艺术交往论》考察艺术交往的发生，阐述狭义艺术交往的特征、动机、过程与功能，最后纵论广义艺术交往的要素及其历史发展。

二、传播学研究

在立足于自身专业背景开展文学理论研究的同时，黄鸣奋教授投身于传播学领域的学术探索，取得了丰硕的成果。相关著作有《传播心理学》《需要理论及其应用》《英语世界中国古典文学之传播》《说服君主：中国古代的讽谏传播》等，相关论文有《我国古代军事传播刍论》《媒体、社会与心理：古今两次重大变革——关于传播学本土化及华夏传播史的思考》《社会治理：中国古代格言传播的启迪》《我国古代格言传播中的共同体观念》

等，对华夏传播的研究具有开拓性贡献。

1. 传播心理学研究

黄鸣奋所著《传播心理学》出版于 1997 年，从心理学的角度对传播学进行探讨，摆脱西方舶来的传播理论模式，首次建构了具有中国本土特色的传播学研究框架。他在著作中提出传播六要素原理，即传播主体、传播手段、传播方式、传播对象、传播内容、传播环境，关注六要素各自的特性，包括传播主体的目的性、传播手段的符号性、传播方式的说服性、传播对象的选择性、传播内容的倾向性、传播环境的社会性等，以"需要"一线贯通；从需要—交往—传播的角度探索传播心理学的要义，汲取不同学科的理论知识，融会贯通；运用了多种技术方法，如内省法与外省法、现场研究法与实验室研究法、单一变量与多变量研究法、跨文化研究法与个案研究法、描述性研究法与论证研究法等。该著作在研究话语体系、框架体系及方法论上，开创了中国传播学本土研究的新局面，为后来的研究者提供了本土化经验。《需要理论及其应用》专设一章讨论"需要与人际传播"，从需要心理出发，着重考察人际传播的构成要素、表达方式与激励方式，提出三大原理，即"狭义的传播是人类交往的特殊形式""在传播过程中，为了达到预期目标，必须重视如何表达自己的需要""激励的本质是根据他人的需要施加影响"。在传播学初入中国之际，他以中国本土的话语模式进行传播学的研究，具有强烈的本土情结及超人的学术前瞻性，体现出浓厚的中国特色。

2. 跨文化传播研究

黄鸣奋教授的《英语世界中国古典文学之传播》出版于 1997 年。该书介绍了中国古代不同文体（散文、诗歌、小说、戏剧）的文学在英语世界的传播、翻译与研究情况，以及研究工具书。该书侧重于对中国古典文学跨文化传播的事实性介绍与梳理，涉猎广泛，内容丰富，是现代较早系统介绍中国古典文学域外传播的专著。

3. 华夏传播研究

黄鸣奋教授的著作《说服君主：中国古代的讽谏传播》出版于 2001 年，是华夏传播研究领域早期的代表作品。本书按照《传播心理学》中提出的理论框架，以讽谏传播作为论题核心，从讽谏传播主体、讽谏传播手段、讽谏传播方式、讽谏传播对象、讽谏传播内容、讽谏传播环境的角度，以历史的视野，结合时代、政治、文化背景，对我国古代社会中的讽谏传播进行深入研究。黄教授认为，讽谏传播虽然已经成为历史，不可重演，但所涉及的某些传播原理具有一定普适性，可以为说服传播提供参考，在传播实践中具有借鉴价值。书中就传播主体与传播对象的关系提出待人以诚、循之以道、以人为镜、排除成见、以心交心、容纳异议等原则，就传播手段与传播内容的关系提出身教为重、导引情志、积极阅读、体认寓意、共识为本、以意为主等原则，就传播方式与传播环境的关系提出未雨绸缪、重视疏导、自我保护、因时制宜、当面批评、疏通言路的原则。这十八条原则与书中序言第三部分"分析角度的互补性"相呼应，体现出这些观点之间的密切联系。该书以春秋时期齐相晏婴为对象，做讽谏传播的个案分析研究，为后来的讽谏传播或说服传播研究者提供了经验。

论文《我国古代军事传播刍论》《媒体、社会与心理：古今两次重大变革——关于传播学本土化及华夏传播史的思考》收录在出版于 2006 年的《华夏之光：跨时代、跨文化、跨学科的探索》一书中。《我国古代军事传播刍论》一文认为军事传播学是传播学的重要分支，从历史中寻求借鉴是其建设路径之一，也是此文的现实意义所在。文章从我国古代的军事实践中归纳出三类军事传播——面向己方的激励传播、面向敌方的攻心传播、胜己以胜人的反身传播，并结合我国古代的军事实例予以论述。《媒体、社会与心理：古今两次重大变革——关于传播学本土化及华夏传播史的思考》从媒体变革、社会变革、心理变革及其相互影响的角度对传播学本土化进行思考，提出了在电子时代传播学本土化需要解决的诸多问题，希望能够从主流媒体的变革中获得索解途径，并基于口语—书写—数码媒介变革，为华夏传播史的理解与书写提供一条可资借鉴的路径。

近年来，黄教授从宋代潘自牧《记纂渊海》收录的中国古代格言入手，继续在华夏传播领域开疆拓土。《社会治理：中国古代格言传播的启迪》刊发于《华夏传播研究》第一辑（2018 年 6 月）。文章围绕"坐以致人""与人为地"，旁征博引，论述了社会影响的力量所在及社会得失的因果审视。前者从社会交往的不对称性、社会聚合的纽带、社会治理的思路等方面分别论述，结合时下的粉丝经济阐述"坐以致人"的消极后果。后者选取社会博弈、社会遗憾、社会治理的角度，分别阐述因人成事、因缘凑合、因势利导的论题。文章透过古代的格言论述社会治理之要义，以求达到以史为镜、以古鉴今之效用。《我国古代格言传播中的共同体观念》刊发于《华夏传播研究》第二辑（2019 年 10 月）。文章通过我国古代的格言探讨我国古代的共同体观念。文章综合探究我国古代的社会系统、社会体制、社会治理，从族类繁衍、角色设置、主体意识方面揭示社会群落的生态特征，为新时期中华民族命运共同体及人类命运共同体的建构提供历史借鉴。黄教授以渊博的学识、独到的学术洞察力打开了对古代格言研究的大门，为华夏传播研究开辟了新的领地，引导更多的后来者持续深入研究。

三、作为传播媒介的网络与艺术关系之研究

黄鸣奋教授在《新媒体与西方数码艺术理论》一书绪论中认为：自古以来，艺术与媒体就存在密不可分的关系。媒体既是艺术赖以安身立命的基础，又是艺术分类学的重要标准。在某种意义上，艺术史就是由口头艺术、书面艺术、印刷艺术、电子艺术向数码艺术演变的历史，相应的阶段划分是以主导性艺术媒体的更替为标志的。所谓艺术媒体，在某种意义上即艺术传播媒介。20世纪90年代以来，黄鸣奋倾力于电脑、数码、新媒体的研究。对于新兴的媒介技术，他给予艺术的观照，倾注了大量精力，取得了丰硕的研究成果。出版于1998年的《电脑艺术学》引进传播学的基本原理来研究电脑与艺术的关系，在《传播心理学》提出的传播六要素的基础上，从艺术主体、艺术手段、艺术方式、艺术对象、艺术内容、艺术环境等角度探讨电脑艺术。《数码艺术学》出版于2004年。该书认为数码艺术包括任何以数码科技为条件的作品，立足于艺术主体虚拟化、艺术对象智能化等九个不同的角度，从数码精英艺术、"网络三客"艺术等二十七个不同侧面，对数码艺术进行考察。《新媒体与西方数码艺术理论》出版于2009年，以新媒体作为切入点，从数码艺术的电子人取向、智能体取向、交互性取向、超媒体取向、非传统取向、织造化取向、游牧化取向、异构化取向、临场化取向等方面研究数码艺术的特点，深入探究新媒体与人文生态的关系。鸿篇巨制《西方数码艺术理论史》出版于2011年。该著作分六卷——数码编程的艺术潜能、数码文本的艺术价值、数码媒体的艺术功能、数码文化的艺术影响、数码现实的艺术渊源、数码进化的艺术取向，涵盖数码编程、文本、媒体等六大领域。该著作结构宏大、框架清晰，独具创见的思想，大量的论据，充分的论证，丰富的文献资料，见证了作为"史"的厚重与真实，彰显了作者的博学与睿智。黄教授的这部著作在数码研究学术史上有着举足轻重的地位，也为中国的文化大发展大繁荣提供了

有益的借鉴。他的相关著作还有《比特挑战缪斯：网络与艺术》（厦门大学出版社，2000）、《网络媒体与艺术发展》（厦门大学出版社，2004）、《互联网艺术》（文化艺术出版社，2006）、《互联网艺术产业》（学林出版社，2008）、《新媒体与泛动画产业的文化思考》（厦门大学出版社，2010）、《数码艺术潜学科群研究》（全四册，学林出版社，2014）等。

附：访谈录

陈瑞：黄教授曾经一度投身于华夏传播研究领域，所著《说服君主：中国古代的讽谏传播》一书成为华夏传播研究史上的经典著作。黄教授能不能为我们介绍一下您撰写这部著作的缘起？

黄鸣奋：当年余也鲁先生大力推进华夏传播研究，以厦门大学新闻传播系为重要依托。主管文科的郑学檬副校长非常支持，牵头组织出版相关丛书。余先生提供研究经费，具体工作由新闻传播系的黄星民老师负责。新闻传播系和中文系本来就有渊源，星民兄做事情又非常到位，直接促成我加盟这套丛书的写作。我还记得在新闻传播系参加丛书作者会议的时候，兄弟院校的不少相关学者都来了，真是盛况空前。从个人角度来看，在此之前我就对传播学感兴趣，所著的《艺术交往心理学》（厦门大学出版社，1987）、《艺术交往论》（台北：淑馨出版社，1993）实际上是艺术学、传播学和社会心理学相互渗透的产物。至于将中国古代的讽谏传播作为选题，这和我以往攻读、当时执教的是中国文学批评史专业有关。

陈瑞：如果不冒昧，请问黄教授为何没有在华夏传播研究领域继续深耕呢？

黄鸣奋：回想起来有三方面的原因：一是"华夏传播研究丛书"付梓并不如我们所希望的那么顺利，有些作者未如约完成任务，出版经费的筹措也花了较长时间。作为项目，可以说一时推动乏力。二是新媒体革命风起云涌，唤起了我童年时代对无线电通信的强烈兴趣。因为自小高度近视，我在运动场上技不如人，但有幸接受了厦门市国防体育俱乐部的无线电报务训练，向往在这个领域当个运动健将，因此很早就接触了电台、录音机等设备。考虑到厦门当时是海防前线，这样的机会是很难得的。"文化大革命"期间无法上学，我将大部分时间花在自学上，一边组装收音机，一边啃相关理工科书籍。恢复高考之后，我因视力问题只能报文科，但对无线电通信仍心心念念。因此，在写完《说服君主：中国古代的讽谏传播》之后，我就转而从事数码艺术理论研究了。第一篇相关论文是《电脑艺术学刍议》[《厦门大学学报（哲学社会科学版）》1997年第4期]，第一部相关专著是《电脑艺术学》（学林出版社，1998）。三是国家主管部门对高校学科进行调整，将中国文学批评史专业并入文艺学专业。考虑到学科建设的需要，我作为中文系文艺学专业研究生的导师，主攻方向是艺术传播学，而非华夏传播研究。我并没有出版过以"艺术传播学"为题的著作，不过，这个名称比较笼统，我自认为可以将对数码艺术理论、华夏传播研究、海外汉学等方面的兴趣统一起来。后来，我应人文学院领导的提议，改至招收戏剧与影视学专业的研究生，方向则是新媒体艺术产业。

陈瑞：黄教授钟爱中国传统文化，关注中国古典文学的传播问题。中国古典文学是中国传统文化的重要组成部分。在新的媒体技术环境下，您认为中国传统文化的跨文化传播有什么机遇与挑战？

黄鸣奋：从信源的角度来看，经过新媒体革命的洗礼，中国传统文化已经在一定程度上改变了参照系。且不说古籍电子化所取得的成果，单就观念而言，新媒体革命已经为我们提供了把握传统文化的新视野。因此，我写过《从电子媒体到数码儒家》（《南京邮电大学学报》2014年第1期）等文章。在《数码艺术潜学科群研究》中，我想做的一件事就是实现我国古代数码艺术观念和西方当代数码艺术观念的接轨。我国古代的数码文化其实是相当丰富的，值得进一步发掘。

从信道的角度来看，中国传统文化的传播比以往便利多了。我最初体会到这一点，是1993年在荷兰莱顿大学汉学院图书馆做研究的时候。当时，我选择的题目是"英语世界中国古典文学之传播"。汉学院的相关文献很多，图书管理员非常热情友好，任我把文献一堆堆地搬到宿舍阅读。不过，从书目索引看，毕竟还有些资料在莱顿大学找不到。后来，中国科学院上海药物研究所来的留学生褚真威帮了我大忙。他悄悄带我去实验室，让我体验网络检索。看我笨手笨脚的，他直接帮助我下载了哈佛大学图书馆、美国国会图书馆有关中国古典文学英译本的书目资料，和莱顿大学汉学院图书馆的资料相互补充。加上国内图书馆的检索，信息算是相对齐全了。这是我写作《英语世界中国古典文学之传播》（学林出版社，1997）一书的资料准备。我自认为是较早（也许是最早）利用互联网进行古典文学传播研究的国内学者。国外对中国传统文化的了解，如今应当主要是通过网络渠道，尽管传统的书店、图书馆仍然发挥着重要作用。

从信宿的角度来看，对中国传统文化感兴趣、有了解的国外受众早就超出了汉学家这个群体。他们自然也阅读经过翻译的中国古代文献，我在《从联机目录到大数据：英语世界中国古典文学数字化传播》[《现代传播（中国传媒大学学报）》2014年第4期]一文中做了一点说明。不过，我国网络文学对国外年轻人可能更有吸引力。正如金庸武侠小说是读者了解传统文化的重要参考书那样。当然，我国网络文学所展示的传统文化和"四大名著"所展示的传统文化不完全一致。现在交通和信息都很发达，国外人士尽可以亲自来看看现实中的中国的模样，或者在网上了解中国人自己对传统文化的看法。

以上所说的主要是机遇。要论挑战，首先要注意到不同文化之间的差异。我在厦门大学海外教育学院做过几年汉语国际推广的工作，和来华留学生、国外教育界有过一些接触，觉得彼此的思想方法、知识背景、关注热点、诉求目标等还是存在一定区别的。新媒体技术既是促进交流以缩小差异的黏合剂，又可能是放大差异造成矛盾的凸透镜。

陈瑞： 在以数字媒体为代表的新媒体时代，华夏传播研究应当如何利用新媒体开展纵深研究？

黄鸣奋： 华夏传播研究在专题研究和通史研究领域都取得了令人瞩目的成果，有一些已经运用了数据库、电子地图等技术。所谓"纵深研究"，在我看来至少包括三方面不同的含义：一是提供视觉意义上的纵深展现。例如，可以建构华夏文明传播的动态3D模型，和数字地球相配合。二是促进题材意义上的纵深透析，发现过去未发现的问题，寻找富有理论意义和实际价值的课题，揭示过去不为人所知的因果联系。譬如，世界各大图书馆馆藏中文文献比较，就可以通过新媒体技术来做。我曾和本校信息学院的一位老师共同指导本科生李洵就此做了初步尝试。李洵通过网络取样于国内外三个图书馆的中国古典文学英译本，写出专题论文，以此获邀到国外参加相关学术会议。三是推动思想意义上的纵深思考。"新媒体"其实是一个历史范畴。新的信息技术所促成的革命在历史上不止发生过一次，催生的新媒体很多至今还在应用，不过已经被当成了"传统媒体"。因此，"利用新媒体"应当包括"利用'新媒体'这一范畴"来进行观察和思考。从这个角度来看，我国春秋战国、唐、宋、清末民初是传播史上很重要的时期，因为它们分别是以文字、印刷术、电磁波为代表的新媒体后来者居上的关键期。不过，当时新媒体革命的速度不像今天这么迅速，所造成的冲击波没有今天这么强烈。今天很热门的"媒体融合"其实也是历史现象，只不过"媒体"是个多义词，论者经常是指其所指而已。尽管如此，历史经验毕竟值得借鉴，将历史研究和逻辑研究结合起来，比较有可能把华夏传播研究向纵深推进。

陈瑞： 黄教授曾自述喜欢技术，有理工情结。在华夏传播研究领域，谢清果教授著有《中国科学文化与科学传播研究》，认为墨学是一种充溢科学文化的流派，以墨家学派为例，分析墨家科学实践过程中的文化精神及墨学人文关怀中的科学思想。黄教授认为华夏传播如何切入中国古代的技术或是科学的研究？您对华夏传播领域中的技术或是科学研究有什么建议？

黄鸣奋： 谢清果教授在这方面是权威，还是由他来说比较合适。我只有几点粗浅的想法：从研究主体来看，华夏传播研究是广阔的领域，也是学术共同体的事业，要加强跨学科交流，发挥有科技专长的学者的优势。从研究对象的角度来看，华夏传播研究若切入中国古代科技的话，不仅要关注中国古代科技成果，而且要关注中国古代科技界。从研究方法来看，可以将中国古代科技界其人、中国古代科技成果其物结合起来思考，分析当时科技共同体形成和发展所遇到的问题，从传播技术、传播体制、传播技巧、传播效益等角度总结相关的经验。

陈瑞： 黄教授近些年比较关注电影，尤其是对科技含量极高的科幻电影，从文学、人类学、伦理学、文艺批评等角度都有所探讨，并提出了"中国电影学派"的建设问题。您认为中国电影作为传播媒介应当如何传播中国传统文化，在传播中国传统文化的过程中扮演什么角色？

黄鸣奋： 先声明一下，就科技含量而言，科幻电影固然比其他类型片多，但比科幻小说、科普文艺少，和科技论著更没法比，因为它是在娱乐经济的总体格局中运作和发展的。另外，"中国电影学派"的建设目前主要由北京电影学院统筹，我只是感兴趣而已。

电影是文化的视听展现，反过来又铸造相应的视听文化，并作为文化产业的分支而运营。电影本身有不少类别，其中故事片对一般观众影响最大。若论故事片和传统文化的关系，那么要注意到它不是讲解传统文化，而是根据传统文化、以传统文化为背景讲故事，或者讲述有关传统文化的故事，或者通过故事表现编导对传统文化的理解甚至批判。这些故事之所以打动人，是因为它们牵涉人的命运，渗透着人的情感。在传播中国传统文化的过程中，中国电影扮演的角色不是"老学究"，而是以媒体科技为"惊堂木"的"说书人"。

陈瑞： 中国电影如何才能更好地实现跨文化传播？华夏传播研究在这方面如何切入？

黄鸣奋： 中国电影早就在进行跨文化传播，而且成绩不菲。我觉得有几个问题值得注意：一是如今的电影应当是"泛电影"，范围不限于故事片，制作者不限于专业工作者或相关企业，渠道不限于院线，形态上"众声喧哗"。就此而言，我们应当对在线交流、民间交流、故事片之外的交流等予以更多的关注。二是电影的跨文化传播不只是电影界的事情，牵涉内容产业、信息产业、主管部门等。商业性传播固然有强大的推力，但存在许多限制。非商业交流有自己的空间，我觉得来华留学生就是很重要的渠道。他们可以通过中国电影了解中国文化、学习中国语言，我们可以通过他们的观感开拓对中国电影的视野。这方面已经有一些尝试见诸报道，但还不普遍，应当予以推动。三是在中国电影的生产方面，要纠正对"越是民族的就越是世界的"这一命题的片面理解。其实，越是为其他民族认同，才能说"越是世界的"。如果只满足于添加中国元素，不考虑建构人类命运共同体的宏观需要，也不考虑定向受众的知识储备、心理预期、文化背景，很难收到理想的效果。

华夏传播研究若想切入国产电影的跨文化传播，首先要明确主体是谁（涉及个人身份、组织性质、切入动机等），然后要选取恰当的切入点（商业电影的跨文化传播可能是长长的产业链，非商业电影的跨文化传播或许比较简单）。若有条件的话，不妨选取一两家相关企业（很多以"文化传播""文化传媒"命名的公司就在拍电影）作为合作伙伴，跟踪一两部电影参加国际影展的过程，策划一两个项目，将理论与实践结合起来。

陈瑞： 黄教授曾致力于中国古典文学与中国古代文论的研究，目前从传播学的角度对此展开的研究仍为数不多。对于华夏传播在中国古代文论这个领域的研究，黄教授有什么建议？

黄鸣奋： 这个问题可以分解为三个方面来回答：一是研究中国古代文论有关华夏传播的内容。这是从思想史的角度切入。二是从华夏传播的角度研究中国古代文论的当代影响。这是从接受学的角度切入。三是以华夏传播为核心范畴梳理中国古代文论体系。这是从传播学理论的角度切入。将上述三种取向结合起来，努力实现古为今用的目标。

陈瑞： 黄教授在《传播心理学》中提出传播主体、传播手段、传播方式、传播对象、传播内容、传播环境的理论框架，摆脱了西方传播学理论的束缚，立足于中国的历史传统、文化环境、话语体系，建构了中国风格的传播理论。《说服君主：中国古代的讽谏传播》参照此框架成书，可以说是《传播心理学》中的理论框架的成功实践。黄教授认为这个理论框架是否具有普适性，对华夏传播的理论体系的建构有什么借鉴意义？

黄鸣奋： 我后来将上述传播理论框架所包含的要素扩大到九个，即社会层面的主体、对象、中介，产品层面的手段、内容、本体，运营层面的方式、环境、机制。这三个层面分别对应人、物、人与物的结合。我应用这个框架撰写了不少论著，包括《位置叙事学：移动互联时代的艺术创意》（全三册，中国文联出版社，2017）、《科幻电影创意研究系列2：后人类伦理》（中国电影出版社，2021）等。这个框架的好处是：面对一个命题时可以迅速展开思路，如果有相关知识储备的话，还便于把握复杂资料的内部联系，某些时候还能提示资料缺门、论点缺环、角度缺项之所在。它适用于具体传播情境的要素分析，也可用来对华夏传播思想资源进行梳理。

必须补充的是：上述九个要素是可以相互转化的。例如，传播主体转化为传播对象（交互），传播手段转化为传播内容（媒介即信息），传播方式转化为传播环境（虚拟现实），等等。上述转化可以用来阐述传播规律，在错综复杂的传播现象之间寻找联系。如果要详尽阐述的话，值得写一本新书。

陈瑞： 黄教授在《华夏传播研究》第一辑、第二辑上发表了《社会治理：中国古代格言传播的启迪》《我国古代格言传播中的共同体观念》。作为后学，读到您在华夏传播研究领域的新作很惊喜。请问黄教授，您撰写这两篇文章的初衷是什么？

黄鸣奋： 我在从教初期购得类书《记纂渊海》四卷影印本（中华书局，1988）。它由宋代潘自牧编纂，汇集了大量格言，对了解中国古代思想观念的来龙去脉很有帮助。在退休之初，我想过以它为线索，本着古为今用的原则，写一部以传统精华为题旨的著作，即《社会治理的古代智慧》。原书细分为1246门，若不计有目无文者，实为1195门。我写了四篇（相当于原书的4门），每篇约1.5万字。题目分别是：《坐以致人：社会影响的力量所在》《与人为地：社会得失的因果审视》《殊途同归：社会万象的范式探索》《事同一体：社会群落的生态分析》。后来，厦门大学人文学院副院长李晓红教授建议我从事科幻电影研究，以适应目前我所在专业"戏剧与影视学"学科建设的需要，有关古代格言的研究就停下来了。已写成的四篇我都交给谢清果老师了，你提到的就是其中的两篇。根据谢老师的建议，它们在发表前我对标题和内容做了修改，突出了华夏传播的特色。

陈瑞：黄教授在华夏传播领域是否有新的研究规划？

黄鸣奋：华夏传播是一个很重要的研究领域。余也鲁先生当年曾希望我致力于有中国特色的华夏传播理论建设，其情殷殷，其言谆谆。我目前正在从事有关中国科幻电影的书稿写作，从广义上来说，这也属于华夏传播研究，不过，其着眼点是未来时代而非过去时代。至于编选华夏传播典型案例、编注华夏传播精华文献、编纂华夏传播观念集成，甚至构想华夏传播理论体系，都是可能的选项，要视客观需要和自己的身体状况而定。

陈瑞：黄教授作为华夏传播研究领域的前辈学人，对厦门大学华夏传播研究所的华夏传播研究事业有什么希冀或建议？

黄鸣奋：贵所是华夏传播研究的中坚力量，在谢清果先生的领导下开拓进取，不仅通过培养研究生壮大力量，而且通过创办刊物组织相关队伍，通过举办学术活动广结学缘，正在发挥越来越大的影响力。瞩目于华夏传播研究的长远发展，我有如下建议：一是倡导价值目标。中华文化源远流长，有关传播的精神遗产非常丰富。要让它们在新的历史条件下展示风采、赋予价值，我们需要付出艰辛的努力。建议将华夏传播与建设人类命运共同体的使命联系起来，着重探讨它在历史上如何维系华夏大地上各个民族的团结统一，在现实生活中又如何激励华夏儿女为祖国发展繁荣而不懈奋斗，并在和谐世界的建设中做出贡献。二是利用当代视听媒体促进华夏传播研究成果普及化，如推出在线课程、拍摄在线视频等。可以遴选或创作体现华夏传播基本观念的生动故事，用微电影、微戏剧等形式加以描绘与表达。三是加强与海外华文媒体的联系。例如，可以和"一带一路"共建国家的华文报刊、华文学校、华文广播电视台接洽，对接需要，组织专题，由贵所供稿，或者由对方提供材料，在贵所刊物上发表。

陈瑞：谢谢黄教授！祝愿您贵体安康！希望黄教授未来能够多关注华夏传播研究所，关注学界的华夏传播研究，为华夏传播研究提供更多的研究成果。谢谢您！

（撰文：陈瑞）

第五章 尹韵公 —— 一位穿梭于古今新闻传播研究的学者

👤 学人名片

尹韵公，湖南师范大学新闻与传播学院院长。1988 年毕业于中国人民大学，获得博士学位。曾任中国社会科学院新闻与传播研究所主办的期刊《新闻与传播研究》主编，《中国新闻年鉴》社长。兼任《中国大百科全书·新闻学卷》副主编，中华新闻工作者协会第六届常务理事，全国哲学社会科学规划办公室新闻学科组评审委员，中国新闻史学会副会长，中国社会科学院研究生院教授委员会委员，国务院学位委员会第六届学科评议组成员。中国人民大学、上海交通大学、武汉大学等多所高校兼职研究员和兼职教授。曾任中国社会科学院中国特色社会主义理论体系研究中心主任。

作为新中国首位新闻史学博士，尹韵公在西方传播学传入中国以来，适时地将传播学的理念融入新闻史的研究中，取得了许多开疆拓土的学术成果，填补了中国大陆新闻史研究的多项空白，为新闻史研究的学术大厦增砖添瓦。本章对尹韵公教授的学术研究历程和丰硕的学术成果进行梳理，重点展现尹韵公教授为传播学本土化做出的理论贡献与实践贡献。

一、尹韵公学术成果概述

无论是在人民大学校园，中国社会科学院新闻与传播研究所，还是在国务院研究室，不管身份如何变化，尹韵公始终没有忘记自己学者的身份，无论工作如何忙碌，他都没有停下学术研究的步伐。1988 年博士毕业后，尹韵公笔耕不辍，在新闻学和历史学的交界领域硕果累累，为后来众多投身该领域的学者留下了宝贵的研究资料。最负盛名的要数其在新闻史学上树立起的丰碑。作为新中国首位新闻史学博士，他的毕业论文《中国明代新闻传播史》得到导师方汉奇先生的高度赞赏，并被誉为中国大陆新闻史学上开疆拓土之作。他先后对三国、南宋和明代等朝代的新闻活动进行历史考证，并发现了明代邸报《急选报》原件，深入探讨了明代邸报的发行、传递和印刷。在历史考证方面，尹韵公凭史料说话，敢于向权威挑战，敢于向既成观点挑战，[①] 于《赤壁之战辩》一文中辨析了赤壁之战实为"小战"而非人们通常认为的"大战"。为了还原历史真相，尹韵公在读硕士期间曾针对"范长江是不是第一个公开如实报道红军长征的记者"这一问题，以《大公报》和《中国的西北角》的原始资料为基础，从纵横比较的历史角度，把这一事件放到时代背景的大框架内考量。[②] 通过重走原路和历史资料考证，对范长江 20 世纪 30 年代采访中国西北角做出跟教科书上不一样，甚至是颠覆性的评价。在国务院研究室的工作让尹韵公培养了家国情怀和大局意识。在新闻理论方面，尹韵公对党报的性质和功能，舆论监督等问题发表了不少有创见的论文。有些论文曾在学术界产生过较大影响力，推动了中国社会主义新闻学的发展，为中国在国际格局中的传播工作提供了指导。

二、华夏传播研究领域中的学术成果

在中国悠久的历史长河中，古代传统社会的文化传播活动作为宝贵的精神遗产，其价值绝对不亚于中国古代的文学、哲学。但直到 1993 年，"首届海峡两岸中国传统文化中传的探索座谈会"在厦门大学举办，传播学本土化的意识在大陆开始逐渐兴起，越来越多的学者才开始关注这个问题，

---

① 陈娜.学术研究是为给历史一个交代：访中国社会科学院研究员尹韵公［J］.新闻爱好者，2014（8）：49-54.

② 王永亮，傅宁.学者本色公仆情——访中国社会科学院新闻与传播研究所所长、博士生导师：尹韵公［J］.山东视听（山东省广播电视学校学报），2005（3）：41-46.

开始开展相关学术研究。其中尹韵公众多针对中国古代传媒史的各方面研究，有力地助推了华夏传播研究的兴起和发展。在学科发展过程中，尹韵公始终心系传播学本土化，致力于传播学中国学派的建立和发展。一方面，作为新中国首位新闻史学博士，尹韵公在新闻学和历史学的交界领域取得的很多学术成果为后来的华夏传播研究提供了丰富的史学资料，为传播学本土化的发展奠定了基石。从填补学科空白的《中国明代新闻传播史》和《急选报》原件的发现，到对三国时代书写材料与明代报纸发行印刷的历史考证，尹韵公的一系列学术成果详尽细致地再现了许多中国古代新闻传播活动的面貌和媒介技术的变迁，为后来的华夏传播研究从中提取中国古代传播思想提供了便利。另一方面，他还开展对中国古代传统社会的新闻传播思想的学术研究，如对我国古代"喉舌"含义考证等，推动了华夏传播研究的进步和发展。

（一）填补学科空白，研究断代新闻史第一人

在传播主体研究方面，大陆学者关注中国传统社会中较具特色的文化传播活动，特别是活动者的身份、在何种传播思想的指导下如何进行、造成何种社会影响，试图以此另辟蹊径，对中国传统文化的形成和特点重新评估。[①] 在这方面，尹韵公不但考察新闻传播活动在中国古代社会的历史进程，为中国古代的新闻传播活动勾勒出一个粗线条的轮廓，还通过对中国古代部分朝代的传播活动的深入研究，再现了中国古代部分朝代中新闻传播的总体面貌，描摹了其中一些重要细节，其中尤以其博士论文《中国明代新闻传播史》（后作为专著出版）为主。

尽管早在20世纪80年代末，学界已有对中国文化中"传"的思考，但是新闻史学在这一时期的发展主要集中在我国香港、台湾，表现比较突出的是台湾学者朱传誉所写的《宋代传播史》，这是我国第一部断代新闻史专著，而大陆这时候在这方面的研究基本还是空白。此时正值尹韵公读博期间。其导师方汉奇先生是新闻史学的大家，他希望自己的学生能够填补新闻史领域的空白，便指导自己的学生李彬研究唐代新闻史、尹韵公研究明代新闻史、史媛媛研究清代前中期新闻史、蔡铭泽研究民国新闻史。尹

---

① 雷晓彤.新时期以来"中国文化传播史"研究综述：从传播学的视域试论［J］.辽宁行政学院学报，2010，12（7）：171-173.

韵公的博士论文原本计划研究明、清新闻史，但出于时间有限等原因，尹韵公决定在明清两个朝代中二选一，进行全面深入的研究，后来便选择研究明代的新闻传播活动。由于政治形势特殊，明代被人们认为是"噤声"的时代，相较于这个朝代的科学、哲学等其他方面，新闻传播活动常常被人们忽视，耀眼的光芒一直被遮盖着。尹韵公掀开了这块幕布，让明代新闻传播的光芒被大家看到。

在研究明代新闻传播史期间，尹韵公受到朱传誉先生的《宋代新闻史》在新的写作思路和角度上的启发，从而将当时传入中国不久的新的学科——传播学的研究立场和方法引入新闻学领域。他在《中国明代新闻传播史》的前言中说："传播学的崛起，使新闻学的研究摆脱了以往那种光是直勾勾地盯着报纸本身的源流和沿革，而忽视了对古代社会其他新闻传播现象给予必要的关注，从而拓宽了研究领域的视野，给新闻学研究灌注了新的强有力的活力。"① 正是由于他适时地将传播学的理念融入新闻史的研究中，他的这部专著不再像之前的单纯从新闻视野出发的新闻史研究那么单薄，涉及的传播活动更加丰富。作者曾深有感触地谈道："假如没有传播学的引进，恐怕新闻传播史的成就将折扣一半。"②

在这种传播学视野的影响下，尹韵公十分注重对媒介所处社会情景的关注。尹韵公曾提到，过去，新闻史的研究通常只是提到什么时间出现了何种传播活动或者传播技术，而对出现的传播活动或者传播技术经常缺乏从当时的社会历史大背景方面进行考察，从时代意义方面进行判读，从文化起源的意义方面进行阐释。③ 而在研究明代新闻史时，尹韵公着力解释大众与政治、经济、社会、科技潮流的关联，尽力"从社会、政治、经济情景中解释新闻事业的发展"。这样一种强调媒介与社会的互动，多方位、立体观照新闻传播现象及其所处时代、与社会的关系、作用和影响的解释性研究方法或研究视角，在保留了描述性研究的优点外，还使描述性研究比较平面、研究方法比较单一的不足得到弥补，使史学研究、新闻传播史研究变得立体化、多角度、多侧面，使研究向纵向挺进，向横向延伸，在见

---

① 尹韵公.中国明代新闻传播史［M］.重庆：重庆出版社，1990：前言3.
② 董锦瑞.在明代新闻传播的长廊中畅游：评尹韵公《中国明代新闻传播史》［J］.新闻传播，2005（3）：26-28.
③ 董锦瑞.在明代新闻传播的长廊中畅游：评尹韵公《中国明代新闻传播史》［J］.新闻传播，2005（3）：26-28.

树木之时也看到了森林。①

这部近 24 万字的专著，对我国明代的新闻传播活动进行了深入的、卓有成效的探索。本书先从宏观角度对明代的新闻传播进行了整体概述，然后分别从微观角度对这一时代的各种新闻传播介质和形式做了描摹。②本书先通过明代新闻事业发展的政治、经济、文化环境，把我们引入"繁盛"与"腐朽"并存的明代，将明代新闻传播事业的参天大树呈现在读者眼前，然后介绍其枝干与树叶。本书虽涉及塘报、告示、旗报等众多传播媒介，但重点介绍的是明代邸报。书中对邸报的诞生地、邸报的报道内容和范围、邸报的政治透明度与新闻检查、邸报的新闻业务特点、邸报的传递和发行、邸报的印刷和读者群以及伪造邸报逐一进行研究，对读者欲知而长久以来不知的诸多问题，比如邸报为什么由唐历宋而在明代一直"受宠"，进行了深刻的解剖。③作为明代新闻研究第一人，尹韵公在书中第一次对邸报和朝报做出了区别与界定，正如他在接受其学生王永亮、傅宁的采访时所说："当时研究明代传媒史的论述实在是太少了，考证出来的东西，都是旁人少有提及的。"

《中国明代新闻传播史》是我国大陆第一部断代新闻史专著，填补了大陆新闻史研究的空白。这本书史料翔实，其中许多史料从前只是明代历史中尘封已久的边角料，在尹韵公的梳理下，焕发生机，被赋予了生命与价值。这部专著不仅得到了新闻史学大师方汉奇先生的高度赞赏，将它列为博士生必读书目，还得到了明代史学家的高度认可。但是尹韵公心中有个遗憾：没有找到哪怕是一件明代邸报实物来支撑博士论文。④直到后来他在北京图书馆发现了保存至今的唯一明代报纸原件——《急选报》，这个遗憾才得以消除。这份全世界最早自称为报的印刷品，对于研究明代新闻史和明代历史具有拾遗补阙的珍贵价值。它证明了万历八年或之前就出现了民办雕版印刷报纸，填补了明代新闻传播研究中缺少实物证据的空白，解答了学者一直以来对明代报纸的不确定性的困惑。

---

①　董锦瑞.在明代新闻传播的长廊中畅游：评尹韵公《中国明代新闻传播史》[J].新闻传播，2005（3）：26-28.

②　王文娟，许薇薇.抓机遇 迎挑战 助推中国学术发展繁荣：记中国社科院中国特色社会主义理论体系研究中心主任尹韵公 [J].今传媒，2013，21（1）：1-3.

③　董锦瑞.在明代新闻传播的长廊中畅游：评尹韵公《中国明代新闻传播史》[J].新闻传播，2005（3）：26-28.

④　尹韵公.机会总是给予有准备的头脑：我是怎样发现明代邸报原件的 [J].中国记者，1998（5）：43.

此外，在断代新闻史研究领域，他还做了三国、南宋等其他朝代的研究。以《三国时期的信息传播》为例，三国的故事可谓人尽皆知，但这个时代的信息传播状况，因长期缺乏研究几乎无人所知。[①] 尹韵公看到这一空白，便对三国时期的新闻信息传播进行了深度挖掘，对三国时期人们的信息需求和信息传播观念、主要的传播媒介、社会舆论和驿传制度等传播手段做了说明。在《重温庚子——从传播史的角度审视两宋》一文中，尹韵公以传播学的视野来看两宋在新闻传播活动上取得的显著成就。两宋时期，中国的新闻传播活动突飞猛进，从传播媒介技术的进步来看，这一时期毕昇的胶泥活字印刷术问世，留下了世界上现存最早的胶泥铜板移换摹印《玉堂杂记》；从中国古代报业的发展来看，我国最早以刊登消息为主的民间大众读物走进人们的生活。除了对两宋在传播历史上的成就的回顾，这篇文章还回答了"两宋对传播史的贡献何以如此巨大"的问题，通过对两宋社会及其时代背景进行综合的历史考察，总结出影响两宋社会传播的发展与进步的因素，主要包括经济发展、商业革命等间接因素，科技进步、科举盛行、城市化发展等直接因素。

就华夏传播而言，华夏传播研究的独有优势是中国源远流长的历史，华夏传播研究能否持续发展，很大程度上依赖于中国新闻传播史。而尹韵公在中国新闻史上的学术成果，无论是《中国明代新闻传播史》和明代报纸《急选报》原件的发现，还是《三国时代的信息传播》与《重温庚子——从传播史的角度审视两宋》，都为后来的众多华夏传播研究者提供了大量的宝贵史料和研究素材，推动了华夏传播学科的进步和发展。

（二）对中国古代传播媒介的历史考证

在传承传统文化的各种物质载体方面，尹韵公通过对官方史书与民间文学的整理，用历史证据说话，在《南宋都城临安的"卖朝报"与"消息子"及其他》《明代邸报与明代历史》《论明代告示》等文章中对中国部分朝代的传播载体做出了论据充分的说明。在文化信息传递所依赖的媒介技术方面，他在《长沙走马楼简牍与三国时代书写材料》中对三国时期造纸技术的成熟度与普及率加以探讨，在《论明代邸报的传递、发行和印刷》中对明代报纸的印刷情况进行历史考证。

---

① 尹韵公.三国时期的信息传播 [J].新闻与传播研究，1996（1）：85-93.

研究南宋方方面面的论著可以说汗牛充栋，但是专门研究南宋临安新闻事业的论著极少。1998 年，尹韵公在《新闻与传播研究》上发表的《南宋都城临安的"卖朝报"与"消息子"及其他》一文描绘了南宋临安精彩而奇妙的新闻信息传播与交流图画，文中有许多十分敏锐而发人深省的观点。他在史料中发现南宋都城临安已经出现了以"卖朝报"为职业或求生手段的人①，并由此反推出当时社会已经产生了一个以读朝报为必需的相对固定的读者群，再结合其他史料中提到的"供朝报""消息子""簇头消息"等一系列传播各种消息的专业人员和专门提供科举考试成绩的"喜虫儿"，反映出南宋临安的新闻传播氛围良好，已经出现了比较发达、兴旺的新闻活动。《明代邸报与明代历史》一文反映出邸报不仅起承载信息的作用，而且作为一种特殊的媒介文化被用于非官方史书的修订。因此，邸报成为考证明代历史的重要资料。此外，由于明代的报纸仍处于不成熟阶段，当时为了把重大时事动态及时向社会大众传播，需要借助另外一种重要媒介——告示。对于告示这一媒介的起源、发展和影响，尹韵公在《论明代告示》中做了较为详细的说明与阐释，认为告示是比邸报散布范围更广、信息辐射能力更强的传播工具，可以说是"明代社会影响最大、涉及面最广的新闻传播媒介"。

在对媒介技术变迁的考察中，尹韵公对明代报纸如何传递和发行的重要问题进行了深入研究。当时学界已经知道邸报是明代社会新闻传播的主要工具和主要方式，但对于邸报的一些相当重要、相当关键的问题还没有完全弄清楚。②在没有现代邮政系统的明代社会，邸报究竟是怎样传递和发行的？明代邸报是手抄的，还是雕版印刷的，抑或是活字印刷的？对于这些问题，尹韵公在《论明代邸报的传递、发行和印刷》一文中做了一些初步的探讨。通过对多条史料的整理汇编，从读者人数、印刷技术等多方面考证，他发现明代报纸主要是手抄的，并结合当时印刷技术的状况阐释了不用活字印刷的原因，提出了明代邸报传递和发行过程中的五个主要特征。第一，明代邸报的传递和发行既有中央部门通过官方驿站自上而下地传送到各级地方衙门的垂直方式，也有各地方衙门之间、衙门官吏之间抄传的平行方式，还有私人朋友之间的借阅传阅方式。第二，在这种层层下达的

---

① 尹韵公.南宋都城临安的"卖朝报"与"消息子"及其他［J］.新闻与传播研究，1998（3）：52-53.

② 尹韵公.论明代邸报的传递、发行和印刷［J］.新闻研究资料，1989（4）：106-128.

抄传过程中，邸报的内容因衙门或官吏的需要不同而被"贪污"和减少，即各取所需是明代邸报的一个重要特点。第三，明代邸报基本上每天抄传，每期刊登消息十条左右，字数为 5000 字以上。第四，外地官吏阅读到最近一期邸报的时间取决于官吏供职的衙门所在地跟京城之间的距离。距离越近，周期越短，距离越长，周期越长。第五，明代邸报主要是手抄，但也有雕版印刷，崇祯十一年后才开始出现活字印刷邸报，但这里的活字版指的是木活字，而不是，也不可能是金属活字。

尹韵公于 1997 年在《光明日报》上刊登的《长沙走马楼简牍与三国时代书写材料》对三国时期造纸术的进展情况加以研究，对纸张和简牍并存的三国时期的主要媒介进行了考证。1996 年，长沙走马楼三国简牍的发现轰动了整个学术界，尹韵公"从传播学角度，窥探这样的问题：既然纸张早在西汉时期就已诞生，为何在此后四百年之久的三国时代，作为社会上经常使用和流通的书写材料，仍然是简牍和纸张并存？它们当中究竟谁唱主角？"[1] 为了回答这两个问题，尹韵公通过多重史学资料对三国时代的造纸技术及其运用普及加以考证，发现三国时代简牍的市场份额远超纸张，社会上通行的书写材料依次为简牍、纸张和帛书，加深了我们对中国古代传播媒介的了解。

上述这些研究丰富了我们对我国古代新闻传播活动的认识和了解，补充了中国古代传播媒介的考证资料，推动了中国古代传统文化的传播媒介的研究。

（三）对中国古代传播思想之"喉舌"的追考

在传播内容研究方面，尹韵公对中国古代的许多文化传播活动进行了深入研究和考察。在《古代中国社会的传播现象——先秦至唐宋》中，他从宏观的角度综合地考察传播在中国古代社会的历史进程，为中国古代的新闻传播活动勾勒出一个粗线条的轮廓。对于中国古代传播思想的研究，以他收录在自选集中的《"喉舌"追考——〈文心雕龙〉之传播思想探讨》为代表。

我们常以为"喉舌"这一词是西方最先提出的，喉舌论最早出现在马克思对报刊的使命的描述中。尹韵公偶然在《文心雕龙》中读到"虞重纳

---

① 尹韵公.尹韵公自选集［M］.北京：学习出版社，2009：500.

言，周贵喉舌，故两汉诏诰，职在尚书"。这句话揭示了"喉舌"一词早在先秦就已出现，这远远早于马克思对报刊"喉舌"使命的描述。这引发了作者对中国古代的"喉舌"与现在所说的"喉舌"异同的思考：夏虞和姬周的"喉舌"是否具有传播学的意义呢？通过对"喉舌"的起源、发生、形成及其形态变化进行粗略追考，他既发现了中西方"喉舌"的共性，即一定阶级的代言人，又指出两者截然不同的传播语境导致两个"喉舌"在内涵上存在很大差异。尧舜时代就已经出现了从事新闻信息发布的专职官员，最初他们是代表帝王发布指令的人，随着朝代的变迁，"喉舌权"在不同的行政部门间转移，"喉舌"的职能逐渐扩大，从一味地上情下达发展出既有上对下、又有下对上的双向渠道。此前，虽然台湾学者关绍箕从修辞和文学的角度探讨过刘勰的传播思想，但从传播学的立场研究《文心雕龙》，这可谓是首篇之作。作为第一篇被《新华文摘》转载的新闻史的论文，该文丰富和补充了华夏传播研究。

（四）始终心系传播学本土化和传播学中国学派的建立与发展

在华夏传播研究快速发展的这几十年里，尹韵公始终对这一课题保持高度关注。在 2006 年中国传播学会成立大会暨第九次全国传播学研讨会上，尹韵公曾提出"传播学的本土化，现在仍然是一个沉重的问题：传播学的主要话语和基本框架仍然涂有浓厚的西方色彩。我们并不拒绝和排斥来自西方的人类文明优秀成果，相反，我们积极主张和倡导吸收、借鉴人类一切文明优秀成果。但是，我们又要认识到，任何优秀的外来文明和外来思想如果不能够本土化，那么这种文明和思想都可以获得理想的生存与发展，是值得怀疑的"的论断，同时表示"我们热切地期待着全国传播学研究者的奋发努力，争取在传播学的研究领域有所突破，创建出有价值的富有中国特色的传播学话语体系"。2008 年 5 月，第十届中国传播学大会在深圳举行。尹韵公作为中国传播学会会长，中国社会科学院新闻与传播研究所所长，在开幕词中说："我们要站在新的历史起点上，将传播学的基本原理深深根植于中国的具体传播环境之中，努力构建具有中国特色、中国学风的社会主义传播学体系。"[①] 华夏传播研究的春风已经吹暖了中国

---

① 中国传播学会秘书处."从历史到未来：传播、对话、共享"——第十届中国传播学会大会在深圳举行［J］.新闻与传播研究，2008（3）：63.

大陆，传播学主体性缺乏的问题引起越来越多学者的关注，构建传播学的东方视野成为许多学者的共识。尹韵公不仅自身对该课题高度关注，投身相关学术研究，还积极号召传播学界更多青年学者加入华夏传播研究的队伍。

三、行于新闻历史之间，学科交叉彰显优势

尹韵公的学术高峰离不开他的新闻和历史的双重专业基础，他曾在接受采访时谈道："新闻和历史是有共性的，二者都是对现实问题的反映，历史是昨天回答的现实，新闻是今天回答的现实。"尹韵公早期从事史学研究，对三国时期的历史进行了深入探究，积累了不少史学研究思维与技巧，培养出了一页一页阅读海量史料，每一句话都不错过的耐心。后来他接受了新闻学科的教育，受到传播学的启迪，培养出从新闻传播学视角看问题的素养。两种研究视野和研究方法碰撞出了历史感和新闻感共存的独特的研究风格。

一方面，这种从传媒或新闻的角度审视史料的治学特色，成为帮助尹韵公在新闻史学领域填补空白、卓有成就的关键因素。以《急选报》原件的发现为例，其实相关史料早有记载，但是许多史学家都没有注意到或者只是把它当成普通的史料来看待，没有意识到其在新闻传播领域的价值；而作为学科交叉的受益者，尹韵公对新闻史研究的长期关注和对史料孜孜不倦的搜集精神，使他能够从新闻学、传播学的意义来看待它，从而找到实物支持自己的博士论文。

另一方面，尹韵公后来在新闻传播领域工作时，也没有丢掉历史感。"新闻学研究要想获得新进展，登上新台阶，其中重要的方面就是必须加强同其他学科的联系、沟通和交叉，从其他学科中汲取有益的养料来健壮自身的体魄。"正如尹韵公在《中国记者》上发表的文章所言，他确实做到了将新闻学和历史学进行联系、沟通和交叉，通过新闻和历史的对话，为新闻学的发展注入了新的活力。他始终强调新闻工作者对历史感的需求性，秉持着"今天的新闻就是明天的历史"的信念，出了一部关于新闻学和历史学的论文集《昨天与今天——历史学新闻学论文集》。他曾在对年轻新闻学子的寄语中提到"认识历史，认识到历史发展车轮的转动，具备一个新闻记者应有的历史穿透力，进而真正地做好新闻报道"。

四、对华夏传播学科发展的贡献

对华夏传播学科的发展而言，尹韵公的学术研究成果起到了奠基石的作用。在华夏传播研究三十年的发展过程中，中国文化传播史已经取得了初步的成绩，学者在一些基本问题上达成共识，肯定了中国传统文化有着自己的传播模式和特点，并深深地影响了自古至今的中国社会。但由于这一领域刚刚起步，总体而言存在很多不足。尹韵公的学术成果于以下三个方面充实了华夏传播研究，推动了学科的进步与发展。

（一）文化传播史的史料梳理

华夏传播研究以中国古代社会的传播活动为主要研究对象，中国传播历史资料是其长足发展的动力来源。然而，在传播学由西方引入中国之前，中国学者比较缺乏传播学的思维与视角，以至于中国古代传播史料存在相当多的空白。而尹韵公在很早的时候就投身于这一空白领域，利用自身学科交叉的优势，以传播视野梳理史料，并提出许多新的发现，他的《中国明代新闻传播史》《三国时期的信息传播》《重温庚子——从传播史的角度审视两宋》等专著与文章为后来众多华夏传播研究学者提供了丰富史料。

（二）理论建设

对中国古代社会的传播制度、媒介、传播方式和传播观念等与中国传统文化之间的关系的探索刚刚起步。尹韵公通过对比"喉舌"在中国古代传播与西方报刊理论中不同的内涵，对刘勰《文心雕龙》中的"喉舌"观念进行解读，构建起不同于西方的中国本土"喉舌论"，丰富了华夏传播研究中政治传播的内容。所谓政治传播，即政治信息在政治体系内外的流通过程[①]，而中国古代的"喉舌"是一种下传帝王政令的独特媒介形态或者说传播制度。

（三）实践应用

探讨过去是为了今天和未来，一切历史都是当代史。中国正面临着全

---

① 邵培仁.政治传播学［M］.南京：江苏人民出版社，1991；李元书.政治体系中的信息沟通：政治传播学的分析视角［M］.郑州：河南人民出版社，2005.

球化的时代，同时这也是一个新的文化冲突和竞争的时代，从中国悠久文化传播历史中所总结的经验定能促进人们对传统的认知和反思，也应该能为我们今天的文化传播事业提供特别的经验和智慧。一方面，尹韵公在国务院工作期间曾起草大量重要的工作文件，提出了许多结合国情的中国社会主义新闻理论，提出了许多关于中国对外传播的洞见。另一方面，他在多个国家级传播学研讨会上号召更多学者关注传播学本土化，倡导更多学者致力于构建传播学的中华学派，为华夏传播研究增光添彩。

📑 附：访谈录 ①

张萌萌：尹老师，您好！感谢您抽出宝贵的时间接受我的访谈。本次访谈一方面想请您分享自己在新闻史领域内学术研究的心得感悟，另一方面想了解您对传播学在中国的发展现状，以及在百年未有之大变局的紧要关头，我国传播学者未来的路应该走向何方的看法，以启示后来学者。

一、个人学术研究：传播让史料重新鲜活

张萌萌：很荣幸有机会与您对话。您作为新中国首位新闻史学博士，传播学传入中国以来，您适时地将传播学的理念融入中国古代新闻传播史的研究中，在学科交叉领域取得了许多开疆拓土的学术成果，填补了中国大陆新闻传播史研究的多项空白，为中国建设和发展自己的传播学做出了巨大贡献。希望在接下来的访谈中，您能多分享一些自己的研究感悟，以启迪后辈。

尹韵公：你客气了。那我们就开始吧。

张萌萌：您的博士论文《中国明代新闻传播史》被认为填补了学科中断代史研究的空白。您怎么看这篇论文的成功？您认为这篇论文最大的创新之处是什么？

尹韵公：我自己写《中国明代新闻传播史》，是把传播学当作一种方法，用传播学的眼光去看待中国古代的历史。我觉得这样可以对中国历史和文化史有一种新的解读。没有传播学的时候，过去很多东西我们是看不到的。所以我觉得传播学在某些方面是一束非常耀眼的光，照进了中国历

---

① 访谈内容有删节。

史的史料，而这些史料需要被照射到才能活起来，才能被看到，只有这样我们才能发现它们的价值。中国很早就建立了完善体制的国家，在夏商周时代实际上就已经有了"新闻发布官"。此外，中国古代的檄文、露布等都属于传播。但是过去只是从文化角度解释，并没有从传播的角度看这些问题。我们从传播的角度去看的时候，发现好多史料都"活"起来了。所以传播学作为一种方法，使我们对中国历史的认识有了一种新的视角，让我们看到了过去没有看到的东西，过去看不清的东西，现在能够看得更加清晰。我在之前接受访谈时说过："假如没有传播学的引进，恐怕新闻传播史的成就将折扣一半。"

张萌萌：您在《"喉舌"追考——〈文心雕龙〉之传播思想探讨》中提出，早在西方之前我们已有中国自己的"喉舌"之说。您认为中国古代的"喉舌"与西方所说的"喉舌"有什么区别？

尹韵公：我在读《文心雕龙》时无意中发现其中提到了"喉舌"。因为我有传播学背景，所以立刻联想到西方马克思对报刊"喉舌"使命的描述，这通常被认为是"喉舌"的起源，但是原来"喉舌"早在中国的先秦时期就有了。这让我觉得很好奇。我花了很多时间去查阅史料，发现截然不同的传播语境导致中西方的"喉舌"在内涵上存在很大差异。实际上，任何一个政权和制度都需要一个"喉舌"，需要有人或者机构为政权发声，这不是西方开始有的，中国古代就有了。这就是过去从文化的角度解读历史时难以发现的，所以说要用传播学的视野去读历史。《新华文摘》刊登这篇文章时将其登在历史栏目，而非读书与传媒类栏目，可以说肯定了它在历史学上的学术价值。我写这篇文章只用了一两个月的时间，但是收集史料花费了好几年的时间，所以说和历史相关的研究一定要下苦功夫、笨功夫，因为找史料很困难。做华夏传播研究如果耐不住寂寞就难以推进，现在很需要很多人坚定不移地做下去。

二、华夏传播学的脉络：传播学本土化的总结和反思

张萌萌：在您看来，传播学引进中国以来发展状况如何，对中国产生了什么影响？在传播学本土化的进程中有没有"水土不服"的症状？

尹韵公：传播学引进中国四十多年，作为一种新的学术理论与思潮，这应该说是一件好事。因为中国改革开放后要和别的国家进行交流、交融、交锋，那肯定会有各种学术、各种理论、各种思潮进入中国，传播学只是其中一个而已。但是从学科上来讲，传播学引进中国四十多年，应该说发展得不是太好。为什么呢？首先，我们中国人自己还没有结合中国实际对其进行创新，基本上还停留在介绍和引进西方的观点或者对他们的观点进行解读和阐释上。其次，我们引进传播学的时候偏重有所不同，西方国家的传播学包括美国学派和欧洲的批判学派，我们介绍美国的传播学比较多，批判学派介绍得比较少。在这一点上，我们不应该有所选择，而应该尽量全面地了解和深入地研究，这样对传播学的发展会更好。当然，除了以上两个问题也有很好的一点，就是传播学作为一种研究方法对中国产生了很大影响。

张萌萌：在传播学本土化进程中也存在一些争论，有一些声音认为本土化是把西方的传播学理论套用在中国现象上。您对此有什么看法？

尹韵公：我认为方法其实是可以统一的。虽然传播学原本是西方社会学的思潮，很多内容诞生在西方社会语境中，但是我们可以借鉴其方法。就像上面提到的马克思主义一样，马克思主义的立场和方法都是可以借鉴的。马克思主义的基本原理不仅是政治符号，也是学术符号；不仅是世界观，也是方法论。我们常常强调的历史辩证唯物主义就是一个方法论，在它的指导下我们知道了看待世界要一分为二，既要看到优点，也要看到缺点。像这样一个方法论，无论在中国还是其他国家都是同样适用的。传播学也是如此，并不是简单地套用西方的理论，而是从传播学带来的新的角度去看待问题。虽然我们有时候也会用西方传播学去解释中国的文化现象，但是更重要的是把理论本土化，而不是仅仅解读本土化。马克思主义在中国一直能保持强大的生命力，不是在书本上发展的，不是光靠学者的解读，而是将理论和实际相结合，创造出了中国自己的理论。在中国，历史上有非常丰富的史料，那就要靠我们学者下功夫去做出正确的解读。其实很多学者已经意识到这个问题了。1993年，"首届海峡两岸中国传统文化中传的探索座谈会"在厦门大学举办，从此传播学本土化的意识在大陆逐渐兴起。现在有相当一部分学者深耕于华夏传播领域，其实目的就是在解决传播学如何本土化的问题。

张萌萌：您曾在深圳的传播学大会上说"我们要站在新的历史起点上，将传播学的基本原理深深植根于中国的具体传播环境之中，努力构建具有中国特色、中国学风的社会主义传播学体系"。您对这个中国传播学体系的构想是怎样的呢？

尹韵公：当前，华夏传播在用传播学的理论立场、观点和方法来解读中国的历史方面，我觉得做得还不够。我已经做了三国和明代新闻史，也有人做了汉代、唐代和清代等，但是还有很多未完成，比如说，魏晋南北朝的新闻传播是什么样的状况，现在还没有人进行研究。所以，现在还需要更多学者在这个领域内继续努力和耕耘。中国的传播文明如何从远古时期一步步发展到今天，至今还没有一个清晰的路线，中间是有断裂的，有些地方看清楚了，有些地方还没有看清楚。一个民族的文明发展程度是这个文明的智慧与先进最好的证明，如果这样的工作能被很好地完成，我们就能向世界历史做一个很好的交代，让世界看到中国传播史的完整图像。现在这个拼图还没有拼完，还在继续。如果我们中国能够呈现出从古到今的完整传播图像，我们在世界发展史和文明史中就能更胜一筹。黑格尔曾经说过：世界上只有中华民族是从古代到现代完全连贯，从未中断。四大文明古国中，中华文明能有自己的骄傲，就在于我们的历史是连贯的。我们几千年的历史都可以查证，每一年甚至可以精确到某月某日，这是其他民族难以做到的。所以，如果我们能够在传播史上做到连续、不中断，那是中华文明对世界传播史的伟大贡献，这是极具历史价值和文明价值的，是中华民族成长的印记，是民族骄傲的资本，是其他民族没有的文化底气。建设具有中国特色的传播学体系，与美国传统学派、西欧批判学派三足鼎立，是一种美好愿景与目标。但从现在来看，要实现这个理想还需要一代又一代学者的努力。

张萌萌：在实现这个理想的过程中，您认为当前华夏传播研究面对的最大挑战是什么？我们应该如何应对呢？

尹韵公：传播学本土化的困难在于我们学习借鉴西方传播学的过程中，还没有完成本土化，就被互联网的出现打断了这个进程。互联网的挑战对于传播学的发展是致命的，很多理论产生于纸媒和电视媒介时代，现在人人都有麦克风，我们就要思考在新的互联网背景下，传播学本土化怎么做。比方说，传播学中比较重要的理论——两级传播，在互联网时代已经衍生为多级传播。我在1978年进大学，那时候校园里很欣赏"采访"，当时的背景是纸媒。现在处于互联网时代，网络上使用"线人"，机器人写作、智能化写作出现，都已经不用采访，依靠数据库自动生成文字。在这种情况下，"采访写作课"若还和原来一样，就显得过时了。可以看出互联网把一些经典的传播学理论和实践都冲垮了，或者反过来说，传播学中的有些理论在今天的互联网时代已经过时了。传播学理论本身就有时代化的问题，这对我们来说是一个巨大的挑战。对于传播学研究来说，现在研究的热门是互联网，但是这样的学术作品是"易碎品"。现在研究的短视频和之前的博客、论坛很相似，一旦研究对象被淘汰，这方面的文章通常在短短两三年就会失去价值。我自己曾写过一篇名为《论网络文化》的文章，当时反响很大，现在去看觉得有点儿惨不忍睹，很多观点都过时了，不像文史哲学科的文章，不管过多少年拿出来看都还有价值。这是由我们学科的自身特点决定的。我们的优点很突出，很前沿、很时尚、很敏感，但正是因为这些优点暴露了我们的缺点：稳定性差，学术价值不是很强。所以，接下来我们要以互联网为主要参考背景，新闻学、传播学都要适应互联网时代，进行新的选择和构建。但是我认为，更重要的是培养一批对华夏传播研究感兴趣的学者。因为要跟史料打交道是需要坐得住"冷板凳"的，要真正热爱这个学科，喜欢中华传播历史，同时要有强烈的学术兴趣，这样才能真正做好这个领域的研究，才能真正走上建设具有中国特色的传播学体系的道路。

三、新闻传播教育：紧紧跟随时代步伐

张萌萌：多所高校曾邀请您进校园开展学术讲座。您对新时期下的新闻传播教育有什么思考？

尹韵公：我认为，我们现在的新闻传播教育最大的问题是理论脱离实际。这是怎么造成的呢？第一，新闻学科和文史哲学科不太一样，新闻学分为业界和学界两大块，而文史哲只有学界。很多新闻传播学专业的学生到了实习单位，觉得课堂上学的东西用不上。我也是老师，如果我教出来的学生去了实践部门用不上所学的知识，那说明我们新闻教育生产出来的不是"合格产品"，而是"残次品"。学生在实习部门的表现，影响了业界对学界的看法，这种现象就是新闻传播教育理论脱离实际造成的。第二，业界对新技术的运用非常敏感。互联网出现以来，各类新技术更新换代很快，业界对这些技术的使用远远超出高校里许多老师的认知范畴。业界因市场需求不快不行，学界的老师就显得有点儿跟不上趟。互联网时代技术进步太快，加速了学科教育理论脱离实际的步伐。老师也要不停地跟现实接触，跟实际社会接触，而不仅仅是关注外国和书本上的东西。过去，我们学习西方传播学理论，但今天在互联网层面上，中国和西方站在同一个水平线上，甚至比西方更先进。比如，在中国街头卖菜的农民都使用支付宝、微信扫码支付了，这在全世界都是相当先进的。现在新闻教育的挑战首先是互联网，我们的新闻教育一定要跟着实际走、跟着技术走，否则我

们就会被时代抛弃。在这方面，业界比较敏感，因为他们跟不上就会被抛弃，紧迫感比校园里的老师、学生更强。老师、学生在校园里更要发挥主观能动性，多去纸媒、电视、新闻网站这些部门调研考察。我每次去这些部门调研考察都会有新的感受，技术进步得太快了！新闻传播学科与时代结合得很紧密，不像文学、历史、哲学可以慢一点儿。所以老师一定要用最新的知识教育学生。另外，当前很多老师对国外的情况过于关注，但是国外的有些情况并不适合中国。老师更应该结合中国国情，研究我们自己的事情。不仅仅是新闻传播学，其他学科也应该这样做。

张萌萌：您对当前的新闻传播学子有什么期待？您认为当前的新闻传播学子怎样才能在新闻传播教育中汲取更多养分，成为优秀的新闻传播人才？

尹韵公：在校园里，老师教的理想主义多一点儿。理想主义是每个人心中的火炬，但是理想主义一定要落地，落地就会发现可能和实际产生矛盾、误差。理想错了吗？没有。这就需要我们在现实中既能保持理想，又能处理和解决好其与现实的矛盾。这种本领的增长对新闻传播学子很重要。

张萌萌：那您对我们新时期下的新闻传播学科教育有什么预期呢？

尹韵公：第一，互联网发达，前途不可限量，前景不可预测，要把互联网作为学科的根基。第二，紧紧跟随时代步伐。第三，一定要立足国情。第四，借鉴其他国家的有益经验。

（撰文：张萌萌）

第六章　邵培仁——中国传播学领域的先行者和开拓者

学人名片

　　邵培仁，传播学、媒介管理学专家，浙江大学传播研究所教授，博士生导师。曾先后任浙江大学传播研究所所长、人文学院副院长、传媒与国际文化学院党委书记、人文学部副主任、学术委员会委员、对外宣传领导小组副组长等，兼任浙江省重点创新团队——浙江大学国际影视产业研究中心主任、浙江省哲学社会科学重点研究基地——浙江大学传媒与文化产业研究中心主任、浙江省文化产业重点研究基地——浙江省娱乐与创意产业研究中心主任、浙江省传播学重点学科学术带头人，《中国传媒报告》杂志主编、《中国娱乐与创意产业蓝皮书》主编，国际华莱坞学会会长、中国传播学会副会长、中国传媒经济与管理学会副会长、浙江省传播学会会长。先后发表论文三百六十余篇，已撰写或主编出版各种学术著作三十二种。近几年先后完成国家社科和省、部社科科研课题十八项，主要有：国家社会科学基金项目"华夏传播理念"和"文化产业集团的成长机制与政策取向研究"；浙江省社会科学基金重大项目和招标项目"通向和谐社会的舆论传播研究""长江三角洲区域文化市场和文化产业现状调查"；浙江省社会科学基金重点项目"媒介地理与媒介生态研究""华夏传播理论研究""会展传播与管理研究"等。

作为中国第一批传播学研究专家，邵培仁在传播学、媒介学、华莱坞电影、文化创意产业等领域深入耕耘，在近四十年的学术研究中取得了丰硕的成果。本章试图从邵培仁的学术研究历程、中国传播学理论的建构以及邵培仁对华夏传播研究的期望等三个部分来展示邵培仁在传播学本土化研究中所取得的成就和做出的贡献，凸显其系统的传播学研究思想及高尚的精神品格，以此启示后学、指导中国传播学研究。

一、邵培仁学术研究介绍

（一）学术成就及贡献

1988年，邵培仁与戴元光、龚炜共同出版了《传播学原理与应用》，这是中国大陆第一部系统、全面地介绍和论述传播学的著作。邵培仁预见国内几年内会有人际传播学、组织传播学、大众传播学等学术著作面世，于是开辟新的研究领域，主持撰写了我国大陆第一套理论和应用实践相结合的传播学方面的丛书——"当代传播学丛书"，丛书中的《政治传播学》（江苏人民出版社，1991年）、《教育传播学》（南京大学出版社，1992年）、《新闻传播学》（江苏人民出版社，1995年）均是国内第一本创新性成果，而《经济传播学》（江苏人民出版社，1990年）、《艺术传播学》（南京大学出版社，1992年）不仅都是国内第一本创新性成果，而且在当时英语国家也没检索到同类著作。1997年，邵培仁根据新的中西结合的理论体系，出版了《传播学导论》一书，童兵教授为该书撰写序言《知识量和理论性俱佳的传播学新作——评〈传播学导论〉》，给予高度评价。2000年，邵培仁出版了被教育部列为"面向21世纪课程教材"的《传播学》（高等教育出版社），后来两次修订，2015年出了第3版。在回顾自己众多的学术专著时，邵培仁教授表示《传播学》这部著作是其最爱，它不仅知识量大，而且有很多创新，结合了中国传统文化、现代学术的优秀成果和自己的最新思考。①

在此过程中，邵培仁积极探索传播学的学术渊源，发表了《古老的传播论，年轻的传播学》《论传播学研究的欧洲渊源》《论中国古代受众的信

---

① 俞吉吉.学术无顶——访浙江大学传媒与国际文化学院邵培仁教授［EB/OL］.（2019-02-13）［2020-04-13］. http://blog.sina.com.cn/s/blog_593d5d690102yi8x.html.

息接受特色》《论人类传播史上的五次革命》《寻根主义：华人本土传播理论的建构》等论文；探索传播学本土化的可能与路径，发表了《传播学本土化研究的回顾与前瞻》《论传播学研究的中国特色》《中国传播学界需要学术寻根》等论文；积极推进整体互动模式和人类整体传播学的建构与完善，如发表《关于传播模式的思考与构想》《传播模式论》《走向整体的传播学》《携手共同构建人类整体传播学》等论文。他提出整体互动模式，意在强调传播过程和传播研究的整体性和全面性、辩证性和互动性、动态性和发展性、多向性和复杂性。整体互动模式得到杜骏飞教授、于文杰教授、赵晶晶（呆如）教授、肖容教授的充分肯定，被认为是"独树一帜的具有中国特色的研究体系"[①]。在整体互动模式的基础上，邵培仁提出要建构人类整体传播学，目的是引导人们共同思考和探索在人类的联系性愈加紧密、世界的整体性日益加强的时代，在未来传播带来的巨大挑战和机遇的面前，人类将如何建构和发挥整体传播学的作用，如何共同打造我们所希望的未来。

邵培仁教授在媒介生态学、媒介地理学、媒介管理学、华莱坞电影理论、新世界主义媒介理论五个研究领域都率先发表了国内第一篇学术论文、出版了第一部学术专著，具有开拓性和创新性，许多成果填补了传播学研究或传播交叉研究的学术空白。可以说，邵培仁"开山炼铜"的著述工作为中国传播学研究的开展奠定了坚实基础。[②]

我们看到，在近四十年的传播学研究中，邵培仁形成了自己的研究特色，即立足本土、追寻民族文化底色，倡导学科交叉创新，着眼于世界的整体研究格局，能够在时代发展中将传播理论与中国本土传播经验紧密结合，形成独具一格的中国传播学研究。鉴于邵培仁教授在学术研究中突出的成就，他于 2004 年荣获"浙江省有突出贡献中青年专家"称号；2007年荣获教育部及宝钢优秀教师奖；2008 年荣获改革开放 30 年中国传媒思

---

① 邵培仁.筚路蓝缕，以启山林［M］//王怡红，胡翼青.中国传播学30年：1978—2008.北京：中国大百科全书出版社，2010：638-640.

② 杜骏飞.筚路蓝缕，以启山林：略论邵培仁同志传播学研究实绩［J］.淮阴师专学报（哲学社会科学版），1992（1）：79-82；于文杰.体大精思，万象尽吞：《艺术传播学》与邵氏传播模式述评［J］.淮阴师专学报（哲学社会科学版），1993（3）：92-94；肖容.整体互动论：独树一帜的传播模式——略论邵培仁的传播学研究［J］.徐州师范学院学报，1992（3）：138-141；呆如.整体互动论：媒介管理学研究的新视界［EB/OL］.（2011-11-01）.https://www.ceconline.com/leadership/ma/8800062912/ba08bad601/.

想人物奖；2015—2016 年，邵培仁教授因其文章高发表量、高被引用量和高中心度，被中国传媒经济与管理学会授予"中国传媒经济学科杰出贡献奖"，以及因为率先提出"华莱坞电影"学术概念被授予"中国传媒经济年度观点奖"；2018 年荣获第六届范敬宜新闻教育奖——新闻教育良师奖；先后被浙江大学评定为教师九级最高岗位和国家二级教授。①

邵培仁的学术成就和影响力还可以通过下述两个指标加以说明：邵培仁在 2009—2018 年的十年间国内新闻传播学科 h 指数（17）和学术迹（根据发文量、引用率和篇均引用率等计算）在浙江大学排名第一，而且《2008 浙江大学文科发展报告》采用这一指标以来，他一直保持排名第一；②邵培仁还被誉为"万引学者"，他以论文被引 13724 次位居"中国知网""文学与文化理论界"第 11 名，论文篇均被引 21.14 次，是浙江省文学与文化理论界唯一入选者。③

（二）邵培仁传播学研究的思想脉络

周颖在《邵培仁学术理念国际化进路及传播思想》一文中对邵培仁近四十年的传播学研究思想进路进行阶段划分。④本章主要根据邵培仁进行传播学本土化，尤其是华夏传播研究的思想脉络进行划分。

1. 第一阶段：1988—1997 年，传播学本土化研究

1988 年，邵培仁和戴元光、龚炜一起出版了传播学专著《传播学原理和应用》。回忆起这部专著的写作缘起，邵培仁说，在 1985—1987 年，他和戴元光、龚炜在复旦大学新闻学院读书，他们经常就一些学术问题进行无休止的交锋，而争论最多的就是引进不久的传播学。后来争论累了，他突发奇想："咱们不争了，写本传播学吧。"当时，他要把这话告诉其他同

① 周颖.邵培仁学术理念国际化进路及传播思想［J］.山东理工大学学报（社会科学版），2018，34（5）：81-90.

② 浙江大学社会科学研究院.2018浙江大学文科发展报告［R］.杭州：浙江大学社会科学研究院，2018：52-53.

③ "万引学者"是谁？［EB/OL］.（2019-03-25）.https://mp.weixin.qq.com/s?src=11&timestamp=1686726750&ver=4589&signature=ul88SFaDNQ5lTGjnv9o2*VJvPWP8Pq1tQ7HkTfFN70nonXbvkvLCTxjxmtAHFJyv0pbovmDHY-pBpA4kPvyutkSnxh4PdNm9HGoX4E81NTnE8VRBNdD9H3Ng4JHVDGNS&new=1.

④ 周颖.邵培仁学术理念国际化进路及传播思想［J］.山东理工大学学报（社会科学版），2018，34（5）：81-90.

学，他们肯定会把大牙笑掉，因为自己也觉得有点儿不知天高地厚。因此，他们根本不敢声张，只是悄悄地买书、借书、复印、做卡片、拟大纲……一切都是"偷偷摸摸"的。1986年底，初稿完成时，同学们都不知道。1987年，书稿作为试用教材印成《传播学概要》，试用反响很好。书稿认真修改后于1988年正式出版，首次印刷5000册，很快一售而空，之后重印10次，在很长时间内一直是许多高校新闻学系和社会学系的选用教材，据说在港、台地区和东南亚也有一定影响。①《传播学原理和应用》的出版标志着邵培仁开始进入中国传播学研究领域。在邵培仁所撰写的章节中，经常看到将西方传播理论同中国文化结合的论述，譬如讲传播技巧，他选取了很多中国传统文化中的经典案例，如"揠苗助长""秦伯嫁女""楚人卖珠"等故事，来论证传播技巧。②这体现了邵培仁从一进入这个领域就对传播学中国化研究有了强烈的意识和积极的尝试。正如这本书在总论中明确指出的，我们"在传播理论的研究上，可能突出评价、消化和修正西方传播学理论，……通过实践，建立自己的传播学研究模式和理论"③。

在《传播学导论》一书中，邵培仁用较长的篇幅梳理和论述了"传播学的中国渊源"，认为"中国人最先揭示了传播的特性和功用"；中国"对受众观念的论述"不仅比西方早，而且"论述极为深刻"；中国"对传播原则的论述"，不仅对传播提出总的原则，而且提出一系列具体要求；古代"对传播者的道德修养和人格内涵，也提出了具体要求"，在语言传播中，古人提出了四点主张，即要"讲良言，戒恶言"，"讲精言，戒多言"，"讲实言，戒浮言"，"讲有用之言，戒无用之言"。④

在《艺术传播学》一书中，邵培仁将西方传播理论同中国古代传播理论结合起来进行论述的内容随处可见。比如，在《接受者研究》这一章，总结出五种受众理论：知音论、引导论、枪弹论、参与论、中心论。再比如，在论述中国艺术传播者与受众相互作用的关系时，他总结出了三种规

① 袁军，龙耘，韩运荣.传播学在中国［M］.北京：北京广播学院出版社，1999：218-221.

② 戴元光，邵培仁，龚炜.传播学原理与应用［M］.兰州：兰州大学出版社，1988：213.

③ 戴元光，邵培仁，龚炜.传播学原理与应用［M］.兰州：兰州大学出版社，1988：24.

④ 邵培仁.传播学导论［M］.杭州：浙江大学出版社，1997：35-38.

律：民间文学、通俗文学的创作者比较尊重受众，而纯文学、圈子文学、宫廷文学、贵族文学的作者常常遗忘大众；短篇文学作品的作者常常会遗忘读者，而长篇文学作品的作者大多能尊重读者；艺术作品的创作个体往往忽视大众，而综合艺术的创作群体则较能尊重受众。①

可见，在传播学引进中国的初始阶段，邵培仁就强调了传播学本土化建设的重要性和必要性，极具前瞻性、创新性和冒险精神。②在他的其他著作和论文中，他对传播学本土化研究也始终不渝地潜心钻研和探索，反映出他对传播学本土化研究的坚持和执着。③从他的传播学本土化研究思想的形成与发展过程中，我们看到了学术探索者的钻研精神和人格魅力，也看到了传播学本土化研究的曲折与艰辛，更反映出中国传播学研究逐步走向自主、自信的基本态势。

2. 第二阶段：1998—2012 年，传播交叉化研究和传播学本土化深度耕耘

进入 21 世纪以后，信息技术快速发展，对社会各个领域逐渐产生影响，信息传播发生革命性变化。在世纪之交，邵培仁以卓越的眼光看到信息社会的转型发展，于 1998 年出版中国大陆第一部媒介经营管理学专著《媒介经营管理学》。他在本书前言中写道："信息社会已悄然来临，知识革命正迅猛兴起……展望 21 世纪，一场综合性的、全方位的国际竞争已迫在眉睫。但是，不论是经济战、政治战、军事战，还是科技战、文化战，其竞争的焦点都将集中在信息与传媒上。"④从 1988 年开始进入传播学研究领域，邵培仁就显示出超前的学术敏感性和创新性。同样，在以媒介为核心领域的传播研究中，邵培仁也始终贯穿着传播学本土化的研究思路，始终将媒介理论研究建立在中国传统文化和现代学术的土壤上，以及中国的具体国情和媒体在地经验的基础上。

在这一阶段，邵培仁主编主撰了教育部"面向 21 世纪课程教材"《传播学》《媒介管理学》《媒介管理学经典案例》，"普通高等教育'十一五'

---

①　邵培仁.艺术传播学［M］.南京：南京大学出版社，1992：308-315.

②　周颖.邵培仁学术理念国际化进路及传播思想［J］.山东理工大学学报（社会科学版），2018，34（5）：81-90.

③　GUO X C.A Glimpse of Professor Shao Peiren's Academic Achievement［J］.China Media Research，Vol.11，No.1/January，2015：55-67.

④　邵培仁，刘强.媒介经营管理学［M］.杭州：浙江大学出版社，1998：前言.

国家级规划教材"《媒介管理学概论》，以及"新闻传播学研究生核心课程系列教材"《媒介战略管理》。他在传播学、媒介管理学两个研究领域都具有举足轻重的地位和权威性。

邵培仁主编的"21世纪媒介理论丛书"，分别在浙江大学出版社和中国传媒大学出版社等出版社出版，至今已出版三十多本，在学界反响甚好。在丛书的序言中，邵培仁认为，在历史转折关头，中国媒介和传播研究一定"要以中国为经，以世界为纬。中国是媒介理论研究的坐标点，而世界则是它的参照系。如果媒介理论研究不同中国特定的历史—社会—文化条件相结合，不在中国五千多年民族文化的土壤上生长出来，不能指导具体的媒介活动，而只是简单地贩卖、照搬和空谈西方媒介理论，那必然会遭到人们的拒绝，甚至反对。但是，要推进媒介理论走出国门、走向世界，同国际学界进行平等的对话和交流，则必须严格遵守学术规范和游戏规则，在坚持中国学术主体性的基础上，使其具有世界元素和全球视野"[①]。虽然丛书中的《媒介生态学：媒介作为绿色生态的研究》《媒介地理学：媒介作为文化图景的研究》《媒介舆论学：通向和谐社会的舆论传播研究》《媒介理论前沿》《媒介理论前瞻》《媒介理论前线》等传播交叉研究著作，不是华夏传播研究的专门著作，甚至没有对中国传统文化进行专门研究的章节，却体现了"立足本土、古今联通""扎根本土、中外沟联"[②]的传播学本土化基本理念，是对中国媒介研究的系统而深入的总结和梳理，是中国传播学本土化的媒介领域的思考、探索和创新，绘制了基于中国社会和中国文化的媒介理论蓝图。

3. 第三阶段：2013—2016年，华莱坞电影理论建构和华夏传播研究

在这一阶段，邵培仁主要从中国传统文化出发，挖掘中国文化中的传播观念，建构相应的传播学理论。从2013年发表《华人本土传播学研究的进路与策略》开始，邵培仁陆续发表了一系列高水平的华夏传播研究论文，诸如《寻根主义：华人本土传播理论的建构》《从思想到理论：论本土传播理论建构的可能性路径》《为历史辩护：华夏传播研究的知识逻辑》《返本开新：从20世纪中西学术交流看传播学本土化》《传播理论的胚胎：华夏传播十大观

---

① 邵培仁，等.媒介生态学：媒介作为绿色生态的研究［M］.北京：中国传媒大学出版社，2008：序言.

② 邵培仁.传媒的魅力：邵培仁谈传播的未来［M］.北京：首都经济贸易大学出版社，2014：前言3.

念》等论文，专著《华夏传播理论》也已面世①。这方面的成果着力于对华夏传播研究的理论建构和知识梳理，既有纵向追踪，又有横向比较，可谓贯穿古今、联通中外，标志着华夏传播研究的创新性成果进入一个新的高度。

邵培仁还开辟了华莱坞电影研究这一传播学本土化研究的新向度。他认为："华莱坞是电影、是产业、是空间，也是符号、文化、精神和愿景。换言之，华莱坞乃华人、华语、华事、华史、华地之电影也，即它以华人为电影生产的主体，以华语为基本的电影语言，以华事为主要的电影题材，以华史为重要的电影资源，以华地（包括中国大陆和台港澳地区）为电影的生产空间和生成环境。"②邵培仁对华莱坞的定义和阐释同华夏传播研究的内涵和理念是相通的，可以视为华夏传播理论与中国电影研究的有机结合，是传播学本土化研究在电影研究领域的成功实践。对此，邵培仁认为，"华莱坞电影研究作为传播学本土化的落地与实践，从概念的提出到深入，从对表象的梳理到对内涵的挖掘，无一不是为了能够找到属于本民族特有的电影基因符码"，因此"华莱坞电影既是对传播学本土化趋势接地气的实践与扩展，也将成为跨越国家地理边界，促使中华文化同世界多元文化进行交流沟通、文化认知与转换、文化认同与共鸣的重要途径"。③邵培仁主撰、主编的《华莱坞电影理论：多学科的立体研究视维》《华莱坞电影概论》《媒介地理视阈下的华莱坞》《走向绿色：华莱坞电影生态研究》等书，以及相关论文，有力地证明了华莱坞电影研究是华夏传播研究的一个重要面向，有力地促进了华夏传播理论的建构与发展。

4.第四阶段：2017至今，人类整体传播学和新世界主义媒介理论的创建

2017年至今，邵培仁以更加开阔的全球视野审视人类传播行为及规律，从中国本土出发，以新世界主义的视角思考未来人类的整体传播趋势，体现了邵培仁作为一个学者的社会责任和时代担当，从理论上进一步明确了中国传播应有的作为与风范。④其实，早在20世纪90年代，邵培仁

---

① 邵培仁.华夏传播理论［M］.杭州：浙江大学出版社，2020.

② 邵培仁.华莱坞的想象与期待［J］.中国传媒报告，2013（4）.

③ 邵培仁.华莱坞电影理论：多学科的立体研究视维［M］.杭州：浙江大学出版社，2014：26.

④ 周颖.邵培仁学术理念国际化进路及传播思想［J］.山东理工大学学报（社会科学版），2018，34（5）：81-90.

就曾对其研究特色做过总结，其中谈到以下几点：在研究的过程中注重结合中国的国情、联系中国的实际；注重从中国传统文化和现代学术中汲取营养；注重尊重中国读者的思维惯性和阅读心理；注意从现实的传播活动中寻找鲜活的数据和例证。再就是关注传播学的前沿课题、新兴课题和交叉课题，注意推动传播学向其他领域扩张，或与其他学科联姻，以孕育新的学术生命。然后在此基础上，形成自己的研究特色，建构自己的理论体系。① 纵览邵培仁的学术思想脉络，上述的研究特色始终贯穿在他的传播研究中。概而言之，邵培仁的学术思想脉络中一以贯之的是：以中国传统文化为基础，立足中国本土实际，始终把握时代发展脉搏，以开阔的视野和创新精神不断开创中国传播学研究的新领域，积极推进传播学本土化理论建构和拓展。

此外，从 2019 年开始，《现代视听》开辟了《培仁新语》专栏。这是邵培仁发表关于全球和中国文化传播等重要的、前沿的理论观点的新平台，发表了诸如《开放共享：构建全球信息传播新模式》《主动智能化：中国媒体发展繁荣的新引擎》《打造中国文化全球传播新景观》《媒介是全球的，文化不是！》等，阐述了在全球化语境中中华文化传播的最新观点，为华夏传播研究的当下实践提供了积极的指导。

（三）邵培仁的治学风格

1. 严谨治学，敢于创新

邵培仁在《传媒的魅力：邵培仁谈传播的未来》一书中写道："物种繁衍靠复制，学术研究靠创新。创新是中国学术的灵魂，质量是中国学术的命根。中国传播学研究只有不断进行学术创新、提高学术质量，才能在国际学术竞争和发展中处于有利位置，才能赢得主动权、发言权和平等对话、受人尊重的权利。"② 我们可以从邵培仁这三十多年的研究成果中看到，从中国大陆第一本传播学专著的撰写到传播学本土化的学术寻根，再到人类整体传播学的建构设想，邵培仁在学术研究中始终秉持着创新精神，不断提高学术质量。这是邵培仁能够取得丰硕成果，对中国传播学研究起到奠

---

① 袁军，龙耘，韩运荣.传播学在中国［M］.北京：北京广播学院出版社，1999：221.

② 邵培仁.传媒的魅力：邵培仁谈传播的未来［M］.北京：首都经济贸易大学出版社，2014：2.

基性作用，赢得学术界认同和赞誉的关键所在。

学术创新是要敢于突破传统思维的束缚，以开阔的视野引领学术研究，邵培仁的传播学交叉研究就是一个很好的例证。也就是说，邵培仁能够将传播学与其他学科，西方传播学与中国民族文化等广泛联系起来，在交叉融合中凸显自身的研究特色。学术创新要能够抓住时代发展契机，不断开拓创新、与时俱进，诸如邵培仁对媒介理论的研究、对人类整体传播学的思考、对新世界主义的探讨等就是走在学术前沿的创新。邵培仁认为："在传播学领域，不要受太多固有陈规的束缚，这样那样的顾虑对于学术创新是有害的。如果学术研究没有敢为人先的精神，其'创造'过程极易蜕变为'制造'过程，学术就不可能有真正的进步。"[①] 这种创新精神使得邵培仁能够不断推出高质量的学术成果。这种学术创新体现了邵培仁严谨治学的学术态度。在邵培仁教授看来，学术研究需要坐得了冷板凳，需要学者们耐得住寂寞，要在漫长的学术马拉松中始终秉持严谨踏实的治学作风。做一个有良知、冷静的中国传播学者，这是邵培仁教授一贯的坚持。[②] 这种学术道德品质正是后学应该谨记和培养的。

2. 知识广博，视野开阔

在做学问上，邵培仁始终认为应该"厚积"，这样才能做到"薄发"。邵培仁介绍自己的经历说，在正式进入传播学研究领域之前，他"很像一个拳打脚踢而没有正规套路的拳击手"，今天搞写作学、文体学，明天搞文艺评论学、影视艺术学，后天又搞心理学、新闻学——"左冲右突、东一榔头西一棒、无固定目的地胡乱折腾"，竟使他啃了不少大部头的理论书籍，从而开阔了视野，奠定了基础，积蓄了能量。[③] 我们知道，传播学是一门交叉学科，本身就具有多个学科融合的特征。所以，邵培仁进入传播学研究之前的这些积累为他日后的传播学研究奠定了基础，也使他能够站在多元文化碰撞、交融的制高点，从不同的学科、不同的层面立体地观照、审视、分析信息传播的过程和规律，研究和探寻传播学立足于中国国情、根植于民族土壤

① 吴筱颖.喜欢做前人没做过的事：访浙江省有突出贡献的中青年专家邵培仁教授［N］.浙江大学报，2004-06-04（2）.

② 周颖.邵培仁学术理念国际化进路及传播思想［J］.山东理工大学学报（社会科学版），2018，34（5）：81-90.

③ 吴如.让有价值的历史记忆同行：访中国传媒经济与管理学会副会长邵培仁教授［J］.世界经理人，2011（11）：20-26.

的可能性。^① 邵培仁的这种学习积淀启示我们要广泛涉猎传播学以外的学科知识，其他学科往往蕴含着丰富的传播学知识，需要我们在平时的学习研究中去积累和挖掘，这也是做好传播学研究的一项重要的基础工作。此外，邵培仁具有高度的学术敏感性和广阔的视野。他一向认为，传播学是一个开放的体系，具有全球性和国际化的特点。^② 因此，一直以来，邵培仁着眼于国际学术发展的大环境，关注国际学术发展进路，结合中国社会发展和中华传统文化，建立一个中西对话的中国传播学话语体系，在国际视野中保持学术研究与时俱进，不断增强学术敏感性。以上两点是邵培仁突出的治学风格，体现了他对学术的热爱和认真，这种精神值得敬佩。

邵培仁不仅治学成果卓著，育人成效也很突出，个人于 2018 年荣获第六届范敬宜新闻教育奖——新闻教育良师奖。范敬宜新闻教育基金理事会的颁奖词写道："他（邵培仁）是我国传播学领域的先行者和前沿开拓者之一。他在学科建设、教育教学等方面为新闻传播学的发展做出重要贡献。他长期致力于传播理论、媒介管理与文化产业、华莱坞电影理论等领域的研究、教学，筚路蓝缕，勇于创新，其学术成果具有重要影响。他数十年如一日地敬业求真，无私奉献，在其主持下，所在学科先后建成浙江省重点学科、省重点创新团队、省哲学社会科学重点研究基地，逐步形成自身的优势和特色。他出版多本国家级规划教材，推出'金字塔式课程建设模型'等，教学成果多次获教育部和省优秀成果奖。他为人谦逊宽厚，提携后学，爱生如子，培养的学生中有一大批已成为媒体行业和学界的中坚力量。"^③

二、中国传播学的理论建构

（一）传播学本土化研究的基本思想

邵培仁致力于推动华夏传播研究，其独到的研究思路，为华夏传播研究的理论建构提供了方向。在 2017 年谢清果教授主编的《华夏传播研究》

---

① 肖容.整体互动论：独树一帜的传播模式——略论邵培仁的传播学研究 [J].徐州师范学院学报，1992（3）：138-141.

② 陈兵.邵培仁与中国当代传播学 [J].徐州师范大学学报，2004（6）：131-136.

③ 万宁宁.第六届范敬宜新闻教育奖在人民日报社颁奖 [EB/OL].（2018-12-23）[2018-12-24].http://media.people.com.cn/GB/n1/2018/1223/c120837-30482755.html.

集刊创刊号中，邵培仁发来贺词："祝贺华夏传播研究创刊。华夏传播研究不应执拗于内，而应内外兼容；不要执意于古，而要古今贯通。"①

早在 1995 年、1999 年，邵培仁就率先发表了《论传播学研究的中国特色》《传播学本土化研究的回顾与前瞻》两篇论文。在《论传播学研究的中国特色》一文中，邵培仁就传播学研究为何要有中国特色、怎样叫作有中国特色以及怎样才有中国特色②等三个中国传播学研究的基本问题做了探讨。他是最早回答了如何进行中国特色传播学研究的学者。在《传播学本土化研究的回顾与前瞻》一文中，他就传播学本土化研究的基本问题作了阐述，认为中国化的传播学研究，基本上以古为主、以今为辅，致力于中国文化中传播理念和传播智慧的展现；中国特色的传播学研究，基本上是以今为主、以古为辅，着力于中国当代传播活动中现象的分析和问题的解决。它们虽各有侧重，但并不互相排斥。相反，它们都以"本土"为研讨核心，以"本土"为耕耘的园地，互相包容，互相渗透，互相支持，互相靠拢，协调共进。③ 在邵培仁看来，与物理学、化学、工学等自然科学不同，传播学有国界，传播学研究的对象是人。中国化的传播学或中国特色的传播学，研究的对象就是中国人，中国人的性格与思维方式、文字与传受行为不同于外国人；中国的尊"长"贵"和"、崇"礼"尚"忍"等传播观念也是"本土性"的。中国传播学者的世界观、宗教信仰、文化积淀、知识传承、社会背景等均是"中国化"的。④ 可以说，中国文化中蕴含着丰富的传播观念，立足本土进行创新是华夏传播研究的一个突破口，只有不断挖掘中华传统文化中丰富的传播观念和内涵，才是华夏传播研究长久发展的内在动力。

因此，邵培仁指出了华夏传播研究或者说传播学本土化研究的基本思想和原则：应该古今中外形成相互照应，不能陷入只研究古代而不考虑传播学的当代发展，不能陷入只研究中国而忽略国外传播学的研究理论。实际上，这勾画了华夏传播研究的进路，确立了华夏传播研究的基本准则，

---

① 谢清果.华夏传播研究［M］.北京：中国传媒大学出版社，2018.

② 邵培仁.论传播学研究的中国特色［J］.徐州师范学院学报，1995（3）：62-64.

③ 邵培仁.传播学本土化研究的回顾与前瞻［J］.杭州师范学院学报，1999（4）：36-41.

④ 邵培仁.传播学本土化研究的回顾与前瞻［J］.杭州师范学院学报，1999（4）：36-41.

由此才能在阐扬中国传统文化中的传播观念的同时建构中国传播学理论，形成能够与西方传播学对话的学术体系和话语体系，从而达到邵培仁所说的由文法层面的本土化（原义）演进到语义层面的本土化（格义），再上升到思想层面的本土化（创义）。创义就是根据西方传播学的精神，在中国文化的基础上，根据中国实际、运用科学方法直接提炼、生成或创造出具有中国特点的本土传播学，并与处于霸权地位的西方传播学界展开平等对话。①

进入 21 世纪，邵培仁对本土传播研究进行了重新界定，拓展了原有的边界。② 一方面，他在传播学基础理论研究中渗透中国传统文化和现代学术的元素和营养，另一方面，他在传播学交叉研究和亚洲传播研究中尽力在中国五千多年的历史典籍中追根溯源，寻找理论依据。《媒介生态学：媒介作为绿色生态的研究》《媒介地理学：媒介作为文化图景的研究》《亚洲传播理论：国际传播研究中的亚洲主张》等专著，以及相关系列论文，反映了这种理念，具有这样的特点③，并且得到了国际学术界的充分肯定和高度赞赏。

（二）学术寻根：华夏传播研究的理论建构

在《传媒的魅力：邵培仁谈传播的未来》一书中，邵培仁谈到了本土化作为中国传播学创新原动力的问题，认为传播学本土化是一种对根的探寻，对干的审视，是华人传播学者的一种文化自觉、文化自省和文化自信，意在明白中国传播学的渊源、发展过程及其文化特色和发展趋势，既不主张"全面回归"和"复旧"，也不赞同"全盘西化"和"他化"，而只是向世界显示某种学术的存在，进而获得学术尊重、学术共享和进行平等对话的权利。④ 在具体的研究进路中，邵培仁概括了六条正确的进路：经验主义，重新验证西方的研究发现；寻根主义，反向的学术探寻与追溯；融合主义，将西方学术融入中国文化；问题主义，用西方理论与方法研究中国问题；改良主义，改良旧理论，优化老方法；创新主义，建构和创立新的理论和

---

① 邵培仁.传媒的魅力：邵培仁谈传播的未来［M］.北京：首都经济贸易大学出版社，2014：68.

② 邵培仁.中国传播学界需要学术寻根［J］.当代传播，2012（1）：1；邵培仁.华人本土传播学研究的进路与策略［J］.当代传播，2013（1）：1.

③ 谢清果.华夏传播研究：媒介学的视角［M］.北京：社会科学文献出版社，2019：1-6.

④ 邵培仁.传媒的魅力：邵培仁谈传播的未来［M］.北京：首都经济贸易大学出版社，2014：65.

方法。学术寻根就是"要将提炼总结的学术元素、文化精神和本土基因，做反向的追溯、探寻和比对，从而在中国五千多年的文化典籍和历史记忆中找到其学术渊源、祖根，探寻其学术流变和发展规律，分析与比较其同西方传播学在思维特点、理论深度、研究方法等方面的差异，思考和预测中国传播学进一步发展与繁荣的走向和趋势"[2]。我们看到，邵培仁在"学术寻根"、建构华夏传播理论上进行了诸多探索和尝试，取得了丰硕的成果。这些成果都具有首创性，为华夏传播研究的理论建设指明了方向。具体有以下十篇重要的论文。

《寻根主义：华人本土传播理论的建构》一文认为，中国思想文化的特点是"统之有宗，会之有元"，寻根主义有利于本土传播理论的建构。文章指出，影响中国传播的文化"基因"包含传播思想（阴阳和合的传播哲学）、传播原则（情理交融的传播伦理）、传播观念（物我融通的传播意识）三个层次。[3]《传播理论的胚胎：华夏传播十大观念》一文总结了"阴—阳""和—合""交—通""感—应""中—正""时—位""名—实""言—行""心—受""易—简"等十大传播观念，这些观念对发展华夏传播理论或华人传播理论至关重要。[4]《从思想到理论：论本土传播理论建构的可能性路径》[5]一文探讨了传统思想转化为传播理论的可能性。《为历史辩护：华夏传播研究的知识逻辑》一文认为一切现实经验都渗入了历史经验，理解现实的最好办法是回顾过去。这正是"华夏传播研究能够发展为关于现实的知识"的认识论和方法论依据。[6]《返本开新：从20世纪中西学术交流看传播学本土化》一文认为，华人本土传播学研究应该努力将"返本"与"开新"结合起来，即返传统思想和现实经验之"本"，开现代传播理论

① 邵培仁.传媒的魅力：邵培仁谈传播的未来［M］.北京：首都经济贸易大学出版社，2014：74-75.
② 邵培仁.中国传播学界需要学术寻根［J］.当代传播，2012（1）：1.
③ 邵培仁，姚锦云.寻根主义：华人本土传播理论的建构［J］.新疆师范大学学报（哲学社会科学版），2013，34（4）：28-41.
④ 邵培仁，姚锦云.传播理论的胚胎：华夏传播十大观念［J］.浙江学刊，2016（1）：203-215.
⑤ 邵培仁，姚锦云.从思想到理论：论本土传播理论建构的可能性路径［J］.浙江社会科学，2016（1）：99-109，159.
⑥ 邵培仁，姚锦云.为历史辩护：华夏传播研究的知识逻辑［J］.社会科学战线，2016（3）：140-151.

之"新",在时间经线上立足本土、古今联通,在空间纬度上扎根本土、中外沟通。①《华夏传播理论建构试探:从"传播的传递观"到"传播的接受观"》一文认为,相对于现代西方传播学"传"的传统,中国人更侧重于"受"的传播观念。一方面,"传播的接受观"是对中国古代传播现实的表征。另一方面,"传播的接受观"能为新的传播现实提供表征,具有一定的解释力。② 此外,还有从具体的华夏传播现象中提炼理论的论文,如《传播辩证论:先秦辩证传播思想及其现代理论转化》③《传播模式论:〈论语〉的核心传播模式与儒家传播思维》④《传播受体论:庄子、慧能与王阳明的"接受主体性"》⑤《和而不同 交而遂通:中华优秀传统文化的当代价值》⑥《天地交而万物通:〈周易〉对人类传播图景的描绘》⑦。

这些论文从不同角度、不同层面集中探讨了华夏传播理论研究的主要元素和核心问题,从宏观的华夏传播研究的理论搭建、知识逻辑的阐释,到微观的儒释道中的传播观念的提炼,体现了华夏传播研究广阔的研究空间,充分彰显了传播学本土化的特色。这是邵培仁等学者进行传播学本土化研究的积极探索,真正体现了"内外兼容,古今贯通"的研究思想。

三、对华夏传播研究的期望

作为最早进行华夏传播研究的学者之一,邵培仁在当下传播生态不断发生变化的语境中提出了华夏传播研究的奋斗愿景,即创建体现本土文化

---

① 邵培仁,姚锦云.返本开新:从20世纪中西学术交流看传播学本土化[J].广州大学学报(社会科学版),2016,15(5):59-68.

② 姚锦云,邵培仁.华夏传播理论建构试探:从"传播的传递观"到"传播的接受观"[J].浙江社会科学,2018(8):120-128,159.

③ 邵培仁,姚锦云.传播辩证论:先秦辩证传播思想及其现代理论转化[J].杭州师范大学学报(社会科学版),2014,36(2):96-111.

④ 邵培仁,姚锦云.传播模式论:《论语》的核心传播模式与儒家传播思维[J].浙江大学学报(人文社会科学版),2014,44(4):56-75.

⑤ 邵培仁,姚锦云.传播受体论:庄子、慧能与王阳明的"接受主体性"[J].新闻与传播研究,2014,21(10):5-23,126.

⑥ 邵培仁,姚锦云.和而不同 交而遂通:中华优秀传统文化的当代价值[J].新疆师范大学学报(哲学社会科学版),2015,36(6):52-62.

⑦ 邵培仁,姚锦云.天地交而万物通:《周易》对人类传播图景的描绘[J].浙江社会科学,2016(8):70-81,158.

特质的理论体系和学术流派，具体地说就是：第一，建构一个规范化的、首尾一致的，能够反映中华文化特质、历史传统、社会现实的传播学概念、学说、方法体系，是华人本土传播研究的重要标尺；第二，形成并扩大华夏传播学学术流派在世界传播学界的影响，是华人本土传播研究的重要目标。邵培仁指出，其中研究的难点在于如何界定"华人本土传播理论"等核心概念的边界。[①] 这为我们进行华夏传播研究确立了奋斗方向和目标。不过，邵培仁提出的华夏传播研究的难点，引发了我们更多的思考：它主要的研究对象是什么？研究的范围是什么？如何去界定从中提取的传播理论和传播观念？这些是我们在进行华夏传播研究过程中应该引起重视和逐渐给予解决的，只有这样，才能建构一个更为合理的华夏传播研究学派。

实现华夏传播研究愿景的道路是漫长的，邵培仁曾表示，作为华夏传播研究学者，"我们要客观、冷静、全面地看待中国悠久历史和灿烂文化，既不要自高自大，也不要妄自菲薄。其实，在虚心吸收、消化西方传播学知识的同时，潜心探究、搜寻中国文化宝库中关于传播原理与理念的珍藏，向世界展示和返送中国人特有的传播思想和智慧，进而开辟一个传播学研究本土化的新天地，已成了两岸传播学者二十多年来的共同责任和追求"[②]。这也是我们进行华夏传播研究应具备的正确态度，即"交流互鉴"，不唯西方传播是从，不盲目自信，把握中华民族的传播逻辑，讲好中华文明能够历久弥新的故事。

邵培仁一直倡导中国传播研究应当追求和坚守人文情怀，认为："传播是人性的外化，人格的折射。人类的全部符号都是人性和人格的建筑材料。""人文是'万物的尺度'、传播的准星和学术的坐标。人文情怀是我们进行传播研究的出发点、动力源和目的地。"[③] 现在，有些传播学研究文章甚至著作往往"见物不见人，见人不见情"，内容连同观点一起被大量的数据和分析淹没和遮蔽。

邵培仁也对年轻的传播学者提出过友好建议："不要把目光放在眼前

① 邵培仁.亚洲传播理论：国际传播研究中的亚洲主张［M］.杭州：浙江大学出版社，2017：178-179.
② 邵培仁.传播学本土化研究的回顾与前瞻［J］.杭州师范学院学报，1999（4）：36-41.
③ 邵培仁，潘戎戎.追求和坚守传播学研究中的人文情怀［J］.当代传播，2019（3）：1.

的蝇头小利上，而牺牲了最年轻、精力最充沛的时光，牺牲了最好、最不受打扰的思想之旅。性格和心态会决定一个人未来的发展，急功近利的心态往往会妨碍一个具备较强能力的人进一步发展。"① 他在给博士生上课时曾讲过："读书让男人更高贵！读书让女人更美丽！学者要通过读书来修身养性，做精神的富翁。立志学术的人，应求知若饥，虚心若愚，惜时如命，生活上温饱小康、衣食无忧即可。""优秀的学者不要同别人比物质财富和物质享受，而要同他们比精神财富和精神享受。"学者的理想境界是做"物质的中农，精神的富翁"。② 这既是他自己的人生观和学术追求，也是对文科年轻学者语重心长的教导。我们要不断反思和提醒自己，明确人生追求的目标，端正做人治学的态度，把论文写在祖国的大地上，共同努力做好中国传播学研究，将中国文化打造成全球性的优秀文化。

附：访谈录③

林凯：邵老师，您好！感谢您抽出宝贵的时间接受我的访谈！我访谈的目的，既是想为中国传播学研究留下珍贵的当代记忆，也是想借此更全面、系统地了解您的学术研究历程及独到的传播学研究思想，以启示和指导后学。

一、传播学的启蒙与个人研究

林凯：您作为当前中国传播学研究的专家，是中国传播学第一代学者，在近四十年的学术研究中取得了丰硕的成果，形成了富有特色的传播学研究思想，为中国传播学研究做出了巨大贡献。您见证了中国传播学从引进到发展的艰难曲折的全部过程，目睹、参与了中国传播研究中的热点事件、学术争辩和改革创新。我们的访谈就此开始了。

邵培仁：你客气了。好吧！我也正好通过这个访谈总结、反思一下自己走过的学术道路。

林凯：您在何时接触到的传播学？当时谁是您的启蒙老师？您当时又

---

① 陈兵.邵培仁与中国当代传播学［J］.徐州师范大学学报，2004（6）：131-136.
② 邵培仁.传媒的魅力：邵培仁谈传播的未来［M］.北京：首都经济贸易大学出版社，2014：4.
③ 访谈内容有删节。

是如何理解传播学的？是什么让您决定投身到传播学的研究中的？

邵培仁：现在你们年轻人做学问比较幸福和方便，可以及时获取国内外最新的、最前沿的学术论著和信息，因为随着传播科技的发展和互联网＋人工智能的介入，学术生产的效率提高了，学术媒介与受众之间的时间距离越来越短了，通过网络读取越来越便捷了。我们在读书时可没这么好的条件。我所阅读的第一本传播学方面的书，好像是 1983 年人民日报出版社出版的国内学者介绍西方大众传播研究的文集《传播学简介》，十几万字，通俗易懂。我在书店看到它就立即买了，看了两三遍。我对这里面的新概念、新观点和新思想很着迷。当时复旦大学办了助教进修班，这是教育部下文办的，因为新闻学科教师队伍的素质急需提升。这个助教进修班和其他进修班不一样，它是要考试的，同今天的研究生考试一样，有考试科目和参考书目，上课很规范、严格。本校的几位老师通过答辩都获得了新闻学硕士学位。当时，丁淦林教授讲"中国新闻史"，李良荣教授讲"新闻学概论"，居延安教授讲"大众传播理论"，祝建华教授讲"传播研究方法"，周胜林教授讲"新闻写作"，师资队伍很强大。名师出高徒，这个班中的二十三个人，后来大多是新闻传播学界的教授级甚至博导级人物，如戴元光、刘海贵、程士安、尹德刚、芮必峰、龚炜等。

1986 年，《中国大百科全书·新闻学卷》主要编委在复旦大学开会，讨论居延安撰写的"传播学"条目。我在会议现场，很羡慕他们能在百科全书里面撰写一个条目。我当时想，如果我哪天能在《中国大百科全书》里面撰写一个条目就好了。谁能想到，我在多年前已在英文版《中国大百科全书》里面撰写过"期刊"条目，现在在《中国大百科全书·传播学卷》中担任《跨文化传播分卷》的主编。这从一个方面反映出传播学科发展太快了，由过去的一个"传播学"条目，发展成"传播学卷"。人世沧桑，学术之树常青。

林凯：您认为翻译介绍到中国来的传播学著作中，哪些比较有代表性，并有效地反映了西方的传播学研究进程，从而推动了中国的传播学研究？

邵培仁：我认为，比较有代表性和影响力的西方传播学经典著作主要有：［美］本·巴格迪坎《传播媒介的垄断——一个触目惊心的报告：五十家大公司怎样控制美国的所见所闻》（1986），［英］丹尼斯·麦奎尔、［瑞典］斯文·温德尔的《大众传播模式论》（1987），［美］J. 赫伯特·阿特休尔的《权力的媒介》（1989），［美］梅尔文·德弗勒、埃弗雷特·丹尼斯的

《大众传播通论》(1989),〔美〕威尔伯·施拉姆、威廉·波特的《传播学概论》(1984),〔美〕沃纳·赛佛林、小詹姆斯·坦卡德的《传播理论:起源、方法与应用》(2000),〔加〕马歇尔·麦克卢汉的《理解媒介:论人的延伸》(2000),〔美〕斯蒂芬·李特约翰的《人类传播理论》(2004),〔美〕罗杰斯的《传播学史:一种传记式的方法》(2005),〔英〕丹尼斯·麦奎尔的《麦奎尔大众传播理论》(2006),等等。这可以在译著引用率检索中看出来,我自己引用的也比较多。最近十多年还有几本译著也蛮好,但引用率还没有上去。

林凯: 您认为自己最杰出的传播学作品是什么,主要的理论创新又是什么?

邵培仁: 我认为,那本高等教育出版社出版的"面向 21 世纪课程教材"——《传播学》,是我最满意的作品。我认为这是一部推进自主创新、形成本土特色的作品,与其他教科书相比,具有自己的特色和风格。具体来说,在理论创新上有以下几个方面。

第一是本土性。我在书中谈到,作为舶来品的传播学,要与一定的社会历史条件相结合,也要结合特定的民族文化语境,还要与所在国家的传播实践相结合并为其服务,而不只是简单地贩卖和照搬,那必然会遭到人们的拒绝,甚至反对。我认为,对待西方传播学的态度应该是"迎新不迎旧,排污不排外"。在这本书中,我对西方传播制度理论、媒介理论、受众理论进行审视与批判,对中国传统文化和现代学术中的传播思想、传播观念进行挖掘和整理。例如,用"近朱者赤,近墨者黑"来说明传播环境对人的影响;用"凡人贱近而贵远,亲见扬子云禄位容貌不能动人,故轻其书"来论证传播中的"晕轮效应"等。

第二是创新性。中国传播学研究长期处于西方传播学"话语霸权"的控制之下,一些传播学者的理性思维和创造才能在受到这种"话语霸权"的影响之后,落入了既定的话语空间和思维陷阱,成了思想的俘虏往往还浑然不知,有的人甚至对一些创造性幼芽横加鞭挞。我一再呼吁人们坚持学术个性、力争超越创新。我在书中对传播学研究体系、人类传播、信息时代各种传播问题、传播策略、受众心理等都有创新的诠释,提出了五次传播革命和阳光模式、整体互动论等理论。这些都得到了传播学界的肯定。

第三是现实性。看过这本书的读者一定会发现,这本书是以崭新的分析模式和表述方法来关注和阐述丰富多彩的现实活动、当下社会问题和前沿理论的。比如，怎样应对"信息爆炸""信息匮乏"？如何抵御"信息污染""信息侵略"？如何适应受众的动机和需要？如何构建符合信息社会特点的传播模式？如何合理发挥大众传媒的功能与作用？如何营造和构建媒介组织的传播环境？传播者如何才能取得较好的传播效果？具有很强的可操作性和现实意义。

第四是系统性。全书从阐明传播和传播学的基本概念入手，对传播流程的基本环节、目前传播学研究的主要范畴和领域进行考察和梳理。我在深入分析传播学五大传统研究内容的基础上，提出了学科论、本体论和传播符号、传播环境、传播技巧等研究内容，并且整合和介绍了近年来传播发展的相关知识和最新信息，使研究体系更加系统和科学。这样做，一方面，有利于科学地揭示传播活动的内在规律，便于学生循序渐进地认识和把握这些规律；另一方面，有利于全面地展示当前传播学研究的基本框架、知识构成和国际背景，从而让学生在此基础上生成和发展新的知识，提高学生的创造力。

第五是易读性。我认为，要想让学术著作真正取得理想的社会效果，就必须让它简明易读。这不仅是站在人本立场上为传播对象考虑，而且是为了提高传播效果，替传播者自己考虑。

林凯：您作为华夏传播研究的主要推动者，始终站在华夏传播研究的最前沿。根据您的经验，应该如何界定华夏传播研究这一领域呢？您认为当前华夏传播研究这种本土化研究存在的主要问题是什么？我们还需要在哪些方面进行改进？

邵培仁：传播学本来就是舶来品，引入中国一段时期内，中国学者遵循的研究思路和方法都逃不脱西方的传播学研究范式，以至于在研究中国本土的传播现象与问题时忽视了中国独特的文化传统。基于这一"病症"，20世纪70年代，中国的学者发起了"中国传学研讨会"，专门探讨传播学本土化的研究，试图从历史文化脉络中挖掘出传播学的中国基因。这便是华夏传播研究的起点，也是初衷。经过几代学者的努力，华夏传播研究现在已经取得了一定成绩，让世界看到了基于中国本土的经验与理论。

但是，华夏传播研究的目的并不是要刻意创建与西方传播学分庭抗礼的中国传播学，而只是探究传播研究的本土化理论资源和学术特色，立足中国社会分析和解决中国的传播现实问题，同时为世界贡献中国的传播智慧。对于华夏传播研究的目的，我在《传播学导论》一书中提出：一是为了让传播学成为中国大众的精神食粮；二是为了让传播学成为适应中国需要的科学；三是为了让传播学成为中国文化的有机部分；四是为了让传播学的理论建树与世界文化接轨。我随便举个例子。有人说，西方传播学最重视受众，并最先提出了"受众理念"。其实孔子就十分重视听者的反应。他说："未见颜色而言，谓之瞽。"（《论语·季氏篇》）瞽，意指盲人。一个人讲话一定要注意察言观色，否则就和盲人没什么两样。讲得多好啊！唐代白居易写诗注意征求听者意见，让"老妪能解"；元代金牌编剧关汉卿重视研究观众，杂剧语言"入耳消融"。中国具有重视受众的优秀传统。学术研究一定要有文化自信，千万别迷洋崇外。

一般来说，华夏传播研究的基本指导思想可归纳为"发掘、整理、研究和扬弃"。不过，我认为华夏传播研究过程中还应该注意以下问题：第一，华夏传播研究与史学研究中的传播问题考察有什么不同？第二，在研究方法上对历史史料的整理是否准确和规范？第三，要注意历史与现实结合的问题，将古代的思想作为现实的参考是否具有逻辑性，是否合理？第四，如何把握中西方传播学的内涵和精髓？

针对上述问题，我认为要有相应的对策来解决。第一，华夏传播研究在问题发掘层面，不但要继续深入探究中国传统文化中蕴含的传播理论胚胎，还应从传播结构、内容、符号等方面着手，提出华夏传播研究的独特问题。第二，在研究方法上要利用史学等跨学科的研究方法，同时结合传播学自身的研究方法和技巧，从传统文化中梳理出基本的传播观念。第三，在具体研究的落地上，应该从当下社会现实问题出发，结合古代传播体系、媒介、活动的演进历史与社会变革，探讨中华传统文化的当代价值及其与当代价值理念的互通机制。第四，应持续探索中西方传播文化中的共通价值与差异化表现，从共性中总结经验与对策，从差异中思考态度与立场，以不偏不倚的整体性思维来考量中西方传播学的精髓，由此才能做到真正的去粗取精、去伪存真，让真正有价值的内容得到保存并传承下去。

林凯： 您的研究涉及了媒介理论建构、媒介经营管理、华夏传播研究、华莱坞电影等诸多领域，在这些研究领域您都取得了大量创新性成果。这些领域的研究是否有内在关联呢？您能跟我们谈谈这些研究与传播学本土化研究有什么内在的联系吗？

邵培仁： 我认为，媒介的传播规律与媒介内容及其性质离不开一定的文化背景。所以，我多年来看似在许多领域探索，实则万变不离其宗，我的研究落脚点始终在挖掘传播学的中国特色上。传播学被引入中国以来，最初还被冠以美国资产阶级新闻学的"头衔"予以批判，以至于很长一段时间一直处于孤芳自赏的状态，不被中国大众所接受，更谈不上学习它了。而我之所以研究传播学，是因为它是渗透生活细微之处的学科，也就是所谓的"万物皆媒，人媒共生"，同时也是一门能够对国家的发展产生深远影响的精深学问。

于是从 20 世纪 90 年代初开始，我率领弟子，以媒介为轴线，把中国社会的切实需要与大众的精神旨趣相关联，用现在流行的话来说，就是将学术论文写在祖国大地上，用现代学术话语来表达中华文化的深厚的历史底蕴。从 80 年代末到 90 年代初，面对传播学初步融入中国学科体系时的懵懂与混沌的局面，我致力于向中国学界推介并尝试建构该学科的合理范式，于是联合同在复旦大学求学的戴元光、龚炜老师一同编写、出版了中国大陆首部传播学专著《传播学原理和应用》。此后，我又作为主编出版了中国大陆首套理论和应用实践相结合的传播学方面的丛书——"当代传播学丛书"，其中包括《经济传播学》《政治传播学》《教育传播学》《艺术传播学》《新闻传播学》等首创性的学术专著，以跨学科的视角与方法尝试勾勒出传播学与其他学科的关联意义，趁此机会将其融入中国社会发展和现代化的方方面面。同时，我撰写了《传播学导论》这本书，尝试对传播学中国本土化的范式进行创新。90 年代以来，中国改革开放迈入新的历史阶段，中国传媒业随着市场经济的迅速发展而异常活跃。于是，我毅然投入媒介经营管理研究中，想从这场新闻、经济与文化的新兴博弈中，探索传播学在当下社会发展变化中的核心要义。

2000 年以后，在中国传播学者的持续耕耘下，传播学的本土根基越来越深厚，初步建立了学术自觉与自信，中国的传播学研究开始呈现分域化、小众化、专业化趋势。我在这一阶段开创的媒介生态学、媒介地理学等一系列媒介学研究，一方面，顺应了此阶段中国的传播学研究的分域化、小众化、专业化趋势，另一方面，承接了我在传播学研究中一以贯之的生态观、时空观与整合观，从而提高传播学学科的科学性和运用价值，并将其纳入中国有机文化的一部分。近几年，我发起华莱坞研究，目的在于整合"华人、华语、华事、华史、华地"等力量，将中华电影打造成世界性的文化品牌。此外，我倡议"新世界主义"媒介研究，呼吁以中华文化的和谐统一思想来化解本土性与全球性、民族性与世界性的二元对立冲突，以和平、非战、德性的战略意识来化解媒介文化与权力意识之间的隔阂。在当前万物互联、万物皆媒的时代背景下，我呼唤以整体的思维重构中国传播学，这也是对传播学何以有中国特色，以何为中国特色的回顾与展望。可以说，近四十年的学术研究历程，我将毕生精力都倾注于传播学的中国化、本土化的实践与创新之中。

二、个人关于传播学的教学与教育

林凯： 您在江苏任教时主编和撰写了传播学学科相关的专著和教材，这些书具有开创性的意义。您当时为什么要策划这些书？

邵培仁： 20 世纪 80 年代初，传播学在中国大陆还是一块处女地，被当作资产阶级学术思想进行批判，而在欧美等发达国家，传播学的发展可谓如火如荼。此时，我看出了传播学的无限生机和活力，看到了它广阔的应用领域和美好的发展前景。1985 年前后，我在复旦大学新闻学院读书时就与两位同学一起查资料、拜名师，经过近三年时间的努力合作撰写了中国大陆首部传播学专著《传播学原理和应用》。该书在 1988 年一问世，即在学术界引起强烈的反响，成为当时高校新闻院系普遍选用的教材。学者纷纷称此书是集理论研究与应用研究、史料介绍与学术创新于一炉的优秀之作，并被此后出版或发表的许多传播学著作和论文反复引用。但是，传播学研究必须理论联系实际。当时我考虑，传播学同政治、经济、新闻、教育、艺术五者之间的关系最为紧密，也为社会之急需，于是就着手主持研究和编写了五本书，在国内都是首创性的成果，有的书在国外特别是英语国家也是没有的。

林凯： 我觉得当时您在传播学研究方面的思路特别开阔，包括现在，您依然如此，比如华夏传播理论和"新世界主义"理论的建构等。您为什么能有那么开阔的研究思路和学术敏感性呢？

邵培仁： 我认为从事传播学、媒介管理学研究，首先，必须对国内外学术界的前沿信息和媒体界的新变化，始终保持着高度的学术敏锐性，要为时代及时提供当下的声音，对现实迅速做出理性的回应。其次，要对学术始终保持一种执着、韧性和耐力，要拒绝诱惑，耐得住寂寞。再次，学术研究要有一种敢于冒险、敢为人先的精神。学术研究也要"学术占位"，要力争第一，你看人们往往只记得冠军，亚军都很少被人知道。我喜欢在学术上做前人没做过的事，不喜欢跟在别人后面亦步亦趋。亦步亦趋的研究不是学术"创造"而是"制造"。最后，学术研究不应是个人特立独行的沙漠之旅，而应是一群知识分子进行的智力竞赛。今天已经不再是个人英雄主义的时代。随着学科导向转变为问题导向，分散研究向整合研究转变，单科研究向多科研究和交叉研究转变，我们必须倡导优势互补、知识共构、学术合作。这些既是我的学术心得和体会，也是我的学术追求和探索。

林凯：2013年以来，您和您的弟子撰写了一系列高水平的华夏传播研究论文。我想请教您如何写出具有创新性的华夏传播研究论文。

邵培仁：首先，要密切关注国内外最前沿的学术成果和信息；其次，要密切跟踪国内外最先进的科研团队及其研究；再次，要不惜重金、下大力气搜集相关研究资料。这些是最基础的工作。另外，对于学生管理要宽严结合，方法得当。

第一，学生做研究应该抱有更大的理想，追求更高的起点。学生在科研过程中要与学校的水准相适应，要与本学科在国内外的科研地位相吻合，还必须跟时代的发展、社会的进步息息相关，不能做无病呻吟之作，即使目前因能力所限，写的东西未必能对民族、国家、世界产生重大影响，也一定要树立这样的目标，脚踏实地去思考、探究，不断提高自己的实践技能和科研能力。

第二，要鼓励学生拓宽思维，多学科交叉进行研究。打个比方，假如现在手上有一个盒子，以往人们只能看到正面，如果转一下，我们就会看到另一面，倘若再转一下又有一面，不停翻转，就能拥有一个立体的、多维的视角，而不再是单一、固定的视角。每个朝代有其标志性的文学体裁，如唐诗、宋词、元曲。每个大学也有其文化和学科特色。一些学科，经过前人多年的苦心探索，已经到达一定高度。如果我们一直跟着前人的方向，只从一个角度去思考，是很难有创新的，但问题不会消失，这就需要我们用学科交叉的思维去审视问题。比如研究媒介，以生态学、地理学等学科的角度解释，以前解释不通的，现在可以解释了。新闻与传播研究中的许多理论已经停滞不前，但如果换个角度、思维和方法进行研究，可能就会立即焕发生机。学者眼中的世界一定要开放、多元、变化。

第三，学生一定要学会"榨干自己"和"自我造血"。比如在论文写作中就要有一种"榨干自己"的精神。"榨干"并不意味着"榨死"，相反，在"榨干"的过程中会不断涌现新的力量，我们称之为"造血功能"。"造血"的过程也是创新性论文凝练的过程。曾经有不少学生问我，论文写不出怎么办？我跟他们说，没有其他办法，看书去。因为一篇优秀论文一定是经过长期大量的阅读积淀而成。我曾经让我所带的十个博士生每人阅读五种国际最新的期刊，让他们不断接受最新的学术前沿信息。

第四，学术诚信是立道之本。我认为，应当在新生入学时就重点加强学术道德建设。学生应当常怀着对知识的敬畏之心，这样才能真正做出学问。探求知识，要具备一种科学严谨的态度。从苏格拉底到亚里士多德，他们对真理的探求无一不是孜孜以求，谨小慎微。探索真理的过程应当是"上下而求索"，应当怀揣对真理的敬畏。学术道德与学术成果好比"源"与"水"的关系，没有了诚信，再大的成果也只能是"无源之水"。

林凯：华夏传播研究立足于中国传统文化，试图建构属于中国自己的传播理论。您在《华夏传播研究》集刊创刊的贺词中说："祝贺华夏传播研究创刊。华夏传播研究不应执拗于内，而应内外兼容；不要执意于古，而要古今贯通。"也就是说，华夏传播研究应该"内外兼容，古今贯通"。您能给我们具体阐释一下吗？

邵培仁："内外兼容，古今贯通"，实际上是华夏传播研究或者传播学本土化的基本要求。孙旭培曾经在 20 世纪 90 年代写过中国传播研究资助项目招标启事，发表在《新闻与传播研究》上。他说，要用辩证法的思想来看待传播研究中国化的过程，通过大量挖掘中国文化（包括传统文化和现代文化）中关于传播方面的财富，促进传播学的发展，最终创造出集东西方文化精华之大成的传播学。我很赞同。发现问题的焦点与解决问题的立场可以是本土的，但研究方法可以舶来，中西合璧，取长补短，内外兼容，才能将华夏传播理论真正建成西方传播学界所认同、接受的甚至欣赏的理论成果。另外，我之前发现针对传播学本土化研究的路径，有的学者侧重从中国传统文化中探讨人类传播的原理，所用资料"以古为主"，而有的学者多从中国具体国情和传播实际来探讨人类传播理论，所用材料"以今为主"，没有注意在时间轴线上将古今贯通；还有的学者只展示古代的传播思想和智慧，没有将其同世界其他国家同时代同时间点的先哲的思想和智慧进行比较研究，看不出其先进和宝贵之处。如果我们的研究做到了"内外兼容，古今贯通"，学术成果就会不仅有深度、厚度，而且有宽度和广度，就会让其他学科佩服。所以，我们的学术研究一定要有历史纵深感，空间广阔感；要与时俱进，还要放眼世界；要迎新不迎旧，排污不排外，努力把里面和外面两个世界的优点和精华都收归己用；还要注意继往开来、承前启后，亦即研究现实时，不要割断历史，研究历史时，要联系现实，使开放的传播学有着深厚的本土根基。以史为镜，连贯古今，才可为华夏研究固本清源、守正创新。中国传播学只有针对中国国情，联系传播实际，从中国传统文化和现代学术中汲取营养，适应中国的社会特征、文化积淀、受众的心理态势、意识取向等条件，才能真正在中国大地上生根、开花、结果，才能真正融入中国的主流文化而成为一个有机组成部分。

林凯：您在2018年获得第六届范敬宜新闻教育奖——新闻教育良师奖，实至名归。我们经常听谢清果老师说起您指导了一批优秀的博士生，您能否跟我们谈谈您是如何带领出一批有影响力的学生的？

邵培仁：荣获第六届范敬宜新闻教育奖——新闻教育良师奖，是范敬宜新闻教育基金评审专家对我的鼓励和肯定，也是我同弟子们共同努力的结果。提到指导研究生，我的确有一些自己的土办法。

第一，我让自己指导的研究生一接到录取通知书，就立即进入学术研究的状态。一般情况下，在决定录取的时候就确定了导师。所以，当我得知录取通知书已经正式发出后，我就会给自己的研究生发一条短信或打一个电话："你从现在开始就不要玩了，请立即着手开始写两篇论文，开学带着论文来报到注册。"当然，也有被吓跑的学生，吓跑的都是不会有出息的，跑就跑吧。一般情况下，好多博士生和硕士生在开学前就把论文发给我了，我再提些修改意见，开学后就可以投稿了。这样，他们入学时间不长就能发表两篇论文，会大大激发其科研活力和斗志。

第二，传播研究所硕士论文答辩的标准是发表两篇论文。讨论时有导师说："有的研究所已经不提这要求了，我们为什么还要求发表两篇论文？"我说："我的研究生发表四篇论文，你们的学生发表两篇，这样行吧？"大家都同意了。我要求学生发表四篇，他们通常要准备七八篇去攻，结果都会发表出来。博士生的论文数，我也会在学校标准的基础上再加码。我们研究所的这一招还是有效的，逼出了一些科研人才。

第三，我鼓励研究生以研究带动阅读，以写作推动阅读。就是不停地写，不停地看。这同一些导师的指导方法不一样。有的导师主张研究生多阅读，慎动笔，要求学生先大量阅读，到写学位论文时再动笔。结果学生到答辩时，因为没有完成发表论文的指标，而没有资格参加学位论文答辩。现在优秀的学术刊物的论文审稿时间和编辑时间都比较长，有的要一年甚至更长时间，不是你有论文就能马上发表的。这对没有在规定时间内完成论文发表指标的博士生和硕士生来说，是巨大的心理压力。

第四，因材施教，给不同的研究生描绘不同的人生蓝图。我原来培养博士生，总喜欢把他们留在浙江，留在身边；总希望他们传承衣钵，在学术研究方面做出成绩。后来，我的想法改变了。他们能到外地去发展的就让去外地，特别是有条件能到 985、211 高校的，我都会想方设法帮助他们。

三、中国当代传播学的总结与展望

林凯： 您对中国传播学的四十年应当说既有理性认识，又有感性认识。在您看来，当时中国学界为什么要引进研究传播学？传播学的研究进程可分为几个阶段？您认为其中最具里程碑意义的事件是什么？当前传播学的研究处于哪个阶段？

邵培仁： 传播学的引入与发展是一个西学东渐的过程。西方传播学第一次被引入中国大约在 20 世纪初，主要是以芝加哥学派为主的传播研究范式，涉及美国的宣传研究与民意测验等内容。当时的中国正处于五四运动时期，一些进步青年本着科学精神与社会实用效应，从西方汲取有关传播理念与应用研究的零星知识，但这并未形成完备的学科意识与学科体系。第二次引进是在 1978 年改革开放以后，典型的事件是传播学大师施拉姆的访华之行，这次亲密接触让中国各界对传播学有了清晰的观念，并逐步建立起学科意识。施拉姆的这次来访，直接触发了学界的震动，并发起了第一次全国传播学研讨会，这是中国传播学本土化探索具有重大意义的里程碑事件。此后，大量的传播学思想与著作被引进中国，另一方面，以全国传播学研讨会为主打阵营的华夏传播范式逐渐兴起。中国传播学逐渐建立华夏传播、经验学派、批判学派等多种范式并立的繁荣景象。中国传播学的进路从引进西方理论，到本土化范式革命，大致经历了好奇—摸索—自觉的发展过程。这一由量变到质变的过程，既是学术界的积累与求索的进程，也是中国政治文化的现代性追求的结果。当下的传播学正处于回顾与展望的关键节点。

近几年，学界对反思传播学的呼声比较大。2017 年，浙江大学传媒与国际文化学院就组织了一场反思传播学的圆桌论坛。其间，我提出了自己的观点，认为传播学的"病症"在于对西方理论思维与方法表达的依赖性，也显示出内生理论与原创方法的动力不足。这就要求我们在做传播学研究时，在方法上不光要平衡定量与定性研究的比例，更要善于融合多学科知识与混合验证方法，透过多层次视角抓准传播学研究的命脉。在问题立意上，我们应该立足本土，放眼全球，并博古通今，融会贯通，从而构建一种全球性、跨文化，能为全人类共同接受的具有包容、开放、和平、安全、和谐、对话、协商等特质的人类整体传播学。

林凯： 在您的理解中，中国的传播学目前取得了什么成绩？

邵培仁： 我认为，当前中国传播学的研究在本土化、交叉化和国际化研究上取得了一定的成绩，或者说在这些方面形成了自己的特色，在理论联系实际和对策性研究方面也取得了不俗的成绩。

其一是本土化研究特色。中国传播学的主要问题是西方化。传播学学科建设的着力点是本土化，突破点是交叉化，目标是国际化，但最佳的学术生态是自主、多元与平衡。中国传播学界"崇洋媚外"由来已久，现在依然比较严重。其实，好的学术研究应该既接轨国际前沿，又立足本土实际，适应本土需求。对于西方传播学，我们需要虚心学习，深入了解，但不能忘记自己从哪里来、到哪里去。传播学研究不能采取"历史虚无主义"的态度，漠视中国传播学的文化基因和现实根据以及传播学本土化的需求与主张。中国传播学研究依据验证主义、寻根主义、融合主义、问题主义、改良主义、创新主义等本土化路径，已经产生了许多优秀的成果。在这方面，厦门大学、浙江大学、中国人民大学、南京大学做得都蛮好。

其二是交叉化研究特色。传播学本身就是一门具有综合性、交叉性的人文社会学科，是一个融合了许多学科相关理论和知识的多元化、跨学科研究的产物，在借用、移植、改造了其他学科的研究方法和技巧的基础上，形成了自己的研究特色。交叉融合，嫁接杂交，是自然界生物优化的基本法则，这同样适用于社会科学研究的思想、观念的创新。同时，传播学交叉研究更能培育新的学科增长点。当前，中国传播学充分运用西方的传播学理论、其他学科的知识和研究方法进行交叉研究，这是中国传播学"短道超越""先声夺人""后发制人"的重要路径和基本策略。当然，也有人担心"传播学交叉研究会肢解传播学基础研究"，导致"传播学泛化"。事实上，它恰好丰富、充实甚至激活了传播学研究，拓展和扩大了传播学研究的领域。

其三是国际化研究特色。提倡国际化研究就是主张"取法于上"。但国际化不等于全球化。国际化是指大家认同国际理念，参照国际标准，从而获得国际认同、进行国际对话的过程，也是一个质的提高过程。国际化的标准比较高，要求比较严格。而全球化则是一个追逐全球市场、资源全球

271

共享、产品全球流通、信息全球传播的过程。这个过程是一个高效率、大流量的过程，意味着量的扩张。中国传播学研究中的国际化，不是屈服于"西方中心主义"，接受"西方话语霸权"，而是要积极建构中国传播话语体系，充分表达中国的历史经验、现实需求和传播智慧。我认为，当前中国传播学正在国际化研究过程中逐渐确立自己的学术坐标和学术地位。中国传播学国际化的研究特色，需要我们积极地向世界展示并使用能与西方兼容的中国学术话语体系和学术规范，还需要积极营造良好的环境、培养国际化的优秀传播人才，自信且耐心地在国际社会讲述中国故事，向世界贡献有影响力的中国学说。

林凯： 中国的传播学研究中出现过哪些学术争论，其焦点和热点问题是什么？

邵培仁： 关于这个问题，在我和弟子廖卫民合写的《中国新闻与传播研究 30 年学术论争的历史考察：1978—2008》一文中做过专门回顾和总结。这篇文章是对 1978 年中国社会进入转型期到 2008 年这三十年中国新闻传播学界关于学术问题论争的梳理和总结。我们根据论争涉及的焦点话题分为十大系列。比如新闻与传播学学科建设的系列论争，其中就包括传播学本土化的论争。其他还有新闻理论探讨、新闻业务探讨、新闻史与传播史相关研究、传媒与司法关系、广播电视研究、媒介经营管理和媒介经济研究、互联网新媒体研究、跨学科相关研究问题、研究方法与学术规范的系列论争等。学术界要欢迎学术论争，要坚守人文情怀，而不要摆出"不食人间烟火"的架势，也不要发表"站着说话不腰疼"的高论，更不要动辄上纲上线，扣帽子，打棍子，欲置人于死地而后快。人文情怀是我们进行传播研究的出发点、动力源和目的地。

林凯： 那您如何理解传播学本土化，能否给我们做一个概括和总结？

邵培仁： 传播学研究本土化包括以古为主、以今为辅，致力于中国文化中传播理念和传播智慧的展现的本土研究，以及以今为主、以古为辅，着力于中国当代传播活动中现象分析和问题解决的本土研究。它们虽各有侧重，但并不互相排斥。它们都以"本土"为研讨核心，以"本土"为主要的研究范畴。二者之间互相包容、互相渗透、互相支持、互相靠拢、协调共进。传播学是一个开放的体系，具有全球化和国际化的特点。但是，这一特点并不意味着我们可以照抄照搬西方的传播学，也不意味着我们不要进行传播学的本土化建设。传播学本土化研究首先应该表现为一种学术使命感和社会责任感。传播学本土化研究应该根植于中国传统文化和现代学术的土壤，适应中国国情需要，紧密联系中国社会和媒体实际，同时它还应该体现在中国人的思维特征和文化传统中，体现在对相关学术问题进行辩证唯物主义的科学探求上。

林凯：改革开放和传播学引进中国已有四十多年。今天，您对传播学这一学科有了哪些新的认识？今天的传播学遇到的最大的机遇和挑战是什么？为什么它在人文社会科学中并不具有很高的学术地位？出路何在？未来的发展方向是什么？

邵培仁：从当前传播学的发展来看，应该说它正处于十字路口。什么意思呢？一方面，传播学呈现出研究对象分众化、精准化，研究内容的多样化、跨领域的特征，另一方面，又呈现出研究手段整体化、融合化的趋势。随着中国综合国力的飞速提升，中国学术界自强、自主、自信的社会心理随之而起。这是传播学本土化遇到的最大机遇，必须抓住不放。传播学本土化不仅是为了让它成为一门中国化的学问，成为中国大众的精神食粮，成为适应中国需要的社会科学，乃至成为中国文化的有机组成部分，更重要的是要让中国传播学走出去，与世界传媒对话，同全球文化交流，为共同构建人类命运共同体、建设美好世界贡献力量和智慧。

传播学如何本土化？如何同西方传播学保持合理的尺度和张力？这是一种挑战，也是一道难题。处理好了，传播学就可以在人文社会科学中享有较高的学术地位。传播学研究中的妄自菲薄、自惭形秽或妄自尊大、目空一切，都不利于学科资源的共享，不利于与世界对话和交流。当下，中国传播学界面临的首要问题仍然是如何将西方传播理论以及传播要素与中国的传统文化和社会现实相结合，如何在厘清西方学术脉络、借鉴中外学术精华的基础上，在中国进行传播学术寻根和传播理论创新。传播学本土化既是一种对根的追寻，对干的审视，又是对世界文化和传播思想的敬重，更是华人传播学者的一种文化自觉、文化自省和文化自信。但是，在溯祖寻根时，我们要防止传播学科视野的"内卷化"。我曾经在《华人本土传播学研究的进路与策略》一文中指出，要防止将传播学本土化作狭窄化理解，而应该宽泛一点儿。正是出于这种想法，我提出了传播学本土化的六种路径。所以，我认为本土传播学研究应该努力将本土化与多元化、全球化的矛盾关系放在一种互动互助、共进共演、和谐协调的恰到好处的张力状态中。从纵向上来看，要立足本土、古今联通；从横向上来看，要扎根本土、中外沟联，历史、现实与未来贯穿，全球化、亚洲化与本土化兼顾。这样做的目的在于，一方面，能够整合全球化语境中的价值多元化与本土化，为传播全球化与学术本土化的共进共演采取积极行动；另一方面，为本土文化与传统文明在解决各种全球性重大传播问题时及时提供对策，从而促进中国传播学与世界传播学的发展与繁荣。

林凯： 华夏传播理论能被世界了解和接受吗？如何才能做到？

邵培仁： 我认为，华夏传播理论是可以被世界了解和接受的。因为它既是华夏的，也是世界的；既是历史的，也是当下的和未来的。我们可以从几个方面来看：第一，华夏传播理论是不断发展和变化的，而不是静止的、一成不变的。它能够在具体的历史传播环境中，针对具体的历史传播现象进行不同层面的阐释和表达，而且对来自不同国家、民族和语言背景的讨论给予回应。所以说华夏传播理论是具有较强解释性的理论。第二，华夏传播理论对不同国家、民族的文化具有开放性、包容性和对话性的特点。它在研究中主张研究者保持开放、包容的心态，排除民族主义、地方主义的狭隘观念，拆除语言、学科间的障碍。也就是说，不同国家、民族和不同学科、专业的学者都可以从不同的角度、不同层面对其进行挖掘和探索，从中汲取知识和营养。第三，华夏传播理论本身的建设既不"执拗于内"，也不"执意于古"，而是本着"内外兼容，古今贯通"的原则，进行跨时代、跨文化、多学科、分层次的研究。第四，华夏传播理论具有很强的实践指导作用。也就是说，当人类面临各种危机传播时，华夏传播理论不仅可以为中国、为亚洲而且可以为世界文明传播、全球文化对话和繁荣提供理论支撑和精神资源。因为，华夏传播理论所具有的历史、根基、资源、知识和话语特色，是其他国家和地区的传播理论没有的。这是我们理论的优势。

（撰文：林凯）

第七章　黄星民 —— 华夏传播研究的
开创者与先行者

👤 学人名片

　　黄星民，厦门大学退休教授，博士生导师，福建省传播学会会长，曾担任厦门大学新闻传播学院常务副院长、厦门大学新闻传播系主持工作的副系主任，曾担任教育部高等学校新闻学学科教学指导委员会委员、全国新闻与传播专业硕士学位教学指导委员会委员、外国新闻史研究会副会长、中国传播学会常务理事。他长期研究中国文化、华夏传播、传播学理论、媒介发展史等领域，曾开设并讲授"外国新闻传播史""传播理论研究""传播媒介发展史""华夏传播研究""传播学研究前沿"等课程。他曾跟随父亲学习多年中医，为中国文化的积累打下基础。他就读于厦门大学中文系，毕业后师从徐铸成先生攻读传播学硕士，此后留校任教。在华夏传播研究方面，他曾担任余也鲁等先生"中国传"项目的协调人，在孙旭培先生"华夏传播论"的基础上，提出了"华夏传播研究"这一概念，并撰文对这一研究领域的背景、内涵和意义做了说明。黄星民的学术特色在于以哲学方法论角度分析内向传播，在此基础上对先秦儒、道、墨、法诸家传播观念进行解读，提出"风草论""染论""难论"等观点，并对中国特有的礼乐、朝贡等传播历史现象提出自己的看法。

一、华夏传播研究历程

"对人的影响，莫过于改变其人生的轨迹。一次已经了不起，余先生却两次改变了我的人生轨迹。其间际遇，让人缅怀，也让人唏嘘。"[①] 香港浸会大学传理学院传播系向黄星民约稿纪念余也鲁先生时，黄星民如是写道。这两次影响，第一次促使黄星民从文学转到传播学，第二次促使黄星民从美国回厦门大学参与华夏传播研究。

（一）人生的转向——初识传播学

余也鲁先生是施拉姆的中国弟子。1977 年，正值中国改革开放之际，余也鲁邀请施拉姆亲赴中国，协助在香港中文大学开创中国首个传播学哲学硕士课程。在施拉姆的支持下，余也鲁于 1978 年 3 月和 6 月在香港和台湾两次举办"中国传学研讨会"，"希望能从中国悠久的历史与传统中找出传的原理与实际"[②]，拉开了华夏传播研究的序幕。此后，余也鲁先生不遗余力地在大陆介绍传播学，提倡"中国传"的研究。后来，余也鲁来到厦门大学，做了一场传播学的讲座。此时的黄星民正在为了研究生的专业抉择而犯难。他的父亲黄清顺是同济医学院的高才生，希望他能考虑学医。因缘际会之下，黄星民去听了余也鲁的传播学讲座，自此改变了黄星民的人生轨迹。对此他后来回忆道：

> 在余先生的一次学术演讲中，我看到了一片学术新大陆。那天演讲会上，余先生西装革履，戴着黑框眼镜，风度翩翩，令人耳目一新，如今历历在目。随着他那悠扬顿挫的港味普通话，传通学、宣伟伯（施拉姆）、5W 模式、媒介、效果……这些当时闻所未闻的词汇，扑面而来。这是我首次接触传播学，很大程度决定了我报考新闻传播，投徐铸成教授门下，改变了自己人生的轨迹。说来是缘分，余先生名"也鲁"，却是他让我没有"也鲁"——也与中文系同学走上鲁迅研究道路。[③]

---

① 黄星民.余也鲁先生两次改变了我人生的轨迹［EB/OL］.（2015-08-02）［2020-03-10］.http://blog.sina.com.cn/s/blog_70a301590102vylc.html.

② 余也鲁.门内门外：与现代青年谈现代传播［M］.香港：海天书楼，1980：241.

③ 黄星民.余也鲁先生两次改变了我人生的轨迹［EB/OL］.（2015-08-02）［2020-03-10］.http://blog.sina.com.cn/s/blog_70a301590102vylc.html.

在香港老报人刘季伯先生的提议下，厦门大学于 1983 年复办新闻学科教育，成立新闻传播系，在全国率先使用"传播"两字为名。同年，黄星民同朱家麟、陈金武一起，成为厦门大学新闻传播系的首批研究生，一起师从于中国著名报人徐铸成教授。

黄星民的研究生之路深深烙上了时代的印记。他被厦门大学新闻传播系录取，研二期间前往中国社会科学院新闻研究所进修学习。研究生毕业以后，黄星民留任厦门大学新闻传播学院担任助教，两年后升任讲师。

（二）应邀回国——继续华夏传播研究

余也鲁参加了厦门大学新闻传播系的大量筹备工作，并担任厦门大学客座教授。余也鲁先生有个中国大陆与港澳台地区合作多学科系统的"中国传"大规模研究计划。在厦门大学林祖庚校长、郑学檬副校长的支持下，由香港海天基金会（余也鲁创办）资助，厦门大学于 1993 年成立传播研究所，致力于开展余也鲁先生的研究项目。研究所成立后，余也鲁先生与时任厦门大学副校长、历史学家郑学檬，台湾政治大学文理学院院长徐佳士，中国社会科学院新闻研究所所长孙旭培，厦门大学新闻传播系主任郑松锟联合向全国发出了"中国传"研究的倡议，并在《新闻与传播研究》期刊上公布了研究项目招标启事，[①] 全国华夏传播开始有组织地开展。1993 年 5 月，"首届海峡两岸中国传统文化中传的探索座谈会"在厦门大学召开，并于 1994 年出版了会议论文集《从零开始：首届海峡两岸中国传统文化中传的探索座谈会论文集》，"这是中国大陆出版最早的具有本土文化视角的传播研究文集"[②]。1994 年 11 月 29 日至 30 日，余也鲁、徐佳士、郑学檬、孙旭培和郑松锟在厦门大学开会讨论，落实了《华夏传播论：中国传统文化中的传播》一书的写作计划，并对华夏传播研究项目进行了规划。华夏传播研究项目在《新闻与传播研究》上发布招标启事后，很快得到了全国各地学者的积极响应。这时，厦门大学急需一个项目协调人。曾任厦门大学新闻传播系的副主任、正在印第安纳大学攻读博士的吴伟，向厦门大学和余也鲁先生推荐了黄星民。

黄星民常常自称"在新闻系读旧闻"，对中国文化情有独钟，又有传

---

① 许清茂.海峡两岸文化与传播研究［M］.厦门：厦门大学出版社，2005：1.

② 王怡红，胡翼青.中国传播学 30 年：1978—2008［M］.北京：中国大百科全书出版社，2010：105.

播学的训练背景，确实是个协调项目的合适人选。但此时黄星民身在美国，他于 1992 年赴美探亲，已不在厦门大学任职。于是，厦门大学与余也鲁先生联合向黄星民发出邀请，希望他能够回国参与项目。对此，黄星民后来这样回忆道：

> 1995 年，余先生再一次改变了我人生的轨迹。在芝加哥家中的我，突然接到余先生的电话，让我一惊。原来，在余先生资助下，厦门大学设立传播研究所，组织大陆与港澳台地区多学科学者，开展有组织的"传播研究中国化"大型研究项目。项目需要协调人，时在美国印第安纳大学的吴伟知道我似有归意，便向余先生推荐了我这位"躲在新闻系读旧闻的人"。余先生求贤若渴，给我打来越洋电话。回国毕竟不是件容易下决心的事，要拆开刚在美国建立的新家，再次过分居生活，不能不三思而后行。在这次电话里，余先生向我描述了项目的规划，说明我的工作岗位，房子、生活安排，娓娓而道，让人感动，最终使我下了决心回国。余先生再一次改变了我人生的轨迹。回到厦门，在余先生、郑学檬、郑松锟、陈培爱等人指导下，我参与了第四次中国传播学研讨会，于是有了"五史六论"规划，有了《华夏传播论：中国传统文化中的传播》专著、"华夏传播研究丛书"出版。[①]

1995 年 3 月，黄星民带着儿子，告别爱人，回到厦门大学新闻传播系复职，在传播研究所担任"中国传"项目的协调人。他在余也鲁等先生的指导下，对全国寄来的项目申请表进行了整理、筛选和立项等工作。[②] 最后，项目学术委员会评出十一个项目，即余先生常说的"五史六论"。黄星民负责协调这十一个项目的开展工作。2001 年，项目的首批成果"华夏传播研究丛书"面世，其中包括黄鸣奋教授的《说服君主：中国古代的讽谏传播》、李国正教授的《汉字解析和信息传播》、郑学檬教授的《传在史中：中国传统社会传播史料选辑》。黄星民欣慰地称之为由"拦得溪声日夜喧"

---

① 黄星民.余也鲁先生两次改变了我人生的轨迹［EB/OL］.（2015-08-02）［2020-03-10］. http://blog.sina.com.cn/s/blog_70a301590102vylc.html.

② 此时郑松锟主任英年早逝，继任系主任陈培爱参加了项目的领导工作。

向"堂堂溪水出前村"的转变。^①但因种种原因，项目未能全部如期完成，黄星民为此深怀遗憾。

（三）坚守厦大——守护华夏传播研究

2004 年，黄星民出任厦门大学新闻传播系副主任，主持新闻传播系的工作。这时他面临着全系各种管理工作，其中学科建设为当时厦门大学新闻传播系的重中之重。他在这些工作中投入了大量的时间和精力，最终，厦门大学相继获得了传播学博士点学位授予权、建立新闻传播学一级学科博士点及博士后流动站等成果，并成立了新闻传播学院，建成了本硕博全覆盖的完整的新闻传播教育体系。

由于"五史六论"未能全部完成，厦门大学华夏传播研究进入了低潮期。黄星民工作重点转移，健康堪忧，常常胃出血，很难有时间和精力开展研究。尽管如此，他还是负重前行，矢志不渝地默默守护华夏传播研究。一方面，他引进华夏传播研究人才。他体会到哲学对传播研究的重要性，因此引进哲学博士谢清果。在与国外学者的交流过程中，黄星民发现国外学者对中国传统的传播现象与观念很感兴趣，因此希望能够把华夏传播研究成果介绍出去，于是引进了擅长英语写作的另一位老师。他设想构建一个研究团队，把厦门大学的华夏传播坚持下去。另一方面，他通过课堂教学的方式，注重培养博士生，把华夏传播研究开展起来。这些守护厦门大学华夏传播研究的措施，取得了一定的效果。后来厦门大学建立了华夏传播研究团队，华夏传播研究走出了低谷，并形成一个新潮流。正是在黄星民等前辈学者的不懈坚持下，华夏传播研究才得以延续并不断发展，厦门大学传播研究所才成为华夏传播研究的重镇。

二、华夏传播研究的心得

黄星民注重在传播媒介发展史的基础上以华夏传播研究为重点展开传播学研究。受过传播学系统学习和训练的他，有着对传播学的独到理解。他将"媒介"作为区别标准，把传播学与文史等其他学科分开，将中国传统文化与传播学相融合，形成了华夏传播研究。他幼年随父亲学习中医，

---

① 　许清茂.海峡两岸文化与传播研究［M］.厦门：厦门大学出版社，2005：1.

通过中医培养了对中国文化，特别是儒家哲学方法论的兴趣。他把哲学方法论应用到华夏传播研究上，形成了其强基础性的学术特色。

（一）对华夏传播研究的概念界定

美国传播学者施拉姆提出，余也鲁教授等学者热心提倡推广的"中国传"这一领域，有个不断发展丰富，并在发展丰富中不断清晰的过程。最早，余也鲁、徐佳士两位先生把他们分别在台湾与香港召开的会议命名为"中国文化与传统中传的理论与实际的探索"，这个名称显然是过于长了。因此，人们开始用各种名字来称呼"中国传"这一研究领域，诸如"传播学本土化""传播学中国化""中国化的传播学研究""中国传统文化与传播学"等。混乱的名称"使得研究目标有点模糊混乱"，[①]造成了人们对这一研究领域的各种质疑和争论。

1997 年，由孙旭培主编的《华夏传播论：中国传统文化中的传播》一书出版，这是一本"在传播学领域中由海峡两岸的学者合作的首本系统性论著"[②]。论著书名中率先出现了"华夏传播"一词，这是"中国传"研究清晰化的关键一步。很可惜，该书没有对这一重要的概念做出解释。2001 年，"五史六论"项目准备推出首批成果之际，作为协调人的黄星民提出以"华夏传播研究丛书"为名的建议，得到厦门大学新闻传播系主任陈培爱的肯定和丛书主编郑学檬的认可，最后余也鲁先生拍板将丛书的名字定了下来。"华夏传播研究"这六个字简洁又准确地概括了"中国传"这一领域，有效地克服了各种不同称呼引发的混乱。

有感于此，黄星民特地撰写《华夏传播研究刍议》一文，对华夏传播研究这一领域进行了回顾与分析，并对"华夏传播研究"这一概念做出解释，明确地将华夏传播研究定义为"对中国传统社会中的传播活动和传播观念的发掘、整理、研究和扬弃"[③]，并指出华夏传播研究是建设"传播学中华学派"不可或缺的一环[④]。《华夏传播研究刍议》同样指出了传播道德的重

---

① 邵培仁.传播学本土化研究的回顾与前瞻［J］.杭州师范学院学报，1999（4）：36-41.

② 孙旭培.研究对象中国化［M］//王怡红，胡翼青.中国传播学30年：1978—2008.北京：中国大百科全书出版社，2010：563.

③ 黄星民.华夏传播研究刍议［J］.新闻与传播研究，2002（4）：80-86，96.

④ 黄星民.华夏传播研究刍议［J］.新闻与传播研究，2002（4）：80-86，96.

要性。黄星民认为："华夏传播不仅创造出造纸、印刷等传播技术，还提出了以'诚'为核心的传播道德思想，为合理使用这些传播技术确立了道德基础。正是华夏传播技术与华夏传播道德的结合，才使华夏能在人类传播史上取得如此辉煌的成就。"①《华夏传播研究刍议》一文界定了华夏传播的研究范围与学术地位，是确立华夏传播研究领域的标志性论文。

（二）对礼乐传播的解读

1985 年，黄星民与熊华丽合作，在第一届上海传播学国际学术讨论会上，从礼乐传播的角度写作并发表 *Rites-Music Communication* 一文，引起了激烈的讨论。在此基础上，他于 1986 年完成自己的硕士论文《礼乐传播初探》。论文认为儒家的礼乐可以看成大众传播的原始形态。这一观点在当时的传播学界引起很大争议，一种观点认为，施拉姆明确提出人类的大众传播是从 15 世纪开始的，其标志性的事件就是机器介入了人类传播过程，根据施拉姆的观点与标准，礼乐活动不是大众传播；另一种观点则认为，黄星民描述的社会阶层定时举行的礼乐活动确实具有大众传播性质，应该修改施拉姆的观点与标准。

针对此争论，1986 年，黄星民于黄山召开的全国传播学学术讨论会上宣读了《"大众传播"广狭义辨》一文。文章认为施拉姆以机器为大众传播的标准，准确地抓住印刷机发明以来的大众传播特点，但是，同时要看到，印刷机以前已经有手抄书等大众媒介，这就意味着印刷机发明以前已经存在大众传播活动。为解决这一矛盾，黄星民认为大众传播的主要特征是受众"数量巨大，分散各地，互相不认识"。在此基础上，如果有机器介入，可以视为"狭义的大众传播"，反映了当代的实际情况；如果没有机器介入，则可以视为"广义的大众传播"，反映了历史的真实情况。②文章修改并拓展了传播学集大成者施拉姆的核心概念"大众传播"，开拓了大众传播的研究视野，使 15 世纪印刷机发明以前的大众传播史"合法化"。

但在其后的十几年中，由于两地分居，父亲生病等生活重压，再加上黄星民自身健康堪忧，多地奔波生活，研究几乎停滞下来。直到 1999 年，他才把自己的硕士论文整理完善成三篇论文（《"大众传播"广狭义辨》

---

① 黄星民.华夏传播研究刍议 [J].新闻与传播研究，2002（4）：80-86，96.

② 黄星民."大众传播"广狭义辨 [J].新闻与传播研究，1999（1）：2-7，94.

《礼乐传播初探》《从礼乐传播看非语言大众传播形式的演化》），发表在《新闻与传播研究》期刊上。《礼乐传播初探》聚焦于春秋战国时期的礼乐传播，指出中国古代虽然没有明确的"传播"一词，却有"教""风""化"等字，其实质内涵与当今的"大众传播"有异曲同工之妙。这个时期的儒家不仅"认识到礼乐的传播功能，他们还自觉利用礼乐的传播功能"[①]，而礼乐本质上是中庸、仁义的传播渠道，儒家作为传者，借助礼乐的传播渠道，向社会各阶层（受众）传播其思想，从而构成了"礼乐传播模式"。[②] 在此基础上，黄星民对儒家的传播效果理论"风草说"进行了解说。《易经·观卦》言"风行地上，观；先王以省方，观民设教"，以风草喻教化的效果。孔子则言"君子之德风，小人之德草，草上之风必偃"（《论语·颜渊》），用风草关系比喻传播效果。《从礼乐传播看非语言大众传播形式的演化》则以人类大众传播史为背景，以礼乐传播为主线，从人类传播史上的原始礼仪开始，逐步考察了古代礼仪、戏曲，一直到电影、广播、电视、网络等非语言大众传播形式的发展历程。

总而言之，黄星民的学术观点在于：儒家的礼乐活动是大众传播的原始形态，中国历史上的许多大众传播活动都可以追溯到这里。礼乐之所以能有大众传播功能，其秘密在于：它通过"语言符号曲调化，非语言符号程式化"把信息保存下来，再通过"社会阶层空间传播，定期演习时间传播"，使儒家的"仁义、中庸"核心思想得到时间长久、空间辽阔的传播。它适合具有"数量巨大，分散各地，互不认识"的受众。它提出了一种新的传播形式，"新闻"是以"信息告知"为目的，而"礼乐"是以"思想传播"为目的。前者讲速度，一次告知即可；而后者讲传承，需要反复地进行传播。

（三）传播哲学

黄星民认为，华夏传播对中华文化的挖掘不应该限于表面融合中华元素上，而应该从传播哲学的逻辑出发。《"染论"与"难论"——从哲学方法论的角度探讨墨翟与韩非的传播效果论》一文从哲学视角审视了墨翟和韩非子的传播效果观，概括出"染论""难论"两种观点，并对二者进行对

---

① 黄星民.礼乐传播初探［J］.新闻与传播研究，2000（1）：27-35，95.
② 黄星民.礼乐传播初探［J］.新闻与传播研究，2000（1）：27-35，95.

比分析。从墨子的"染论"、韩非的"难论"、道家的"自化论"到儒家的"风草论",正是出于对中国哲学的关注,黄星民教授从中挖掘出一批宝贵的中国本土的传播思想胚胎。

他从"信息运动"与"物质运动"的关系出发,从哲学的角度对传播现象加以审思,比如《从传播哲学角度谈"传播"的定义——传播哲学初探》一文从哲学的角度将传播定义为信息运动现象;[①]《略论中西方传播观念的异同从"Communication"与"传"词义比较》一文则讲明了信息运动与物质运动的关系。[②]

(四)电子口语传播

关于电子口语传播的发展,黄星民早在 2000 年发表的《从礼乐传播看非语言大众传播形式的演化》一文中就通过对人类大众传播史的梳理,预言"从原始礼仪分化出来的并行发展而又互相渗透的语言符号与非语言符号,不久将在计算机网络中再次得到统一"[③],认为随着网络通信技术的进步,一场传播革命即将来临,这就是电子口语传播时代的来临。

在 2019 年福建省传播学会学术年会上,黄星民以电子口语传播为主题,分享他对电子口语传播的观点:从《论语》到《孟子》《荀子》,从《回忆苏格拉底》到柏拉图的《理想国》,再到亚里士多德的《范畴篇》,东西方的文学经典都展现了从口语到文字的媒介变迁。文字传播的出现为时空传播带来了便利,为轴心时代文化思想的爆发奠定了传播基础,但生动的口语同时也被压缩为二维的文字,丢失了非语言符号。随着网络信息技术的发展,电子文字、电子口语、电子图片并行不悖。黄星民将当代人类称为"新一代的两栖人"。目前,口语传播研究在国外较为流行,比如哈佛大学的口头诗学研究。"帕里 - 洛德理论"的创立者之一约翰·迈尔斯·弗里教授创办《口头传统》刊物,以推动口头传统的研究。反观国内,台湾世新大学设立口语传播系,中国社会科学院民族文学研究所所长朝戈金翻

---

① 黄星民.从传播哲学角度谈"传播"的定义:传播哲学初探 [J].新闻与传播研究,2006(1):24-26,94.

② 黄星民.略论中西方传播观念的异同从"Communication"与"传"词义比较 [J].厦门大学学报(哲学社会科学版),2000(3):49-54.

③ 黄星民.从礼乐传播看非语言大众传播形式的演化 [J].新闻与传播研究,2000 (3):35-44,94-95.

译了弗里的《口头诗学：帕里 - 洛德理论》，相关研究相对较少。

三、对华夏传播研究的期待

黄星民深信，华夏传播研究在不久的将来一定会进入我国传播学的主流。中国传统文化的研究，已经成为学术界的热点。中国随着经济的迅速发展，文化发展势在必行。这个趋势在中国的其他人文社会科学领域里已经非常明显了，新闻传播学的脚步略慢了一点儿，但一定会跟上来。

黄星民相信传播学中华学派终将建成。黄星民相信，随着中华文化的复兴，作为中华新文化的有机组成部分，中国的传播学也会兴旺繁荣，最终形成传播学中华学派，并与传播学的西欧批判学派、美国传统学派三足鼎立。而建设传播学中华学派，是我国传播学研究的长期而艰巨的目标。要达到这个目标，就离不开三个基础工作，即"引进消化国外传播科学""整理研究华夏传播学说""研究总结中国当代传播实践"。[①]也就是说，当我们用西方传播科学理论和华夏传播学说精华来共同解释、指导和总结今天中国的传播实践，并在此过程中成功熔铸三者，形成了我国特色的理论范式，为我国传播学学者所遵循和追随，同时受到世界传播学界的重视与肯定，这样，传播学中华学派就形成了。上述三个基础工作紧密联系，华夏传播研究是不可或缺的其中一环。

他期待，厦门大学的华夏传播研究在已形成的优势基础上，能继续深入研究，丰富成果，开拓出新的局面，与全国传播学界建立更加广泛的学术联系。华夏传播研究人才难得，要有中国传统基本的治学方法，传统的小学（包括文字学、音韵学、训诂学）是华夏传播研究的基本功。离开这些基本功，经典会被错读误解。他特别重视传统经典的研读，他把"文献，文献，再文献"改为"经典，经典，再经典"，认为从中国儒道释的主流文化经典入手，会更容易理解中国传统社会的传播现象与传播观念。当然，他强调华夏传播研究要重视传播学的基本训练。华夏传播研究是基础性的，所以要有传播理论与媒介历史的基础。特别要注意的是，华夏传播研究很容易与文史研究相混，有些华夏传播研究的文章没有"传播学味道"，这是因为它离开了媒介谈传播。正如在开始时，黄星民也无法把华夏传播研究

---

① 黄星民.华夏传播研究刍议［J］.新闻与传播研究，2002（4）：80-86，96.

与其他人文社会学科区分一样，直到找到了"媒介"才解决了问题。他强调，华夏传播研究要从媒介角度入手，文章才会有"传播学味道"。

🎙 附：访谈录 ①

王婕： 您如何看待中国文化？

黄星民： 中国是真正的伦理大国。三大文明中，西方讲求人与自然的关系，印度讲求人与神的关系，而中国则讲求人与人的关系。20世纪80年代的时候，有个"潘晓"，提出了为己的命题，当时讨论特别热烈，大家都在争论：人到底是为人还是为己？当时全国都引用西方的理念进行讨论，如意大利的文艺复兴，法国的启蒙运动，俄国的民主运动，没有一个人用中国理论来讲。而中国早就有了成熟的（体系）：两个极端，中间有孔子提出了"中庸"。两个极端，一个是墨子，只知道为人，不知为己；另一个是杨子（杨朱），为己，拔一毛为天下利也不愿做。而孔子和儒家以仁求同，以义辨异，仁者爱人，爱有差等，讲求"中""和""庸"，求和而不同。《中庸》的第一篇开篇就讲"天命之谓性，率性之谓道，修道之谓教"。性是善的，不善从人的禀赋、私欲、人欲中来，整个理论大厦是不坚实的。80年代一讲中庸就是伦理的，这都是半通不通抄出来的。伦理是亚里士多德，孔子有伦理没错，但它是哲学的。那么如何为人为己？我们定一套规则，就是歌曲、舞曲，我们跟着节奏跳舞。儒家这套最接近人的关系，既有互相伤害，又有互惠。就如同寒冬刺猬的拥抱，要互相取暖，又要恰到好处，不要扎到对方。这也就是礼乐。

王婕： 您如何理解"中庸"哲学？

黄星民： 我把自己多年来研究儒家文化的心得提炼为"三点六端"的"中庸方法论体系"，其中三点为"中""和""庸"，六端包括"中之两端""和之两端""庸之两端"。"中"是心和物的矛盾，"和"是一和多的矛盾，"庸"是易和常（变与不变）的矛盾。西方心物分离，所以才有神和彼岸。柏拉图的伟大之处就在于将现实和理论分开，让人追求达不到的境界。而中国哲学心物相合，孔子眼中的理想社会更切合社会实际，讲求中，就

---

① 访谈内容有删节。

是切合现世哲学。其中，心偏多少，物偏多少。中庸的数量化实证研究是个值得深究的问题。理解中庸，能够更好地理解华夏文明。

王婕：您曾多次强调哲学对传播学的重要性，您觉得研究传播哲学需要注意什么？

黄星民：中国哲学对华夏传播研究方法和学术规范具有启示意义。华夏传播研究的目标在于构建传播学中国学派。华夏传播的研究离不开对中国哲学原典的阅读。哲学的难题在于空疏抽象，这也是华夏传播研究中最应当留心解决的问题。

王婕：关于华夏传播的研究方向和方法您有何建议？

黄星民：华夏传播研究领域需要去丰富我们的教材。和传播对话时，以哲学做框架，以古今中外作为材料，而不是单单提一些中国元素。像礼乐制度，怎么表述？我们和西方的体系是不一样的，西方是动中求的，而礼乐是柔中求的。乐是最好的受场……儒释道的思想可以通过方法论整理出来。从学术上来说，媒介史的研究应该以媒介为线索，从最早的礼乐口语，到甲骨文、经文、竹帛等都值得去做。我在盲审学位论文时，发现有一名学生选择了以碑刻文字为媒介，这是需要沉心去做真的学问的。史论，太有得做了。

王婕：作为一名学者，您如何看待学术理论和实际应用的关系？

黄星民：作为学者，主要任务是辨别学术理论正确与否。学者当然也要考虑理论的可行性，理论的实际运用情况。但是某些历史场景，有人把理论误用了，不能以此认为理论错了。不能随便把封建等帽子套在中国传统文化上，从而否定中国传统文化，要具体深入地去研究了解。

王婕：您如何看待华夏传播未来的发展趋势？

黄星民：中国文化复兴是大势所趋，华夏传播研究是其中一环，要多做贡献。20世纪80年代初，西方学术著作大量出版，影响了一代学人的思想。随着文化热的出现，特别是近年来国家对中国传统文化的提倡推广，出版了大量国学著作、蒙学图书，也将影响一代人的思想。所以，华夏传播研究有了广泛的社会基础，发展的前景非常乐观。我们要拿出让人们信服的成果。

王婕：您对研究华夏传播的青年学子有什么建议？

黄星民：学问研究贵在精品。经典的书是一辈子用不完的，里面的每个字都要细嚼慢咽。否则，就算你花大量时间写出来的文章，只要某老先生站出来说，"这个字不是你说的那个意思啦"，这篇文章就站不住了。对于华夏传播学的学者而言，阅读经典是写作的基础。经典以"字"为基础，经典里的字你要读通。字有音、形、义，就是音韵、文字、训诂，你要有所了解。使用现代含义去理解古书中的字，是会出问题的。经典是书，要了解古书，就要掌握辨伪、目录学的知识。特别是目录学，我们常说，"典籍浩如烟海"，目录学是这海里的航海图。

（撰文：王婕）

第八章 吴予敏——坚守文化本位，反思中研究，实践中传承

👤 学人名片

　　吴予敏，深圳大学传播学院教授，博士生导师。深圳大学传播学院创院院长，现任广东省高等学校人文社会科学重点研究基地——深圳大学传媒与文化发展研究中心主任。受聘两届教育部新闻学科教学指导委员会委员，中国传播学会副理事长、常务理事，中国广告教育研究会副会长，中国中外文艺理论学会理事等；受聘中国社会科学院大学、武汉大学、中山大学、暨南大学博士生导师，兼任香港浸会大学、西北大学、上海师范大学、西南交通大学等校客座教授。

　　吴予敏教授长期致力于在中国传统文化、传播思想史、中国美学等领域的跨学科研究，参与并见证了华夏传播研究"从零到一"的历史。本章对吴予敏教授在华夏传播研究领域四十余年的学术历程、学术思想、学术心得及学术期盼等进行梳理，记录前辈学者的研究足迹，书写华夏传播研究的历史记忆，以供后学者学习借鉴，让华夏传播研究薪火相传。

一、学术成果

　　吴予敏作为著名的传播学者和华夏传播研究的重要奠基人，四十余年来学术成果丰硕，研究领域宽广，影响深远。

　　吴予敏主持国家社会科学基金项目三项，其中重大项目一项，分别为"礼乐文化与美学精神""传播美学与审美现代性问题研究""农民工文化需求与城市公共文化服务体系建设研究"（重大项目）；省部级项目十余项，主要包括"中国传播思想史古代部分"（教育部人文社会科学重点研究基地项目重大项目）、"西方美学史之启蒙美学研究"（国家社会科学基金项目子项目）、"传播理论的知识图景"（广东省哲学社会科学"十五"规划项目）、"9+2背景下报业市场组织的格局历史、现状和选择"（广东省普通高校人文社会科学"十五"规划研究项目）、"深圳文化产业研究"（省部共建人文社会科学重点研究基地项目）、"深圳市广告业发展规划"、"内地与香港广告业发展的比较研究"等。

　　吴予敏出版专著、教材十余部：《无形的网络》（国际文化出版公司，1988）、《现代广告营销》（西安电子科技大学出版社，1993）、《美学与现代性》（西北大学出版社，1998）、《西方美学史（第二卷）文艺复兴至启蒙运动美学》（中国社会科学出版社，2005）、《深圳广告26年（1979—2005）》（社会科学文献出版社，2006）、《传播与文化研究》（北京大学出版社，2007）、《深圳传媒三十年》（商务印书馆，2010）、《广告学研究专题导引》（高等教育出版社，2015）、《城市公共文化研究》（中国社会科学出版社，2017）等。

　　吴予敏先后在《新闻与传播研究》《国际新闻界》《现代传播（中国传媒大学学报）》《新闻大学》《南京社会科学》《文学评论》《文艺研究》《北京大学学报（哲学社会科学版）》《文学遗产》《文史哲》等重要学术期刊上发表学术论文七十多篇。其中《论传播与人的反思性》《传播学知识论三题》《巫教、酋邦与礼乐渊源》《帝制中国的媒介权力》《跨文化传播的研究领域与现实关切》《全球化时代的传播与国家发展》《试论中国美学的现代性理路》《论媒介形象及其生产特征》《从"媒介化都市生存"到"可沟通的城市"：关于城市传播研究及其公共性问题的思考》《城市公共文化服务的结构二重性和社会行动者：以吉登斯结构化理论为视角》《中国传播观念史研究的进路与方法》等对传播学"本土化"研究、文化反思及对华夏传播研究理论与跨学科方法的构建影响深远。近年来，他发表的《从"零"到一：中国传播思想史书写的回顾和展望》《"重构中国传播学"的时代场景和学术取向》《交汇点或分水岭：传播研究的文化观念》《中国传播研究的再出发》等论文系统地总结了中国传播学四十年的发展历程，提出要对传播研究的文化观念进行"文化还原",根据中国特色的社会文化制度的实践原则、文化价值体系和话语形式,探索中国传播研究的再出发的新路径。

二、学术研究历程

吴予敏从文史起步"反思"中国传统文化,继而"邂逅"传播学,"扎根"传播学,致力于新闻传播学学科建设,再到传播学本土化研究的再出发,他的学术研究历程大体可分为四个阶段。

(一)第一阶段:跨界"邂逅"传播学,编织华夏传播七彩"无形的网络"(1979—1988)

在上大学之前,吴予敏已经在印刷厂工作过七个年头,先后换过几个工种,熟练掌握了从字模铸造到平印制版、印刷设计的全套工艺。工作之余,他通过自学积累文史哲的基础知识,后被陕西省委宣传部选拔为工人文化骨干,参加了评注《商君书》项目组,得以和陕西师范大学的一些著名文史专家结识,拜师学艺。考入西北大学中文系后,吴予敏如饥似渴地学习,兴趣逐渐集中于美学和文艺理论批评,尝试通过关键人物、关键议题的专题研究进行系统学习和学术训练,曾经做过的专题研究包括鲁迅、柳青、王蒙、陶渊明、李清照、王国维等。他在大学一年级时就开始在国内大学学报上正式发表学术论文。到本科高年级时,他集中于中国古典美学研究。在大学思想解放的风潮中,他和几个志同道合的同学一起组建《希望》文学社,编辑并自行印制了《希望》文学期刊,出刊 4 期,一度在古城西安"洛阳纸贵",成为国内高校学生文学刊物中的佼佼者,以此和北京大学、武汉大学等多所高校文学社团建立联系,聚合成一股文学新军,一起创办了《这一代》文学期刊。"一度引领学校思想解放和文化反思潮流"的这一"传播实践活动"将"青涩纯净"的思想激情和专业理想,融为一段特殊的"阳光灿烂的日子"。[①]大学毕业后,吴予敏在西安美术学院任教了一段时间。他利用美院的条件"恶补"了中外艺术史。后来,他回到西北大学中文系攻读文艺理论硕士研究生,聚焦于魏晋南北朝文艺美

---

① 吴予敏.从"边缘邂逅"开始的学术之旅[M]//王怡红,胡翼青.中国传播学30年:1978—2008.北京:中国大百科全书出版社,2010:577.

学研究。在《文学遗产》杂志发表的《刘勰文学"通变观"的历史文化考察》一文是在他的硕士论文基础上提炼而成的，开始体现出他的"打通文史，跨越学科"的治学意向。1985年底，吴予敏离开西安，到中国社会科学院文学研究所攻读文艺学美学方向的博士研究生，师从美学大家蔡仪先生。"20世纪80年代的北京，是被启蒙思潮鼓荡着的。特别是人文社会科学界，历史批判、时代反思和社会改革的构想相互激发。争论激烈，派别纷纭。"① 社科院博士生有不同学科背景，师从国内各学科大家，于是各门各派形成学术"小江湖"。学问人生的探讨和争论，给予吴予敏太多的不期而遇的收获和惊喜，让他更加自觉地将不同学科的研究方法与美学相融通，更加明确了从社会文化的广阔视野进行专门研究的学术取向。

"学术和学人的相遇，有时候是必然，有时候也是偶然。'不期而遇''一见钟情'之类的经历，多半出现在'边缘邂逅'的当口。"② 一次偶然的机会，吴予敏在朋友家接触到了一本港版的余也鲁译述的《传学概论：传媒·信息与人》（1983）。第一次接触"传学"，莫名的新鲜感随之而来，他蓦然领悟到，可以运用传播学的视角和方法重新认识中国传统文化的内在机理，在文化反思中避免刻板化，进行跨学科的研究尝试。随后，他研读了施拉姆和波特所著的《传播学概论》，联合国教科文组织的报告《多种声音，一个世界》，祝建华、武伟翻译的麦奎尔与温德尔的名著《大众传播模式论》等，系统了解了传播学的旨趣和研究方法。符号与媒介、传播与社会结构、舆论与政治权力、交往与文化观念等新鲜的主题顿时涌现。多年对中国文化的探索、反思和知识积累，在传播学这一新兴学科的"引爆"下形成回路碰撞，激发出以传播学的视角反思中国传统文化的强烈的研究和写作动力，吴予敏正是在这样的思想推动下完成了《无形的网络》一书的创作。

1988年，吴予敏出版了专著《无形的网络》，成为中国大陆第一个从传播学角度研究中国传统文化的学者。他在中国传统文化研究和当代传播研究之间成功实现了"跨界"融合，即从传播学视角重新发现中国传统文化的内在机理，又从传统文化的深厚积淀中发现文化传播与社会建构的脉

---

① 吴予敏.从"边缘邂逅"开始的学术之旅［M］//王怡红，胡翼青.中国传播学30年：1978—2008.北京：中国大百科全书出版社，2010：577.

② 吴予敏.从"边缘邂逅"开始的学术之旅［M］//王怡红，胡翼青.中国传播学30年：1978—2008.北京：中国大百科全书出版社，2010：578.

络，由此"双向发现"而开启华夏传播学研究领域的独特面貌。作为从传统文史研究领域跨越的学者，吴予敏教授一直谦虚地认为他与传播学的缘分是一场美丽的"邂逅"，但是这一著作的诞生，得益于开放的学术风气，更得益于作者的多学科知识积淀和对中国文化发展命运的持久关注。

吴予敏在这本书中独具创新地提出了中国文化的同心圆型的"生命（生活）——传播结构"、枝杆型的"社会——传播结构"、偏心圆型的"历史——传播结构"三种现实传播结构及相对应的三种理想传播结构；从媒介、社会组织、政治和传播观念四个层面阐释了传播与中国传统文化的关系，全方位立体化构建了中国人"修身—齐家—治国—平天下"这一社会传播和控制的"无形的网络"。著名传播学者陈力丹教授曾高度评价《无形的网络》"勾勒出一幅完整的中国古代社会传播的立体图""读了让人深有感悟""研究是开创性的"。[①] 这部著作由于出版时受出版方体例和风格的限制（要求篇幅较小、语言通俗），仅仅整理中文媒介、社会组织传播、政治传播和传播观念这四章和综论部分的内容出版成书。书中讨论的传播观念仅限于先秦儒道墨法四家，当时准备的兵家、名家、禅宗等资料因为没有时间整理，没有用上。它对今天的学者从事媒介研究、仪式传播、组织传播、政治传播、传播观念以及传统文化的创造性转化等领域的研究都具有重要的借鉴意义。

（二）第二个阶段：立足传播学，学术研究与学科建设并重，在传播实践中"撒播华夏传播研究之花"（1989—1999）

20世纪80年代末，吴予敏博士毕业，怀着对文化的反思和憧憬从首都北京来到了当时经济最活跃的沿海开放城市——深圳，在深圳大学开启了他三十年的传播学教研生涯。这一时期，吴予敏一方面着手深圳大学新闻传播学科的创立、发展及壮大，另一方面致力于将传播学、文化学、美学跨越融合作为自己的学术研究。文化与传播作为他学术生命的并行和交织主线贯穿始终：理论与实践高度结合，学术研究与学科建设并重，冷静的学术反思与热情的人文关怀交融，将中国传统文化的研究融入鲜活变化的时代背景，体现了传播研究的跨学科融合特征与鲜活的实践性特征。

---

① 陈力丹.论孔子的传播思想：读吴予敏《无形的网络——从传播学角度看中国传统文化》[J].新闻与传播研究，1995（1）：2-9.

1. 学科建设和传播实践

吴予敏说他到深圳大学后，在工作上只干了一件事情，那就是"在深圳大学建设新闻传播学科"。20 世纪 90 年代的深圳，经济上一片火热，但是对于人文社科学术来说是边缘而冷寂的。[①] 吴予敏带领团队因地制宜，根据社会发展需要，遵循高校专业建设和学科发展战略，创建了深圳大学广告学本科专业，并推行广告学课程系列改革，特别是在全国产生持久影响的毕业设计改革；作为主要发起人之一，创建了中国广告教育研究会；创办了传播学、新闻学、网络传播学等新专业，建立了省级重点学科、名牌专业、国家级实验教学示范中心、新闻传播学一级学科硕士点和博士点等。从零开始的学科和专业建设耗费了吴予敏大量的时间和精力，让他不停地游走于广告研究、媒体经济、文化产业、传播理论、公共文化、城市传播等传播研究的若干分支领域。在此过程中，吴予敏扩充了社会科学的理论研究和方法，组织了大课题、大平台的科研项目，使得"理论的和价值的关切，渐渐被沉淀到思想的深层"[②]，为他尝试进行中国特色的传播学研究奠定了深厚的基础。

2. 学术研究与学术反思

在此阶段，吴予敏值得称道的学术研究主要集中在礼乐文化、美学理论、传播理论和广告研究四个方面。

（1）礼乐文化研究的继续和深化

1991 年，吴予敏获批了国家社会科学基金青年项目"礼乐文化与美学精神"。这是在他的博士论文研究的基础上的新的拓展计划。吴予敏对中国美学史的研究一直坚持的路径是从中国文化发展的有机整体出发来看审美精神的演化，而有机整体是社会、制度、观念交织的结构化结果。吴予敏尝试打通美学和文化人类学、历史考古学、神话学的思路，吸收了塞维斯的"酋邦理论"来解释礼乐文化的渊源和流变，对中国传统的审美政治、审美伦理和审美文化进行独到的分析，这些体现在他发表的系列学术论文里：《关于中西古典文论中理性精神的比较》（载于《中国社会科学院研究生院学报》，1989 年 2 期）、《中国远古礼仪与礼仪艺术综论》（收入中国社

---

① 吴予敏.从"边缘邂逅"开始的学术之旅［M］//王怡红，胡翼青.中国传播学30年：1978—2008.北京：中国大百科全书出版社，2010：579.

② 吴予敏.从"边缘邂逅"开始的学术之旅［M］//王怡红，胡翼青.中国传播学30年：1978—2008.北京：中国大百科全书出版社，2010：579.

会科学院文学研究所理论研究室编的《美学论丛》第 11 辑，文化艺术出版社，1992）、《论周礼的建构及其对村社礼俗传统的扬弃》（收入陈平原、王守常、汪晖主编的《学人》第 1 辑，江苏文艺出版社，1991）、《物本与民本：春秋时代的观念变革》[载于《深圳大学学报（人文社会科学版）》，1992 年第 4 期]、《周代礼乐文化的伦理精神与美学精神》（收入《文化与传播》第一辑，上海文化出版社，1993）、《论春秋美学——礼乐精神的嬗变与生机》（收入《文化与传播》第四辑，海天出版社，1996）、《从礼治到法治——儒道法墨传播思想论析》（收入《文化与传播》第二辑，上海文化出版社，1993）、《中国远古原始礼仪综论》（收入《文化与传播》第五辑，海天出版社，1997）、《论传统文论的语义诠释》（载于《文学评论》，1998 年第 3 期）、《中国原始礼仪艺术的符号化》（载于《文史哲》，1998 年第 4 期）、《巫教、酋邦与礼乐渊源》[载于《北京大学学报（哲学社会科学版）》，1998 年第 4 期] 等。在礼乐文化研究中，吴予敏指出中国礼乐文化的渊源是古代酋邦时期盛行的巫教文化。巫教文化在社会思想性质及思维形态上与原始巫术不同，是华夏族酋邦建立"大一统"国家的最重要的政治和精神力量。巫教文化与酋邦型的早期国家组织形态的结合，决定了中国古代政教合一的专制传统的建立。他同时指出巫教文化向礼乐文化转化的问题，比较关键的是巫教仪式的结构与象征符号的演化、巫教观念信仰的转变。这中间关涉两个文化的思维逻辑和价值体系的承续与变异。[①] 吴予敏以传播符号学为视角分析原始礼仪艺术经由自然艺术而来，完成了从图像符号到指示符号再到象征符号的演进过程，形成了一个全新的文化解释系统，解释了中国礼仪艺术符号系统的分离转换、象征图解、交换沟通、巫技掌控、整合建构等五大功能。[②] 20 世纪 90 年代以后，新的考古发掘提供了大量的简帛、青铜器、玉器等新材料，对古典文化史和美学史研究提出了新尺度。因此，吴予敏没有急于将系列论文成果汇总出版，而是专门抽出时间吸收新的材料，重新整理、充实拓展论文，这反映了他严谨诚实的学术态度。

（2）美学理论研究的拓展

吴予敏在 20 世纪 90 年代敏锐地把握当代美学的文化转向，他对当代

---

① 吴予敏.巫教、酋邦与礼乐渊源 [J].北京大学学报（哲学社会科学版），1998（4）：116-120.

② 吴予敏.中国原始礼仪艺术的符号化 [J].文史哲，1998（4）：55-62.

美学文化转向的研究并非仅仅从流行的语言符号方法论出发，而是试图将美学和传播学嫁接，提出交流美学、媒介美学的创新思路。这和他一贯的跨学科交融的学术取向是一致的。1998年，他的专著《美学与现代性》在西北大学出版社出版。这是国内美学界较早提出从传播媒介角度进行现代性反思的一部著作，很快在学界引起反响，并于三年后由人民出版社再版发行。吴予敏立足于人类文明现代性的价值和追求，梳理西方20世纪美学的风云变幻的理路，从科学主义与人文主义的分野出发，突出了从符号美学到传播美学的演变脉络，从新康德主义之后的语言文化转向直至进入现代性矛盾和后现代景观分析，始终关注审美共同体历经挑战、瓦解和重构的命运。在此现代性嬗变的总体视野中，他深刻考量中国现代美学的理路，以求中国美学与中国文化的共融。

（3）传播理论研究的人文反思

20世纪90年代，中国大陆传播学研究的发展受到媒体技术发展和全球化趋势的推动，在确立了体制化学科身份之后，逐渐出现了强调技术实证研究、以美国传播学为国际化尺度的倾向。吴予敏作为一个从人文学科进入传播学科的学者，而且又是最早从事中国文化传播研究的学者，顺理成章地提出了传播研究的人文价值取向和本土化定位的问题。他认为人是传播的主体，传播是人类独有的实践活动，是人类利用符号传递信息，分享和建构意义，建立和维系关系的过程。对传播实践的反思最终都会落实到对人的反思上。1998年，吴予敏在《学术研究》上发表论文《学术问题意识的窘困》，叩问学术研究的问题意识。[①]1999年，吴予敏在《新闻与传播研究》上发表论文《论传播与人的反思性》，重点论述了马克思和恩格斯关于交往形式的唯物史观，分析了马克思主义创立以来各种基于批判立场的理论学派对传播和人的反思性问题的关切和解释。吴予敏认为人的活动是在实践行动结构、认知结构和传播（交流、交往）结构中展开的。传播结构包括反身传播和外拓传播两种形式。反身传播导向内在交流活动，形成反思性循环；外拓传播寻求主体间性，建构社会交往共同体。人的实践、认知、传播三个结构互相影响、互相渗透转化，并不断循环。客观化的媒介结构既是决定人的实践的条件，又是人的实践的创造，归根结底是人的实践创造而非纯粹的技术物质力量。驱动这些结构发生循环的是人作为实

---

① 吴予敏.学术问题意识的窘困［J］.学术研究，1998（10）：118-119.

践主体的意向性、反思性和能动性。传播技术的进步并非必然带来传播体制和传播秩序的合理化，对于健全的社会发展和人类解放的目标来说，利用传播技术的成果，捍卫并提升人的反思性的实践自觉，应当是当代传播理论进步的主张。① 在今天智能化、数据化媒体重构社会的形势下，吴予敏在二十多年前提出的这一观点对于防止媒介技术对人的奴役，坚持传播的主体性研究，仍然具有重要的启示意义。同年，吴予敏的另一篇文章《传播教育与人文理想》②，呼吁迅速发展的新闻传播教育事业坚持人文理想和主体价值观，避免唯技术论、唯应用论的误区，在教育教学实践中，将人文教育和专业教育打通。文章反映了吴予敏在深圳大学主持新闻传播教育的实践中长期所坚持的方向。

（4）广告研究的独特视角

广告学是随着我国市场经济发展而兴起的应用性传播学类专业。这个新专业市场融入度高，在深圳特区这样的沿海开放城市中很受欢迎。吴予敏来深圳大学任教，受命组建广告学专业，尽管这不是他的学术兴趣和专业领域，但是因为社会需求和专业建设工作需要，他还是遵循市场经济和专业发展的规律，开始了广告学研究。除了组织编写广告学教材，吴予敏对广告的学术研究从美学、文化学和传播学的角度切入。他的论文《视觉思维与广告解读》从广告美学的角度提出视觉思维对广告解读的影响，这是国内最早的广告视觉传播研究成果。③ 在中国即将加入世界贸易组织时，吴予敏发表了《广告发展两面观：国际化与本土化——兼论中国广告在全球经济时代的发展症结》，从第三产业广告业发展的国际化竞争激烈的大背景出发，分析中国广告发展面临的国际化与本土化之间的张力与挑战，针对中国广告发展过程中存在的症结，如媒介主导、零散化经营、重技术轻科学等，呼吁中国广告公司的发展壮大在于在观念、体制、机制方面实现国际化转型。④

---

① 吴予敏.论传播与人的反思性［J］.新闻与传播研究，1999（3）：57-66，95-96.

② 吴予敏.传播教育与人文理想［J］.深圳大学学报（人文社会科学版），1999（1）：58-64.

③ 吴予敏.视觉思维与广告解读［J］.深圳大学学报（人文社会科学版），1990（4）：40-47.

④ 吴予敏.广告发展两面观：国际化与本土化——兼论中国广告在全球经济时代的发展症结［J］.国际新闻界，2000（1）：71-76.

（三）第三阶段：坚持中国文化的主体观照，在文化审思中开展传播学"本土化"研究（2000—2017）

21世纪以来，互联网和媒介技术飞速发展。传播学研究进入全面的"本土化"研究阶段。与此同时，中国传统文化在经济发展的洪流中异化。这一时期吴予敏在传播学知识领域、媒介、符号、新传媒、传播观念史、城市空间等领域里游走，在古今时空里穿梭审思，学术研究中透露出浓厚的现实人文关怀。

1. 传播学知识论的反思

进入21世纪以来，中国学界特别关注两个问题：一个是学术研究的自主性，一个是学术研究的批判性。后者也被看作是一个与学术自主性相关联的问题。[①] 所谓自主性是指，研究要从自己的问题出发，通过贴近本土历史与现实的研究，呈现出自己所看到的传播、社会与文化的特征，进行与自身问题和经验最贴近的传播学知识生产，如理论与方法的创新等。[②]2001年，吴予敏发表论文《传播学知识论三题》，从"控制与反思""纵深与广延""多元与吊诡"三个方面阐述传播知识的构建。作者认为，"传播学的诞生，根源于媒介与人的关系的异化"，"媒介正在控制人们对于世界的认知，对于幸福和恐惧的感受"，传播学内部矛盾的本质是"控制的知识与反思的知识的对立"。传播学兼具广延与纵深双重特征。现代传播学研究已将广延与纵深交融，"将知识的探触头伸向人性的和文化的本质层面，试图从信息交换的形式这个角度作一个根本性的解释"。中国内地传播学研究陷入"价值论和方法论的吊诡"的困境，要想摆脱困境，必须"回到人本立场"。[③]2007年，吴予敏主编论著《传播与文化研究》，内容涵盖传播史论与文化研究、媒体与社会研究、媒介环境学派研究、广告与品牌传播研究、跨文化传播及亚太传播研究等五大方面，展现了传播文化研究领域的成果。

---

① 邓正来.中国学者必须强调学术自主性［EB/OL］.（2013-01-26）. https://www.aisixiang.com/data/14224.html；贺照田.当代中国的知识感觉与观念感觉［M］.桂林：广西师范大学出版社，2006：250-254.

② 王怡红.从历史到现实："16字方针"的意义阐释［J］.新闻与传播研究，2007（4）：17-28，94-95.

③ 吴予敏.传播学知识论三题［J］.深圳大学学报（人文社会科学版），2001（6）：46-52.

他在《全球化时代的传播与国家发展》一文中指出，"传播技术推动全球一体化进程"，同时也带来资本主义国家的媒介垄断和媒介霸权，为世界多极化提供了基础条件，并孕育新的社会条件。我们需要调整原有的民族国家和意识形态视角，以新的观念、开放的姿态进入全球化传播时代。[①] 以上研究均反映了吴予敏学术研究中强烈的人本主义立场。

2. 中国传播思想（观念）史研究

随着传播学本土化研究的推进，中国传播史、传播思想史研究开始告别冷落状态，渐为学界关注。[②] 中国传播思想（观念）史研究，是吴予敏学术研究的"本色当行"。20 世纪 80 年代，吴予敏开始进军这一研究领域时曾将来自西方的传播学当作"一种借用来分析社会文化结构和运行机制的中层理论模式，可能提供某种形式主义的功能分析的框架，以求改变对于中国文化的凝固的片面的理解"。二十多年过去了，在媒介技术高速发展，社会变迁和城市化进程加速，传播的知识系统发生巨大变化的情形下，吴予敏在 2008 年发表论文《谈谈中国传播观念史的研究》，提出关于"传播观念"的新见解："传播观念的形成和发展本身是特定的文化现象，它是人们如何理解传播、如何对待传播、如何实施传播的思想前提。传播观念具有历史的延续性和社会的普适性。如果说，传播史关乎媒介发展的历史（技术的、组织的、制度的），传播观念史则关乎传播的价值理念和行为理念。这是所有传播表象的思想基础。""传播观念深刻地积淀在人们的日常的或者仪式化的传播行为当中。无论是开放的出于沟通目标的传播行为，还是暗含计谋和策略的传播行为，或是自我确证和身心愉悦的传播行为，都是不同传播观念的呈现。"吴予敏将传播观念史进一步当作"建立中国特点的传播理论和方法的一个知识来源"，是"中国传播学家进入国际交流平台的话语资源"[③]。他又在《中国传播观念史研究的进路与方法》一文中明确提出了中国传播观念史研究的进路和方法。"中国传播观念史研究既要利用现代传播学理论工具，又不能拘泥于来自西方的传播学概念，要带着当代问题意识虚心进入中国文化语境，从中国人的传播实践经验中总结出中国人的传播观念。通过研究传统的传播观念获得建构中国传播理论的一

① 吴予敏.传播与文化研究 [M].北京：北京大学出版社，2007.

② 王琛.20世纪80年代以来中国传播史研究回顾 [M]//吴予敏.传播与文化研究.北京：北京大学出版社，2007.

③ 吴予敏.谈谈中国传播观念史的研究 [J].新闻大学，2008（2）：37-39.

些思想资源，是传播学本土研究的重要途径。"① 吴予敏肯定了中国传播观念史研究对构建中国传播理论、传承中国传统文化、增强文化自信、解决现代性危机所起的作用，体现了一个华夏传播学者对中国传统文化深厚的情怀。

3.媒介权力和媒介形象研究

对媒介权力的研究和批判，是传播学研究的重要课题。吴予敏在 21 世纪初就开展媒介批评与媒介研究。他的论文《帝制中国的媒介权力》，从媒介权力理论视角，对中国古代帝制国家的媒介权力进行精辟阐释，系统地梳理出我国古代社会历史中萨满、器皿、碑刻、文字、图像、采诗观风等具有特定民族特点的媒介形式，并指出"从神谕传统到史鉴传统是中文传播的媒介权力的重要演变"。他认为，"中文传播的媒介权力，由神谕、史鉴、清议、谏诤一路发展过来"，"比较其他的权力形式，有更高的道德的优越性"。"帝制中国主导的媒介权力的立足支点，是人伦道义力量、理性逻辑力量和实用效验力量的结合"，三者平衡，媒介权力才能发挥作用。由此可见，吴予敏从民族文化历史中拓展了对媒介形态和媒介权力功能的认知。他还将传播研究和文化研究结合，从文化生产的角度阐释媒介形象。他在《论媒介形象及其生产性特征》一文中指出，"媒介形象正在成为最具有弥散性、渗透性、扩张性和支配性的符号形式"，"横亘在人与真实的生活世界之间，构成对生活世界的遮蔽。人们不得不透过媒介形象体系来观察世界，从而取代了人们的生活世界的直观经验"。"媒介形象一经被大众接受，将成为社会关系和价值尺度的参照坐标。成功建构这一标识，意味着对巨大的经济和政治利益的掌控。"他指出媒介形象的本质特征是"生产性"，"媒介形象生产，不只是为了攫取商业利润，更是资本再生产和权力再生产所特别需要的新型的'意识形态的生产'"②。这一论述将媒介与符号资本、媒介权力形态和意识形态有机结合在一起，将媒介研究从"功能化"层面推向"结构性"层面。

4.城市传播和公共文化研究

新媒体时代，社交媒体以无孔不入的趋势充斥了人们的现代生活。面对新媒体的到来，学术界展开了学术争鸣。吴予敏对新媒体环境下创业人才的培养、网络恶搞亚文化、新媒体研究等领域都开展了研究。他在《新

---

①　吴予敏.中国传播观念史研究的进路与方法［J］.新闻与传播研究，2008（3）：33-39，95.

②　吴予敏.论媒介形象及其生产特征［J］.国际新闻界，2007（11）：51-55.

媒体时代传播研究的回顾》一文中认为，新媒体时代的显著特征是互动性，社会构建成为学界值得关注的议题，认同问题变得十分重要。社交网站的兴起，改变了人际沟通的方式，修辞传播的研究变得十分必要。① 改革开放使中国的经济飞速发展，加快了城乡一体化进程，新传播和新城市相互同构，形成当代的新景观。吴予敏在深圳特区耕耘多年，切身感受到深圳从一个贫瘠落后的小渔村快速发展成引领全国高新科技产业的创新之城。一方面，新的传播科技重构了城市的产业环境和治理环境，大大促进了城市的开放性；另一方面，大量的移民人口移居城市，出现了社会沟通和权益公平的巨大压力。吴予敏对深圳的传媒产业和广告产业进行了结构化的系统研究，带领团队出版了《深圳广告 26 年（1979—2005）》和《深圳传媒三十年》，全面反映了城市传播和媒介产业环境的总体面貌。2012 年起，吴予敏作为首席专家主持了国家社会科学基金重大项目"农民工文化需求与城市公共文化服务体系建设研究"，运用社会调查的方法，研究互联网时代的新生代农民工的文化需求、文化生态等问题，为社会现实问题提供解决对策。在此课题研究过程中，吴予敏发表了系列论文，聚焦新媒体环境下、城乡一体化背景下城市中的"社会鸿沟"，② 探讨"以公共文化服务为纽带重建'可沟通的城市'"，③ 关注农民工群体的城市生活融入，通过调查发现"发展性需求已经成为农民工的主要文化需求"④。这一课题让吴予敏拓展了传统的学术研究模式，深入传播实践一线，与社会现实密切接触，将理论研究与社会实践紧密结合起来，在实践中开展研究，用传播理论指导实践，开创性地提出了劳动力的文化增值、公共文化赋能和社会协同行动等理论概念。

（四）第四阶段：再出发——传播学本土化研究的回首与展望（2018 年至今）

在这一阶段，吴予敏面对在媒介技术、社交媒介和人工智能的洪流和

---

① 吴予敏，戴元光，邵培仁，等.新媒体时代传播研究的回顾 [C]//浙江大学传媒与国际文化学院.数字未来与媒介社会 2.浙江大学出版社，2010: 13-22.

② 吴予敏.从"媒介化都市生存"到"可沟通的城市"：关于城市传播研究及其公共性问题的思考 [J].新闻与传播研究，2014，21（3）：6-19，126.

③ 吴予敏.以公共文化服务为纽带重建"可沟通的城市" [N].中国社会科学报，2014（3）.

④ 王晓华，吴予敏.发展性需求已经成为农民工的主要文化需求 [N].中国社会科学报，2016（5）.

冲击，站在学术研究的"交叉点和分水岭"，回望历史，连续撰写了多篇文章，进行学术思想的清理和反思，也就是重构"中国传播学的时代场景和学术取向"，明确"传播研究的文化观念"，增强传播学学术话语的创造力，重新确立中国传播学研究的文化定位，以利于学术研究的再出发。

2018 年，吴予敏在《国际新闻界》发表论文《从"零"到一：中国传播思想史书写的回顾和展望》，对中国传播思想史研究进行回顾和展望。作者以个人亲历回顾了四十年来中国传播思想史研究的起点和过程，对中国大陆和港台学者共同探索中华传播理论的脉络和方法进行了梳理，提出要超越西方传播学的逻辑框架，以中华民族在漫长历史上的交流实践以及在交流实践过程中形成的观念和心态结构作为中国传播思想史研究的中心问题。吴予敏认为，中国的传播观念史研究经过了漫长的以媒介为中心的阶段。"媒介"或"媒介域"研究在突出传播中介性作用的同时，未免多少弱化了对传播主体的实践能动作用的关注。"一方面我们要看到历史发展到一定阶段将出现支配性的媒介形态，另一方面也要看到媒介形态的复杂性、多变性、迭代性和复合性。媒介史从属于传播史，而传播史并不能归结为媒介史。"[1] 他提出中国传播思想史研究要以"人"为中心，打破传播学的结构框架，以中国人历史上的介质化的社会交往实践及其文化心态入手。在《"重构中国传播学"的时代场景和学术取向》[2] 一文中，吴予敏认为传播学进入中国四十年，经历了从"引进、采纳、对话"到"重构"的历程。在"重构中国传播学"的过程中需要突破西方传播学的功能主义思维框架，并对中国"实用理性"传统进行深切反思，增强文化自觉，重新确立人文价值本位。吴予敏认为，中国传播学研究"再出发"，研究范式是一个关键性的因素，"深层的文化观念决定了传播研究范式的选择"，[3] 强调了文化观念也是决定传播学研究是交汇点还是分水岭的重要因素。

---

①　吴予敏.从"零"到一：中国传播思想史书写的回顾和展望［J］.国际新闻界，2018，40（1）：90-108.

②　吴予敏."重构中国传播学"的时代场景和学术取向［J］.国际新闻界，2018，40（2）：85-98.

③　吴予敏.交汇点或分水岭：传播研究的文化观念［J］.南京社会科学，2019（3）：97-107.

三、学术研究贡献

华夏传播研究历经四十多年，"从零开始"①，经过"从零到一"，有了"独创的有中国特色的学科地位"②。吴予敏在中国传播学"本土化"进程和华夏传播研究理论和方法的探索上做出了开创性的贡献。

（一）从传播结构研究中国传统文化——开创华夏传播研究的重要研究视角

吴予敏的专著《无形的网络》从传播学结构这一独特的视角看中国的传统文化，开中国大陆华夏传播研究之先河，被学界称为"第一本华夏传播研究专著"③。米尔斯认为，"人们只有将个人的生活和社会历史两者放在一起认识，才能真正理解他们"④。吴予敏开创性地提出了与中国传统文化对应的三种现实传播结构和三种理想传播结构，并阐述了模式与传播结构之间的相互依存关系。三种现实传播结构为同心圆型的"生命（生活）——传播结构"、枝杆型的"社会——传播结构"、偏心圆型的"历史——传播结构"。三种理想的传播结构是"并列式的生命（生活）——传播结构"、网络型的"社会——传播结构"、链式的"历史——传播结构"⑤。通过传播学结构主义的视角，吴予敏研究发现，"一种文化模式是与相应的传播结构共存的。人的行为——心理结构、社会组织结构，与传播结构之间存在共协关系。传播媒介的更新和传播结构的改变，势必会引起人的行为——心理结构和社会组织结构的改变，直至影响到整个文化模式的改变"⑥。华夏传播学者邵培仁高度评价吴予敏，从"生命、社会、历史"的视角，将个人与社会、历史连接，用传播结构构建中国文化的模式，在对传播结构分析的过程中水到渠成地展现

① 余也鲁，郑学檬.从零开始：首届海峡两岸中国传统文化中传的探索座谈会论文集［C］.厦门：厦门大学出版社，1994.
② 吴予敏.从"零"到一：中国传播思想史书写的回顾和展望［J］.国际新闻界，2018，40（1）：90-108.
③ 黄星民.华夏传播研究刍议［J］.新闻与传播研究，2002（4）：80-86，96.
④ 米尔斯.社会学的想象力［M］.陈强，张永强，译.北京：生活·读书·新知三联书店，2016：3.
⑤ 邵培仁.华夏传播理论［M］.杭州：浙江大学出版社，2020：21.
⑥ 吴予敏.无形的网络［M］.北京：国际文化出版公司，1988：223.

中国文化的传播功能。恰恰有米尔斯《社会学的想象力》的神韵。① 华夏传播研究早期，受美国经验学派的影响，功能主义的研究视角占主导地位。吴予敏另辟蹊径，采用传播学结构主义的视角研究中国传统文化，将个人生命融入社会历史的时代背景，透过纷繁复杂的传播现象和传播实践，抓住中国文化独有的特征和规律构建传播结构模式，对于总结中国人"修齐治平"传播实践及中国文化与遗产的传承规律都具有开创性的借鉴意义。

（二）从传播实践、传播思想（观念）到传播理论——华夏传播研究理论建构的方法路径

学科理论的建构是一个学科成熟的体现，也是一个学科获得话语权的重要标志。吴予敏四十年来一直致力于中国传播思想史的研究，探索华夏传播理论建构之路。他的专著《无形的网络》论中有史，从中国古代的传播实践中总结古人的传播思想和传播规律。如在论及"信仰团体"传播时，他引用《后汉书·皇甫嵩朱俊列传》中张角创立太平道的史例，归纳其传播规律。② 他的专著《美学与现代性》，涉及大量的中国传统社会礼乐传播实践，在此基础上，他从传播学"符号—意义"的视角探讨文化传播、传承对于审美的影响。吴予敏认为，中国传播思想史是"建立中国特点的传播理论和方法的一个知识来源"③，中国传播观念史研究应该以"中华民族在漫长的历史上的交流实践是怎样的，在交流实践的过程中形成了怎样的观念和心态结构"为总设问，要打破现代传播的迷信，"要深入其境，又要出乎其外"地进行研究"中华民族在漫长的历史上的无比丰富和复杂的交流实践，由此形成无比精微和系统的观念和心态结构"④，"通过研究传统的传播观念获得建构中国传播理论的一些思想资源，是传播学本土化研究的重要途径"⑤。

吴予敏是学界较早明确提出以"从传播实践、传播思想（观念）到传

---

① 邵培仁.华夏传播理论［M］.杭州：浙江大学出版社，2020：20.
② 吴予敏.无形的网络［M］.北京：国际文化出版公司，1988：69.
③ 吴予敏.谈谈中国传播观念史的研究［J］.新闻大学，2008（2）：37-39.
④ 吴予敏.从"零"到一：中国传播思想史书写的回顾和展望［J］.国际新闻界，2018，40（1）：90-108.
⑤ 吴予敏.中国传播观念史研究的进路与方法［J］.新闻与传播研究，2008（3）：33-39，95.

播理论"三阶递进的模式建构中国传播学的学者。他关于传播观念史研究的观点清晰表明：在中国传统的传播实践和传播思想的基础上建构中国的传播理论的方法及路径，是中国传播学本土化的重要途径。他的这一观点和多位华夏传播学者的观点不谋而合。华夏传播学者黄星民和谢清果在对"华夏传播研究"[①] 和"华夏传播学"[②] 进行界定时都指出"华夏传播研究是对中国传统社会中的传播活动和传播观念进行发掘、整理、研究和扬弃"。邵培仁和姚锦云同样也论证了"从思想到理论——本土传播理论建构的可能性路径"[③]，并且还为"历史辩护"，认为"前人的经验通过语言和思想在后人的经验中延续，并成为后人的'意义之网'和'释义系统'"，"社会科学家要建构理论，前提就是理解这些'意义之网'和'释义系统'，并借鉴以往对'释义系统'的解释，即汲取历史资源。因此不存在'无根的现实'"，"一切现实经验都渗入了历史经验，理解现实的最好办法是回顾过去"。这正是华夏传播理论得以可能建构的认识论和方法论依据。[④] 他们循此方法提炼出"华夏传播观念的理论胚胎"[⑤]。以上学者的论述虽然略有差别，但异曲同工之处在于：回到中国传统的传播实践和传播思想上，是华夏传播理论或者本土传播理论建构的路径。

（三）人本主义理念——华夏传播研究的传播观念

传播是人性的外化，[⑥] 是人类特有的行为。吴予敏认为，传播是人类的生命本质的显现。不管人类对传播有多么深远的认识，传播学只能是一门现代学科。传播学产生于媒介与人的分离和对立，产生于不是人来自由地运用、分享媒介，而是由媒介控制人这一残酷的社会事实。[⑦] 传播研究究竟是以"传"为中心，还是以"媒"为中心，对于传播学研究的内容、方法

① 黄星民.华夏传播研究刍议［J］.新闻与传播研究，2002（4）：80-86，96.

② 谢清果.华夏文明与传播学本土化研究［M］.北京：九州出版社，2016：总序4.

③ 邵培仁，姚锦云.从思想到理论：论本土传播理论建构的可能性路径［J］.浙江社会科学，2016（1）：99-109，159.

④ 邵培仁，姚锦云.为历史辩护：华夏传播研究的知识逻辑［J］.社会科学战线，2016（3）：140-151.

⑤ 邵培仁，姚锦云.传播理论的胚胎：华夏传播十大观念［J］.浙江学刊，2016（1）：203-215.

⑥ 邵培仁.华夏传播理论［M］.杭州：浙江大学出版社，2020：前言3.

⑦ 吴予敏.论传播与人的反思性［J］.新闻与传播研究，1999（3）：57-66，95-96.

及路径都有很重要的意义。以中国传播史和传播思想史为例，吴予敏认为，传播研究如果是以"传"为中心，人们会关注"人的传播行为结构—社会互动关系结构—社会文化结构"的同构关系，历史的阐述将循着"观念形态—话语形态—传播形态"的演化呈示关系；如果以"媒"为中心，人们会秉持"媒介即信息""媒介即权力"的观念，沿着"媒介工具和技术的演进—媒介建构空间和时间—媒介建构社会行动、社会组织和制度—媒介建构社会权力和象征体系"的路径寻求历史和逻辑的统一。在前一个思路中，人作为社会主体的交往沟通（传播）实践决定了媒介的使用和改造；在后一个思路中，媒介是人们交往实践的工具、环境和先决条件。他始终认为，"传播技术的进步并非必然带来传播体制和传播秩序的合理化，也并非必然带来人的反思性的提升"①。社会科学研究虽然途径和方法各异，但殊途同归，最终回到"对人性的基本设定""健全的社会发展和人类解放的目标"。吴予敏认为："利用传播技术的成果，捍卫并提升人的反思性的实践自觉，应当是当代传播理论的进步的主张。"以上观点清晰地呈现了吴予敏学术研究以"人"为主、以"传"为中心的人本主义立场。

📄 附：访谈录②

田素美：吴教授，您好！非常感谢您能在百忙之中接受我的访谈。您是知名的传播学者，是华夏传播研究的重要奠基人。在华夏传播研究四十年之际对您进行访谈，主要是想深入了解您的学术思想、文化情怀、对华夏传播研究的建议等，真实记录华夏传播研究的历史记忆。

吴予敏：你太客气了。我很愿意和你们年轻人交流，感受年轻人的活力，自己也变得年轻起来。

田素美：您的著作《无形的网络》被称为中国大陆第一本传播学著作，在新闻传播学界影响巨大，得到很多知名传播学者的盛赞。三十多年前，您是怎么想到从传播学结构的视角构建中国传统文化的三种传播模式的呢？

---

① 吴予敏.论传播与人的反思性 [J].新闻与传播研究，1999（3）: 57-66，95-96.
② 访谈内容有删节。

吴予敏：我的这本书是自己学习探索过程中的一个尝试和阶段性成果。这要从 20 世纪 80 年代的学术氛围开始谈起。80 年代是我国结束"文化大革命"开始现代化进程的新时期，对于人文社会科学来说，也是一个思想解放、百业待兴的转机。新学科、新方法迅速引进，有点儿令人眼花缭乱、应接不暇。当时，结构主义方法论的影响力很大。传播学也是在当时引进的，但是局限在新闻学的专业领域，对人文社会科学还没有什么影响。我当时在中国社会科学院研究生院攻读博士学位，专业是文艺学美学方向，个人研究旨趣是中国美学史，侧重于研究先秦礼乐文化和审美精神。我在那个时候得益于很多门类人文社会科学，主要是社会学、文化人类学、符号学、文化哲学等。当时学术界发生了文化反思的研究导向。我自己对于将中国文化传统定义为某种概念化的固态形式，是有保留的。文化传统本身是一个不断演进和传承的过程，既有稳定的一面，也有变化的一面。结构和演化构成一对矛盾。皮亚杰的同化与顺应模式是对文化研究比较适合的解释路径。当然还有索绪尔、韦伯、列维-斯特劳斯、齐美尔这些人的影响。其实，关于历史结构问题，从黑格尔到马克思都做了深刻阐释，黑格尔突出精神结构，马克思突出经济结构。李泽厚提出了历史积淀的深层结构，注重观念文化和民族文化心理结构的关系，是更加深刻的洞察。我是在比较偶然的情况下接触到传播学。这是跨界浏览的"偶遇"。因为思想上一直存在关于文化结构的问题，所以对新学科的独特性比较敏感。传播学，说实话不是一个好的翻译，当时余也鲁先生翻译为"传学"，也不是一个好的翻译，是从大众传播转过来的，大众传播当时占据主导地位。传播学最吸引我的地方在于它是从信息交流的视角来解释社会和文化，通过信息的往返渠道建构了人们的心理、观念和各种社会关系，这就犹如编织了一张"无形的网络"。而网络是结构性的，而且是能动的、变化的。我当时认为，这就是"文化"的本质。这是我着手研究并写作《无形的网络》这本书的主要想法。在四个主要章节写得差不多的时候，就有"蓦然回首"丛书来约稿，编辑规定了丛书的体例和篇幅，我就必须适可而止了，但是感觉没有一个总的概括。这个时候，我看到了麦奎尔与温德尔的《大众传播模式论》翻译本，里面搞出来很多传播结构图，复杂有趣，不过也比较琐碎。我觉得这个形式不错，可以借鉴来解释我的一些总体概念，所以就写了最后一章《综论：社会传播结构与传统文化模式》，提出了与中国文化模式相对应的三种传播结构。当然，这是一个比较宏观的解释。我把我当时关注的——个体的文化塑造过程、社会组织和控制系统生成过程、文化传承影响过程等联系在一起，用了"同心圆型"、"枝干型"和"偏心圆型"三个比较形式化的说法，便于直观理解。

田素美： 从您的学术旨趣和专业背景来讲，您主要从事美学研究，却在传播学领域有如此重大的贡献和影响。这用现在比较流行的话来说就叫作"跨界"。您是"跨界大咖"！除了传播学和您的文艺学的学科积淀，您还有哪些方面的知识储备，让您成功实现了这次跨界呢？

吴予敏： 知识跨界是产生问题意识，进行学术创新的基本途径。我是在"文化大革命"以后上大学的，前辈学者都告诫我们，文史哲不分家，语言文学不分家，从一开始就要打通学习。20世纪80年代，学术创新的氛围浓厚，老三论（信息论、系统论、控制论）、新三论（耗散结构论、协同论、突变论）又把科学哲学的东西引入文科。在中国社会科学院学习期间，我们各个学科的博士生同住一起，隔壁左右都是经济学、社会学、文化人类学、考古学、中西哲学、历史学、宗教学、政治学等专业的高才生，他们的导师都是赫赫有名的大家，如费孝通、贺麟、马洪、李泽厚、于光远等。我的导师蔡仪先生也是美学大家，他对西方古代史和中国历史研究也有相当的造诣。因此，直接交往学习和间接交往学习交织进行。平时的争辩和讨论是很有启发性的。即使我当时是做中国美学史研究的，也不满足于哲学美学的阈限，更想从比较广阔的文化史的层面来观照审美意识的形成。《无形的网络》这本书可以说是一次学术跨界的探索。

田素美： 在您的华夏传播研究成果中，除了《无形的网络》，您还对"礼乐文化"做过专门的深入化研究，完成了国家社会科学项目"礼乐文化与美学精神"，发表了多篇论文，如《中国原始礼仪艺术的符号化》《巫教、酋邦与礼乐渊源》等。今天我们提倡弘扬社会主义核心价值观、复兴传统文化，您能不能谈一谈您对礼乐文化研究的体会？当代如何传承礼乐文化？

吴予敏： 我的博士学位论文是《先秦礼乐文化研究》，收存在国家图书馆里，20多万字，至今没有出版过。这篇博士论文，只是我计划写作的内容的四分之一，只写到孔子之前。重点探讨的内容是夏商时代的巫教文化礼仪和审美意识、周代礼乐文化的结构和审美意识以及孔子之前的春秋思想史和审美观念。这在当时有别于中国美学史从春秋战国起步，从孔子的美学观念开始的叙述框架。最重要的观点是论述了从原始宗教到商周时代的巫教文化传统的延续、巫教文化对礼乐文化的渗透影响、礼乐文化对巫教文化的继承和改造、春秋时代民本思想和理性化结合对礼乐文化的改造转化，孕育出诸子思想勃兴。出于各种原因，我没能完成这个大的写作计划。20世纪90年代以后，关于巫文化（或巫史传统）的研究兴盛起来，但是对于中国巫文化传统的考索和辨析还是不够的，特别是巫文化和礼乐文化的关系、礼乐文化和中国思想史的关系的研究都是不够的。周秦汉时期，礼乐文化经历了从兴盛到衰败，再到复兴转化的过程，这伴随着中华文明和大一统多民族国家建构的伟大历史进程。对此需要有更加博大和系统性的中华文明的视野才能总体加以把握。周朝原来是偏远小邦，却能够通过礼乐文化的建构，包容整合多个文化传统，这是极其伟大的文明建构的工程。对此我们还缺少总结和论述。关于文化或文明研究，我一直主张坚持历史唯物主义的思想，要从历史发展的实际和规律出发，而不是直接从现实需要出发。我不主张搞应景的历史研究，也不主张用历史材料阐释现代学术观点。尊重历史，尊重中国文化发展的研究，有一分材料说一分话，即便是所见因人而异，也是比较靠得住的，没有必要做强制性的历史阐释。

对于中国的传统文化，我主张要采取历史的辩证的观点，采取批判性继承的态度。今天我们讲"文化自信"，很重要的一点是，要用历史的辩证的思想方法，实事求是的科学态度，理性地分析传统文化，要分清楚哪些是精华，哪些是糟粕。判断精华和糟粕有一个标准，就是能否重新建立刚健清新的中国文化精神。中国文化绵延了数千年，成就了一个伟大民族的文化共同体，必然有其内在生命的 DNA，这是我们要认同、尊重的，也是不可能随意抛弃的。个人可以改变价值观和国籍归属，但是一个伟大的民族不可能从根本上改变文化属性和精神本体。但是，我们热爱自己的祖国和文化，不是简单地固守传统，特别是不能无视导致思想停滞和精神衰颓的那些文化因素，而是要正视在文化和制度之间、文化和观念之间的深层联系，正视中国文化和其他文化，尤其是西方优秀文化传统相比较而显示的不足，借他山之石以攻玉，对中国文化的更新换代提供新的借鉴，在中国文化和人类多元文明之间搭桥融合。

田素美：除了传统文化、美学研究和传播思想史等领域研究，您在2012年还获批了一个国家社会科学基金重大项目——"农民工文化需求与城市公共文化服务体系建设研究"。您当时为什么会突然关注"农民工"议题呢？

吴予敏：这个国家社会科学基金重大项目和我本人这些年积极参与深圳市的公共文化服务体系建设有较大的关系。因为深圳市是市场经济发达、科技创新迅速、人文底蕴较为薄弱的城市，也是世界上最大的移民城市，外来劳务工很多，城市公共文化服务体系建设的幅度和水平，关系到城市经济社会和文化发展的平衡，关系到广大市民和外来劳务工的文化权利保障。当时国家社会科学基金重大项目招标这个题目，学校希望我牵头组织申报和研究，就这样搞起来。这个项目涉及较大规模的社会调查、人口调查、政策研究、文化供给、社会协同等，互联网时代的新生代农民工的文化需求、文化生态是其中的重要内容。这个基本上是现实问题和对策研究。我在其中也进一步接触社会实际，提出了劳动力的文化增值、公共文化赋能和社会协同行动等理论概念。

城市文化、公共文化、互联网文化等问题是当今现实的文化研究不能回避的重大问题，而且中国的特殊国情和文化建设路径，给出很多丰富的现实经验的回答，这些都需要学者深入实际，吸收经验加以总结，并在理论上做出概括和提炼。特别是当代中国的文化研究，不能仅仅停留在福柯、德里达、罗兰·巴特、列斐伏尔、鲍德里亚、麦克卢汉这些西方理论家的书本上，我们还要和中国人的文化需求和生活场景结合，建设性地站在内部而不是仅仅站在外部批判地思考。

田素美：这一议题和"中国文化""中国传播学本土化研究"具有怎样的关系呢？

吴予敏：我认为，每一个文化研究的学者都会有自己的个性、机缘和局限。我从事中国传播思想史研究的初期，还是一个从传统的人文学起步的青年学者。其实这和西方传播学（主要是美国的大众传播）的属性、特点、学术规范有很大的距离。后者比较体现社会科学的特点，强调经验调查、数据分析、专案研究、现实对策等。我在学习和借鉴传播学的理论方法以及进行学科建设的过程中，通过大量的现实性课题的研究，学习了解这些社会科学的研究规范，这有利于将人文研究更加理性化、经验化、规范化，也能够使一些现实课题研究直接为社会建设和城市发展服务。不过，任何学者都会有自己的一些秉性，我个人的秉性是人文化的，即以"悬疑解惑为本，交流济世为用"。人生在世很短暂，我总是希望尽可能做一个明白人，另外，如果条件允许的话，做一个有分寸的自由人。这一点微小的愿望连经世致用的抱负也谈不上。我作为一个教师，站好三尺讲台；作为一个读书人，一个学者，治学以诚，对自己出品的白纸黑字的历史生命和信誉负责。近些年，我们都提倡中国传播研究，就是希望有更多的青年学者不是为了写论文而写论文，为了学科建设而学科建设，不采取急功近利的态度，更多从本心出发，从脚底下的现实出发，从社会关怀和基本价值出发。"本土化"的含义，一不是将西方传播学的理论公式拿到中国来验证，二不是故意和西方传播学分庭抗礼，打擂台，而是希望以自己的经验感知为起点，以现实的社会问题为探索的导向，借助于传播学和各类相关人文社会科学的知识与方法，做出有中国社会和文化特点的研究和建设。我个人的一些现实问题的研究和中国传播思想史的研究之间，没有明显的直接关系。我个人的研究在思想深处不是知识和学科边界的问题，甚至不是学术兴趣的问题，是现世关怀的问题。不过在具体研究的过程中，我也有新的学习和收获，也会有意想不到的领悟。

田素美：作为华夏传播研究的开拓前辈，您对华夏传播研究的理论建构、研究方法和进路有什么建议？

吴予敏：在新闻传播学界，我是比较坚持中国传播研究的本土化取向的。这是因为西方传播学进入中国以来，基本上是从西方现代社会的问题出发的。无论是提出传播理论模式，还是研究实际传播经验，都很少有中国本土视野。当然，我不否认现代的信息社会有共同的现象和规律，但是社会文化制度和民族文化心理的基础有很大的不同。如果我们仅仅恪守西方理论（而且还仅仅是中层工具理论模型），那是没有出息的。

"华夏传播"这个学术领域的命名是从 90 年代初期开始的。过去我一直使用"中国传播研究"这个概念，而且认为这两个概念是并行不悖的，指的大体上都是一个领域、一个方向，没有本质上的区别。"华夏传播"相对来说更加强调文化的共同性，并不以"国家"边界作为标识，这是既可以包含中国国家版图内的传播研究，又可以包含世界上的华人文化圈的传播研究，具有文化的包容性和文化的主体性。当然，"华夏"这个概念采取的是更加广义的中国文化的概念，不是狭义的族群文化概念，也不是以儒家文化为代表的主导文化的概念。华夏传播，我希望它是多元化、包容性、崇尚科学精神、和世界上其他的文化对话的、生机勃勃的领域。未来它究竟是一个开放的学术领域，还是一个有相对稳定的研究对象、价值立场、知识谱系、特定理论和方法的学派呢？这就要看它的发展了。学派的成立仅仅有倡导是不够的，最终要通过坚实的研究成果获得认同。

田素美：您的学术研究，具有鲜明的问题意识。很多学术前辈都感叹，我们今天的年轻学者，特别是在校的研究生，问题意识模糊，"现象"与"问题"分不清楚。您能否指导一下我们，学术研究中如何处理"现象"与"问题"的关系，强化问题意识？

吴予敏：问题意识是从事学术研究的起点和着力点。这里面包括几层意思：第一，能否发现问题；第二，能否提出问题；第三，能否展开问题。发现问题需要有准备的头脑和激发问题的契机。所谓有准备的头脑，指的是具备学术训练和专业理论训练，这样才有预设的概念框架，以便对孤立的或纷纭的经验现象进行概念化分析，并洞察其本质。激发问题的契机往往是可遇不可求的，阅读学术著作，整理学术文献，开展学术讨论，以及在生活世界里，都可能得到启发，激发问题。什么是提出问题？我发现很多研究生不大能够分辨描述性问题和研究性问题、可以上手的问题和难以上手的问题。不是说一个带问号的问题就是一个有效的学术问题，有时候我们容易被描述性问题误导。描述性的问题一般只是引导我们去归纳现象材料，却不能引导我们追踪现象的本质。世间一切事物都是互相联系的。研究性的问题，就是去研究事物或现象之间的联系。这些联系是多种多样的，我们需要尽可能找出本质性的、必然性的联系，或者在一定的条件下起到决定性作用的联系。没有联系的观点，只是孤立的观点，不可能提出有研究价值的问题。当然，学术知识和学术文献梳理的准备也是很有必要的，它起到一种测试的作用。我们通过搜集材料，可以获得既有知识的边界概念。在已经达到的边界以内，已经解决好的问题，就不必提出了。学术研究是要创新的，就是去解决之前没有很好解决的那些问题。问题可以上手，是指问题不是那种大而无当的玄而无解的问题。学术研究和玄思不同，是要讲究对问题的解析路径和条件的。没有解析的路径和条件，也就是缺少边界把握，即便是有意义的问题，在解析条件不具备的情况下，也不适合作为学术研究的问题。经过这样的过程，我们就可以测量出什么问题是有学术价值的真问题、新问题，什么是虽有学术价值却无创新价值的老问题，什么是只有常识意义却没有学术意义的俗问题，什么是由话语符号驱动却没有实际经验支撑和知识支撑的假问题。如果是一个真的学术问题，必定能够在逻辑结构上展开，也就是可以切分为若干小问题，并由这些问题展开研究思路和逻辑框架。无法做有效展开的问题，多半是不成熟的、不适当的。

田素美：您对青年学者从事华夏传播研究有什么建议和厚望？

吴予敏：一方面，一个有自己主张和立场的学者，主要是做好自己的研究，用研究成果说话。另一方面，每个学者都有自己的长处和短处，有自己的际遇和路径，平时要善于学习，独立思考，不从俗，不求速。我看到华夏传播研究近年来兴旺起来，主要是中青年学者踊跃加入，形成气候，是很高兴的，这在过去几十年中都难以想象。这是学术建设的氛围促成的，冷灶开始有了薪火。我希望在这个领域里，我们要尽可能地继承和吸收过去的经典著作的优秀传统，补上一些知识上、理论上、方法上的短板，特别是要充分学习借鉴中国哲学、历史学、考古学以及其他相关中国文化研究的新成果。对西方的人文社会科学研究的借鉴也是非常重要的。不如此，不足以立足长远。

田素美：感谢您四十年来对中国传播学的发展和华夏文化传播做出的卓越贡献！祝您身体健康，万事顺遂！也祝愿您的文化研究硕果累累！

吴予敏：谢谢你！

（撰文：田素美）

第九章　李庆林——中国传播学研究的践行者

👤 学人名片

　　李庆林，广西大学新闻与传播学院教授，博士生导师。1990 年于中国青年政治学院青年工作系毕业后，在山西太谷县（今太谷区）委政策研究室工作。1993 年后，在北京先后就职于《中国农民》杂志社和《中国城乡金融报》社，任记者、编辑。在当记者和编辑的过程中，他被新闻传播这门学科深深吸引，于 1998 年考入广西大学新闻系进行学习，在 2001 年获得新闻学硕士学位；2003 年考入中国传媒大学攻读博士，师从我国著名传播学者陈卫星教授，2006 年获得传播学博士学位。曾任广西大学新闻传播学院副院长，兼任全国大学生广告艺术大赛组委会委员、广西艺术广告协会副会长、广西对外经济文化交流中心理事等。

　　李庆林教授是一位研究经验、生活经历都十分丰富的教授。其传播学研究从传播的一般规律逐渐往华夏传播学的领域靠拢，深挖华夏传播领域的内容，丰富了中国传播学研究的思想体系。本章对此加以梳理，重点关注其在传播学本土化方面的研究，试图展示李庆林教授在华夏传播领域所做出的贡献和努力，为后来的学者做研究提供参考。

一、学术研究介绍

（一）学术成就及贡献

李庆林教授的研究方向主要为新闻理论、传播理论、广告与文化产业、中国－东盟区域传播、大众传媒与社会这几个方面。他先后发表论文五十余篇，其中核心期刊论文十五篇。他的研究内容分为基础理论研究和应用研究两部分：基础理论研究论文是"传播与社会"这一命题的研究成果，主要从传播的基本构成和形态出发，分析传播技术（从文字到网络）如何塑造文化、改变社会，探讨其中的原理和机制；应用研究论文是运用以上理论研究成果和心得对中国－东盟媒体合作及中国对东盟国际传播能力提升进行的案例研究。两部分论文自成体系而密切关联，构成一个整体。

代表作有：《传播研究的多维视角——马克思、哈贝马斯、麦克卢汉的传播观比较》一文，发表于《新闻与传播研究》2005 年第 4 期，《新华文摘》2006 年第 6 期（134-136）全文转载，《人大复印报刊资料·新闻与传播》2006 年第 4 期全文转载，并列为封面文章；《从传播的分类看传播学的研究重点》一文，发表于《国际新闻界》2008 年第 3 期，《人大复印报刊资料·新闻与传播》2008 年第 7 期观点摘录，获广西第十一次社会科学优秀成果奖论文类三等奖；《意向的表达和阐释：人类传播的两大构成》一文，发表于《现代传播（中国传媒大学学报）》2017 年 12 期，获广西第十五次社会科学优秀成果奖论文类三等奖。

科研项目包括：主持完成 2012 年国家社会科学基金一般项目"中国－东盟传媒合作的现状、问题与对策研究"；主持完成 2011 年教育部人文社科西部项目"马克思、哈贝马斯和麦克卢汉的传播观比较研究"；主持完成广西哲学社会科学"十一五"规划立项课题"文化体制改革背景下的广西传播产业发展研究"；作为主要成员参加 2015 年国家自然科学基金项目"文化外交网络在地缘经济区的溢出效应及其机制研究"。

（二）传播学研究的思想脉络

1. 第一阶段：启蒙时期（2001—2008）

2003 年，李庆林教授在《广西大学学报（哲学社会科学版）》上发表了《文字如何影响我们的生活——对汉字和英文的一种传播学分析》。这是最早的一篇有关中西方传播思想观念对比的论文。在文章中他提道："许多人探讨中国人学不好外语的原因，其实这背后是两种文化的差异。我们似乎并没有真正意识到，汉字和英文是完全不同的两种传播媒介。这种不同不只体现在书写笔画的不同，更重要的是，它通过对形、音、义三者关系的不同处理，反映出两种不同的精神指向，对世界不同的认知方式，由此塑造了两种不同的文化。因此，如果总是想用汉语的思维方式和习惯去理解英语，就永远理解不了英语。"

　　语言如此，更何况是传播方式。中国对于传播学的研究一定不要生搬硬套，而要在引进传播学概念的同时注重传播学本土化的进程。顺着这个思路，李庆林教授开始从中华上下五千年的历史中挖掘中国人的传播方式和传播结构。在 2008 年发表的《论帝制中国宗法一体化的传播结构》一文中，他提出在中国古代帝制社会，宗法一体化的传播结构把传播限制在一个自足的封闭的系统里。这是一个维护皇帝、圣人、老人、祖宗的绝对权威和古老传统生活方式的传播系统，它那强有力的控制力量，有效地遏制着新生事物的萌芽，任何偏离正统的微弱信号输出都会立即遭到全社会的合力扑杀。同年，李庆林教授发表了《游民社会：帝制中国隐秘的话语空间》一文，介绍了主流社会之外的游民社会的传播模式。两篇文章形成姊妹篇，上下两篇以对比的方式深刻地向我们介绍了中国传统社会的传播模式和传播结构。

　　2. 第二阶段：确立阶段（2008—2010）

　　经历了前一个阶段对中国传统社会传播领域的研究，李庆林教授敏锐地意识到是时候对华夏传播学进行系统化和长时间的研究了。于是他在 2008 年 3 月于《湖北广播电视大学学报》上发表了《寻求传播学研究的自为之路——兼谈传播学本土化研究的路径选择》一文。在这篇论文中，李庆林教授认为："当前流行于我国传播学界的绝大多数传播理论，无论是经验的还是批判的，都是西方学者用各种方法研究'他们'的传播活动而得出的结论。国内流行的一种传播学研究也是采取中国的样本来验证国外一些传播学理论在中国的适用程度。与其这样做，还不如首先继承和批判好先人在这方面留给我们的遗产，'让中国文化里头潜藏的一面，可以在大家的努力耕耘下，得到发扬'。只有更好地了解我们自己的话语和传播方式，才能更好地了解自己，同时更好地了解别人。这对于在今天这样一个'地球村'时代唤醒和保持我们的'文化自觉'是有意义的,对于丰富世界传播学理论也有很大作用。"李庆林教授在文中引用马克思的名言"理论在一个国家的实现程度,决定于理论满足这个国家的需要的程度",引申出自己的结论:"传播学中国化或本土传播学的发展,最重要的工作既不是检验西方传播理论的本土适用度,也不是单纯地、孤立地总结自己的传播规律,自说自话,而是要从本土传播现象出发,深刻分析这些现象赖以产生的原因、背景,参考相关理论和方法,提出自己的理论概括,正所谓'主义可拿来,问题须土产,理论应自立'。"这篇文章标志着李庆林教授开始正式有计划地系统性研究有关华夏传播领域的问题。之后,他连续发表了《论中国传统传播观念和传播智慧》《论汉字的媒介特性及其文化影响》《论儒家的伦理传播观》等论文。这些专门对中国传统文化进行的研究,是中国传播学本土化在传播观念领域的思考和探索,具有重大的意义。

3. 第三阶段:实践阶段(2011 年至今)

这一阶段主要立足于前一阶段所取得的学术成果,根据前一阶段建立的传播学理论,以传播学的角度来分析中国 – 东盟关系中媒介所起的作用。他在 2011 年发表的一篇名为《试论传媒在中国 – 东盟自由贸易区建设过程中的角色定位和功能发挥》的论文中指出,中国和东盟各国的媒体不但是本国经济体系中一支重要的产业力量,还是一种重要的文化认同工具,是民意和舆论的汇集和表达平台。一个区域共同体的形成和发展,有赖于一种深层次的维系力量,即彼此之间的文化认同。实现中国与东盟的民心相通,必须"传播先行"。区域一体化能否取得预期成效,在很大程度上取决于中国与东盟各国媒体能否合力推进多边信息交流。广西主流媒体应充分发挥地缘优势,尊重国际传播规律,在面向东盟的传播中保持领先和主动。

李庆林教授致力于中国与东盟方面的传媒领域的研究,主导了多个课题,之后又发表了《中国 – 东盟影视合作研究》《中国 – 东盟民心相通需要加强传媒合作》等多篇文章,将中国 – 东盟传播交流系统化、理论化,提出了具有可行性的具体对策。

二、治学风格

我们看到,在三十多年的传播学研究中,李庆林教授立足于本土,追寻中国传统社会的交流的魅力，能够在时代发展中将传播理论与中国本土传播实践紧密结合，形成了自己的研究特色。

其一，大胆创新。李庆林教授在《游民社会：帝制中国隐秘的话语空间》一文，以独特的研究视角，对中国的游民社会进行研究。文中提到，中国传统社会是一个宗法一体化，即家国同构的社会，与此相应，形成了帝制中国宗法一体化的传播结构。但是在家庭和国家的秩序之外，一直存在着一个秘密社会，其成员系从家庭和国家的秩序之中"脱序"而来，一般叫游民。一旦游民出于各种原因而从土地上"游离"出来，以前所有的社会正统思想的束缚就不再对他们起作用了，而游民的作为，历来不为主流社会所认可。游民社会有一个独特的价值体系，因此形成了自己独特而隐秘的话语空间。

"物种繁衍靠复制，学术研究靠创新。"创新是中国学术的灵魂，华夏传播学研究只有不断进行学术创新，才能在国际学术竞争和发展中处于有利位置，才能赢得主动权、发言权和平等对话、受人尊重的权利。从李庆林教授的研究中我们可以看到，他不仅立足于主流声音，还从被人忽视的游民中寻找新的研究课题。他不仅立足于中国实事，而且在最新的研究成果中挖掘传播学领域的研究空白。这种立足创新、坚持创新的精神正是后学应该谨记和培养的。

其二，勤勤恳恳，一丝不苟。在做学问上，李庆林教授几十年如一日，孜孜不倦地全身心投入传播学本土化的研究中。仅仅在 2008 年这一年，他就发表论文二十二篇之多，相当于每两周就有一篇论文出炉。在李庆林教授的众多论文中，我们能够看到，在从事传播学本土化研究的过程中，他从来没有停止过对一般性传播学理论的研究，在进行华夏传播学研究的过程中，也没有停止过对大众传媒、媒介理论等的研究。他在实践中得出理论，又将理论应用于实践，将华夏传播与中国时政结合起来，在"一带一路"倡议的大政方针下将视野集中于中国与东盟的关系上，将华夏传播的理论用于解决实际问题，让华夏传播不仅仅是高高在上的理论，更是时时刻刻在我们的身边被运用。他在华夏传播学研究方面取得的成果，丰富了西方研究学者得出的一般性传播理论。

李庆林教授的研究对华夏传播研究以及传播学本土化方面做出的贡献是有目共睹的。

📑 附：访谈录 ①

闫珂：李老师，您好！当前华夏传播研究正在学界兴起，您作为当前中国传播学研究的专家，您认为在传播学本土化的研究过程中存在的主要问题是什么？遇到的最大的困难是什么呢？

李庆林：我国近四十年来的传播学研究，大部分是以西方尤其是美国经验学派的学术范式为主。初期的新奇和模仿学习是可以理解的，也是必需的，但是长此以往，就会使我国的传播学发展失去应有的主体性。没有主体性，就不会有长久的生命力。这时传播学的本土化就是一个必然选择。

本土化有两个思路，一个是用现代传播理论来反思和解读中国传播实践，另一个是直接从我们中国人的传播实践（主要是传统传播实践）中总结我们自己的传播理论，这就是华夏传播学建立的初衷。厦门大学新闻传播学院的老师首先从传统文化中寻找本土传播理论，提出了诸如"风草论"等很有启发的一些理论，取得显著成绩。在这方面，还有很大的空间可以拓展。因为中国文化博大精深，尤其在传播方面，有独特领悟和智慧。

在这方面，我觉得存在的问题有：一是研究力量还不够强大，需要有更多热爱中华文化并有现代意识的学者加入这一研究领域；二是应寻找各种途径转化研究成果，将其变为各种政策、决策的依据，或是在社会生活中营造一种文明和谐的传播文化氛围，以体现研究的价值和意义。

闫珂：您的研究涉及诸多领域，不仅立足于传播学基础理论、传播学本土化的研究，还有中国－东盟媒体合作方面的研究。您是如何平衡这些研究选题并进行时间分配的呢？

李庆林：传播学本来就是一个面向很广泛的学科，因为传播是一个根本的社会过程。围绕传播，可以展开无穷的研究向度。我仅仅是在几个相关的层面有所涉猎，并不深入。

闫珂：我看到近几年您在中国－东盟的媒介关系等传播领域主导了多个课题的研究，您认为华夏传播学的研究经验是否可以运用到新的研究领域？是如何应用的呢？您觉得中国与东盟关系建立过程中，媒介起到什么

---

① 访谈内容有删节。

样的作用呢?

　　李庆林：我所供职的广西大学，地处中国西南边境，与东盟多国海陆相连，是"一带一路"交会对接的重要节点和关键区域，是中国对东盟开放合作的前沿和窗口。长期以来，广西与东盟国家保持着广泛的经贸、文化和社会交往。从 2004 年开始，中国 – 东盟博览会永久落户于广西省会城市南宁。作为一个传播学者，我当然要因地制宜，为广西的经济社会发展尽一份力。

　　中国 – 东盟传媒合作的研究是我申报的一个国家社会科学基金项目。中国和东盟的媒体是中国 – 东盟区域一体化进程的记录者、见证者、参与者和推动者。中国和东盟各国的媒体应在讨论中增强彼此文化的欣赏和认同，拉近各国人民心灵的距离。随着时代的发展，基于互联网的网络空间已经成为双方新闻和信息传播的主要平台，"如何构建中国 – 东盟网络空间命运共同体"成为一个时代课题，十分值得研究。

　　中国 – 东盟传媒合作既是一般的传媒合作，又是一种跨国界、跨文化的传媒合作；既是产业层面的合作，又是文化和意识形态层面的碰撞与交流；既是中国对东盟整体的传媒合作，又是对东盟不同国家的一对一的传媒合作。打仗要知己知彼，合作同样也要知己知彼。华夏传播研究是对我们自己传播方式的认识和理解，是为知己，这是与东盟所有合作的前提。

　　闫珂：您早年当过记者、编辑，也进行过政策的研究。您认为早期的这些经历对您的学术研究是否产生了一些潜移默化的影响？能具体和我们谈一谈吗？

　　李庆林：县级政府部门的经历使我了解了基层社会的一些真实情况。记者、编辑的经历使我在一个更广的层面上认识社会。既然要把学问写在大地上，首先就要全方位去接触社会。学术研究不是空中楼阁。尤其是人文社科研究，其研究的问题只有从现实生活中提出，才能凸显意义和价值。传播学的研究更是如此。我觉得我在这方面还有很长的路要走。

　　闫珂：近年来学术界产生了很多学术造假、学术浮躁的现象。您认为在新时代如何能够潜下心来做学问？

　　李庆林：学术造假是学术浮躁的一种表现，也是学术浮躁恶性发展的结果。原因有很多，根本原因还是功利心、名利心在作怪，忘了学术研究的目的是发现真相和真理。现在是一个快节奏和碎片化的时代，学人特别是年轻学者压力很大，诱惑也很多。但是付出与收获永远是成正比的。学术研究需要灵光一闪，需要聪明，但更需要扎实的努力，切实的付出。慢工出细活，高质量的成果永远是精雕细琢的。能够静下心来做学问需要具备很多条件，其中最重要的就是真正对学术研究感兴趣，如果不能从学术研究中找到乐趣，仅凭外在的因素是不能持久的。

（撰文：闫珂）

第十章　赵晶晶 —— 跨文化传播的桥梁搭建者

👤 **学人名片**

　　赵晶晶（J. Z. Edmondson，J. Z. 爱门森），美籍华人学者，在中国复旦大学中文系攻读博士期间赴美留学。曾先后在美国密歇根州立大学、密歇根大学、北京师范大学、中国社会科学院、复旦大学、浙江大学等中外多所大学和研究机构任助教、讲师、副研究员、研究员、教授、访问学者等职。

　　作为研究文化与传播的学者，赵晶晶与陈国明、三池贤孝等学者致力于传播学亚洲范式的建构，期待以亚洲的视角发现、分析亚洲问题，并建构起成熟的亚洲传播理论，以进一步分析全球传播现象。在不断的努力中，赵晶晶取得较为丰厚的学术成果。其建构亚洲视维的背后透露着浓郁的本土化思想，对亚洲地区特别是中国的文化传播提出引人思考的研究视角、观念境界等，既丰富了中国传播学的思想体系，又对国际学者如何更好地研究中国乃至亚洲地区提供了方向。本章对赵晶晶博士的学术研究思想（理念）做简要梳理，着重介绍其关于中华传播研究的一些思考，意图使读者能了解赵晶晶博士的传播理念和其对跨文化传播学科建设的努力。

一、学术研究介绍

（一）学术成就

赵晶晶博士往来于太平洋两岸，在美国与中国均分时间，创办和主编 *China Media Research*（CMR，《中国传媒研究》）和 *China Media Report Overseas*（CMRO，《中国传媒海外报告》）两本学术刊物。前者是国际上第一个聚焦中国传媒研究的全英文连续出版物；后者为前者的姊妹刊，以中文为主、英文为辅，乃为方便国内外作者和读者的阅读所办。两刊均由美国中国传媒研究协会联合浙江大学传播研究所运营，在国际传播学坛颇具影响。[①] 赵晶晶博士的主要学术研究领域是文化与传播，她有《清空的浑厚：姜白石文艺思想纵横》《国际跨文化传播精华文选》《传播理论的亚洲视维》《欧美传播与非欧美传播中心的建立》《"和实生物"：当前国际论坛中的华夏传播理念》等专著、译著多种。赵晶晶博士是最早在国际上从学术角度指出非欧美传播中心研究学派的存在，并将其系统引进中国传媒学坛的学者。[②] 近年，她在周游世界、长期考察研究中积累的大量第一手资料基础上，引进国外教学模式，集中精力在中国大学开设了用双语教学的跨文化传播、国际传播、世界比较文化等课程，同时根据中国大学的学科状况，翻译引进跨文化传播著述，编著教材，为使跨文化传播的学科建设与国际接轨，继而再创中国特色尽了一己之力。[③]

（二）传播思想发展

赵晶晶博士致力于跨文化传播研究，综观其专著及收入"求是书系"的译著，她旨在搭建国际传播理论的桥梁，并逐步建构传播学亚洲范式。在建构此范式过程中，她把传播本土化思想贯彻始终。下面对她的一些思想、研究视角做简要梳理。

1997 年，赵晶晶出版《清空的浑厚：姜白石文艺思想纵横》一书。此

---

① 爱门森.国际跨文化传播精华文选［M］.杭州：浙江大学出版社，2007：1.

② 参阅《传播理论的亚洲视维》《欧美传播与非欧美传播中心的建立》。

③ 赵晶晶."和实生物"：当前国际论坛中的华夏传播理念［M］.杭州：浙江大学出版社，2010.

书初观为赵晶晶博士努力建构姜白石文艺思想体系的尝试，细品其中所蕴含的中国古代顺应时代潮流的儒释道三家合一、以释道为儒用的思想倾向，求全与统"一"、环周、折中和以"负"求正的思维方式，以及系统多层面开展的文艺构成 ①，似乎已经很好地体现了宋代文艺传播的思想特征。在其后面出版的译著中，她又尝试从思想维度解释华夏乃至国际传播现象，是对中国传播学思想建构的积极尝试。2007 年，赵晶晶博士基于跨文化传播学在世界范围内也属于新兴学科，需要各界学者积极研究，出版了译著《国际跨文化传播精华文选》（"求是书系"中的第一本，教育部哲学社会科学创新基地——浙江大学基督教与跨文化研究中心项目成果），旨在向国内外学者提供交流思想的平台。在该书前言中，她指出中国的跨文化传播理论亟须与国际接轨，并需要努力使之本土化，因为本土化即最好的国际化。而书中所收录的《中华民族的文化精华："工而自然"的人文境界和人文理想》一文，可以展现其以寻绎的方式在华夏传播审美境界和传播模式理念建构上所做出的努力。②2009 年，赵晶晶博士出版《传播理论的亚洲视维》（教育部哲学社会科学创新基地——浙江大学基督教与跨文化研究中心项目成果），是"求是书系"中的第二本。她在该书中以"后现代"、"后美国"与"复古求变"的交叉视角，对国际上已出现并逐渐发展的亚洲中心学派做介绍和阐释，并从贯穿华夏文化，包括新儒家思潮的"复变"视角，来观察辨析亚洲中心学派的兴起，这无疑是其提出并运用华夏传播思想观念的具体实践。她在 2009 年出版的《欧美传播与非欧美传播中心的建立》一书中客观地呈现了当时跨文化传播领域的矛盾与发展，同时提出了对中国传播理论面向世界的一些看法。2010 年出版的《"和实生物"：当前国际论坛中的华夏传播理念》（教育部哲学社会科学研究重大课题攻关项目"国际传播的理论、现状和发展趋势研究"中期成果之一），是"求是书系"中的一本（截至 2019 年）。该书提到的"和实生物"的和谐传播理念、从传统走向国际的华夏传播的"气"的理论等，进一步推进了华夏传播研究在国际上的发展。

① 爱门森.清空的浑厚：姜白石文艺思想纵横［M］.上海：上海文艺出版社，1997：4.

② 爱门森.国际跨文化传播精华文选［M］.杭州：浙江大学出版社，2007：1.

（三）学术特色

赵晶晶博士的学术特色可由浅入深地用四个特性概括：第一，是用开阔性视野吸取前沿理论。全球化的趋势是不可逆转的，而在建立中国传播理论体系时我们不可能忽视国际传播的声音。赵晶晶基于长期在世界周游研究的优势，以开放客观的视角传播国际国内跨文化传播的优良理论，以求对中国传播学研究的发展有所贡献。第二，是融合的观念。全球化趋势的一大特点是世界走向互相理解、互相融合的道路。在此趋势下，赵晶晶积极使中国的跨文化传播与国际接轨，正如其所说的"东西方研究的不同路径，确实可以互相生发"。她除了在学术领域内积极传播亚洲视维理论，还积极在国内几所大学开设相关课程（如"世界比较文化""国际传播"等），编著或翻译相应教材，以建设中国的跨文化传播学科。第三，在此融合的基础上，她期待中国生发出本土化传播思想，从而实现理论创新。她提出的"和实生物""工而自然"等研究视角正是此想法的体现，而这种既不落入西方的话语霸权中，又能客观看待西方的优良理论，并使之为本土化传播理念增光添彩的做法，是值得研究者思考的地方。第四，是实践性。这是赵晶晶学术风格中极具价值的一点。我们常说"理论离不开实践"，任何传播理论都要经历"实地检验"才能体现其价值，并借此寻找改进的方向。赵晶晶相当注意理论在不同语境下的实际价值。这种严谨的态度有助于传播学研究的进一步发展。在华夏传播学研究不断发展的今天，这种思维方式给了华夏传播学一个警示，即中国如何能在全球化与多元化的辩证历史大背景中，谦虚谨慎、不骄不躁地面对机遇和挑战。在传播中心建立这一问题上，既能在强化中心中起到中坚作用，又能在超越中心的进程中尽显大国风范。① 以上四个特性共同构成赵晶晶的学术特色。这四个特性可由浅入深地看待，而且各个特性之间呈现出相互生发、共同发展的关系，可以说它们多层次地体现了赵晶晶在学术研究上的创新与严谨精神，特别是她在跨越语言障碍、力图完整呈现各方学者的传播思想上所做的努力是值得我们尊敬的。

---

① 赵晶晶.欧美传播与非欧美传播中心的建立［M］.杭州：浙江大学出版社，2009：10.

二、华夏传播体系的建构意见

（一）"复变"的研究视角

三池孝贤指出："亚洲中心要从亚洲理论的视角出发，对亚洲传播进行研究。""坚持将亚洲价值与亚洲理想置于求索的中心位置，从亚洲人民作为主体的视角出发来看待亚洲现象。"① 为了更好地了解亚洲中心学派，赵晶晶提出以"复变"的研究视角进行解释。何为"复变"？赵晶晶在《传播理论的亚洲视维》一书中提到，"反复其道"（《周易·复》），"无往不复"（《周易·泰》），"卒乃复"（《尚书·舜典》），"夫物芸芸，各复归其根"（《道德经》十六章）等，都体现了中国曾是个重古立本的民族。重古，并不意味着中国就缺乏随时逐新的精神。② 赵晶晶以儒家思想为例，指出它既固守根本，又能通过其特有的包容性而不断吸收别家思想之精华，以更好发扬本家之长，因复变而不断成就自己的丰富、改进和完善。

赵晶晶指出"复变"的研究视角，以今天的语言来解释界定，就是坚持以根本的东西为准则，同时不断求发展更新和丰富自身。③ 亚洲中心学派的代表人物陈国明等人更是极力主张通过对古老文化进行再探索以求新变，继而建构理论体系。所以这种"复变"的研究视角为华夏传播研究提供了方向。中国深厚的历史底蕴滋养了丰厚的文化，学者如何在丰富的中国文化中选取、探索和创新当是重中之重。可以说"复变"视角的提出既是亚洲中心学派的立足点之一，又是赵晶晶本土传播思想的具体体现，为华夏传播研究更好地进入国际视野提供了可行路径。

（二）华夏传播理论的具体体现

在《中华民族的文化精华："工而自然"的人文境界和人文理想》一文中，赵晶晶提到全球化进程在加速，中国学人迫切需要总结和发扬中华文化的精华，将中华文化成果纳入世界文化和世界文化的未来"天择"之中，

---

① 赵晶晶."和实生物"：当前国际论坛中的华夏传播理念［M］.杭州：浙江大学出版社，2010：396.

② 赵晶晶.传播理论的亚洲视维［M］.杭州：浙江大学出版社，2008：5-6.

③ 赵晶晶.传播理论的亚洲视维［M］.杭州：浙江大学出版社，2008：6.

并希冀进一步发挥中华文化的能动作用，提挈世界文化到最"自然"发展的高度。[①] 面对华夏人民的这一心愿，赵晶晶指出其发展直至完成的道路上有许多障碍。为了在一定程度上减少障碍、促进理解，她从中西哲学对比的角度入手，以儒释道三家为分析重点，最终提出"工而自然"的境界。"工而自然"是尽量发挥人在社会中的作用而又能不计名利，不多占有；"工而自然"是尽量美化生活而又不矫揉造作；"工而自然"是民族自强而又顺应全球发展的一体化形式；"工而自然"是尽量发挥人在自然中提携万物的能动性，又扬弃人类自我中心主义的戡天役物。"工而自然"是中华民族在珍惜人的价值的同时又服从、尊敬"自然规律"，是在长期的社会实践中逐渐完善起来的人文理想精华。[②] "工而自然"的人文境界的提出，是在尝试向世界传播从中华文化中总结出来的顺应世界发展潮流的人文思想精华，是希望中国文化所蕴含的人文境界精华能传播到国际上，在态势方面对世界正面临的许多现实问题起到积极的参考引领作用。这是她为中华优秀传播理念被世界所理解、接受并走向前沿而做的努力和具体实践。

在《"和实生物"：当前国际论坛中的华夏传播理念》中，赵晶晶对从传统走向国际的传播理论做了介绍。该书收录的论文在阐明"气"的定义以及提出沟通中的"气"的理论假设后，又引进"势"的概念来解释阴阳互相作用以生"气"。[③] 同时，她在《传播理论的亚洲视维》一书中某些部分集合了中华文化的思想精华，旨在让没有中国文化背景的人和国际学坛能充分认识华夏传播的特色理论体系。这些文章的编译进一步体现了赵晶晶对传播本土化的重视，也向国内学坛展示了一批学者为了促成华夏传播研究走向世界、融入国际而做的理论建构。书中收录的这些理论丰富了传播学亚洲视维的思想理论体系，给人以启迪。

（三）"和实生物"——和谐传播为理想境界

之所以将"和实生物"[④] 这一思想单独提出来是由于其重要性。和谐传

---

① 爱门森.国际跨文化传播精华文选［M］.杭州：浙江大学出版社，2007：158.

② 爱门森.国际跨文化传播精华文选［M］.杭州：浙江大学出版社，2007：172.

③ 赵晶晶."和实生物"：当前国际论坛中的华夏传播理念［M］.杭州：浙江大学出版社，2010：5.

④ 出自《国语·郑语》："夫和实生物，同则不继。以他平他谓之和，故能丰长而物归之。"

播是当今国际传播研究中颇受认可的中国传播理论。在中华文化中，和谐是常道的体现，因此成为传播交流的终极目标。赵晶晶在《"和实生物"：当前国际论坛中的华夏传播理念》中收录的文章较为全面地阐释了和谐传播的观念，以"仁""义""礼""时""位""幾""关系""面子""权力"为基础，采用西化的严谨的研究方法得出和谐是中国文化的核心价值，是中国传播行为的准则；认为中华民族的和谐范式在当今冲突四起的世界中应该可以发挥重大作用，同时辅以创新和实践的是将中国传统的和谐理念与西方现当代文化融合，指出了东西方的互相理解和认同接受在理论形成和实践中的重要作用。①

这些文章充分体现了和谐传播的重要性，是华夏传播研究的重要方向。值得一提的是，赵晶晶在倡导且积极发扬"和实生物"观念时，着重强调在注重中华民族的传播理想境界（和谐）时，不可忽视或错误解读他族文化，也就是说，要以一种互相包容、互相学习的态度共同努力。这从另一个层次推进了华夏传播研究与世界的接轨。

（四）中华传播体系总体架构

赵晶晶认为，每个成功延续、发展壮大的文化都有自己的一整套成功的传播体系。中华文化历史源远流长，积累和建构了自己的完整的、不断发展的传播体系。赵晶晶曾从多个角度、层次对华夏传播体系可能的完整架构呈现做过努力，比如选择了尽量中华本土的视角、材料、术语和架构方式，围绕国际／文化间传播的重要问题，罗列出中华有代表性的与传播相关联的智慧。她从中国纯正的道、法、术、器四个层面（相对于西方传播中的理念、模式、技巧、途径和审美等一系列传播体系的建构成分）去展开研究，② 在多层依次展开的思维模式、③ 华夏数理传播、④ 华夏音乐传播、⑤

① 赵晶晶."和实生物"：当前国际论坛中的华夏传播理念［M］.杭州：浙江大学出版社，2010：3-4.

② 爱门森.大道自然：论中华智慧对国际／文化间传播的可能贡献［J］.China Media Report Overseas，2014，10（3）.

③ 赵晶晶.中华文化传播的主要思维方式［J］.China Media Report Overseas. 2008，4（1）.

④ 参看《说"一"》（《世界经理人》2012-07-06）、《道"二"》（《世界经理人》2011-08-28）等文。

⑤ 参看《琵琶起舞换新声》2003，Marsland Press，USA.

华夏民族传播、[1] 华夏组织传播 [2] 等相应领域中，她皆付出过探索开拓之力，且不乏精彩篇章。尤其需要提到的是：在尝试建构中华本土传播理论体系的整个进程中，除了探讨这些智慧在这四个层面上在中华传统传播体系中曾发挥过的作用，还能发掘这些智慧对传播可能具有的现代影响和意义。因本章着重阐述赵晶晶教授在跨文化传播中所起的桥梁作用及其在"求是书系"中体现出来的研究范围，此处对这些就不再详细讨论了。

小结

至此，本章已对赵晶晶的华夏传播思想研究做了相对完整的介绍。需要补充的是，其编译的"求是书系"中的诸书，表面上看是对传播学亚洲范式的建构和跨文化传播做出的努力，往深层次看便能体会其本土化研究思想的宗旨：建构传播学亚洲范式是为了华夏传播研究能更加迅速地进入国际舞台。她在期待非欧美中心的传播理论能进一步发展壮大，亚洲传播范式的建立与华夏传播研究相互作用、互利共赢的同时，也从另一角度重申演绎了在国际间公平"和谐传播"的中国传播思想，可谓高明。

三、对跨文化传播研究的期望

赵晶晶致力于跨文化传播领域的研究，然而，当今跨文化研究依然存在诸多问题和矛盾。对于这样的情况，赵晶晶等学者尝试"去西方化"的话题设置、传播理论的"亚洲性"的开掘和传播学研究的"亚洲范式"的建构，在亚洲性和本土性上做足文章。他们认为，国内的研究不能停留在仅仅对西方的研究主题、方法加以复制上，期望现今学者在研究相关问题时既有全球视野又具浓郁的本土色彩，[3] 同时希望华文传播学术期刊能积极

---

[1] 参看：朗樱，扎拉嘎.中国各民族文学关系研究·先秦至唐宋卷 [M].贵阳：贵州人民出版社，2005.

[2] 参看《从"二次创新"到"包容性创新"》(《世界经理人》2011-07-07)、《企业经营之"王道"解读》(《世界经理人》2011-08-29)、《管理改变中国》(《世界经理人》2012-02-10)、《动态竞争》[China Media Report Overseas，2012，8 (2)]、《中道经权管理模式：全球化社会的中国式管理学纲要》(《世界经理人》2012-07-06) 等文。

[3] 赵晶晶."和实生物"：当前国际论坛中的华夏传播理念 [M].杭州：浙江大学出版社，2010.

走向世界。他们虽然深知华夏传播研究的道路漫长而曲折，但依然期待中华文化走向世界，强调中国"传播学研究的本土化方法应根植于具体的文化中"，坚持"和而不同"的传播策略。从这个角度来看，本土化即最好的国际化。

最后，我们借用赵晶晶的一段话为本章作结："试想象一下，地球就像一叶扁舟，在广袤无际的太空中运行。如果坐在小船中的人们你推我攘，互不相让，一旦失去平衡，必然导致全舟覆灭。相反，如果大家能和平共存、同舟共济，这小小的宇宙船将能逍遥遨游于无限之中。"

📑 附：访谈录 [①]

孙培雯： 作为致力于建构起传播学的亚洲范式的传播学者，您在做相关研究或是收集相关资料时更加注重亚洲范围内的理论建构。请问您在研究过程中对传播研究本土化有什么新的建议呢？

赵晶晶： 一些国际学者批评传播领域的欧美中心致使学科无法真正地充分运用"国际"人类资源。真正的"国际"人类资源理应包括世界上各个国家的本土知识、本土智慧及世界范围内广泛多元的人类想象力与创造力。毫无疑问，作为亚洲最大国家的中国，其传播经验和成就，与其在今天的国际传播学中的位置显然是极不相称的。或又说中国没有传播学——任何文明的形成和发展都离不开传播，中国作为悠久的文明，怎么可能没有传播学！中国没有的只是现代欧美意义上的传播学，而该传播学概念的内涵已然朝过时的方向发展。若说近代美国以商业为宗旨的国际传播兴起的时候，中华独尊儒术的悠久历史积淀更多的是"学而优则仕"，商业在历史文化中久居旁侧，近代没有很多的经验可以生发、借鉴，所以初期更多的是将西方发达国家的经验植入我们传媒学院的话，那如今的中国已是大量的企业排山倒海而至，新的企业家崛起，成为世界经济大国。事实上，世界经济疆域拓展和实力重组后，国际上现行的以欧美为中心的传播理论巨擘在付诸新环境的实践里捉襟见肘的窘态早已显现。西方传播学科中的痼疾，也让中国的传播学坛越来越意识到自身不能随欧美亦步亦趋。

[①] 访谈内容有删节。

我曾在《大道自然——论中华智慧对国际/文化间传播的可能贡献》[①]一书中，从人类与生俱来的攻击性、人类认知的局限性、国内外传媒学院教育模式的局限性等多个角度对华夏传播体系的建构背景进行过反思，并对中国传播的本土化研究就以下六大方面陈述了自己的相关浅意。

一、人类在寻求新的方向中，重拾中华文化之古道，是不是正确的回应？

对于这一点，即便中国人自己也难免疑惑。尤其回看自己的历史，在思维对接世界的过程中，大家可以深刻体会到华人传统思维带来的种种不便。何况一些华人文化观念中的抽象符号神秘而遥远，让人高山仰止，把这种华人古文化的精髓转化成适用于现代化传播中的实践操作路径却迟迟未见踪影。

尽管国际上有不少华人学者在脚踏实地地做着探索工作，一直试图在华人文化中抽离出适用于现代传播的一般规则，但仍苦于如今的传媒理论和大学中的教程基本是以西方人的逻辑体系和操作规范为架构，他们建立并完善了整个流程。反馈到学术的理论操作层面，东西方为学思维的不同，在一定程度上导致许多东方学者在实际架构本土理论时困惑丛生。故对于类似上面的宣言，我想许多人或者没有意识到，或者认为只能是束之高阁的空洞大言。

二、本土化理论是不是需要先转化为非本土化形式才能进入国际学术圈？

非欧美中心的传播学者纷纷为各自传播的本土化大声疾呼。当代中华传播先驱更是在国际学坛上振臂并为之踌躇满志。他们引领不少传播领域研究者逐渐走出几十年前盲目的拿来主义的阶段，开始学会以国际化视野回看自身。我希望将来有一天能细细回顾中华传播思想走向国际的历程。我在这里不可能对海内外的文化传播学研究做详细复述和系统介绍，更不敢对海内外学者的辛勤劳动妄加评论和菲薄。因为我始终认为，我们应该感到很幸运，可以在这个研究领域中已经积累的经验基础上再去做积极的思考、判断和行动，可以站在前人的肩膀上高瞻远瞩。

不过，我们需要有清醒的认识，这些流向国际传播的中国智慧在整体

---

① EDMONDSON.大道自然——论中华智慧对国际/文化间传播的可能贡献 [M].
New York：Marsland Press，2009.

建构过程中已经不可避免地整合融入了大量西方系统化知识。所以对本土化来说，这也是另一种类型的考验。我们知道，欧美中心的传播理论在经过数十年的发展后，形成了比较成熟的体系、模式。一些有影响力的中华传播学者已经或正在孜孜不倦地努力把传统中华文化蕴含的丰富的传播智慧如《易经》、和谐、面子等介绍到国际上。客观地说，因为能在国际上向西方介绍中国传播思想的学者群，基本上或是在美国大学课堂中接受美国的正统教育，或是在美国价值观认同国（如日本）受美国正统传播理论的影响，其思维方式、思想发展与传播理论和目前国际上的主流语境是同步的。这些学者大都不得不试图用欧美人理解的模式，把中国传播思想纳入西方的既成理论架构中，以期起到影响作用。这种方式精神可嘉，也很不容易！不过，毕竟在嫁接过程中失去了不少东方的原汁原味，而且难免零碎枝节。要把中华古老智慧系统化，并转变成可实际运作的传播架构和体系，从而使之成为西方传播学界容易理解认同的全球性传播战略管理理论——达到这样的目标，尚有很长的路要走。何况我们还很难说这是不是一种最佳的途径。

三、传播学本土化是从西方的视角看东方，还是从东方的视角看东方？

成为本土化道路上最大障碍的，还有本土研究的成果要获得国际相关学术圈的认同，首先需要采纳欧美传播中心理论的研究方式，否则就必定被拒之门外——这显然已经与本土化格格不入，而且本身就是国际/文化间传播中的一种不公正现象。习以为常的是，大量中国的学者因语言障碍或地域局限而不能登上国际学坛。所以我就传播理论的本土化问题的一个首要考虑和学术声明是：什么时候西方能真正从东方的视角看问题，而不是要求把东方的传播经验和智慧先纳入他们的既成研究体系，才有可能交流，换言之，只有西方学习从东方的视角去看问题，真正的东西方对话才能产生，而真正的国际传播才能真正实现。

在思想领域也一样，空洞地说非欧美学者应不满足于掌握美国的研究范式、研究主题及研究方法，应从自己独特的文化、历史、哲学、宗教及社会框架的角度出发做出贡献，并不能解决目前的问题。而国际传播没有欧美圈之外的学者的参与，对人类传播现象的展现就必定是偏狭、不完整的。所以，真正的非欧美中心传播理论要走向国际，首先要摒弃一种期望，那就是边缘的非欧美的传播经验和智慧走向国际，必须得装入既定的模子中。

非欧美国家的大量留学生到美国都学会了站在西方人的视角看待世界，用西方人的方式来做学问。或许今天我们应该提出，平等传播的基础应该建立在视角转换的基础上，而不应该永久性地固定于欧美一角。让西方人学会站在非西方的视角看一下东方的智慧和传播经验能给全球化的社会带来什么积极的影响，将远比把东方智慧纳入西方体系，然后再请西方来了解东方要更为彻底。世界需要的是链接而不是嫁接。

四、衡量一种新理论的价值，是否必须在已知研究中有根源和地位？

西方传媒学院里面培养出来的学者，已经被训练得所有的新理论都必须有广泛的学术文献为基础才可靠、可信和有说服力。一种新理论的建立，必须在已知传统中具有根源和地位。"衡量一种理论好还是不好，在于它可否被证明；这里，证据限制在常规的、具有潜在局限性的衡量条件之中。"同时，一篇文章的学术价值，往往需以引用率作为判断标准。网上发表的文章，其价值需要点击率来支撑，其他价值判断标准几乎被完全忽视。所以，一篇由美国传媒学院培训出来的学者撰写的学术论文，往往炫人眼目的是连篇累牍的 References（参考文献）。当然，中国人也喜欢引经据典。但真正的本土化理论的学术规范如果必须沿用美国人文学科惯用的 APA 风格（作者、日期、引用风格），恐怕本土味会大减。而且一部真正有价值的学术著述不一定要有渊源和高引用率、点击率。历史教会我们的太多了。

有建树的理论家大都会觉得或者说希望自己的发现和建树具有世界范围内的普适准确性和效应。或许人类的控制欲也反映在学术规范中，谁都愿自成规范被他人仿效。但他文化的本土化，恐怕需要用他形式。

中国需要逐步摸索适合本土人文国情的传播模式。事实上，以前我们大抵采取西方传播模式，学的是美国制度化的操作之路。从眼下来看，中国传播理论已经开始自己往深度走了。中国需要的不仅是方式、工具这些具象的操作规范，更需要逐步延伸到人文的深层次理念。工具的使用只是表象，背后的观念才是原动力。当然，这还需要一些更完整的论述基础。

五、本土化之上的传播共同基础的建立。

要平等传播，最需要的是在各自本土化之上再建立起国际传播的共同基础，需要西方 Meet 东方，而不是西方接见东方。

前面说了，国际上的华人学者基本上是把中国文化中的观念引入西方模式，分析具体过程，用西方实验方式去研究证明，认为要得到西方的认可，必须用他们能理解的价值观来切入。他们的建树是令人瞩目的，但不能从根本上解决中华传播理论的本土化问题，而且这种做法从客观上助长了欧美研究的中心化。中国的媒介团体尚缺乏世界级企业家所需要的一些视野，那是经验的问题。相互理解总是不容易的，传播理念上的交流，要让西方理解东方，就不能让他们以自身的人文理念来理解我们的传统传播理念，否则那种理解始终是肤浅的。

再看西方如何向东方传播。所谓国际／文化间传播，西方媒介集团的首领应该逐渐放下身段，开始真正从观念上考虑如何用中西相通的视野看待传播问题，而不是到中国去做与传媒相关的生意，又始终以西学为体，仅仅采取中式本土适应的传统老套路。现有的国际／文化间传播研究也受制于立场，其角度大抵从欧美自身视角出发。至今，在西方多数学者的心目中，即便认同非欧美中心传播理论的本土化，仍然以一副居高临下的优越姿态向客人发出邀请。这也是为什么我认为西方若要与东方真正地沟通，就必须从东方的角度看东方。世界对中国的了解还很少，尤其是从中国的视角了解中国。要让世界真正、全面地了解中国，需要一大批能把视角从客位调整到主位的先驱者。

六、如何统一全球化的典型矛盾？

在整个人类历史的发展中，各个不同文化的确定感来自封闭，比如，信仰宗教的人比没有信仰的人要确定；封闭的爱比泛滥的爱要确定。这种封闭其实是价值观的封闭。在全球化的氛围中，封闭逐渐在拆除，于是价值观必然会随之逐渐朝不确定的方向走。本土化从某种程度上说是价值观的重新封闭化，这与国际／文化间交流的开放合作性、全球化时代对多元文化认同融合的要求，显然是相悖的。

回到中国的角度看问题。中华民族自古至今都是一个善于学习的民族，也是一个重实用的民族。它不像其他民族那样执着，数千年来都周游于三教之间，崇尚"叩其两端而执其中"，善于引进，兼收并蓄，唯其如此，才为我们的"用"开了方便之门。我们可以博览广识，左右逢源。但我们要充分意识到，今天的"可用"面临巨大挑战。中国的接受群体已经不再处于当初刚刚睁开眼睛看世界的阶段了，他们已经渐趋成熟。既有的一般性的舶来传播理论模式的"可用度"已经捉襟见肘；同时，中国传统中积存的精华还不足以分析并解释现象。这个群体对"可用"的期待的升值，使朝外朝内、开放封闭、舶来本土各种选择所面临的挑战与日俱增。

孙培雯：您曾提出"工而自然"的境界，可以再详细地跟我们解释一下它与华夏传播研究的联系吗?

赵晶晶: 每个成功延续、发展壮大的文化都必然有自己的一套成功的传播体系。中华文化历史源远流长,自是积累和构建了自己的完整的、不断发展的传播体系。一方面,因为以前中国在传媒技术上基础弱、没有规范,所以只顾低头学习西方传媒企业和传媒学院的机制套路,但是在这过程中丢失了很多有深厚积淀的文化精华。所以今后我们在借鉴西方的同时,需要认真地考虑重拾华人自己的宝典。这些宝典,随着中国近年为世界所瞩目的经济腾飞和国力强盛,势将为未来全球文化的建立和研究提供具有特色的文化要素和取之不竭的智慧源泉。另一方面,在全球化进程中,中国学人迫切需要总结和发扬中华文化的精华,将中华文化成果纳入世界文化和世界文化的未来"天择"中去。我曾从多个角度、层次对华夏传播体系可能的完整架构呈现做过努力,比如选择尽量中华本土的视角、材料、术语和架构方式,围绕国际/文化间传播的重要问题,罗列出中华有代表性的与传播相关联的智慧,从中国纯正的道、法、术、器四个层面去研究和展开论述。"工而自然"就是应此使命在长期研究的基础上提出来的。

比如我在《中华民族的文化精华:"工而自然"的人文境界和人文理想》一文中指出,"工而自然"是尽量发挥人在自然中提携万物的能动性,又扬弃人类自我中心主义的戕天役物;"工而自然"是中华民族在珍惜人的价值的同时又服从、尊敬"自然规律";"工而自然"是民族自强而又顺应全球发展的一体化形势;"工而自然"是尽量发挥人在社会中的作用而又能不计名利、不多占有;"工而自然"是尽量美化生活而又不矫揉造作;"工而自然"是将传播艺术发挥到极致而又没有刻意雕琢和虚假浮华不实……它应该说是华夏民族在长期的社会实践中逐渐完善起来的人文理想精华。今天的人文理想必然会影响今后人类人文进化与自然进化的关系。研究中华民族"工而自然"的人文理想精华,在当代人与自然的关系模糊、人类生存困窘之境日益显现、国际交流间信任危机重重的状态下意义重大,它对未来全球文化的建设是可以发挥能动作用、可有回馈贡献的。

举一反三,回看中国悠久文化中积累起来的传播理念和方法,虽然很多没有直接通过"传播"这个词汇来表述,但经过了传播的千锤百炼。研究中华文化中的传播必然会对现代传媒有长足的帮助。让这些精华融入并成为国际传播主流,惠泽全球化过程中的所有地球村居民,是大多数中华传播学者的心愿。对此,学坛罕有异议。尤其值得欣喜的是,像"工而自然"这样的精华，我们还有不少。展望未来，我们有信心期待这类中华人文精华成为华夏民族对现代国际文化传播及人类文明做出的巨大贡献。

孙培雯： 近年来，从中华文化出发，大批学者抒发自己的看法，努力建构起自己的中国传播理论，践行"本土化就是最好的国际化"。您是如何看待华夏传播研究近年来取得的成果的？

赵晶晶： 学科的民族意识既已复苏，有了自己的思考，中华传播学者自会超越对"已接受的"范式、理论及研究方法的依赖，追求新的图景。若要建构华夏传播体系，首先需要改革中国传媒类学院中的教学宗旨和教学模式。而这种改革，又当从整理本土的传播经验和理论做起。在建立中华传播体系的进程中，我的观点几十年来一直没有变，我们需要在华夏文化的基础上去建构体现现代哲学和现代价值的华夏传播体系。我们在对中华传播进行发掘、整理和总结等一系列研究的时候，既要有高度的文化自信，又要对欧美及世界上既有的文化传播经验和贡献有充分的尊重。我们要努力用本土语言思维模式，而不是用既成的欧美流行术语、材料、模式来建构传播体系。同时，这个体系建构成后能走向国际，为他文化理解、接受并获益。当然，这是一个需要几代学者长期努力的、极有难度的开拓性研究领域。看到目前国内华夏传播的研究蔚然成风，我感到很欣慰。我长期以来主要生活在美国，因而相信身处直接学术环境中的学者比我更适合总结评论这些成就。作为一个华裔学者，我仅谈几点不希望将来在华夏传播体系建立过程中看到的。

第一，不希望看到华夏传播体系的建立和倡导成为所谓的民族主义、地方主义的理论支撑，成为新壁垒和高筑墙等全球化进程中的反向动力。那样做不仅不能在全球传播中增强中国话语权，从而获得弘扬自有声音的机会，不能在世界的大合唱中让华夏之声成为浑厚中坚并起到积极引领的作用；而且只会逆势而动，将民族引回与世界隔绝、顾影自怜、孤芳自赏的境地。我相信那是与包括我在内的学者十几年前大力倡导非欧美传播中心的原始动机相违的……

第二，不希望在华夏传播体系建构过程中看到不尊重其他传播体系，将欧美的一切传播经验皆溯源于华夏传播经验，把华夏传播的经验扩大成世界传播的总源头或超越否定其他文化传播经验的做法。我们要接受多元并存并行的世界，不能假定自己的传播经验是唯一的，不同的文化之间需要尊重和理解，这样人类在共居的星球上才能和谐交流、和平共存。

第三，不希望看到以华夏传播的名义却并没有立足本土，不是本着原创、尽量原汁原味的本土发展精神来进行华夏传播体系的建构。我们要摒弃彻底的拿来主义或改头换面的做法，要警惕一方面在不齿欧美传播的自我中心和文化霸权，另一方面固守既成习惯，在非欧美的学术思维和研究模式方面迈不出坚实步伐。

第四，不希望看到华夏传播体系建构只能在中国传播学坛内孤芳自赏，而不能走向国际，为他文化理解、接受并获益。

顺便说一点，在这科技发达的史无前例的大接触、大"流动"时代，传播扮演着不可或缺的角色，研究人类对传播的理解、认识和运用之重要、影响之广远已经到了前所未有的程度。中华传播体系的建构，道、法、术、器，面面俱到，细大不捐，远古到先民口中的历史传说和远古歌谣，摩登到新媒体中的网络舆论和微传播；微小到自我反省、愉悦邻里，巨大到影响国家意志、国策制定……今后学者们在此领域中的研究既是举足轻重的、影响广远的，又是任务极其艰巨的。

孙培雯：请问您对"本土化是最好的国际化"、本土化与全球化的关系有什么具体的研究想法呢？

赵晶晶：这是一个很大，也是长期的热门话题。实际上，我们在特定语境中讨论的就是本土化与全球化的关系。我在前面已做了部分相关回答。这里牵涉对"全球化"一词内涵的界定。学术界往往为了方便而将全球化和相应的本土化问题划分为相互联系的三大领域：经济全球化、政治全球化和文化全球化。简言之，全球化指的是涵盖所有人类政治、经济、文化活动在内的世界为一个整体的进程。传播是无处不在的，它存在于经济中、政治中、文化中，它与人类的所有活动如影随形。而传播领域的全球化的最简要定义是将范围扩展到全球并有效促进全球化的传播。

尽管跨文化传播的内涵已逐渐朝名副其实的方向发展，但我们知道，狭义的跨文化传播学科起源于不同文化间因盈利需求而组织的商业交流培训。同样，无论欧美发达国家当初策划推进国际全球化的动机是什么，是美国垄断金融集团在全世界创造利益最大化企图，抑或是美国人对廉价消费的追求，我们这里探讨的国际化、全球化，亦早已不再局限于经济领域。不同国家的人民在现代科技背景下进行全球范围内的有效传播交流，也就是传播领域中的"全球化"，具有更广阔和积极的意义。尽管我们并不讳言经济全球化的利益分配不均衡，西方少数发达国家掌控着国际规则和全球治理体系的主导权，传播话语权的偏倚倾斜曾是我们探讨的全球化和本土化的矛盾起点，也曾是该语境中我们重点关注非欧美传播中心和华夏传播理论重构的出发点。

众所周知，当初由李嘉图提出的"比较优势贸易理论"曾是自由贸易和经济全球化的理论基础。经济学家认为，不同国家生产自身具有比较优势的产品（本土化），汇总在一起，将增加全球的总产出，从而提高所有贸易参与者的经济规模（更好的全球化）。我们将经济领域中所谓更好的本土特色化，也就是更好的国际化/全球化的结论，转接运用于传播领域，那就成了不同国家总结出自身具有优势的传播经验，必然增加世界的总体经验。真正的"国际"人类资源理应包括世界上各个国家的本土知识、本土智慧及世界范围内广泛多元的人类想象力与创造力，并从此视角看问题。确实，群策群力，多木成林，只有每种不同的花都开出自己的特色，才能使整个国际花园更加绚丽多姿。本土化是最好的国际化，本土化与国际化、全球化相辅相成而不相悖，是从这样的角度延伸出来的。

但是需要特别注意的是，今天假若我们把本土化与民族主义、地方主义等趋同合一，那这个本土化就不再是全球化大河中的入注河流了，而会是全球化进程中的壁垒、隔墙，"本土化是最好的国际化"也就自然无法自圆其说，这个命题也就不再成立了。我们需要承认，过去的数十年，中国经济的奇迹增长和文化的空前繁荣是与全球化进程分不开的。华夏传播要继续成为全球传播的参与者，成为全球化传播的主音部和领唱人，就必须获得世界的信任、认可和支持。

（撰文：孙培雯）

第十一章　谢清果——共生交往，心传天下

👤 学人名片

　　谢清果，厦门大学新闻传播学院教授、副院长，华夏传播研究会会长，学术集刊《中华文化与传播研究》和《华夏传播研究》的主编。从2006年起，持续深耕华夏传播领域，致力于推动中华文化经典与传播学的对话与融合工程，截至2022年，在华夏传播学领域发表论文二百余篇，出版著作二十七部。

　　他在华夏传播领域的研究以"儒释道＋传播学"为主轴，从道家的"见独"、儒家的"慎独"到华夏公共传播与舆论传播的概念形态与特征探析，再到中华新文明主义的共生交往特质，在貌似庞杂的诸多研究视域中，一条一以贯之的研究思路清晰可见：中华文化立场，全球传播视野。

一、小切口铺展，华夏传播学研究初探

2006—2014年是谢清果教授华夏传播研究进程的第一阶段，即初探阶段。在这一阶段，他发挥哲学专业的基础优势，以道家语言传播为研究起点，积极探索中国哲学与传播学研究的融合路径。

（一）学科融合，开拓老子传播学新领域

1. 以道家语言传播为起点
谢清果教授从道家语言符号切入，展开华夏传播学研究，深入分析道

家语言讲求"不言"的传播方式，提出道家提倡"得意忘言"，"忘"即是悟道的途径，忘我、忘言生成悟性之境，并提出道家的语言传播思想具有真善美向度。①

在此基础上，他首次从传播学视角系统研究老子的语言传播智慧，开拓了"老子传播学"的崭新研究领域，从传播动机、传播策略以及传播效果三个方面剖析了老子传播思想的总纲，即"以正治国，以奇用兵，以无事取天下"。他提出老子语言传播主体的求真意向体现为正言、贵言和信言，其传播效果的臻美取向为"道可道，非常道"②，而该效果取向易形成媒介拟态环境，引发受众的迷失。基于此，谢清果教授提出老子给出拟态环境的救治之道，即传播者"传无传"和受众"玄鉴以观"。③

他进一步将老子的"不言不辩"传播观与雅典的"尚辩"传统进行比较，指出两者皆是不同经济、政治及文化制度下的产物，没有绝对的孰优孰劣，要在"言"与"不言"中找到平衡点。④

2. 剖析老子多元传播之道

在第一阶段，谢清果教授剖析了老子在健康传播、组织传播和内向传播三个面向的传播智慧。

为顺应传播学本土化和学科交叉融合化的风潮，谢清果教授首次运用健康传播学的理论审视老子的养生思想，多维度探索老子的健康传播理念，提炼出老子以"尊道贵德"为养生之本，以"道法自然"为养生之法等健康传播范式⑤。在此基础上，他对道教养生哲学中的传播概念和传播方式进行立体式扫描，将形而上的养生理论与形而下的生活传播紧密结合，从自然、生命、社会三个维度考察了道教生活传播的三个向度。⑥

同时，谢清果教授在组织传播学的框架下探索老子管理思想的基本特

---

① 谢清果.道家语言传播效果的求美旨趣［J］.哲学动态，2008（3）：25-29.

② 谢清果.和老子学传播：老子的沟通智慧［M］.北京：宗教文化出版社，2010：序言1.

③ 谢清果，于宁.老子思想中的媒介拟态环境批判意识及其治理之道［J］.现代传播（中国传媒大学学报），2011（9）：61-65.

④ 谢清果，王小贝.老子不言不辩思想与春秋时期传播环境研究：与雅典"尚辩"传统的比较视角［J］.十堰职业技术学院学报，2013，26（3）：71-75.

⑤ 郭汉文，谢清果.和老子学养生：老子的健康传播智慧［M］.北京：宗教文化出版社，2010：序言1.

⑥ 谢清果.道教养生哲学与生活传播［M］.香港：世界道联出版社，2014：序言1.

点，提出老子追求"正善治"的组织传播目标，以"以正治国，以奇用兵，以无事取天下"为基本纲领，"啬"这一原则贯穿组织管理全过程。① 之后，他进一步从自我管理、国家管理、家庭管理、企业管理等角度细致钩沉老子的管理思想精华。②

2011 年，谢清果教授以老子的自我观探析为起点，开启了他的华夏内向传播理论求索。他将老子的自我观与西方内向传播理论进行比较，提出老子的内向传播智慧更倾向于消融社会性对自我超越的干扰，确立"惟道是从"的主体意识，进而通过领悟"道"这一媒介符号的象征意义，来推动自我省思，实现自我升华。③

（二）多维考察，延展华夏传播学着力点

谢清果教授着眼于具体历史现象，尝试从中国古代的公共事件与文学作品中逐步提炼并累积独特的华夏传播规律。例如，他从公共传播的视角分析"魏晋清谈"，提炼其中蕴含的传播技术规律，即统一传播主体，以独立话语为基础，以阶层关系为纽带，以公共话题为介质，整合传播空间。④

在文学作品方面，他选取具有"当世效果性"与"诗人主动性"的唐诗作为分析对象，提出文学作品具有系统性的"树状"传播模式，其中"移栽"的环节对传播效果起到至关重要的作用。⑤

谢清果教授对这些微观历史事件与文学作品的传播学探索，逐步延展了华夏传播学研究的面向，也为后来学者的宏观整体性研究提供了可借鉴的宝贵资料。

（三）搭建平台，增强华夏传播学显示度

2013 年，谢清果教授开始搭建华夏传播学术交流平台，创办集众多

---

① 谢清果.老子的组织传播思想纲领初探［J］.今传媒，2011，19（3）：35-37.

② 谢清果，郭汉文.和老子学管理：老子的组织传播智慧［M］.北京：宗教文化出版社，2011：序言1.

③ 谢清果.内向传播的视阈下老子的自我观探析［J］.国际新闻界，2011，33（6）：58-63，89.

④ 谢清果，王昀.公共传播视域下的"魏晋清谈"及其当代遗思［J］.广西师范学院学报（哲学社会科学版），2013，34（2）：142-147.

⑤ 谢清果，上官仪.树状传播模式下唐诗风行的三大技巧［J］.唐山师范学院学报，2014，36（3）：1-7.

传播学思想于一体的集刊《中华文化与传播研究》。该集刊以巩固华夏传播学术共同体为核心，增强了华夏传播学研究的集中性和显示度。该集刊第一年以中国传统文化的传播为核心展开组织架构，以"缅怀余也鲁先生"为主题，邀请郑学檬、孙旭培等华夏传播学前辈学者回忆余也鲁先生。

同时，该集刊把传统文化细分为具体文化板块，以中西融通、传播国学、国学新知、学术动态和新书评论为叙事框架探讨华夏传播研究的学术成果①，把传播学理论框架与中国传统文化进行有机融合，为传播学及传统文化研究者提供新的研究路向与方法。

二、主体性回归，本土化理论体系初建

2015—2018 年是谢清果教授华夏传播研究进程的第二阶段。在这一阶段，他的华夏传播学研究由"我注六经"进入"六经注我"的理论建构阶段，致力于在中西传播学理论对话中确立华夏传播学研究的主体性。

（一）观照西方话语，建构宏观框架

1.阐明中华学派建构路径

谢清果教授从发展背景、思维方法、研究重点、价值取向等方面对比中西传播理论的异同，指出西方传播理论注重科学实证探索规律，而华夏传播理论重视人文关怀，具有"心传天下"的特质。在此基础上，他开始尝试阐发并建构中国特色的传播理论，结合中国传统社会的文化背景，进一步解释黄星民教授提出的"风草论"。他提出"风草论"是"渐变效果论"，强调传播过程的风化风行，关注受众主体性的草偃草起，形成风吹草偃、上行下效的传播效果。②

同时，他归纳华夏传播研究四十年来的历史变迁和近年来的相关研究，在西方话语观照下进行华夏传播研究的自我审思，从核心概念辨析、华夏传播学的想象力培育、华夏传播理论体系建构等维度，全方位、前瞻性地

---

① 谢清果.中华文化与传播研究［M］.厦门：厦门大学传播研究所，2013：序言1.
② 谢清果，陈昱成."风草论"：建构中国本土化传播理论的尝试［J］.现代传播（中国传媒大学学报），2015，37（9）：59-64.

展示出传播学中华学派建构的基本态势与发展路径[①]，提出当前研究具有从内向传播方面寻求理论突破、关注民族文化的传播学研究等七大态势，未来研究可以朝建构华夏传播理论、研究中国问题、推动"民俗传播学"研究等方向发展[②]。

2. 探析公共舆论传播模式

谢清果教授从宏观角度剖析华夏公共舆论传播的概念与历史，并进一步建构华夏公共舆论传播的独特模式。他跳脱现代公共领域所谓的"公共性"概念，在中国古代社会的制度设计、文化现象和政治经济互动中考察华夏公共传播的历史流变，提出华夏公共传播的"三大特征"，即"辩言之外"的公共情怀、"礼法一体"的传者结盟与"至公无私"的诉求困境。[③]

同时，他回溯华夏舆论传播，提出集权政治的制度运作中多以上层建筑"舆论监督"为主导的舆论传播模式[④]，并编撰了国内首部从学理上探讨华夏文明积淀的舆论思想及其运作模式的著作《华夏文明与舆论学中国化研究》，总结华夏舆论传播的八大基本形态，即水舟论是中国古代政治传播场域中的舆论建构，圣人论是中国古代的舆论管控主体，民谣是中国古代民间舆论的表达方式等。[⑤]

另外，谢清果教授还关注华夏媒介批评的概念、思想流变及其价值取向，尝试从概念界定、批评思想、价值取向三个维度建构华夏媒介批评研究的理论框架。[⑥]

3. 提出"华夏文明传播"的概念

谢清果教授于2016年首次提出"华夏文明传播"的观念。他认为华夏文明传播着力挖掘华夏文明中的传播智慧，用中庸、天下、和谐、礼乐等

---

① 谢清果.传播学"中华学派"建构路径的前瞻性思考［J］.新疆师范大学学报（哲学社会科学版），2017（6）：63-76.

② 谢清果.2011-2016：华夏传播研究的使命、进展及其展望［J］.国际新闻界，2017，39（1）：101-117.

③ 谢清果，王昀.华夏公共传播的概念、历史及其模式考索［J］.华侨大学学报（哲学社会科学版），2016（1）：5-15.

④ 谢清果，王昀.华夏舆论传播的概念、历史、形态及特征探析［J］.现代传播（中国传媒大学学报），2016，38（3）：32-40.

⑤ 谢清果.华夏文明与舆论学中国化研究［M］.北京：九州出版社，2018：序言2.

⑥ 谢清果，曹艳辉.华夏媒介批评的概念、思想流变及其价值取向［J］.南昌大学学报（人文社会科学版），2016，47（2）：111-118.

观念来阐述华夏传播理论，让世界理解华夏文明奉行"和而不同"的交流观念。[①]

在此基础上，他进一步探究华夏文明传播的范式及其功能展演，提出礼乐协同是华夏文明传播的独特形态，体现中国传统哲学对人的主体性的重视，并以情感为传播媒介引导人的行为，丰富华夏文明的内涵，推进华夏文明广泛深入的传播。[②]

（二）扎根先哲学说，觉察儒释道的思想悟力

1.传统心性之学再审思

谢清果教授借鉴内向传播理论，重建传统心性之学，提出"见独"是道家的内向传播活动，其运作机制是"道我"对"俗我"的召唤，"俗我"以"道我"为镜鉴，通过内观、心静如镜等内向操作过程，促成"俗我"向"道我"转化。[③]"慎独"是儒家的内向传播机制，强调以坚定的毅力促进内在心灵革命，使"俗我"向"圣我"转变。[④]

同时，谢清果教授以弗洛伊德的人格结构理论为切入点分析佛教的心性论，提出佛教心性论本质上是人格结构中本我、自我和超我三者之间不断的沟通与协调。[⑤]

2.老子传播学新拓展

在这一阶段，谢清果教授挖掘老子在人际传播、身体传播与大众传播方面的智慧，从解析《道德经》入手，提出老子倡导"宠辱若惊"的待人处事之道，"知雄守雌"的人生进退智慧以及"以无事取天下"的相处原则等八十一条人际沟通范式[⑥]，并将老子与彼得斯对于交流的观点进行比

---

① 谢清果.华夏文明与传播学本土化研究 ［M］.北京：九州出版社，2016：绪论2.

② 谢清果，林凯.礼乐协同：华夏文明传播的范式及其功能展演 ［J］.新闻与传播评论，2018，71（6）：59-68.

③ 谢清果.新子学之"新"：重建传统心性之学——以道家"见独"观念为例 ［J］.人文杂志，2017（5）：14-24.

④ 谢清果.内向传播视域下的先秦儒家"慎独"观 ［J］.杭州师范大学学报（社会科学版），2017，39（5）：101-113.

⑤ 谢清果，季程.内向传播视域中的佛教心性论 ［J］.扬州大学学报（人文社会科学版），2016，20（4）：16-22.

⑥ 谢清果.生活中的老子：《道德经》与人际沟通 ［M］.北京：九州出版社，2017：序言1.

较。在身体交往观的视域下，他提出从"涤除玄览""含德赤子""爱民治国""祭祀不辍""执大象，天下往"到"知子守母"象征着老子对身体意象的一种递进式思考。①

另外，谢清果教授在传播仪式观、5W 模式、符号学、舆论学等视域下探讨老子的大众传播效果影响因素、老子思想的符号学、修辞学、说服学、危机管理与政治传播价值以及老子有无相生的传播技巧。②

3. 中庸传播思想新阐悟

谢清果教授从传播思想的角度，基于内向传播、跨文化传播、政治传播等维度探讨《中庸》中蕴含的传播智慧，提出《中庸》的文化传播精神高扬"精诚""中和"的传承与创新原则，追求"无过不及"的中庸之美，其政治传播思想反映在以"反身以诚"来落实"为政在人"的民本取向，其人际传播思想贯彻在"敦厚以崇礼"行为规范之中，其跨文化传播思想遵循"合内外之道"的要旨，以他者为镜鉴，进而在调适中实现"美美与共"的佳境。③

（三）开启华夏传播学术史新面向

在这一阶段，谢清果教授开启他华夏传播学术史面向的前两个层次。第一个层次是汇聚核心作品。他带领研究团队编撰汇编性资料《华夏传播研究核心论著编目》，并在此基础上，主持编写《华夏传播学的想象力：中华文化传播研究著作评介集成》这本汇聚华夏传播研究领域核心著作提要的集成性作品，归纳"华夏传播学"这一领域前沿热点研究的显著特征，进而探讨"华夏传播研究"的合法性④。

第二个层次是将华夏传播学研究放在传播学中国化的视野中，进一步整合探讨传播学本土化研究的各个阶段。他对传播学主要研究领域进行专题评述，分析传播学中国化的问题意识、学术争论和未来发展，将大陆从

---

① 谢清果，赵晟.身体交往观视域下的老子思想新探［J］.文化研究，2018（2）：304-319.

② 谢清果.大道上的老子：《道德经》与大众传播学［M］.北京：九州出版社，2016：序言1.

③ 谢清果.中庸的传播思想［M］.北京：九州出版社，2018：序言1.

④ 谢清果.华夏传播学的想象力：中华文化传播研究著作评介集成［M］.北京：九州出版社，2018：序言1.

20世纪90年代以厦门大学为基地开展华夏传播研究开始到当下的研究成果，按年代进行综述，力图呈现华夏传播研究在不同阶段的重要成果。①

（四）扩建学术交流互鉴新平台

谢清果教授继续推动《中华文化与传播研究》的发展。该集刊于2017年由年刊转型为半年刊。在这一阶段，该集刊分别以华夏文明传播研究、民族文化心理研究、乡村传播与文化空间、中国古代政治传播和中国礼文化传播研究为主题，邀请白文刚、侯月娟、王仙子、杨玉英等学者主持不同专题的研究。

2018年，谢清果教授推出海内外第一本以推动传播学中国化研究、打造传播学中华学派为目标的学术集刊《华夏传播研究》，其内容涵盖新闻传播学界各类媒介发展状况、传播技术的最新发展等方面，聚焦国内外新闻行业动态，追踪各领域理论研究前沿，进一步团结一批有志于传播中华文化的同行切磋琢磨，共同促进中华文化传播与创新。②

三、为时而著，融通国家战略真关切

2019年至今是谢清果教授华夏传播研究进程的第三阶段。在这一阶段，他重点关注国家重大战略需求，为国家核心政策提供理论支撑，并致力于在世界交往中阐扬具有中国特色的传播观念。

（一）打造文明传播的中国方案

谢清果教授从华夏文明传播的学理基础、实践体系和媒介思考三个角度完善华夏文明传播体系建构，提出"天人合一：华夏文明传播的行动模式""尊道贵德：华夏文明传播的本体功夫""天下一家：华夏文明传播的全球视野"等。③同时，他发现华夏文明传播具有时间偏向，即儒家偏重社会时间，道家偏重生命时间，佛家偏重境界时间，儒释道呈现出交融互补

---

① 谢清果，等.光荣与梦想：传播学中国化研究四十年（1978—2018）[M].北京：九州出版社，2018：序言1.

② 谢清果.华夏传播研究（第1辑）[M].北京：中国传媒大学出版社，2018.

③ 谢清果，等.华夏文明研究的传播学视角[M].厦门：厦门大学出版社，2019：12.

的状态，它们共同熔铸华夏文明的时间系统。①

在此基础上，谢清果教授指出"中国"本身就是华夏文明的元传播符号，是中国人的精神信仰，内含沟通、合适、中和等传播观念，具有"共生交往"的内涵，具体表现为华夏文明传播的多样性"并行不悖"、华夏文明传播的和平性"以和为贵"以及华夏文明传播的世界性"心怀天下"等。②

（二）回应国家重大战略建设

谢清果教授积极回应国家精准扶贫和乡村振兴的战略需要，以习近平总书记系列讲话为理论指引，整合华夏传播学思想，提出当代扶贫传播应坚持"有恒产者有恒心""义利相生""斧斤以时入山林""去芜存菁"等观念③，要在扶贫工作中讲好党的扶贫故事，凝聚民心，提升中国国家形象④。

同时，他基于"21世纪海上丝绸之路"与"中国大陆和台湾和平统一"的战略构想，积极探索妈祖女神符号传播在其中发挥的作用，提出妈祖形象在一定程度上促进了丝路共建国家形成文化认同，增强了海外华人的中华民族认同感，对协调两岸关系、促进祖国统一、加强丝路起点城市之间的合作意义重大。⑤

（三）洞察生活媒介的多模态功能

在这一阶段，谢清果教授另辟蹊径，开始关注牌坊、道路、祠堂、瓷器、墓葬石刻、桥梁、书信等生活媒介，探索生活媒介的传播功能、符号意义、媒介场建构，着重剖析这些媒介在中华五千多年文明的流变中如何

---

① 谢清果，王婕.与时偕行：华夏文明传播的时间偏向［J］.现代传播（中国传媒大学学报），2021，43（3）：41-47，53.

② 谢清果，等.共生交往观：文明传播的"中国方案"［M］.北京：九州出版社，2019：序言1.

③ 谢清果，王真.扶贫传播："中国之治"的当代实践［J］.广西职业技术学院学报，2020，13（4）：50-56.

④ 谢清果，王婕.民心传播：中国式扶贫实践的文明底蕴［J］.广西职业技术学院学报，2020，13（5）：32-36.

⑤ 田素美，谢清果.论妈祖女神符号传播对"21世纪海上丝绸之路"构建的积极作用［J］.中华文化与传播研究，2019（1）：390-401.

建立人们的社会关系，维系人们的社会交往，试图展现华夏生活媒介的独特样貌。①

另外，谢清果教授认为"门"是一种独特的媒介，是人们社会交往的隐喻，是社会关系的生产装置。基于此，他创新性地在媒介哲学视域下分析老子对"门"的阐述，认为《道德经》提出"门道"隐喻，"众妙之门""玄牝之门"是万物本源的道，又进一步提出人类复归生活的操作方式为"塞其兑，闭其门"，即既要管束自己的身体感官之门，又要约束自己的心灵欲望之门。只有深刻把握"门"的媒介内涵，才能更好地处理与人、道、万物的关系，畅快地游走于门内门外。②

（四）深化儒释道传播体系构建

在这一阶段，谢清果教授尝试跳脱西方框架，基于儒释道传统思想建构中国特色的传播体系。他整合中国传统文化中的自我传播智慧，出版《华夏自我传播的理论建构》一书。该书系统阐释了华夏自我传播的理论体系，提出老子内向传播的独特操作范式"有无相生"，庄子之梦的内向传播解析"自我与超我的蝶变"，儒家内向传播的理论表征"道心与人心的博弈"，儒家内向传播理论的核心范式"内圣外王"，内向传播视域中的佛教心性论"明心见性"等。③

他带领研究团队出版海内外第一部专门探讨《庄子》传播思想的著作《庄子的传播思想》，从内向传播、身体传播、情感传播、组织传播等多维角度系统论述庄子的传播思想，提出庄子对组织传播困境的破解思路"通天下一气耳"，其劝谏实践呈现"无心之谏"与"无我之谏"的特征等观点；同时，将庄子与彼得斯就"交流失败"的原因与解决方法等观点进行比较，提出对于失败原因，彼得斯着眼于"人为"，而庄子依托于"自然"，对于解决之法，庄子区别于彼得斯的独特之处在于内向而求。④

同时，谢清果教授组织出版了海内外第一部探讨《论语》传播思想的

①　谢清果.华夏传播研究：媒介学的视角［M］.北京：社会科学文献出版社，2019：12.

②　谢清果.媒介哲学视角下的老子之"门"新论［J］.山西大学学报（哲学社会科学版），2020，43（2）：83-91.

③　谢清果.华夏自我传播的理论建构［M］.厦门：厦门大学出版社，2021：12.

④　谢清果，等.庄子的传播思想［M］.北京：九州出版社，2019：序言1.

著作《〈论语〉的传播思想》，从人际传播、政治传播、口语传播、情感传播等角度系统探究孔子对社会传播现象的思考，揭示《论语》中蕴含的"内求诸己"的传播取向、"以仁释礼"的传播规范、"以和为贵"的传播价值追求等传播观念 [①]，为建构中国本土传播学提供了经典依据，进一步丰富了中国传播思想史的研究。

另外，他也关注到中华文化的重要观念——"贤"，并着手研究"贤"的产生发展与演变，尝试界定以"贤"为核心，涵盖贤才、贤治、贤名等诸多观念的概念群，建构中国特色的贤文化理论体系 [②]。

（五）推进华夏传播学术史面向的纵深发展

在这一阶段，谢清果教授继续整合探讨传播学本土化的研究，出版华夏传播领域的首部年鉴《华夏传播学年鉴：2019卷》，从年度综述、年度核心论文、年度会议概要等方面进行研究综述，系统把握2019年该领域的学术动态。

同时，谢清果教授逐渐将学术史面向的研究推进到第三层次，即在相对全面地掌握华夏传播领域主要论著的基础上，系统关注这些论著作者的学术历程，包括研究的心路历程和可资借鉴的经验。例如，他从理论建构、概念阐述、实践分析与未来方向四个方面，综述华夏传播研究代表学者陈国明教授的学术成果；从华夏传播学的多维考察、当代阐扬和老学新研三个方面综述谢清果教授及其研究团队十多年从事华夏传播研究的成果，不断推进华夏传播学术史研究朝纵深方向发展。

结语

十几年来，谢清果教授在华夏传播研究领域不仅形成了自己独特的研究范式和理论体系，也为华夏传播研究提供了新思路和新视野。他的研究进程围绕"儒释道"传播思想，纵向从内向传播、人际传播、组织传播、非言语传播等一般传播框架逐一推进，横向则逐渐拓展到中国古代诗歌、礼乐以及特殊朝代的特殊传播现象的分析，整体兼顾大传统与小传统，即

---

① 谢清果，等.《论语》的传播思想 [M].北京：九州出版社，2020：序言1.
② 钟海连，谢清果.贤文化理论体系建构与当代实践研究 [M].北京：九州出版社，2020：序言1.

兼顾先贤思想与民间实践。

再者，谢清果教授在华夏传播研究过程中既着力挖掘华夏文明中的传播智慧，积极回应国家关切，提倡建立中华学派，又关注国际传播变局、国际学术潮流，放眼世界，以他者为镜鉴，将西方经典传播理论"以我为主，为我所用"地运用到华夏传播研究中，尝试用中庸、天下、和谐、礼乐等观念来解释中国当代社会交往与国际传播背后的理念，从而为中华民族的伟大复兴建构起自己的传播话语体系。

在他的带领下，一群志同道合的知识分子围绕着华夏传播研究，共同攻坚克难，进行着一场场智力竞赛，打造了一项项人文工程。他挖掘华夏传播学研究的人才资源，建立沟通共享的平台与桥梁，通过思想的碰撞与传递，促进学术研究的发展与拓展，不仅丰富了华夏传播学科的理论，还促进了华夏传播学学脉、学统一脉相承。

（撰文：孙于晴）

第十二章　孙顺华——以历史的视角挖掘华夏传播的无穷智慧

👤 学人名片

孙顺华，北京大学历史学硕士，青岛大学文学院教授。其研究方向主要为中国历史、中国传播史、文化传播、中国广告史及青岛历史文化。她主持或参与多项青岛市社科规划项目、青岛大学研究项目，如2016年度青岛市社科规划项目"青岛流亭胡氏宗族文化研究"，并于2019年凭借"公益组织的新乡村文化传播研究"这一研究课题获批国家社会科学基金项目。她主编了普通高等教育"十一五"国家级规划教材《中国广告史》等教材，出版了《中华文化与传播》《基督教传播与近代青岛社会文化研究》《中国出版家·陈翰伯》等多部著作，并在《文史哲》《孔子研究》《东方论坛（青岛大学学报）》《齐鲁学刊》等核心期刊发表论文二十余篇，其中论文《近十年我国广告对"新女性"形象的建构》入选了中国妇女研究会和中国婚姻家庭研究会联合举办的"家庭和谐、社会进步与性别平等"研讨会。她的多项研究成果被《新华文摘》《人大复印报刊资料》等转载或被 SCD 源期刊引用。目前孙顺华教授在青岛大学主要讲授"中华文化与传播""中国文化史""中外广告史"等课程。

作为华夏传播学的第二代研究学者之一，孙顺华教授以其独到的女性视角，在其二十余年的研究历程中取得了相当丰富的研究成果。本章将对孙顺华教授的理论研究方向进行梳理，分析其学术研究特色，重点关注其

在中国文化及华夏传播研究方面的贡献，并对其学术研究成果及研究思想
进行评述。

一、学术成就简介

孙顺华教授在学术研究及教育岗位中具有突出贡献并获得众多荣誉。
她于 2001 年凭借《唐朝妇女观之嬗变与社会政治》获山东省高校优秀成
果论文二等奖；2003 年，凭借《中华文化与传播》获青岛市社科优秀成果
著作二等奖；2007 年，凭借《西汉"独尊儒术"政策下齐鲁的人才资源优
势》获青岛市社科优秀成果论文二等奖；2014 年，凭借《论信息传播是中
国古代监察活动的重要特征》获山东高校优秀科研成果奖；2018 年，凭借
《中日广告文化比较研究》获青岛市第三十一次社会科学优秀成果奖三等
奖。她于 2014 年获评青岛大学年度校级教学名师。

二、华夏传播学研究的"两条道路"

由于孙顺华教授在华夏传播学研究过程中，其分时段研究的特征表现
并不明显，因此我们通过分析其学术成果，将其研究的方向及思想脉络划
分为"两条道路"。但必须要说明的是，这"两条道路"并不是完全割裂开
来的，它们是有紧密关系的，或相互交叉，或相互补充，或相互促进，并
共同组成了孙顺华教授华夏传播学研究的版图。

我们必须明确一点，华夏传播学研究不仅仅是传播学的研究，其内
在更是深深根植于华夏的历史文化当中，因此要想达成华夏传播学的使
命——整理中国传统的传播理念、传播理论、传播制度①，以史鉴今，就必
须积累足够的历史文化知识，并充分理解其中所蕴含的深刻意义。孙顺华
毕业于北京大学，1987 年获北京大学史学硕士学位，可以说在研究生涯初
期就具备了充足的历史文化知识积累。之后，她基于中国历史文化的研究
大致可以分为两部分，一部分侧重对中国广告历史进行整理研究，另一部
分侧重对中国传统文化现象、制度进行研究。因此，这就形成了其研究的

---

① 谢清果. 2011—2016：华夏传播研究的使命、进展及其展望［J］.国际新闻界，
2017，39（1）：101-117.

两条道路——中国广告之路和华夏传播之路。

（一）中国广告之路

孙顺华对中国广告的研究最直观的贡献是，其以系统化的视角对中国广告的历史进行了汇编，并于 2007 年出版了《中国广告史》一书。此书可以说是其研究中国广告历史的集大成之作。此书将内容放在商品经济的大背景下，以经济环境为主线，对广告在中国的发展过程及特点等进行了全面探讨和阐述。[①] 读史可以明鉴，知古可以鉴今，孙顺华对于中国广告史的充分了解不仅帮助其充分了解了中国古今广告传播的情况，也为其今后的研究开拓了思路，并进行了史料案例的积累。

孙顺华在《中外广告史》一书中提道："本书认为广告在某种意义上就是信息传播活动，因此其活动的轨迹不能不与传播技术、传播媒介的发展联系在一起。回顾历史，人类信息传播的工具经历了几次重大转变，广告媒介同样也经历了不同的历史发展阶段。"[②] 孙顺华教授的态度从中可见一斑：广告与传播是密切联系的。从学术层面上来说，广告也属于传播学的研究范畴。因此，孙顺华对于中国广告的研究，有不少内容是直接或间接与华夏传播研究相关的。比如，2005 年，她在《跨文化传播中的"文化误读"及其背后的国家权力——耐克"恐惧斗室"广告引发的思考》一文中，以跨文化传播的视角对耐克广告中对中国老者形象、敦煌壁画中的"飞天"造型、中国龙形象的误用进行了分析。

2016 年，于《中日广告文化比较研究》一书中，孙顺华从传统文化价值建构的角度对广告文化价值进行了梳理，将传统的忠孝观、义利观、节俭观、女性伦理观等融入广告文化的价值分析当中，并基于面子心理、中庸之道、人伦情感等中华民族文化心理的特征，将已有的广告故事进行分类整理[③]。这本书"把对广告文化的研究深入传统文化价值观的内蕴解析上"[④]，虽

---

① 孙顺华.中国广告史［M］.济南：山东大学出版社，2007：前言.

② 孙顺华，等.中外广告史［M］.济南：山东大学出版社，2005：前言1.

③ 查灿长.评《中日广告文化比较研究》：用广告文化讲好中国故事［EB/OL］. （2017-03-21）［2019-11-10］.http://news.eastday.com/eastday/13news/auto/news/society/20170321/u7ai6616532.html.

④ 张树庭.广告精神价值观的比较探索 评《中日广告文化的比较研究》［J］.声屏世界·广告人，2017（4）：136.

然书中并没有明确表述其内容与华夏传播有关，但其对众多传统观念的分析都与华夏传播研究的内容有很大的相似性和关联性。因此，这本书表明，孙顺华在研究中国广告的过程中对华夏传播的研究也做出不少贡献。

此外，孙顺华还有其他极具意义的研究成果。2014年，她在《符号消费与我国传统文化资源的发掘应用》一文中洞察了符号消费的特点，并指出中国广告界"以创新精神大胆、深入地挖掘运用传统文化的符号资源将任重而道远"①。2018年，她在《雕版印刷的民间商业应用——对北宋"济南刘家功夫针铺"铜版的解读》一文中研究了中国古代印刷广告的历史及特点。

（二）华夏传播之路

孙顺华在华夏传播研究方面的贡献突出表现在其对华夏政治传播的研究上，主要有两方面的成果。

一方面，是对中国古代政治传播控制的研究。孙顺华于2001年写下《中国古代专制政体下的传播控制特点》一文，指出控制传播是中国古代专制政府权力运行的主要方式之一，并将儒法两家关于政治传播控制的思想理论以及实际的传播控制手段进行了对比，进而指出"专制主义政体下的传播控制导致社会信息流动的不均衡"②。

另一方面，孙顺华对儒家思想的传播有比较多的思考。可参见她所著的《中华文化与传播》一书的第二章《中华文化形态的奠定》，以及论文《"独尊儒术"与儒学传播形态的转变》《西汉"独尊儒术"政策下齐鲁的人才资源优势》。近几年，她深入乡村调研，进行本地研究，主要是为了研究儒家思想的民间传播、活态存在，如《〈竹庐家聄〉的家训特点及当代价值》《平民之家宗族文化的构成及转型——青岛流亭胡氏个案探究》。

孙顺华对华夏传播涉及的其他问题也有一些有益的探索。比如，她对儒学传播形态变化的探索。她在《"独尊儒术"与儒学传播形态的转变》一文中认为，汉武帝时期"独尊儒术"政策从根本上改变了中国儒学传播形态，并从儒家思想从自由化向权力化转变、儒家文本从知识化向经学化

---

① 孙顺华，陈谦.符号消费与我国传统文化资源的发掘应用［J］.东方论坛（青岛大学学报），2014（6）：61-64.

② 孙顺华.中国古代专制政体下的传播控制特点［J］.聊城师范学院学报（哲学社会科学版），2001（3）：58-61.

转变、儒家创始人从常人向圣人转变三个方面对此进行论证。[①] 孙顺华通过论证"独尊儒术"这一政策对儒家传播形态的影响,解释了引起中国历史上这一时期众多变化的原因之一,即思想传播形式的巨变。

总而言之,孙顺华教授对于华夏传播学,尤其是华夏政治传播领域具有不小的贡献。

三、学术研究特点

基于对孙顺华的著作及论文的分析来看,其对于华夏传播学研究和其他领域的研究在选题、行文等方面集中表现出三个特点。

(一)史学视角

这一点表现为孙顺华对历史事件和现象的关注,如《韦贤、魏相、丙吉任相预言考》等文主要是对历史的考证与梳理;《中国文字载体的演变及其规律》等文侧重对历史情况的分析。

由于孙顺华具有历史学专业背景,她对历史事件具有更高的敏感性和更大的兴趣,不管对历史学的研究,还是对华夏传播学的研究都表现出极高的历史学水准,对史料的分析及应用十分独到。

(二)关注女性价值

这一点更多表现在文章选题上。孙顺华撰写过多篇有关女性的论文,比如,2000 年,探讨唐朝妇女观与社会政治变化之间关系的文章《唐朝妇女观之嬗变与社会政治》;2001 年,探讨女性个人价值追求与社会要求存在矛盾的文章《〈女论语〉及其作者价值取向的矛盾》;2005 年,分析古代女性规范教育的文章《唐宋以后女教读物的普及化及原因探析》。

从这些文章中我们可以看出,孙顺华对古代社会在文化价值层面对女性的要求及女性的自我价值是十分关注的。作为一名女性学者,孙顺华以女性视角对古代女性价值的探讨,丰富了学界的研究。我们可以看到,上述三篇文章的写作时间距今都有一段时间了,但即使放到现在,这些文章

---

① 孙顺华.《独尊儒术"与儒学传播形态的转变 [J].东方论坛(青岛大学学报),2002(2):68-73.

仍然不过时，能给予我们许多思考。

（三）本地化研究

孙顺华毕业后赴家乡的青岛大学任教，因此其研究成果很多都取材于家乡青岛。例如，研究宗族价值传播的论文《〈竹庐家聒〉的家训特点及当代价值》和《平民之家宗族文化的构成及转型——青岛流亭胡氏个案探究》（与刘艳秋合作）；分析"独尊儒术"政策后齐鲁人才状况的论文《独尊儒术与齐鲁人才的兴起》《西汉"独尊儒术"政策下齐鲁的人才资源优势》。

孙顺华并没有一味地追求宏大的研究，而是从本地出发，立足青岛，以小见大，以青岛及齐鲁地区的研究为基础，再一步步扩大研究范围。

四、总体评述

孙顺华是一名优秀的华夏传播学女性学者，她对华夏政治传播方面的研究有着独到的见解，取得了丰硕的成果，并且她在历史研究、广告研究、青岛研究、女性文化研究等方面有不小的建树。不仅如此，她在教书育人方面也努力做到最好。在孙顺华看来，教学和科研是相辅相成的，她深入研究在教学中遇到的问题，并将研究的成果运用到教学中。至今，孙顺华教授仍笔耕不辍，近年来陆续出版了很多作品。

历史学的严谨、传播学的深刻、女性视角的独特，孙顺华教授身上的这些特质值得我们不断反思与学习，激励着我们要更努力地做好华夏传播研究。

📝 附：访谈录[①]

叶凌超：孙老师，您好！您在华夏传播学领域取得了不小的成果。目前，学界对于华夏传播的研究范畴并没有一个统一的界定，在您看来，我们应该如何界定华夏传播研究的范畴呢？

孙顺华：要界定华夏传播的研究范畴，我觉得首先要搞清楚什么是

---

① 访谈内容有删节。

"华夏"。这就要借鉴历史学的研究成果。"华夏"是一个古老的概念,又是一个动态的不断更新内容的概念,其中两方面的含义不能忽视:一是民族的含义,二是文化的含义。

从民族的含义看,"华夏"是汉族先民的古称。历史研究证明,原始社会后期,中国的版图中至少有中原华夏、东方东夷、南方苗蛮三大部族集团。三大族团通过迁徙、通婚、战争等手段,以人自身为传播媒介,完成了族团融合,东夷、苗蛮都融入华夏。秦汉以后,"华夏"的民族成分越来越多,逐渐形成以华夏族为主体,融合四周各地边民的汉族。秦汉后,除了汉族,匈奴、鲜卑、羯、氐、羌、契丹、女真、蒙古族、满族都曾建立过统治中原地区的政权,其中蒙古族和满族还统治过整个中国。历代正史中的《蛮夷传》《四夷传》中有少数民族参与创造华夏文化的丰富记载。华夏民族经过近现代国家意义上的整合和强化,最终形成以汉族为主体、由56个民族组成的中华民族。严格地说,华夏民族是在历史经历中自然形成的,是具有独特语言文字、文化习俗、社会认同的民族;而由56个民族组成的中华民族被一些学者称为"国族",有一定的共同生活、历史经验,也有逐渐增强的文化认同。无论古老的华夏民族还是现代的中华民族,其传播活动、传播现象都可纳入华夏传播研究的范畴。

从文化的含义看,广义的文化包罗万象。梁漱溟先生在比较中国文化、西方文化、印度文化时,认为文化不是什么玄乎的东西,不过是一个民族生活的样法。我理解的文化就是一个民族普遍性的生活方式,涉及精神、制度、物质等各个层面所包含的繁杂内容。我认为,有关"华夏""中华"的一切文化内容、文化现象及内部各民族间的文化互动、外部与其他文化的互动,都可纳入华夏传播研究的范畴。

华夏传播研究的特点应是历史纵深性和现实广泛性的结合,要求研究者有良好的历史学、社会学、传播学等跨学科素养。中青年学者要沉潜下来,深入历史中,深入基层社会中,借鉴历史学、社会学等学科的相关研究成果、研究方法,逐步推进华夏传播研究体系的建立。

叶凌超:您觉得做好华夏传播学研究中某个问题的研究需要做好哪些事呢?

孙顺华:做研究和做好研究是两回事。要做好某个问题的研究,我觉得有一个重要的前提:你对此问题有没有相关经历,相关体验,相关困惑?如果没有,有没有深厚的间接知识积累?我有一个大学同学研究中古华北地区的饮食文化，取得不错的研究成果。他为什么选这样的题目？他觉得跟他的成长经历有关，跟幼年时的饥饿体验、饥饿记忆有关。我对此深有同感。的确，独特深刻的记忆、体验，包括困惑，确实会激发研究者的研究动力，使研究者的资料解读和阐释具有独特视角，提升研究成果的扎实度、诚实度、厚度、深度。在研究过程中查资料、想问题，用自己的生活、经历、体验作比照，对研究者来说是有趣的，研究的过程也是解决自己困惑的过程，字里行间会有自己的生活、经历、体验、情感等，可做到忠实于自己，进而得出诚实、靠谱的结论，不至于胡说八道、不知所云或人云亦云。也许有人会觉得这样的研究过于主观。我觉得个人的经历、体验，辅以严格扎实的学术训练、学术积累和严谨求实的研究态度，可以避免由研究者个人经验导致的主观、肤浅的推论。

当然，认知事物、获取知识不可能都通过亲身经历和体验，也可以通过读书学习间接推知。这样的研究更需要沉潜下来，下功夫搜集资料，深入分析和解读资料，功夫要下足，还要以同情之心设身处地地站在当事人所处的时代思考问题，搞清楚事物的来龙去脉、前因后果，如陈寅恪先生说的"了解之同情"。

华夏传播的内容丰富，各种社会现实和历史纠缠在一起，十分复杂。华夏传播研究的意义在于深入中国的历史和现实的各种传播活动、传播现象中，格物致知。华夏传播有许多特点、规律，不是生吞活剥一种或几种现成的西方传播学理论和术语就能解释的。西方理论研究的精髓是想象的自由开阔、论证的严谨精致，如果不学其精髓，只把一些概念、结论套用到华夏某个传播活动、传播现象上，将无益于推进华夏传播研究。

叶凌超：您硕士学的是历史学专业。请问您觉得这段对历史学的学习经历对您之后的研究生涯有哪些帮助呢？

孙顺华：我在1980年进入北京大学历史系学习，从本科开始师从王永兴先生学习唐史，接着读研究生。回想起来，王老师手把手地教，从练习句读开始训练学生的基本功。学习古代史要求大量阅读历史文献，必须有古文功底。王老师拿出自己的线装《新唐书》《旧唐书》让学生练习句读。我记得练习了好几本，遇到不认识的字要查《康熙字典》，每练完一本就交给王老师当面检查、答疑。除了要求读《新唐书》《旧唐书》《资治通鉴》等历史文献，必读书目中最重要的是陈寅恪先生的《唐代政治史述论稿》《隋唐制度渊源略论稿》。这两本著作都薄薄的，10万字出头，但分量很重。我觉得与其说是阅读，不如说是研读，尤其是《唐代政治史述论稿》，我反复读了许多遍，写了详细的读书笔记和心得。如果说我对唐史有一点儿通识的话，我觉得得益于研读这两本书，以后再读其他相关论著就觉得比较轻松，并大致能看出其学术功力如何。史学研究有字字句句皆有来处的传统，这是个好传统。读陈寅恪先生的《唐代政治史述论稿》时，我对此的体会就特别深：10万多字，依据史实，层层论证，于自然而然中揭示唐代政治史的奥秘，让人叹服。在一次谈话中，王先生对我说：陈寅恪先生是天才，我们都是中等之才。我对这句话记忆很深刻，随着阅历的增长，感触越来越深。这既是一位学者对真正的大家的由衷敬仰，也是对学术的敬畏之心和自知之明。以此为训，每每想到自己有完成任务的功利应付之作，我就感到羞愧，所以尽量老老实实做心有所思、力所能及的研究，"去子之骄气与多欲、态色与淫志，是皆无益于子之身"。

叶凌超：您对历史学、广告学、华夏传播学等多领域都有涉及，您觉得它们之间有内在的关联吗？

孙顺华：其实我转来转去也没离开历史学，这是研究基础，不过吸收了一些传播学、社会学、广告学的理论知识和视角。历史研究是人类最古老的学问，也是一切社会科学的基础。试想一下，哪一个学科领域没有既往事实和问题？哪一个学科领域不需要对既往事实、问题的思考和研究？所以相关学者不可避免地要在历史和现实间往返穿越，华夏传播研究者也包含在内。有些中青年研究者擅长技术方法，如果能把这一优势和历史学、社会学、传播学等学科素养结合起来，和基于人生体验的心灵感悟结合起来，将会在华夏传播研究方面有不俗的成就。

叶凌超：作为一名女性学者，您觉得华夏传播研究中有哪些关于女性的研究是很有趣的或亟待未来去探索的？

孙顺华：我觉得女性的直觉好，我感兴趣的研究往往从自己的直觉出发，女性方面的研究就源于自己的性别意识和体验。学生时代性别困扰不大，不管男生女生，大家都是学生，都一样读书学习。工作以后，结婚生子，承担大部分家务，角色矛盾一下子显现出来，就觉得疲惫，产生很多困惑。从自己的感受出发，特别注意观察身边同类的工作、生活状态，也注意与同类交流，发现同一群体有相同的境遇和感觉。常识告诉我们：社会、文化环境塑造了我们每一个人，大家都这样过。大多数人的认知可能到此为止，但一个学者就会认识到这是一种社会现象，然后去追问：为什么会这样？它是怎么形成的？它是合理的吗？它存在的合理性条件是什么？什么条件下会被突破？寻找答案时就有了历史的纵深感和对未来理想生活的预期，这时候资料积累、学术训练就派上了用场，概念抽象、理论阐释都包含在追问的过程中。研究的过程也是给自己解惑的过程。

随着年龄的增长，女性角色已不是困扰我的问题，或者说我已在工作和生活中找到了平衡，因此自己便失去了深究的冲动和热情，相关研究也就画上了句号。时间飞逝，社会快速发展，我们这一代知识女性曾经面对的价值冲突、角色困扰，到了"80后""90后"一代可能已经没那么突出了，社会越来越开放，女性的价值越来越多元化。不过新一代女性可能面临新的问题，学者可以根据自己的经历、感受去选择有趣的课题进行研究，比如各种媒体宣传中的"女性身体叙事"问题，性别与组织运行的关系问题，性别印象固化问题，女性价值多元化问题，都挺有意思。

叶凌超：您的文章中有多篇涉及女性价值观念与社会对其期待的问题。请问您为什么会特意去研究与古代女性价值观念相关的这类问题呢？

孙顺华：前面说过源于自己的体验和感受。

叶凌超：您为什么会持续关注青岛乃至齐鲁地区的文化现象呢？这一地区的文化有哪些特点呢？

孙顺华：两方面原因吧。一是山东青岛是我的家乡，我有多方面了解的需要和兴趣；二是学校强调为地方服务，地方规划项目也倾向于资助区域研究。这两方面的原因促成我完成了几个地方研究项目。我现在常到青岛一些乡村观察调研，主要是为了研究乡村文化，因为我对儒家思想的民间传播感兴趣。

应该说，我对儒家思想的传播研究是从文献资料开始的。儒家在中国历史文化中具有特殊地位，而"独尊儒术"政策的出台是重要的时间节点，不仅影响社会政治，也影响学术研究。历史、哲学领域对儒家思想的研究很深入，不乏大家，相关研究成果数不胜数，大部分研究关注的是社会上层精英文化。我十几年前的两篇论文走的也是这种路线，不过加上了传播学的视角。最近几年我在做地方研究项目的时候，借鉴社会学的方法做田野调查，对民间宗祠、族谱、家训、族约有直接接触，我认为它们是儒家思想在民间传播的产物，至今对乡民的为人处世还有影响。我小时候在农村长大，我感觉对我影响很大，不是谁有意为之，而是耳濡目染。这是华夏文化的活态表现，值得研究。孔庙成化碑上有一句碑文："孔子之道之在天下，如布帛菽粟，民生日用不可暂缺。"这句话不是随便说的，儒家本来就关心日常生活世界，华夏传播研究可关注这个问题。

叶凌超：您现在仍在任教，曾被评为校级名师。您觉得教学与学术研究之间的关系应该是什么样的？

孙顺华：我的体会是，教学主要是输出，是传道授业解惑；研究是给自己输血、加油，是逻辑思维、独立思考的练习，是精神境界的提升。学术研究用到本科生课堂上，辅以好的教学方法，带给学生的主要是求真求实的学者气质和人格的影响，还有潜移默化的理性滋养、逻辑滋养；用到研究生指导上，可以直接是研究成果的讲授和研究方法的训练。老师如果没有研究经历，就无法培养研究生。做好教学和研究都需要时间，时间有限，人的精力也有限，所以应尽量合理安排，保证输出、输入的平衡和质量。我一直和一位美国历史学者保持联系。她有两本著作被译成中文，其中《为历史而生》2019年由北京师范大学出版社出版。她听说我每学期都上课，很吃惊。他们会把课程集中在一个学期上，另一个学期专心研究，这种做法也许可以借鉴。

（撰文：叶凌超）

第四篇

传播学中国化研究学者访谈录

2020 年 10 月 31 日，华夏文明与传播学中国化高峰论坛于厦门大学科学艺术中心举行。本次高峰论坛为"厦门大学百年校庆系列论坛"之一，以"范式与学派：传播学中国化高峰论坛"为主题。安徽师范大学新闻与传播学院执行院长杨柏岭教授在本次论坛中做了题为"天人关系之'化'观念：中国古代传播效果论的典型话语"的主题报告。华夏传播研究会副会长钟海连博士围绕"中外文明传播与媒介考古学"主题发表了主旨演讲"关于《庄子》文明传播思想的几点讨论"，并主持了本次高峰论坛闭幕式。厦门大学教授黄星民以"漫谈礼乐传播"为主题发表了演讲。暨南大学新闻与传播学院教授李红围绕"中外文明传播与媒介考古学"主题发表了主旨演讲"王阳明论读书：德行诠释学的目标与方法"。浙江大学传播研究所教授邵培仁围绕"中国传播学的创新与发展"主题发表了主旨演讲"华夏传播研究的时空面向、进路及发展趋势"。华夏传播研究会副会长张兵娟教授以"中西'礼仪之争'的跨文化传播比较研究"为主题发表了演讲。南京大学新闻传播学院教授潘祥辉围绕"中外文明传播与媒介考古学"主题发表了主旨演讲"文明比较视角下的中国媒介考古学"。

第一章 杨柏岭——树立人作为弘道媒介的自我意识

👤 **学人名片**

　　杨柏岭，安徽师范大学新闻与传播学院执行院长，博士生导师，安徽省学术与技术带头人，二级教授，皖江学者特聘教授，享受国务院特殊津贴。本着中华优秀传统文化传承与创新的精神，以文献为基础，积极拓展中国文艺、文化传播思想史研究，聚焦文化传播观念、网络文艺批评等研究领域。主持国家社会科学基金项目、教育部人文社会科学重点研究基地重大项目、中华博士后科学基金一等资助等多项科研项目；出版学术专著六部，在《现代传播（中国传媒大学学报）》《文学遗产》《文艺理论研究》等期刊发表论文百余篇；获得国家新闻出版广电总局"三个一百"、安徽省社会科学研究奖二等奖等多项省部级科研奖；获安徽省教学成果奖二等奖等。主讲本科生课程"文史哲导论"，硕士生课程"影视美学"，硕士生、博士生课程"文艺、文化与传播专题"等。

　　论坛结束后，记者有幸采访了杨柏岭教授。杨教授就媒介与人的关系、当代传播如何继承传统传播话语及如何在新时代背景下促进文化传播的转型与发展等问题谈了他的看法。

跨学科的融会贯通

Q1：您之前专攻文学研究，为什么选择跨界做传播的学术研究呢？在您看来，如何才能将不同的学科融会贯通呢？

杨教授：跨界做传播学，直接原因是学校党委将我从学报编辑部调入新闻与传播学院工作，间接原因是我多年来一直关注中国传统文化，为研究生讲授《庄子》等中国传统哲学经典近二十年。我一直想在中国传统文化方面总结自己的学习心得，传播学的视角刚好给我提供了一个机会。一百多年来，我们受到西方学科思维的影响，无论是人才培养还是学术研究，都有浓厚的专业、学科的意识。对此，我们需要辩证地看待这个问题。当然，学科融合的能力和修养永远在路上。从个人的成长角度来说，在专业的基础上打通学科的壁垒是正途。

媒介发展与媒介文化的构建

Q2：在您看来，新媒介如何才能构建起自己的媒介文化？手机可能构建出的文化图景是什么样的？人们对于媒介感知方向的转变又将会对手机塑造什么样的文化以及如何塑造文化、产生何种影响呢？

杨教授：技术性与文化性是媒介的基本属性。从媒介发展史的角度来说，任何媒介都历经过"技术—文化"的建设过程；反过来说，某种文化观念往往与支撑它的媒介相表里。因此，面对技术个性及其媒介化，我们要有媒介文化的建构意识，而不是只重视媒介的技术性而忽视其文化品质的塑造。有了这种自觉意识，我们就可以从强化新媒介承担文化传承与创新责任的角度，在信息交流和生产的过程中有意识地建立新媒介的文化秩序。这从我国对网络等媒介环境的治理上已经得到了证明。至于手机可能构建出怎样的文化图景以及新媒介的运用所带来的感知方式的变化，已经鲜活地呈现在世人的面前。这些均告诉我们需要重新审视人与媒介的关系，重视从文化人类学的视角研究媒介，守护以人尤其是人的传播实践为本的媒介本质论，科学把握当今新媒体的人学意义。

人、道德与媒介

Q3：我们能不能从道德的角度去评判媒介符号，为什么？

杨教授：这是个很有意思的话题。或许我们可以借助科学与道德、技术与道德的关系来诠释。从媒介符号的历史作用来看，媒介及其技术的确是一把双刃剑，"既被用来讲真话，又被用来撒谎；既被用来教育人，又被用来欺骗人；既拓展头脑的扫描范围，又使头脑懒散"，我们自然可以也应该从媒介伦理的评判角度做研究。如此，可以加强媒介的"技术—文化"建设力度。

Q4：您认为，人在创造、运用媒介的同时，始终与媒介处于共生状态，或是媒介的一部分，或直接扮演着媒介，与麦克卢汉的论断"媒介是人的延伸"有异曲同工之妙。请问您是如何理解这句话的？

杨教授：这是我近几年始终思考的话题。虽说学界对麦克卢汉"媒介是人的延伸"的命题理解不一，但在人与媒介的关系上，他的这一观念与中国儒家文化传播观念一样，均遵循了以人为本的传播规律。除了在不回避媒介局限性的前提下，强调媒介以人学为内涵的功能定位、传播效果及文化品质建设要求，儒家学人如孔子"人能弘道，非道弘人"的命题，还主张在道与人的互动中，既重视传播者文化修养的提高与知识结构的优化，又通过言传身教等方式强调"传播者即媒介"的意识，强调"人"要有成为"弘道"媒介的自觉意识。最为关键的是，既重视传播内容的专业性学习与把握，彰显传播行为的功利性，又重视以有利于受众接受信息为目的的传播方式，强调以人（包括传者、受者）的培育与塑造为己任的作用。从这个意义上来说，孔子这种以人为本的文化传播实践，对丰富"媒介是人的延伸"等现代传播学论断、反思当前社会中"品质弱化"的传播现象、加大"传播学本土化"的建设力度、优化当前传播学人才培养方案等，都具有一定的借鉴意义。

当代传播学在古代传播话语理解基础上的再启航

Q5：您长期从事教学科研工作，在您看来，当代传播人才对中国古代传播话语的理解是否应为其必需的知识储备？

杨教授：我的答案是肯定的，原因有两个：一是中华优秀传统文化的传承与创新，是当代传播人才的责任与使命，何况中国古代传播活动是需要发掘的宝藏；二是中国本土传播学研究是传播学本土化乃至中国当代传播学建设的源头与土壤。当然，当代中国传播人才的知识结构已发生根本性的改变，当代传播学的建设是在中西、古今关系这个逻辑起点上的再启航。

文化传播及传播人才在新时代背景下的机遇与挑战

Q6： 在全媒体时代媒体深度融合中，您认为文化传播面临哪些新的挑战与机遇？文化传播者需要在哪些方面进行转型？

杨教授： 这个话题涉及文化传播人才培养以及民众媒介素养的问题。关于面临的挑战以及转型的方向，我初步的思考有这么几点：一是要重新认识"媒介即讯息"等主张，尤其是媒介是载体还是本体，需要辩证地理解；二是要重塑新闻传播的质量意识，深度思考并解决传播"品质弱化"现象；三是要重视传播学本土化，尤其是本土传播学研究不足的问题，解决传播者文化素养断代的问题；四是要重视文化传播人才培养方面重技能轻修养的现象，夯实文化修养与科学素养等。总之，随着新媒介的出现与快速发展，新闻与传播学学科的确立，我们越来越信服加拿大学者麦克卢汉"媒介即讯息"的主张，于是，原本为载体的媒介渐趋本体化。我们只重视"媒介"这个载体本身，忽视了传播者的文化修养与知识结构，忽视了传播内容的专业性学习与把握，忽视了传播效果的文化品质。这样，原本作为工具存在的媒介，此时就更加空壳化。

（采访：王逸轩、杨田、余灵吉）

第二章　钟海连 —— 做中国视角的传播学研究

👤 **学人名片**

钟海连，美国夏威夷大学访问学者，厦门大学人文学院兼职教授，现任中盐金坛盐化有限责任公司副总经理。主要研究方向为中国管理哲学、道家道教思想史、儒道哲学比较、圣贤文化传播与圣贤治道。出版学术专著两部，主编"圣贤文化传承与华夏文明创新研究"丛书、"盐与东方文明论丛"、"厦门大学华夏文明传播研究文库"等，主持或参与完成国家、省、市科研基金项目五项，发表学术论文二十多篇，获省、市级奖多项。

记者在论坛期间特别专访了钟海连博士，就华夏文明传播、传播学本土化、现代企业与传统文化传播等问题进行了探讨。

机锋棒喝，心领神会

Q1：您在报告中提到，《庄子》文明传播中有个非常重要的问题，就是媒介可传与媒介无法传的矛盾。您觉得在华夏文明传播中该怎么破解这个难题呢？

钟博士：其实关于媒介可传与媒介无法传的问题不仅古代有，现在依然存在。首先，简要来讲，这个问题人类目前是无法解决的。正因为这个问题无法解决，传播学理论才有存在与发展的空间和意义。其次，我觉得这个矛盾并不一定要人为的去想办法解决。即使现在最新的新媒体技术，依然存在无法完全传递或者传播不到位的问题。这个矛盾是无法回避的一个现实问题，并不需要刻意去解决，但我们要正视它。华夏文明传播的历史经验，以及现代积累的关于文化传播的实践经验告诉我们，人类在不断地尝试找到破解这个难题的方法，包括理论指导、技术手段，以及能更完整地传达、传递媒介背后"意义"的工具。但是不管工具怎么发达，这个矛盾应该是人类未来要长期面对的一个难题。任何一个人，即使他要传播的信息是完整的，一旦借助工具，落入技术层面，信息就可能不完整。对一个真正掌握庄子所言"真知"的人来讲，你问他什么是"道"，他肯定不会给你任何说法。中国的禅宗有"机锋""棒喝"的悟道方法，"机锋"指禅师用含蓄简短的语言引导学人顿悟；"棒喝"指如果你问我什么是道，我就打你一棍子，让你（不要问）自己去体悟。这是中国文化最大的特色，很重视"心传"。人的手脚耳目都有局限性，但是我们的心、精神系统是无限的。庄子发现，只有心才能跟道相通，只能心领神会。心领神会的东西无法用任何传播媒介传播出来，对方自然无法通过媒介完整地接受。

得鱼忘筌，得意忘言

Q2：《庄子》提出文明没有任何传播价值的极端观点，在逍遥之境中传播反而失去了它的价值。您在报告中提到文明传播的意义在于达至逍遥，您觉得两者矛盾吗？

钟博士：不矛盾。传播工具本身就是有限的，如果真正完整地把握了"道"，世间没有任何工具可以用来传播，这个时候传播就失去了意义。按照庄子的观点，天地万物包括人都是从"道"物化出来的，"道"是我们的母亲。就像人都希望回归故土，用哲学的话讲，每个人都有自己对人生终极问题的一个思考，而这个思考是指向"道"的。我们要想从有限有形的自我，回归到无限无形的真我，在人世间除了传播工具，你没有其他更好的可以借用的工具。

这个时候《庄子》提出"筌者所以在鱼，得鱼而忘筌；蹄者所以在兔，得兔而忘蹄；言者所以在意，得意而忘言"这三句话。也就是说，文明在这个阶段层次上还是有传播的价值的，它就像你钓鱼的鱼竿，如果鱼是

"道"，你已经掌握了"道"，就可以扔掉传播工具；如果没有鱼竿，你是钓不到鱼的。文明作为传播工具，它的意义就在于此。

换个角度讲，《庄子》这句话其实告诉我们，不能仅仅在现实的有限层面理解文明传播的意义，而应该往它背后的目标——把握道（也就是进入逍遥之境）上去理解，这才是本，而前者为末，不能本末倒置。

所以从终极意义上讲，它是有矛盾的，但从过程意义上讲它没有矛盾。把握"道"或进入逍遥之境，是我们永远要去追求的。除了物质生活，其实我们每个人都有对人生终极意义的不同程度的追问。这个问题对于人类来说是永恒的追问，追问的过程离不开文明传播这个工具。

科学无国界，传播学本土化

Q3：有一种说法是"科学无国界"，那么传播学的本土化及华夏传播学的研究和理论建构有实际意义吗？

钟博士：这个问题确实很值得讨论。在讨论之前，我认为现实中有很多习以为常但似是而非的说法需要加以辨别和澄清，"科学无国界"就是一个例子。"科学无国界"到底是什么意思？大家都这样说，但是谁也没有去给这句话下清晰、准确的定义。因此，在没有准确界定的情况下，用这句话作为讨论的立足点，这本身就不符合科学所强调的严谨精神。"科学无国界"这句话，其中的"科学"具体是指什么？科学知识，科学理论，科学成果，或者是自然科学，社会科学，人文科学，抑或是特指"真理"？"国界"指什么？文化边界，民族边界，国土边界？从一定意义上讲，科学传播不受地域限制是对的。现在媒介这么发达，科学知识、科学理论、科学成果可以从他国传到中国，可以从亚洲传到非洲，可以传播到世界各个地方。真正没有任何地域、民族、思想、文化背景等"边界"区别的，用我们现在的话来讲叫"真理"，用《庄子》的话讲叫"道"或"真知"。从中国传统哲学概念上讲，只有真理或者是道、真知才可以说是没有国界的，是全人类的。没有掌握绝对真理，没有掌握道或真知，那么所有科学知识、科学理论、科学成果都是受不同条件制约并且是变化发展的，其传播也是受制约的。比如，目前关于克隆技术、基因编组的研究成果，在不少国家包括我们国家是不允许无条件地加以传播和应用的，因为涉及伦理问题、国家治理问题，涉及我们的民族文化能够接受的程度问题。这些都是制约科学知识、科学理论、科学成果跨国界传播的看不见、摸不着的因素。所以"科学无国界"这句话本身是不完整的。如果讲科学知识的传播在今天不受地域的局限，这句话或许还能说得通，但科学理论、科学成果的应用则是受制约的。在特殊情况下，甚至科学知识的传播也会因国际政治情形而受影响和制约，如当前某些西方国家对中国在高精尖科学技术的传播上"卡脖子"。至于传播学的本土化问题，我个人认为，传播学作为一个源自西方的学科理论，今天在中国已经扎根了，这是必须面对的现实。但是从传播学进入中国那天开始，我们接受的，包括在大学课堂上所学的，我觉得已经不完全是西方原原本本的传播学理论了，已经带上了中国文化的语言和思维方式因素，或者说是文化理念。传播学本土化，从一定意义上讲，是不可逆的，是一定会发生的过程。在此过程中，我们的目标是将西方的传播学理论跟我们中国本土的文化传统，包括思想、制度、伦理、文化心理等，进行较好的融合，形成一套我们自己的理论体系，来解释、阐释、指导中国的传播实践。这是很有意义的。

不是西方的注脚，而是中国的视角

Q4： 传播学是舶来品，我们是不是需要找到与中国语境切合的传播学的思想、范式和方法论？我们要如何做根植于中国土地的华夏传播学研究呢？

钟博士： 这就从一个理论问题转变成实践探索的问题了。我们这些年跟厦门大学新闻传播学院一起，共同推动华夏传播理论研究和理论体系建设，包括我们成立华夏传播研究会，也是为这个事情而做的。在这个过程中，我发现有学者也在反思。过去，我们在华夏传播学理论建构过程中走过一段弯路，我们全盘照搬西方传播学的概念、理论体系，然后用中国本土的案例去解释它，去证明它是正确的，是可以解释通中国的传播问题的。

实际上，这条路这么多年走下来，虽然不能说一点儿成就都没有，但是事实证明很难再走下去了。因为不管你怎么用我们中国的例子去做西方理论的注脚，都会发现难以从根本上说得通。就像一棵果树一样，硬是把从别的地方长的树枝嫁接到上面去，就会发现长出来的果实味道变了。

传播学这个理论确实来自西方，传播学本身也是人类社会发展到一定程度的产物。特别是现代印刷术使人类信息的传递和交流进入大众传播时代。在此之前，西方也没有传播学理论，跟中国一样只有传播的"传"和"受"这些实践。所以，我们要面对它的历史性和时代性。

我们要建立华夏传播学，就像在这次论坛上发言的专家学者所讲的，要"立足本土，贯通古今，打通时空的局限"。西方传播学是在某一个时间点前后发展起来的，如果我们完全用西化的方法，华夏传播学就很难建构起来，所以我们很有必要用中国的文化语境、文化情境、与传播实践相关的名词术语，以及我们的思维方式和我们的概念范畴。

我们需要从历史和现实中加以总结提炼，这方面其实是有成功案例的。我是学中国哲学的，我们中国哲学史就走过了这个过程。哲学这个学科本身也是从西方传过来的。最初，我们在建构中国哲学学科理论体系时也全盘照搬过西方哲学，比如西方的本体论、认识论、方法论等。后来我们发现，用这些去套中国的哲学套不通，我们写出来的一些关于中国哲学的书，不被西方认可，说你这个不像哲学。再后来，我们的学者就不走注解的路子了，而是从中国思想家自身的思想体系当中提炼出有哲学意义的、中国人自己的哲学概念范畴体系。比如"体"和"用"、"道"和"器"、"形而上"和"形而下"、"理"和"事"、"本"和"末"、"心"和"性"，这些就是典型的中国的哲学范式。这样西方人反而认可了，认为中国有哲学，中国古代的哲学家很伟大。这就是我刚才说的成功案例。

我觉得华夏传播理论一定要从我们中国的文化土壤上生长出来。西方传播学理论可以作为我们的借鉴，可以启发我们的理论思考。我们可以跟西方学者进行对话交流，共同探讨对传播学的理解认识，但不能全盘照搬西方的理论，一定要从我们中国文化自身的视角，以批判的眼光去进行再反思、再思考。

（访谈内容有删节。采访：张欣仪、陈佳、陈珊）

第三章 黄星民 —— 汲古之养分，融今之媒介，通未来之变

学人名片

黄星民，厦门大学新闻传播学院教授、博士生导师，曾任厦门大学新闻传播学院常务副院长、福建省传播学会会长等职。长期从事中国文化、华夏传播、传播学理论、媒介发展史等领域研究。

讲座结束后，记者有幸采访了黄星民教授。黄教授在介绍厦门大学研究华夏传播缘起的同时，还对中西方传播观碰撞带来的新挑战以及华夏传播研究对当今时代的意义等问题谈了他的看法。

"天时地利人和"——追忆华夏传播缘起

Q1：厦门大学的华夏传播研究是如何兴起的？

黄教授：华夏传播研究最早落户于厦门大学，得益于"天时地利人和"。首先，从天时方面来讲，20世纪80年代的改革开放掀起了文化热，对西方文化的关注转变为对中国传统文化的关注，形成了社会风气。其次，从地利方面来讲，厦门大学是唯一办在经济特区的重点大学，面对大海，思想开放，产生多个中国新闻传播教育首创，当时有计划、大规模、多学科的两岸合作的华夏传播研究是其中之一。再次，从人和方面来讲，厦门大学得到许多朋友的支持，最主要的是香港浸会学院的余也鲁教授的支持。

他积极提倡，并设立了专门的研究基金，得到了厦门大学的支持，成立了传播学研究所，以此为平台，把"中国传"事业开展起来。厦门大学华夏传播研究的传统，现在已经传到第二代学人的身上了。以谢清果教授为核心的团队，这几年做了许多事，出了一批成果，打造了几个平台，产生了一定影响。期待华夏传播研究在厦门大学更深入、更持久地开展下去。

Q2：华夏传播研究为何以古代传播行为的研究为主？

黄教授：华夏传播研究有自己的研究范围，按余也鲁先生的说法是"中国传统文化中传的探索"。在这个基础上，我个人认为，时间下限应是鸦片战争前夕，因为此时国门尚未被迫打开，中国传统文化未经历千年未有之大变局。中国的传播活动和观念有其特殊规律和特色，值得专门研究。例如，我在论坛上谈到的礼乐传播，就是很有中国特色的传播活动，是华夏独有的一种教化方式，礼别异，乐求同，很有辩证观，非常人性化，值得我们专门研究。

古今中外的大碰撞——寻找华夏传播的立足点

Q3：您觉得新媒体技术对华夏传播学的研究起到了怎样的作用？

黄教授：我们先把华夏文化传播活动和华夏传播研究区分开，前者是活动，后者是研究。现在华夏文化传播，更普遍的说法是中国传统文化中的传播活动。在中国传统文化研究当前，新媒体技术的应用非常普遍。而在研究中，新媒体技术就没有在传播活动中那么活跃了。新媒体技术主要用在文献海量保存和快捷检索上，大大提高了工作效率；有些文献借助数字化技术，用声音、图像与活动画面来表达传播，使文献有了新的表达方式。我当学生时，觉得儒家经典《仪礼》非常难懂，如果把它拍成片子，就方便多了。

Q4：您觉得华夏传播研究和西方传播学是什么关系？

黄教授：传播学是研究人类传播活动的规律的学科。它有关于人类传播活动的共同规律的研究，如拉斯韦尔的 5W 模式，梅罗维茨的媒介情境论；有关于不同民族或国家的传播活动的研究，不同民族或国家具有独有的传播规律，如华夏传播研究。前者是共性，后者是个性，在研究中要处理好共性与个性的关系。华夏传播研究和西方传播学并不是矛盾的，华夏传播研究可以成为西方传统传播学的有效补充，丰富传播学的内涵。华夏传播研究并不是替代西方的传播观，反而强调学习和理解西方的传播学，只有这样，才能使华夏传播研究走向主流。

Q5：有人说："很多华夏传播的研究是从文史的角度出发，传播学似乎只是为文化内容披了一层外衣。"对于这个问题您怎么看？

黄教授：我本科读的专业是中文，研究生开始做华夏传播研究。一开始我也有这种困扰，觉得文史的"传播"与传播学不好区分。有些研究中国古代传播的文献，没有传播学的味道，其实就是文史资料，披了一层传播学的外衣。经过思考，我发现了传播学与一般文史研究的区别：是否有媒介的视角。例如，马克思主义在中国的传播，一般文史研究关注的是人物、内容、发展等。从媒介的视角来看，马克思主义思想是通过什么期刊、报纸、图书传播的，以人际为渠道，采取会议演讲形式等，这就属于传播学。华夏传播研究，要抓住媒介开展，否则就没有传播学的味道，甚至只是文史研究，而不是传播学研究。

未来何去何从——华夏传播的发展之路

Q6：您觉得华夏传播研究对当今时代的意义是什么？

黄教授：中华民族要复兴，就要有自己的理论思维和学术建构，在传播学领域，要有中华民族特色的传播理论。我把传播学称为社会神经学。传播系统是社会有机体的神经系统，其中最重要的是价值观和方法论，它们决定传播学的发展方向，形成传播学的架构。厦门大学华夏传播研究重视在哲学层次的研究，希望形成有中华民族特色的传播学。当前，人文社会科学非常重视对我国传统文化的研究，传播学在这方面慢了一些，希望能很快迎头赶上。

Q7：您觉得华夏传播研究领域需要什么样的人才？

黄教授：我国最近对长期忽视自然科学的基础研究有了痛肤之感，相关专家学者正在奋发图强，迎头赶上。其实，人文社会科学的基础研究也很重要，华夏传播研究就是一种基础研究。我国目前非常需要华夏传播研究的人才。华夏传播研究对人才的要求较高，要掌握传播学，要熟悉传统文化，这样才能把两者融为一体。做研究提倡"文献，文献，再文献"，做华夏传播研究要"经典，经典，再经典"，打下基础，避免知识碎片化。我们如果对研究有兴趣，有使命感，就会克服困难，最终成大器。

（采访：任雪纯、黄小丽）

第四章 李红——华夏传播研究为世界提供新视角

👤 学人名片

　　李红，新闻学博士，暨南大学新闻与传播学院教授。主要从事符号学、视觉修辞与华夏传播研究，力图将相关学科问题落实到对网络舆论的观察当中。兼任华夏传播研究会副会长，中国新闻史学会符号传播学专业委员会常务理事，中国中外文艺理论学会文化与传播符号学分会第一届常务理事，四川大学符号学—传媒学研究所特约研究员。出版专著一部，在《国际新闻界》《现代传播（中国传媒大学学报）》《新闻大学》等发表 CSSCI 期刊文章近二十篇，主持国家社会科学基金项目一项、教育部项目一项，参与国家社会科学基金重大项目一项。

　　讲座结束后，记者有幸采访了李红教授。李教授对实现与西方理论的平等对话以及儒家和道家思想对当代传播的意义等问题发表了他的看法。

实现与西方理论的平等对话

　　Q1：您在学生阶段接受的是新闻学教育，是什么促使您转到了华夏传播学的研究领域？

　　李教授：做华夏传播研究，是想让我们的研究进入一个真正的本土化的文化脉络当中。在西方理论无法解释中国问题的情况下，我们怎么用理论来解释中国？我想要从中国文化的脉络中寻找到我们的答案。另外，我们的学术要跟世界对话，必须为世界提供不一样的智慧。假如我们亦步亦趋，仅仅跟随和学习西方，我们就永远不可能获得跟他们平等对话的机会。我们完全可以从中国文化的思维方式和中国人理解问题的方式入手，与他们展开对话。具体到我的研究中，我把西方的传播学理论简单地归结为三种范式：控制论、对话论、批判论。这三种理论都有共同的主体性的设定，这是他们理解传播的方式。但是我们发现，在中国文化中，主体是一个值得怀疑的概念。儒家文化认为，我们的私心杂念阻碍着我们与他人的交流，阻碍着我们与世界的融合。道家文化也是如此，把这些私的东西去掉，我们就能回到"致中和"的状态。这种思维方式实际上是把主体当成一种问题来解决。那么，我们怎样展开我们跟世界、跟他人的关系呢？最重要的是从自我的修养入手。儒家文化讲求"静"，这是一种不悲不喜的状态。这种状态主张主体性的消解，我将其命名为"主体性克减"的逻辑。西方的传播理论是主体性张扬的逻辑，中国文化是主体性收敛的逻辑。孔子说"克己复礼"，"克己"实际上是对自我的收敛状态。王阳明讲"在事上磨"，老子讲"为学日益，为道日损，损之又损，以至于无为"。无为的状态，就是不刻意。只有去掉刻意的东西，我们才能够天然去雕饰，实现自然而然，这就是"道法自然"。我们能够给世界的传播学提供不一样的中国文化的切入路径，我们应该去挖掘中国传统文化，实现与西方理论对话的目的。

中国文化中的自我性始终在克减

Q2：在中华文化"反求诸己"范式的视角下，我们可以更具体化地研究哪些问题？

李教授：孟子说，"行有不得者皆反求诸己"。我们讲"一个巴掌拍不响"，在"反求诸己"的逻辑下，矛盾产生了，不应该简单将这件事归于别人对我不好，而要先自省自身的问题，再考虑解决问题，有反向对自己的诉求，所以叫"反求诸己"。"反求诸己"范式是"主体性克减"的逻辑，通过自身努力来解决问题。近几年我也在做一些网络公共事件的研究。在我们的话语方式里，如果出现了状况，总有人将结果归结于当事人不好的行为。西方文化中的人常常主动将自己的观点向他人推广，中国文化则不是。中国人刚到一个陌生的地方，都是慢慢地适应，讲究的是"化"的过程，像春风化雨般，绝对不是说服、强加主体性的过程。浸润的过程，就是不断通过反省自己，调整自己的各方面来融入场域当中。这个逻辑也同样源于道家文化。庄子分析，很多时候我们被某些东西所打扰，是因为我们的主体性太强。当我们的主体性没有那么强时，也许我们能变得自然而然。他举了一个例子，人在夜晚睡梦中从床上掉下来不会摔坏，而我们平时走路摔倒会摔折，是因为晚上的身体处于完全放松的状态，是无我的状态。无我的状态，反而能让我们更好地顺应环境，顺应任何局面，跟任何对象打交道，不至于造成矛盾和冲突。西方人不一定能理解这个逻辑，他们有一个强大的"自我"作为支撑，而中国文化中的自我，始终是在克减的，包括"反求诸己"也是通过自省调整自我，以更好地融入社会。

传播学应该上升到生命存在的形式

Q3：相比西方某些更具有现实意义的理论研究，华夏传播的理论研究似乎更具有理念甚至哲学上的价值，如何看待这些价值？

李教授：这是完全两种不同的切入角度。西方的理论研究把交往现象当作对象进行研究，而我们客观地思考内心，是把内心当作一种对象思考。在中国文化中，我们不会把身心作为特别的对象去思考，而是在身心修养的过程中，自然就获得了跟他人的愉快相处，如果不愉快，就会反思自己到底哪里做得不对。我们想要获得一种中和的状态。从自我入手，其中包含功夫实践，即去修炼自己，让自己变得"无我"。这是很好理解的，看电影时电影院漆黑一片，实际上是一种审美实践。让周围的世界跟现实生活彻底割裂开来，我们进入完全不同的时空当中，忘掉现实，进入审美的真正情节情境，或者说另外一个时空当中。同样，我们要进入他人的心灵，就必须克服我们的成见、偏见、执念，不要带着文化意识形态的利益看待他人，而要真正地容纳他人，接纳他人，与他人进行真正的精神交往。西方的传播学研究主要是从策略层面思考，我们应该把传播学上升到生命存在的形式，这样去理解传播，我们才能真正地洞察传播的真谛。传播是一种生存方式，而不是一种简单的技巧。传播学在西方最初就是在竞选、广告这样一些功利的方面产生并发展的，但我们不会把传播学放在这些角度去思考。中国文化有"道"的支撑，不会把传播行为切分得特别清楚，而一定是在价值维度展开。不在价值维度展开的话，我们就觉得这是可疑的。

包括我们跟外国人谈生意,外国人受不了中国人先谈感情后谈生意,而中国人不谈感情则觉得不可信,这就是两套完全不同的逻辑。当我们找到价值的归依之后,功利性的层面才由此展开。

华夏传播研究为世界提供新视野

Q4:如何让华夏传播的理念被世界更多人接纳?

李教授:这个问题的核心是理论和实践。实践层面充满着各种计算和考量,蕴含着理性和非理性的因素。现实实践必然是有所选择、有所决断的。而理论思考需要穷尽所有的可能性,因此更复杂。理论的研究,最重要的贡献不在于提供一个解决问题的完美方案。实际上,我觉得世界上永远没有完美的方案。我们在学习的过程中,要充分地打开我们的思维与视野,所有的思想理论资源都可以作为我们的思维提升之用,包括西方的东西。我们不拒斥西方的东西,但也不要以为做了华夏传播研究,或者说懂得了中国传统文化,把中国传统文化推到全世界,中国文化就能够解决全世界的问题。西方文化解决不了全世界的问题,中国文化照样也解决不了全世界的问题。我们之所以做华夏传播研究,是因为我们可以提供西方文化没有的视野。比如说医学,西医和中医就是两套完全不同的思维方式。西方人无法理解中国的穴位,无法想象空隙的地方发生作用的机制,但中国人可以理解。实际上我们发现,世界上最有力量的地方往往是在空的地方,而不是在实的地方。空的地方蕴藏着无穷的力量,这就是中国文化的思维。

以儒道思想重构社会秩序

Q5:如何看待儒家和道家思想对当代传播的意义?

李教授:儒家所谓"正名",实际上是想通过符号的规范化来重构世界秩序,即符号对于社会建构的作用。孔子讲,"名不正则言不顺,言不顺则事不成"。我们一切的行动都需要在话语层面获得合法性,每个人有其清晰的社会角色。儒家讲"素位而行",就是在什么样的位置办什么样的事,不要越位,不要越俎代庖。用我们现在的术语来讲就是角色意识,要摆正自己的位置,发挥好自己的角色作用。要做到这一点,首先是不僭越其他的领域，不破坏别人的规则来获得个人利益，要保持谦卑。只有做到主体的克减，我们才能真正地做到素位而行。孔子是从国家治理的功利层面去谈正名的问题，但宋明理学，尤其是我在这次论坛上讲的王阳明，受到佛教和道教的影响，有了"公心"的说法。实际上，中国人始终在谈公与私的问题。我们站在公私对立的角度，去掉私心就能获得"公"了。而西方人的"公"是怎么谈的呢？是通过辩论来获得某种"理"，某种外在于个人的标准，标准反过来加诸个人身上，这就是西方的"公"。比如，公共区域和私人区域，西方语境下，私人空间神圣不可侵犯；但在中国，可能没有这么严格的界限。

重新思考互联网的符号形态

Q6：如何将中华文化的思想精华运用到现代传播的问题分析当中？

李教授：我的思考是随着困惑一步步推展开来的。学习西方理论时，我觉得西方文化中的许多东西无法说服我，我也无法真正理解它们，因此感到困惑。所以，我想从中国文化的逻辑去把握西方理论，把中国文化作为底色。我主要的研究领域是符号学，网络公共事件是具体的社会实践，即用理论观照现实问题。网络公共空间是当下世界矛盾冲突最激烈的地方，我们做学术研究时一定要关注当下。我的研究路径可能跟很多老师不太一样，是把传统、现代、符号这三者嫁接在一起，通过符号学切入。我曾经写过一篇关于老子的符号思想的文章，有一段时间我想写王阳明的符号思想，这个模式是可以复制的。《道德经》全书仅五千多字，就编织出了一套思想体系。我想通过符号学的研究，看它如何通过相应的概念以及概念之间的逻辑串联成一个理论体系。所以我的基本预测是，理论一定是由符号编制成的，从符号的角度一定能抓住理论里面的脉络、层次和起承转合。这种模式完全可以用来研究孔子的概念体系，研究其核心与辅助。我们可以用这种模式分析任何一个思想家，分析他的思想是如何通过语言的方式编织出来的。我们现在读的是文本，是符号的状态，我们只是通过符号去了解他的思想而已。我们用符号学研究网络公共事件，把理论落到现实来解决问题，这也是反哺符号学的研究。互联网中的符号形态已经不同于传统社会交流中的符号形态了。当我们的交流不在场时，我们才需要文字交流，在场的时候我们通过口语就能实现。但是现在我们的交流是在场的，我们使用的话语方式、语言、文字，是充满口语化的文字表达。写信与发微信，是两种完全不同的状态。写信是不在场交流，存在时空上的距离，所以需要措辞严谨。微信聊天模拟了口语的传播方式，虽然是文字形式，但已经变得口语化，它改变了过去传播者之间时空分离的状态，变成了即时互动，所以完全可以不讲语法。因此，我们要重新思考网络空间中的语言，包括文字和表情。表情能不能表意？表情是不是一种语言？是文字还是图像？互联网时代出现了很多类似"笑哭"这种两可的符号形态，我觉得这是对传统符号形态的一种改造与推进。但这个话题现在还没有得到学术界特别充分的研究。这种表达方式对我们思维的影响，包括抖音、快手等短视频应用对我们文化的影响，这些都值得我们去思考。把符号学运用到网络研究中，进一步看网络研究能否反哺符号学研究，这是我所做的努力。

中国文化体系强调人的修养和心性

Q7：我们可以从儒道传统文化中汲取营养，解决我们在现代社会遇到的种种新问题吗？

李教授：完全可以。很多现实问题，我们都可以从儒家与道家文化中获得启示。我们一切的社会问题说到底就是传播问题，沟通和交流就是处理人与世界、人与他人、人与自然的关系。我们只要获得了儒家和道家处理问题的方式，就能够同时处理这三种关系。这种中国文化的路径从自我修养或者说人的角度展开思考，并不是从社会或者策论的角度。我们一定要清晰地明白，西方文化侧重于对世界进行更加丰富的把握，从策略和认识论的角度来解决世界的问题。儒家文化和道家文化可能更多的是从文化、人格、境界的角度切入相关的问题当中。从中国文化来看，精神性、境界性、人格性的东西具有支撑性；至于认识论，处于其次的状态，但不等于它不重要。《传习录》里讲了一个故事，王阳明的学生问他，做法官学王阳明的心学有什么用？王阳明告诉他，学了这个之后，他就不会在面对别人的各种挑衅时生气而枉法判案，不会在别人言语婉转时心喜偏袒，不会因为事务烦冗而匆忙断案。在判案中摒除这些私心杂念和喜怒哀乐，才能够真正做到公正地判案。我们过于强调法律这一技术层面，没有真正考虑到法官本人的心性会对案件的判决起到兜底的作用。因为法官具有自由裁量权，只有当他去掉私心杂念，才能回到秉公执法的层面，所以心性的修养对于法官来说也特别重要。这是我们现在的社会要着重强调的，尤其是像中国文化这样没有宗教信仰的文化体系，更要强调人的修养、人的心性、人的精神层面。只有这些东西才能够支撑社会的良知、良心和公平正义的理念。西方文化有深厚的宗教传统，这些问题是通过宗教的信念来解决的，而中国人全靠自修获得信念。所以我们最终信的是自己的良知和良心。

（访谈内容有删节。采访：李沁华、尤佳、吴玲玲、许诺）

第五章　邵培仁 —— 以国际传播的视角做好华夏传播研究

👤 学人名片

　　邵培仁，传播学、媒介管理学专家，浙江大学传播研究所教授，博士生导师。曾先后任浙江大学传播研究所所长、人文学院副院长、传媒与国际文化学院党委书记、人文学部副主任等。他是国内最早进入传播学研究领域的学者之一。他的学术研究涉及传播学、媒介管理学、华莱坞电影和文化创意产业研究等领域，成果丰硕，具有创新性和首创性。先后发表论文三百六十余篇，已撰写或主编出版各种学术著作三十二种。先后荣获第六届范敬宜新闻教育奖——新闻教育良师奖、"宝钢优秀教师奖"、"浙江省有突出贡献中青年专家"等奖和称号。

　　讲座结束后，记者有幸采访了邵培仁教授。邵教授就文化基因、传播学本土化、在国际传播的舞台上如何提高我们的传播力和影响力等问题进行了探讨。

厦门大学已经成为华夏传播研究的学术重镇

Q1： 您认为本次华夏文明与传播学中国化高峰论坛的举办有什么意义呢？

邵教授： 我认为在厦门大学举办华夏传播论坛具有特别的意义。第一，华夏传播研究第一次学术研讨会（1993年"首届海峡两岸中国传统文化中传的探索座谈会"）是在这里召开的，那次会议设立了一批项目，并产出了一批成果。第二，谢清果教授在厦门大学主编了《华夏传播研究》和《中华文化与传播研究》两本集刊，出版了《华夏传播学年鉴》，为华夏传播研究成果搭建了很好的发表平台。第三，福建省和厦门大学非常支持华夏传播研究，有研究基地、研究中心、研究项目，还有从本科生到硕士生、博士生、博士后完整的人才培养体系及相关扶持政策。第四，这里也是华夏传播研究会会长和秘书长所在的单位。这些都说明厦门大学已经成为华夏传播研究的学术重镇。

增强中华文化基因的强大生命力

Q2： 您曾在论文中提到"文化基因"这个名词，那么该怎样理解"文化是基因不易改变，文明是肌肤可以改善"这句话呢？

邵教授： 我认为，中国文化世代传承、历久弥新的重要原因，是它拥有一种能够贯穿历史、联通文明、恒久不变的强大基因，即强大的中华文化基因。文化基因是一种文化核心元素和能保持其文化性质的最小单位，具有从亲代文化到子代文化相似的复制与拷贝能力，能够保证文化遗传的稳定性、经久性和完整性，主要表现为信念、习惯、价值观等。有的中国家庭在国外已有几代人，还坚持过中国节日，端午节吃粽子，中秋节吃月饼，过年吃饺子，这就是文化基因在起作用，文化基因渗透进中国人的灵魂深处。不管生活在哪里，中国人都特别重视家庭和子女教育。中国的父母含辛茹苦，甚至砸锅卖铁也要把孩子培养成才。世界上最优秀、最聪明的往往是中国知识分子。这同中国普遍重视教育的基因有关。

现在，如果要持续增强中华文化基因的强大生命力，推动中国文化向世界传播，就要想方设法地找准、提炼和认定可以永远传承、复制、遗传和坚守的中华文化基因，同时要对中华文化基因进行筛查与优化，寻找并依据"基因扩散"的纵向和横向传播的路径、特点和规律，通过各种方式向亚洲乃至世界各国大力传播中华文化。

"你好，东方！再见，西方！"

Q3： 您在今天上午的主旨演讲中提出要重视华夏传播研究的本土化，那么应该怎样做呢？

邵教授：我认为"本土化"是一个相对的概念。相对全球传播来说，中国传播、亚洲传播都是本土的。因此，我研究华夏传播理论和亚洲传播理论，甚至研究华莱坞电影，其实也是在搞本土传播研究啊。我们应该放弃迷洋崇外，提升文化自信，大声喊出："你好，东方！再见，西方！"积极拥抱东方传播和本土传播研究。

本土传播研究首先需要确立"我们"的立场和立足点，解决研究者的"身份"问题，获得"中国"叙述的主体性和主动性。其次，需要明确本土传播研究的基本标准：一要看能否向世人真实、全面地展示中华文化中的传播思想和传播智慧；二要看能否在本土传播理论成果和分析方法上展示新的视野、议题和范式；三要看研究成果能否对中国的传播现象有精准的分析，对传播问题有切实的解决，并且又能借助成果的发表影响当下的传播与生活。再次，要回答怎么进行研究，也就是我在《华人本土传播学研究的进路与策略》中提出的六种路径和策略。同时，还要像我在《华夏传播研究》创刊题词中所言："华夏传播研究不应执拗于内，而应内外兼容；不要执意于古，而要古今贯通。"此外，还要举办学术会议和论坛，培养华夏传播研究人才，争取相关的研究项目，通过各种途径努力发表这方面的研究成果。

携手共同建构人类整体传播学

Q4：请您讲讲华夏传播研究中主要存在什么问题，您有什么建议。

邵教授：我曾经在一篇文章中说过，中国传播学并不"健康"，而且"有病"，即学术研究"过度西方化"和"过度量化"，现在需要回到中西方平等对话、交流的立场上来，既要反对"西方中心主义"，又要丢掉建构"中国中心主义"的幻想，积极探索传播学研究中的"第三条路径"或"第三种范式"，即携手共同建构人类整体传播学。这既不是西方的，又不是东方的，而是世界的。其实，近二十年来，西方传播学并没有出现新的重要的理论，基本上停滞不前，原因在于学术研究"内卷化"，缺乏同其他学科的交流、互动，有点儿自娱自乐的味道。真正有生命力的传播学研究应该上接"天气"，下接"地气"，既要有理论高度，又要同具体的传播实践结合起来；不要孤芳自赏、搞学术小圈子，而要面向中国国情和普通大众。华夏传播研究要引以为戒。

目前，华夏传播研究还需要进一步立足中国、面向亚洲、放眼世界，以更加开放、包容、谦逊的姿态同全球传播学者进行平等交流和虚心对话。同时，我希望华夏传播研究不要重现当年传播学研究初期的场景，不要把华夏传播研究看作沙漠里的"一片绿洲"和城市里的"一个广场"，到这儿补充一点儿给养、发表一点儿意见，又匆忙离开。我们应该把华夏传播研究看作"一座城市"，在这里安营扎寨、成家立业、繁衍后代，把华夏传播研究搞得越来越兴旺。在这方面，厦门大学应该率先垂范，推动华夏传播研究，使其成为学科建设的亮点。

创新国际传播思维、路径和方法

Q5：在国际传播的舞台上，应该如何更好地提升我们的传播力与影响力？

邵教授：我们不能因循守旧、故步自封，要创新国际传播思维、路径和方法。

第一，要展示中国珍藏。中国有五千多年历史和文化，拥有让世界羡慕不已的丰富的文化遗产和历史珍藏，通过各种方式向世界展示就是无声的文化传播。

第二，要讲好中国故事。就拿西方青年在中国高铁上拍摄硬币直立不倒的视频来说，这个视频在西方的传播力、影响力很大，比我们自己拍摄的高铁宣传片的传播效果要好得多。这件事说明，中国故事不仅要自己讲，还要吸引外国人讲，也可以中外一起讲。讲中国故事，也可以用普适的或西方的价值观讲，用他们易于接受的、喜闻乐见的方式讲，让西方世界觉得中国故事犹如他们的故事，从而在不知不觉中喜欢上中国文化。他们喜欢上我们的文化，就会喜欢上我们的产品、我们的人。文化先行能为中国的产品走出去开辟康庄大道。

第三，要重视上层传播。中国文化不仅要走出去、走进去，还要走上去，走进西方的上层社会、精英阶层。同普通大众单纯接受不同，上层人士如果喜欢上中国文化，往往既受又传，容易成为中国文化的"二传手"，而且传播效果特别好。我们可以邀请外国官员、企业负责人来中国进修培训，也可以安排他们到中国著名企业、传媒公司等参观、见习，让他们亲身体验中国的文化魅力和发展成就，从而喜欢上并主动传播中国文化，进而让中国文化"漫出去"和"流出去"。

第四，要构建开放共享平台。中国应该率先示范，主动建立联通全球的先进的强大的文化存贮与传播平台，不断充实供全球用户免费享用的海量中国文化资源，开放无限链接的共享通道。这样不仅能加强全球各国人民对中国文化的认知，而且能深刻改变全球信息传播和文化交流格局，甚至可以让中华文化传播"弯道超车"，占领全球文化传播高地，让中国文化之水呈现由上而下、无法阻挡的"漫灌"之势。

（采访：王馨、吴灵鑫、彭丹妮、杨柳）

第六章 张兵娟 —— 以艺术形式增强中华文化传播力与影响力

👤 **学人名片**

张兵娟，郑州大学新闻与传播学院特聘教授、博士生导师，华夏传播研究会副会长。主要研究领域为电视传播、媒介文化、中国礼文化传播等。主持国家社会科学基金项目两项，省社科项目两项；在《现代传播（中国传媒大学学报）》《当代传播》《中国电视》等期刊发表学术论文四十余篇；出版个人学术专著《电视剧叙事：传播与性别》《电视媒介仪式与文化传播》《新媒介时代：传播转型与共同体建构》等。

论坛结束后，厦门大学新闻传播学院的学生特意邀请张兵娟教授接受专访。张教授就中国礼的教化思想、中西"礼仪之争"、古典电视剧与传统文化传播等问题进行了探讨。

礼的核心是"敬"和"让"

Q1：请问您如何看待中国礼的教化思想？

张教授：在中国古代的语境中，教化包括智育和德育两个方面。教需明示，化需熏陶，教为外部灌输，化为潜移默化，其实就是上行下效，以身作则。礼教是方方面面的，从日常的衣食住行到举手投足，在过去都是有规定的。

首先，"孝"这个观念在过去是有分层的，比如"诸子之孝""庶人之孝""天子之孝"，不同的"孝"内核不同。孝道的教化应该润物细无声，既要特别具体，又要具有可操作性。比如，"孝顺"中的"顺"，就是孝的内涵。

其次，拜访的礼仪，中国礼制中有"经礼三百，曲礼三千"，比如拜访的礼仪包括递名帖，三揖三让，主人三揖，宾客三让。

再次，过去的成人礼，男孩是冠礼，女孩是笄礼，仪式很繁复和隆重，主要强调责任感的树立。

礼的核心就是"敬"和"让"，以及仁爱之心，能够体现真诚与尊重。如果大家都退让一步，纷争就会少一些。这一核心理念在日常的婚礼、丧礼中都有所贯彻。

中国古代教化的主要目的是培养人的责任感，礼的教化目的就是要使人懂事，尊重他人，促进社会和谐。

将好的教育精神与现代教育理念相结合

Q2：您认为中国礼的教化传统对于当今的中国社会来说有哪些传播价值？

张教授：首先，讲究道德，即"德性"的培养。宋代张载提出"德性所知"和"见闻之知"，我们通常所说的修身养性就是养德性。一屋不扫，何以扫天下，"齐家""治国""平天下"都是需要从"修身"做起的，包括读书、待人接物等。这也是一个礼的教化过程，而且行之有效地维持几千年了。

其次，对于传统文化，要取其精华，去其糟粕，特别是压制人的等级制度值得批判，比如，父母将子女作为自己的私有财产这种极端现象。

在教育方面，要将传统文化中好的教育精神与现代教育理念相结合。除了学校教育，我们还要强调以父母为主体的家庭教育，特别是孩子在德行方面的教化，以身作则的重要性不言而喻。

再次，我们要努力充实自己，强大内心，不能受制于外部。现在整个社会有点儿过于急功近利，所以我觉得应该汲取传统文化中的思想精华，特别是将耕读传家中的"礼"渗透到社会生活的方方面面。

礼是通用的媒介和语言。我们都知道很多传统礼仪，但是无法有效实践，因为大部分人觉得这些传统礼仪很怪诞，没办法通用。

制定礼仪对当今的中国社会有很重要的意义。比如，开学典礼，9月28日祭孔典礼，毕业典礼等，这些都能将中国传统文化中的精华部分发扬光大，同时强化国人的认同感和归属感。

树立文化自信，批判中心主义思想和殖民主义思维

Q3：请问您如何看待历史上的中西"礼仪之争"？

张教授："礼仪之争"在中国历史上有两次，分别发生在康熙朝和乾隆朝，但是康熙朝的最重要。康熙朝宗教礼仪之争是明晚期在华传教士探讨中国礼仪宗教属性的延续。明万历年间以意大利传教士利玛窦为代表的西方传教士，出于在中国扎下基督教营寨的现实需求，强行按照西方宗教文明的教义对标中国儒教文明，将中国经典的"天"观念解释为基督教的"Deus"（上帝）。

中西礼仪之争表面上是"天"和"Deus"之争，实际上是以价值观念为核心的文明之争，围绕祭祖、祭孔、祭天这种仪式展开激烈的争论，中间经历了很多回合，整个过程延续了一百多年。

每个民族有自己的历史传统、文化、信仰、习俗，在这些方面，我认为不能以西方的文明为标准。西方说中国人没有宗教，其实祭天、祭祖、祭孔这些都是中国式的宗教仪式。

《礼记·大学》里说"修身""齐家""治国""平天下"，追求至善等，以及当下的"人民有信仰，国家有力量，民族有希望"，都能够体现中国人的信仰。

通过对礼仪之争的梳理，我们要树立文化自信，批判欧洲的中心主义思想和殖民主义思维。

中华文明讲究仁爱包容。孔子说："远人不服，则修文德以来之。"这句话在新时代有所体现，比如，我们在推进"一带一路"建设、构建人类命运共同体中做出了贡献。

现在我给年轻人讲中国礼文化传播，也在研究这个，就是想唤起年轻人对本民族的自豪感。"落后就要挨打"，我们要屹立在世界之林，就要自强、自信。

古典电视剧对传播中国传统文化起到重要作用

Q4：近年来，中国出现了很多受到热捧的古装电视剧，请问您如何看待这一现象？

张教授：近年有较多热播古典电视剧出现，例如《琅琊榜》《甄嬛传》《知否知否应是绿肥红瘦》《清平乐》等。我觉得这些热播古典电视剧对传播中国传统文化起到了重要的作用，主要体现在以下几个方面。

首先，是"美"——服装道具、场景的搭设、拍摄手法足够吸引人。这些电视剧充分体现了中国传统文化中的雅文化，比如园林、服装、茶艺展示，整个设计都特别精美，服装都尽量还原时代。我觉得这些东西很受年轻人的欢迎。

其次，在人物的塑造上，这些电视剧塑造了很多具有君子人格的形象。例如《知否知否应是绿肥红瘦》里的盛明兰，《琅琊榜》里的梅长苏和靖王。梅长苏这个形象很受大家欢迎，传达了一种家国一体的思想。还有《清平乐》中宋仁宗的仁爱形象。

当然，历史剧肯定有艺术加工成分。

引导观众从剧中认识史实和文化

Q5：如何借助传统电视媒介弘扬中国传统文化，提升国民文化素养呢？

张教授：现在的历史剧的创作目的不能只是单纯地取悦观众，让观众去消费（不思考），而是应该引导观众从历史剧、古装剧中了解一些史实和文化。著名美学家李泽厚把审美分为三个层次，第一层次是悦耳悦目，第二层次是悦心悦意，第三层次是悦志悦神。

我们现在大部分的影视剧、综艺节目只停留在"悦耳悦目"的层次，"悦心悦意"的比较少，达到"悦志悦神"的更少。所以，随着中华民族的伟大复兴，国家非常重视文化类综艺节目的创作和传播。其中《国家宝藏》《中国诗词大会》等节目受到许多年轻人追捧。这类节目讲究传统文化中的雅文化。正所谓"不学诗，无以言"，我觉得这些节目能够让大家"雅化"起来。

　　文明的发展不能仅是吃饱穿暖，而是要进入人们的内心世界，体现"腹有诗书气自华"。国家重视中华文化的复兴，引导年轻人重温传统文化，任重而道远。

　　要想实现中华民族的伟大复兴，首先就要知道历史。我们的历史很辉煌，一点儿也不亚于其他文明。了解自己的历史，了解自己的文明，人们才会真正热爱并去传承。

　　举个例子，《故事里的中国》当中提到三个文化，即传统文化、红色文化、时代文化，其中的精神都是相通的，比如厚德载物、自强不息、包容仁爱。所以，我觉得电视媒介对促进文化复兴，引导年轻人认知、热爱自己的文化能起到很大作用。

　　（访谈内容有删节。采访：左峻倩、代粤冬、赵璐、解璐莹）

第七章 潘祥辉 —— 提升传播学本土化的学术想象力

学人名片

　　潘祥辉，南京大学新闻传播学院教授、博士生导师，华夏传播研究会副会长，福建省"闽江学者"讲座教授。主要研究方向为古典传播学、华夏传播学、政治传播学、媒介社会学及日常生活中的传播学等，研究具有鲜明的跨学科色彩和本土色彩。在学术界首创"传播失灵理论"（Communication Failure Theory），提出了解释帝国与传播关系的"帝国悖论"概念及"传播史上的青铜时代"等命题，近年来提出并投身于"传播考古学"研究。主持国家社会科学基金两项，教育部课题两项，省部级课题五项；出版《媒介演化论：历史制度主义视野下的中国媒介制度变迁研究》《组织再造：媒介社会学的中国视角》《华夏传播新探：一种跨文化比较视角》等三本著作；在《新闻与传播研究》《国际新闻界》《现代传播（中国传媒大学学报）》《传播与社会学刊》《新闻学研究》等学术期刊上发表论文八十余篇，其中被《新华文摘》《中国社会科学文摘》《人大复印报刊资料》等转载十余篇。

　　论坛结束后，厦门大学新闻传播学院的学生特意邀请潘祥辉教授接受专访。潘教授就媒介考古学、学术想象力、传播学本土化等问题进行了探讨。

媒介考古学需要中国化、在地化

Q1：正如您之前在《传播研究的媒介学转向——评德布雷的〈普通媒介学教程〉》一文中所引述的，媒介学是一门"来自远方"的学科。在中国的本土语境下，媒介考古研究会面临哪些问题和挑战？作为研究人员，我们应该如何去解决这些问题？

潘教授：我认为我们面临的最大的问题和挑战，是如何把媒介考古学"中国化""在地化"，找到自己独特的研究问题和研究对象。

因为现在中国传播学研究，很多是一种"拿来主义"，包括引进的大部分理论，实际上还是在西方的框架上生搬硬套。所以，无论是我们现在研究的媒介考古学，还是华夏传播学，都需要找到自己的研究问题。在此基础上，推进我们研究的本土化。记得李金铨教授讲过：西方社会已经定型了几百年，日出而作，日落而息，没有太大的变化。而我们中国社会面临着非常大的转型，我们的问题、学术关怀和他们的完全不一样。

我们研究人员怎么寻找问题？要多观察、多思考、多阅读，包括对西方的前沿理论的阅读。把别人的东西消化了之后，我们才能够打开视野，找到我们自己的研究问题。否则问题都找不到，"有特色"的研究更无从谈起。

中国古代也有很多新媒体

Q2：您对华夏传播学、中国媒介社会学、政治传播学等领域都有所涉猎，您近年来主要投入媒介考古学领域的研究，研究方向的转变原因是什么呢？有什么影响您的关键性因素吗？

潘教授：投入媒介考古学领域的研究，主要和我的学科背景有关。我是中文系出身，研究生读的是古代汉语。我的学科背景比较独特，因此我在媒介考古学这一研究领域有一定的优势。

对于历史上的东西，在我们新闻传播学界，感兴趣或能够去做这方面研究的人比较少。现今主流学术观点认为，新闻传播学追求的是"新"，一直在追"新媒体"，实际上中国古代也有很多新媒体。我们今天讲的新媒体是在旧媒体的基础上延伸出来的，而旧媒体在历史上也曾是新媒体。所以，其实新和旧不是绝对的，而是相对的概念。

从学术创新、学术兴趣和学科背景等方面综合考虑，我转到媒介史、华夏传播学、媒介考古学等研究领域，争取对中国古代的一些传播媒介，包括传播思想、传播观念、传播制度等，进行深入考察。我把这样的研究称为"传播考古学"或"中国媒介考古学"研究，并希望在这个领域发挥自己的优势。做研究一定要找这种薄弱的环节，也就是所谓的"空白点"，在这个基础上，才有可能去做学术创新。研究新媒体，可能"多我一个不多，少我一个不少"，而研究古代媒介，如果别人做不了，我觉得需要我去做，而且做这些事情很有价值，是其他人不可替代的，这样我就会觉得有成就感。与此同时，我越研究越发现，这里面可挖掘的东西特别多，光凭我一个人的力量还不够，还需要大家一起来做这件事情。

中国媒介考古学研究方法需要和传统考据学对接

Q3：您认为媒介考古方法在如今有何新意，和之前的主流研究方法相比最大的不同是什么？

潘教授：这个问题要分别从中国和西方的角度来看。西方的媒介考古学，如埃尔基·胡塔莫、西格弗里德·齐林斯基做的那个媒介考古学，实际上借鉴了福柯的知识考古学，不过是把知识考古学的理论方法引入媒介学领域，其方法主要还是一种哲学思辨。

而我讲的媒介考古学或者传播考古学，更多的是结合了考古学、文字学、考据学的方法。这些方法最大的特色是与中国传统的学问相对接。例如，怎么来考察中国古代的器物，怎么来研究中国的甲骨、青铜、文字，古代叫金石学或考据学。这个学问有一系列方法，具有很强的实证性。如考据学十分讲究逻辑推理和例证完整，"无一字无来历"，可以说是中国本土的一种实证研究方法。所以，我们的媒介考古研究方法和西方不同，它是一种中国传统的实证研究方法，在传统考据学的基础上研究中国的媒介考古，是一种推陈出新。这是传统学问给我们留下来的东西，我们应该发扬光大。同时，它可以和西方的一些哲学思辨的研究或者实证研究进行对话，用来解决我们自己的问题。

中国文明越往前推，和西方文明的差异就越大

Q4：既然提到了不同文明比较下的媒介考古学，您认为，不同文明中的媒介考古是否有普遍性？它们各自的特殊性又体现在哪里？

潘教授：文明的普遍性肯定是存在的，东西方文明有很多东西是相同的，但是也存在差异。中国文明越往前推，和西方文明的差异就越大。如果把中国秦汉时期的社会去和罗马社会进行比较的话，差别就会特别大。比方说，西方人认为黄金很重要，王冠的材质会选择黄金，作为一种权力的象征。但是中国古代，很少使用黄金，往往以"玉器""鼎"（青铜器）等媒介作为权力的象征。比如玉玺、青铜器都是权力媒介，它们的材质不是黄金。我们中国人讲"一言九鼎""问鼎中原"，就体现了青铜器在古代政治生活中的重要性。因此你会发现，不同文明下的媒介是各有其特殊性的。我们做媒介考古的研究，就是要挖掘出中国文明的独特性，然后和西方的学者进行对话。比方说，加拿大学者伊尼斯在《帝国与传播》中提到了中国的纸、埃及的莎草纸，并论述了这些或偏向时间或偏向空间的媒介对帝国的治理与扩张所起的作用。但是他没有提到中国的青铜器、玉器、甲骨等媒介载体。可能他不了解，也不知道这些媒介。其实我们的青铜器上也是可以刻字的，这种铸字方法甚至是活字印刷的一个源头。西方人不了解，我们也能理解，那么我们中国人自己就要来研究。西方几乎没有玉器文明，所以我们就要去研究中国特色的媒介历史。我曾提出"传播史上的青铜时代"这一命题，它实际上就是一种和伊尼斯对话的方式。中国传播史上有过一个"青铜时代"，在这之前还有一个"玉器时代"，这是西方传播史上所没有的。而这些媒介在我们中国古代的政治、社会中起到了举足轻重的作用。

当然还包括文字。古人在造字的时候就在汉字里面蕴含了一些观念，所以文字也是文化的一种活化石。人们普遍认为文字是记录语言的符号，其实这种说法是片面的。西方的语言学可以这样说，因为西方人使用的是表音文字，其字母就是记录语言的。但是中国的文字是表意的，可以独立使用，甚至在和声音没有发生关系之前就已经可以表意，和建筑、图画一样，它是一种综合性的媒介。汉字不是记录语言的，到了小篆、隶书出现的那个时代，文字才变成了一种主要以记录语言为主的符号，但是它依然

保留了一种很强的表意性。如果按照西方的框架去看中国的文字，我们就把它简化了，会忽略掉很多文明的精髓和特色。

所以我做的传播考古学非常注重从文字出发，去探索古代人的一些传播观念。比如圣人的"圣"字，左"耳"，右"口"，下面是个"王"；宣传的"宣"字，"天子宣室也"，即帝王所居的正室。这些研究都揭示出古代的传播方法、传播理念和西方的有很大不同，而揭示这些不同就是做媒介考古学、传播考古学的价值所在。

媒介与传播考古学既需实证，又需学术想象力

Q5：在文明比较的视角下，进行中国的媒介考古研究需要哪些学术想象力？我们该如何培养这些能力呢？

潘教授：学术想象力确实很重要，因为考古学本身需要想象力。当一个器物被挖掘出来时，我们需要知道这个器物是做什么用的。比方说，古人为什么要花这么大的人力物力铸造这种青铜器？为什么要埋在地下？这些都需要我们用学术想象力去探索。

所以考古学家看到一堆器物时，就会去探索古人的那些观念，这个在考古学中叫作"认知考古学"或"精神文化考古学"。我讲的传播考古学受到了精神文化考古学的启发，很多器物实际上和古人的沟通观念、沟通实践有关。我们对器物的考古一定要结合各种各样的材料，综合运用器物的材料、文字的材料，甚至一些神话传说等，然后去还原古代人的传播思想、传播观念。在这个过程中，因为材料不齐全，同时考古发掘有很大的偶然性，所以很多时候我们需要用想象力去弥补材料的不足。当然，想象力不是凭空想象，我们需要逻辑和证据。

那么如何培养这种能力呢？我认为可以向考古学家学习，向考据学家学习。古人在做文字学的研究时，一方面重视实证，讲究证据；另一方面大胆假设，小心求证。我们应在联系中找到文化扩散的证据，然后推断出、还原出古代人的传播观念、传播实践。这就需要经验积累和学术想象力。

Q6：在您的传播考古学研究中，您认为哪些成果比较有代表性，体现了华夏传播研究的本土知识创新？

潘教授：比方说《宣之于众：汉语"宣"字的传播思想史研究》(《新

闻与传播研究》2018年第4期）一文，就是我比较有代表性的研究论文。文章用两万字的篇幅，只解释一个"宣传"的"宣"字。我称之为"一个字的传播史"研究。我认为研究中国本土的宣传或者说古代的宣传，不能两个字一起研究，而应该分开来，一个字一个字研究。因为古代汉语是单音节词，一个字就是一个词，一个字就是一个概念。宣传的"宣"字就是这样。古代的"宣"有哪些特点呢？中国的"宣"有何特色？这篇文章结合文字学材料和历史语料的统计分析，对此进行了详尽考证和深入阐释，揭示了中国古代宣传与现代宣传、西方宣传的一些不同之处。该文认为，自上古开始，"宣"就是一种以王室和王命为中心的政治传播活动。这种传播是自上而下、自内而外的，为王权所垄断和独占，并被注入了一种"神圣合法性"。与西方及现代的"宣传"不同，中国古代的"宣"不偏重于信息，而偏重于抽象的恩威与德泽。"宣"的主要目的不是说服，而是达致"德化"。在古代汉语语汇中，"宣德""宣和""宣化"等词出现频率极高。在当代中国"宣传"的概念语汇中，我们还可以窥见华夏之"宣"的历史维度。

另外一篇论文《"史论监督"：一种中国特色的政治监督机制溯源》（《新闻与传播研究》2019年第10期）则体现了我在本土概念创新上的努力。概念创新是传播学本土化的重要途径。基于历史悠久的中国史学传统及史官的职能，本文提出了一个非常本土化的概念"史论监督"，并将其与现代概念"舆论监督"区别开来。因为西方没有中国这么悠久的史学传统，也没有官方的史官，所以自然没有"通过史官监督政治或官员"这样一种现象。作为一种传播监督方式，"史论监督"是富有中国特色的，但之前一直没有人把这样一种现象概念化，并将其提升到与现代及西方的新闻传播学概念对话的高度。该文认为，博大精深的中国史学对世界文明的贡献不只在于发明了一种自成体系的、连续性的记录方式，更在于发展出了一种通过历史书写与传播来实现对现实政治的监督功能，即"史论监督"功能。"史论监督"是一种融历史的客观记录与史家的主观评价于一体的历史叙述方式，这种"史论合一"的叙述即可收政治监督之效。"孔子成《春秋》，而乱臣贼子惧"就是这种"史论监督"功能的突出体现。"史论监督"是一种根植于中国特定历史传统与文化心理基础上的传播监督方式，极具特色。"史权天授""尊史崇古""敬畏文字"等文化传统，使得"史论监督"极具合法性和效力。"史论监督"无须诉诸"舆论"或大众传播，从监督方式、时效、范围及内在肌理而言都不同于"舆论监督"。

我出版过一本专著《华夏传播新探：一种跨文化比较视角》（复旦大学出版社，2018 年）。全书采取了一种跨文化比较的视角，将中国古代的传播现象与传播媒介放到全球多元文明的坐标中来比较分析，凸显了中国古代传播与媒介独特的文化属性和文化价值。近年来，我还做过一些关于中国古代"媒介人物"的研究，考证过中国古代"瞽矇""行人"等媒介人物的信息角色及传播功能。我认为这些都是比较有代表性的研究成果。

媒介考古学要超越拿来主义和简单套用

Q7：有学者提出，传播学在中国的发展面临着以中国经验验证西方理论的二元框架难题。您怎么看待这种问题？

潘教授：这个问题确实具有一定严重性。我们传播学经过几十年的发展变化，确实应该有自己的理论体系的创新与创建，不能再把中国的问题装到西方的模子里去，或者是把西方的理论拿到中国来进行简单的验证，把我们的事实变成它的一个注脚。当然这种研究不是一无是处，至少可以检验理论的普适性，也有一定的价值。但这种研究缺乏原创性，糟糕到极致就是削足适履：带着西方的框架来中国找材料去论证它的正确性。这样会把中国丰富、多元的东西过滤掉。

所以，我们要超越这种简单的拿来主义和简单套用，打破这种思维定式。我们既要学习，又要消化，去突破一些既定框架，进行创新。

中华文明是几千年来世界上唯一没有中断的文明，直到今天一直在延续。中国的历史、中国古代的媒介实践、传播实践和传播思想极具独特性。而西方，特别是美国，历史很短，很多理论并不是在深厚历史积淀的基础上发展而来的，所以拿到中国来用的时候，有一定局限性。这是我们在做研究的时候要警觉的，不能简单地照搬，而要经过消化以后进行自我创新。这一点非常重要。

华夏传播研究最高的学术理想是有知识创新

Q8：现代传播学界越来越重视在中国思想史和学术史的脉络中定位传播学本土化。您认为华夏传播研究的学术理想是什么？

潘教授：学术研究，就是不断地去问为什么，不断地去贡献我们的智慧，丰富人类对历史、文化的了解的一个过程。我认为最高的学术理想是有知识创新，为人类传播学研究贡献我们的新知。这个可以分为两个层面来谈。一个层面是，我们要在现有的西方主导的传播学的知识框架内贡献自己的知识、理论，然后和西方的传播学进行对话。在此基础上，我们去追求更高的目标，形成一种中国风格、中国气派的本土传播学理论体系。这样的研究对学术创新来说是非常重要的。这也是坚定文化自信、学术自信非常重要的一环。

另一个层面是，与其他学科进行对话。做中国媒介考古学研究或者传播考古学研究，需要看到其他学科看不到的东西。从传播学的角度切入，去和历史学、思想史、制度史的研究进行对话。我们的切入点、提出的问题、解释的框架、相应的理论和话语是和历史学、文学、哲学、史学不一样的，我们从传播的角度切入，贡献我们的新知识。

我们做传播考古学研究或中国媒介考古学研究，只要能够贡献新的洞见、发展新的方法、提出新的观点、有了新的知识创新，就够了。这足以说明做这个研究是有价值的。这就是华夏传播研究最高的学术理想。

（访谈内容有删节。采访：刘欣然、张景惠、孙英智）

第五篇

传播学中国化倡导者

余也鲁的厦大印记

第一章　传播学的中国播种人——余也鲁 *

苏钥机

传播学的兴起是在 20 世纪第二次世界大战后的美国，其中主要人物施拉姆被誉为"现代传播学之父"。而华人与传播学结缘要到 20 世纪五六十年代。第一代华人传播学者都在美国受过教育。后来长居于美国的有喻德基和朱谦，回到中国台湾的徐佳士是当地传播学界的先驱，余也鲁则是中国香港及内地传播学的开拓者。

余也鲁，本名利民，生于 1920 年 7 月 4 日，祖籍江西奉新。他小时聪明乖巧，外祖母告诫他做人不要骄傲，于是他后来自取"也鲁"为号，这样听到或写自己名字时，就可提醒自己要谦卑，因"鲁"字的意思是"笨拙"。

他年轻时喜欢写作和翻译，有志通过办报去改革中国，于是考入当时的国立中央政治大学新闻系。毕业后，他与同班同学徐佳士一起到南京《中央日报》工作，后去了台湾，于台北美国新闻处任翻译员。1950 年，美国新闻总署在香港设立分社，余也鲁受邀赴香港工作。

十多年后，他得悉一门名叫"传播"的新学科，于是写信给美国的施拉姆，并成功拿到斯坦福大学奖学金，成为施拉姆的学生。而此前获得这个奖学金的是朱谦。

1965 年，余也鲁毕业回香港，继续出版工作，并在香港中文大学刚成立的新闻系兼教"杂志编辑学"课程。这时香港浸会书院^①有意开办新闻传播课程，聘请余也鲁于 1967 年创立传理学系。

---

* 此篇文章引入本书后有删节。

① 香港浸会书院：1956 年创立；1972 年改称香港浸会学院；1994 年升格为大学，改称香港浸会大学。本书根据实际情况采用不同的称谓。

为什么这个新学系与别的不同，名为"传理"？余也鲁解释说，新事物要有新名字，communication 一般被称作"传播"，"传"的意思是对的，但不一定要"播"出去。他认为，研究个人的有心理学，研究物件的有物理学，那么研究"传"的道理应可称为"传理学"，也可简称"传学"。

香港浸会书院传理学系在余也鲁的带领下，很快就打响名堂，为业界培养了很多人才。香港其他高校相关科系均以"新闻及传播"为名，只有香港浸会书院例外。但是多年来香港人更多认识"传理"，可见余也鲁当年的命名影响深远。

1974 年，余也鲁应香港中文大学校长之邀，出任香港中文大学新闻与传播学系的系主任和崇基学院讲座教授。他到任后大力改革，将原来只念两年的新闻系课程改为四年的新闻与传播学系课程，加入了电台电视、广告公关等科目。1977 年，他邀请老师施拉姆来香港，开办香港首个传播学哲学硕士课程，此课程后来孕育了不少传播学的生力军。

我也毕业于香港中文大学，获得传播学哲学硕士学位，之后去美国攻读传播学博士。有一年暑假我回香港，刚退休的余老师请我吃饭，问及我美国传播研究当时的新发展。我说新传播科技是个有潜力的方向。他甚表认同，还鼓励我努力研究相关课题。可见他退而不休，思想活跃，常记挂着传播学的发展。

1982 年，余也鲁和施拉姆到中国大陆访问，走访了多个城市，向学界介绍西方传播学。这次访问为巨龙点燃了传播学术之火。他们在北京和国家领导人见面，敲定了在厦门大学筹办传播系的计划。余也鲁又协助华南师范大学成立教育信息技术学院。1982 年于香港中文大学退休后，他即担任上述两校的客座教授，锐意将传播研究本土化，努力开展传播历史研究。

除了在不同大学建立学科系所，余也鲁的另一个主要贡献是传播基督教的文字工作。他在 20 世纪 60 年代创立海天书楼有限公司（简称"海天书楼"），一直出版宗教类图书、儿童文艺、翻译名著等。公司名为海天，意思是"海为墨汁天为纸，共挥彩笔绘神恩"。

余也鲁一生勤奋，到了 90 岁高龄仍继续出版工作，直至 2012 年 9 月 8 日病逝。他曾说：在海天书楼那栋大厦，没人像他和他太太那么大年纪仍在工作；除了清洁工人，也没有谁比他们更早上班。他的著、译甚丰，主要著作有《门内门外：与现代青年谈现代传播》和《杂志编辑学》，译作则以《传学概论：传媒·信息与人》和《圣经》（启导本）为代表。

　　综观余也鲁丰富多彩的一生，个人和时代互为影响。他早年有新闻及翻译训练经验，后来机缘巧合走进学术界，能发挥所长，在出版、翻译、教学、研究等方面都有贡献。与施拉姆相似，余也鲁在关键的时空担当要角，建立了几个主要的华人传播教研基地，引入西方传播学，诚为中华传播学发展的开拓者及推动者。①

作者单位：香港中文大学新闻与传播学院

---

① 　原文刊于《财新新世纪周刊》第39期，2012年10月8日，第114页。

第二章　春风传意水传情

——记我和余也鲁先生交往的二三事 *

郑学檬

大约在 1986 年 5 月，我当时任厦门大学教务长，奉命陪同未力工书记会见著名报人徐铸成先生、香港《大公报》的刘季伯先生和香港新闻传播界知名人士余也鲁先生。这是我和余先生第一次见面。我是他们的晚辈，又不是科班中人，因此只是敬陪末座，洗耳恭听。

之后，我担任厦门大学副校长（1990 年 10 月起为常务副校长），因参与分管新闻传播系的关系，和余先生的接触多了起来，渐有"知音"之感。

资助建设广告播音摄影实验室

厦门大学新闻传播系是我国第一个以传播为名的新闻系，并且设置了我国第一个广告学专业，还有国际新闻、广播电视新闻专业，颇有开新闻传播教育一代风气之愿景。这种高屋建瓴的设计得益于新闻界前辈徐铸成、刘季伯和香港新闻传播学界开拓者余也鲁先生的建言。但是，当时只是形成了一种办系的理念，搭了个框架，并未在课程、实验室等方面一一落实。余先生为了尽快使广告学专业进入广告制作的实务教学，着手广告播音摄影实验室建设。当时国内新闻系主要设置理论和写作方面的课程，教师对广告播音摄影实验室可以说知之甚少，完全依赖余先生设计，并由他商请香港海天基金会捐资购置实验室设备。1991 年实验室建成后，我看后心里

---

* 　此篇文章引入本书后有删节。

颇有"芳林新叶催陈叶，流水前波让后波"（唐代刘禹锡的诗句）的感觉。我们迈出了建设新型新闻传播系的第一步，为其他老牌大学新闻系所不及。

这个实验室的建成和使用，转变了文科教育思想：文科学生不仅会动笔，而且还会动手制作广告（平面广告设计、电视广告制作、广播广告制作等）、视频作品。当时动漫技术还没有进入教学领域，但广告、视频制作已是先声夺人。

最使人感动的是余先生的求实精神。余先生考虑到学校经费有限，从实验室的装修到摄像机、编辑机、灯光设备的配置等，都以先进、实用、够用为度。譬如说，摄像机，他说一定要配高级的，保证课件的制作水平。就这样，精打细算，一件一件事做好，而无一句云随雾合、自我标榜的虚言。

筹办出版"华夏传播研究丛书"

关于筹办出版"华夏传播研究丛书"的初衷，余先生在"华夏传播研究丛书"序中多处述及。他写道："中国是文明古国，中国人的一个优秀传统是以文传世。"中国传播史料的丰富的确实为世界之冠。但是因为传的行为太普遍，大家习以为常，反而没有当作专门学问去研究。20世纪40—60年代，在政治学者、大众传播和舆论学学者的努力下，经宣伟伯博士集大成的宏观建树下，才有了以Communication命名的新学科。他指出，研究人的传播虽然可有不同方法，但我们不仅有丰富史料，也有迫切需要，来建立起我们自己的传播研究。

"建立起我们自己的传播研究"这句话道出了余先生的雄心和期盼。他虽然在斯坦福大学接受了美国名师讲授的现代传播理论，但他不做"传声筒"的传播者，而是回到我国香港，在任香港浸会学院社会科学院院长兼传理学系主任、香港中文大学崇基学院讲座教授兼传播研究中心主任期间，致力于西方现代传播理论研究及其中国化。从中可见其学术视野之广阔和深藏于胸的爱国情怀。

宣伟伯创立的西方传播理论，基于西方的社会现实。要使它在中国应用，必须中国化。这种传播学的"中国化"工作，目的是"建立起我们自己的传播研究"，服务于我们的社会和民众。这就是余先生的抱负。

1993年5月，在余先生、徐佳士、孙旭培、郑松锟等筹划下，厦门大学召开了"首届海峡两岸中国传统文化中传的探索座谈会",开始筹备"华夏传播研究丛书"事宜。1994 年,这次座谈会的论文集《从零开始:首届海峡两岸中国传统文化中传的探索座谈会论文集》(简称《从零开始》,厦门大学出版社)结集出版。

1995 年正式确定"华夏传播研究资助项目"。选题范围包括十二个领域:中国传播文化(简称"传")的起源、特性;"传"的符号、媒介(语言、文字、实物);"传"的环境与传播;"传"的政治、经济、思想文化传播;"传"的民间传播、说服传播、"传"的特色;中外文化交流与传播;发明与传播;"传"的体制;等等,计"五史六论"。

1997 年 11 月,在厦门大学举行的"中国传播学研讨会(1997)"就是在余先生的指导下召开的,对华夏传播研究的若干重大问题进行研讨,余先生、徐佳士教授、孙旭培所长等与会,我校新闻传播系和文史两系的有关老师、与会的各地新闻理论和新闻史研究专家一起参加讨论。会议收到三十余篇论文和十余篇书稿提纲。会议回顾和总结了以往的传播研究,集中探讨了中国历史上的传播活动和传播观念,试图从中归纳出具有中国特色的传播理论,为建立科学的、有时代意义的"中国传播学"创造必要的条件。会议要求在 1995 年"华夏传播研究资助项目"学术招标的基础上,进一步扩大研究范围,争取在 1999 年之前,由香港海天基金会赞助编写出版一套"中国断代传播史"和一套"中国传播问题史"(或"中国传播观念史"),共计约二十本。

华夏传播研究在余先生的组织、推动下,初显成效。除了论文集《从零开始》,还有孙旭培主编的《华夏传播论:中国传统文化中的传播》,已于 1997 年由人民出版社出版。2001 年厦门大学新闻传播系、传播研究所主编的系列丛书(第一批共三本)获香港海天基金会、亚洲基督教高等教育联合基金会资助,由文化艺术出版社出版。这套丛书的编委是余也鲁、徐佳士、孙旭培、陈培爱。我挂名主编,协调人是黄星民。丛书编委会的灵魂人物是余先生,我们是按照他提出的"建立起我们自己的传播研究"的目标做成了这件事。这也是厦门大学新闻传播系成立后可圈可点的"功德"之一,虽然不是所有的人都看重这件事。遗憾的是,"中国传播研究资助项目"十一个项目只完成一部分,还有部分课题因事境变迁,未能继续,尚祈有识之士承接完成。

追随余先生对传播学的"中国化"、发掘中国历史上"传"的信息的思路，我经历了从"史"入"传"的转变，感悟到"六经皆史""六经皆传"的妙境，因为各类著作都蕴含着历史信息，研究这些信息的传递过程、特征，既需要传播学的功夫，又需要治史者"去伪存真"的本领，原来"史"与"传"本来是相通的。这种感悟若没有余先生的引导，何以一触即发？由此我这个"传"学的门外汉对余先生备感尊敬，"与君相识因儒术，岁月弥多别有情"（唐代诗人方干《赠萧山彭少府》），此处"儒术"指"六经皆史""六经皆传"的主张。

我想起了唐代诗人李嘉祐《伤吴中》的诗句："古来人事亦犹今，莫厌清觞与绿琴。独向西山聊一笑，白云芳草自知心。"余先生为传播学"中国化"所做的努力，他的"中国心"不言自明。可以预言，会有更多的学人接受他的主张。

人们都推崇先知先觉者，对于传播学的"中国化"课题来说，余先生应该是先知先觉者之一（或许还有他人）。他所做的探索，一如其恩师宣伟伯博士，集大成而创 Communication 新学科，他则倡言（建言创立）"中国传播学"，其功也伟！

香江絮语传意浓

2001 年 10 月 15 日，我应邀赴台北，为中国文化大学史学所研究生（六位博士生、十二位硕士生）讲授"唐代经济史"专题。12 月 15 日，我结束教学任务，返回香港。我去香港的目的是拜会余先生，叙叙旧谊，并感谢他对厦门大学新闻传播系长期的多方面的帮助。余先生很高兴我去看他，特地安排我住在位于九龙的基督教青年会酒店，而且几乎天天陪我吃晚餐。他还邀我到荃湾他办公的海天书楼办公室促膝长谈。

我们的谈话内容只有两个：传播学的"中国化"和《圣经》（启导本）的编纂。谈起第一个话题，是很自然的事。因为传播学的"中国化"这个使命，余先生和我走到一起，使厦门大学新闻传播系有了自己的特色，也使我从"史"入"传"，感悟到"六经皆传"的妙境，开启了知识的另一扇大门。也许是这个缘故，我们谈得很投机，有时乐不可支。我记得我提到关于古代烽火台的故事。甘肃河西走廊有很多烽火台遗址，一般人只知道它是用来报警的，至于如何报法，则茫然。1983 年，中国敦煌吐鲁番学会年会在兰州召开，会中有一项活动是和大型民族舞剧（电影）《丝路花雨》

的编剧和导演座谈。一位代表问导演：影片中烽火台的士兵举火把挥舞，表示多少敌人来了？导演说不知道。这位代表说出唐代《烽式》（关于烽火台的法规）规定："夜举火，昼施烟。""凡贼入境，马步兵五十人以上，不满五百人，放烽一炬。"500—3000人放烽火二炬。士兵举火把挥舞，表示敌人无数。导演闻之惊诧不已。余先生听后哈哈大笑，说这个信息传播误大事了。我们就这样天南地北地谈论古今掌故，交流着中国历史上"传"的故事。

我怀着几分内疚的心情写完这篇忆旧短文。因为自2010年彻底退休归隐后，我只忙着自己的事，与外界联系减少，竟不知余先生去世的消息，未能致唁电表示哀悼。他曾建议出版我的文史著作，我因忙着华厦学院院务，未能应命。他希望我方便时再去看他，也因此失约。想起这些，唏嘘不已！

（本文写成后承陈培爱教授过目并添补若干史实，谨表感谢。）

2013年12月18日于厦大海滨东区点涛斋

作者单位：厦门大学人文学院历史系

第三章　回忆余也鲁教授[*]

许清茂

1921年，厦门大学创办新闻学部，1922年开始招生，这是中国人创办的第一个大学本科新闻科系。1926年，出于历史原因，新闻科被迫停办。1979年12月，香港《大公报》老报人刘季伯校友倡议厦门大学复办新闻系，最好办成新闻传播系。

1982年，在刘季伯先生和新闻前辈徐铸成先生、香港中文大学新闻与传播学系原系主任余也鲁教授等大力提倡和支持下，我校成立了新闻传播系筹备委员会。

该筹备委员会的秘书就是中国人民大学新闻系毕业的陈扬明老师。我在陈老师的带领下，参与了具体筹办的各项工作，从新闻传播系建立起就一直在该系任教。因此，我与余也鲁教授有过多次接触。

在纪念余也鲁教授时，有几次印象深刻的交往每每如过电影般在我眼前重现。

那是筹备期间的一次交谈，年过六旬的余教授精神矍铄。他笑着说，他到筹委会领导未力工副校长家拜访，未太太刘正坤处长端出一碗绿豆汤请他吃。他吃着吃着，突然听到碗里咔的一声响。他有点儿纳闷，用调羹一搅，竟然是他一颗长长的牙齿掉到碗里了。说完，他爽朗地哈哈大笑。这次交往让我印象深刻，他当时的音容笑貌至今如在眼前。

1984年，我系招收第一届本科生。由于当时广告专业和国际新闻专业都属国内首创，余教授多方奔波，为我们聘请一些国外的和港台的知名教授来承担教学任务。他自己多次不辞辛劳从香港飞抵我校，和师生座谈，

---

*　此篇文章引入本书后有删节。

检查督促教学情况。当时我为第一届学生上基础写作课，系领导要我将批改的作文本收齐，交余教授审阅。我交给系办转交时附了一张小纸条，恳请他同时看看我的批改意见，进行批评指正。过后，我从系办取回那足足一尺多厚的一大摞作文本，不见任何文字，连那纸条也原封不动。我想，他大概忙了没看。过了近半年，我在系楼门口遇见他。他一脸严肃地说："清茂先生，我对不起你。你给我的信和学生的作文本，我那晚带回旅馆，已经很迟了，兴致勃勃地看着。到了晚上 12 点多，我才想起早上 7 点半还要同学生座谈，便急急忙忙把作文本和信捆好，以便还到系办。座谈后我就急着赶到机场回香港，没给你回信。我跟学生讲，你们有幸遇到了一位好老师。许清茂先生批改作文认真仔细，有眉批、总批，很具体，特别是他在评语里的修改建议很有见地。我是基督教徒，没给你回信，我一定得当面向你赔礼道歉才行。"我一听，几乎呆在那里，不知如何是好。其实我在中文系教这门课已整八年，1981 年还获得校长颁发的优秀教学奖。我只不过想了解香港教师是如何批改学生作文的，想不到却给老先生添了负担，真不应该。

1994 年 9 月，我和庄鸿明老师到香港浸会学院访学四个月，同去的还有江西师范大学的两名青年教师。余教授从基督教基金会申得资金，分别将我们新闻传播系的教师陆续送往美国或香港访学。我到香港后，从住宿到办借书证，修什么课程，余教授一一做了周到的安排，并悉心加以指导。我看了该校的课程表后，直接给余教授打电话，说我们到香港来最主要的目的就是听他的传播学课。他停顿了好一会儿，说："好吧，你们每周三上午就到海天书楼来。"其实先生当时已 73 岁高龄，我原以为退休教授给我们上上课不至于太累。到了那里才知道，他经营的海天书楼规模很大，每天忙得不可开交。看到他每次上课时专为我们编写的教案和发给我们的授课提纲，再看到他每天西装革履，头发梳得整整齐齐、油光发亮，神采奕奕，却戴着一副 1800 多度的厚厚的眼镜，我为自己不知深浅，增加了他的负担而深感内疚。

一次课余聊天时，我说："余教授，你译述的《传学概论：传媒·信息与人》第一版中'译述者的话'，我认为写得很好。"他用慈祥赞赏的目光看着我，微笑着点点头。我接着贸然说："为什么后面再版时却删去了？"他一时语塞，然后就把话题转开了。我到现在也不明白这是为什么，是因为只强调了传统学派而忽略了批判学派，还是……我至今不得而知。

有学者说："在香港的传播学家中，余也鲁是最令人佩服、最引人瞩目的。他担任香港中文大学传播研究中心主任期间，不仅积极履行主任职责，将传播学教学和研究推向一个新的阶段，而且与宣伟伯教授在祖国大陆宣讲传播学知识，积极推动大陆的传播学研究，并且还帮助安排青年学者出国进修传播学，甚至退休后仍在为国内外高校传播学教学和研究牵线搭桥，为一些高校建立新闻传播系募集资金，为传播学研究的'中国化'奔走呼号，身体力行。如果说宣伟伯是美国传播学的完善者，那么，我们要说，余也鲁是中国传播学的播种者，而且是辛勤的播种者。"我很是赞同。

余也鲁教授说过："别人活一生，我就可以活三生。"他确确实实地做到了。

第四章　记华夏传播研究的
奠基人——余也鲁教授 *

陈培爱

1983 年，我参与厦门大学新闻传播系广告学专业的创办。其间，我首任广告学教研室主任、新闻传播系主持工作的副系主任、系主任及人文学院副院长等职务。因而在此后三十年间，我同余也鲁教授等早期对建系做出重要贡献的人士多有接触，许多往事历历在目。

2012 年 9 月 8 日，香港传播学开山鼻祖、香港浸会书院传理学院创办人余也鲁教授在香港圣德肋撒医院病逝，享年 92 岁。使我一辈子感到内疚的是，未能在第一时间得到先生逝世的消息。我在 1986 年 9 月至 1987 年 1 月，与现在上海外国语大学任职的纪华强教授一起到香港中文大学进修学习。余也鲁教授每周给我们单独开设 4 课时的"传播学原理"课程，这是我们在所有课程中最为期待的。余教授优雅的风度，非凡的谈吐，深厚的理论涵养，广阔的学术视野，极大地影响了我们此后几十年的学术生涯与为人处世。

如今，一代恩师已逝，但恩师的精神风范已深深烙印在我们的心中。

余也鲁（1920—2012），祖籍江西奉新。获美国斯坦福大学人文科学院传播学硕士学位。曾任香港浸会学院社会科学院院长兼传理学系主任；香港中文大学讲座教授兼传播研究中心主任，研究院传播硕士班主任，新闻与传播学系主任；亚洲传播教育及专业设计专门顾问。退休后任海天书楼总编辑，海天资讯企业董事会主席，澳门东亚大学、香港理工学院、香港岭南学院及厦门大学学术顾问，浙江大学、江西师范大学等国内多所大学客座教授。

---

*　此篇文章引入本书后有删节。

余教授曾随恩师施拉姆于斯坦福大学研究传播学。他曾主编英文《传播季报》，著有《传播教育现代》、《杂志编辑学》、《门内门外：与现代青年谈现代传播》（1980 年）、《中国传播资料摘萃》等。他的译著《传学概论：传媒·信息与人》，是不少传媒人的启蒙之作，成为培养近几十年传媒人的摇篮。

一、向中国大陆推介传播学理论

1982 年，余也鲁和施拉姆到中国大陆进行访问，走访了多个城市，向学界介绍西方传播学。这次访问为巨龙点燃了传播学术之火。他们在北京与国家领导人见面，敲定了在厦门大学筹办传播系的计划。余教授又协助华南师范大学成立教育信息技术学院。1982 年于香港中文大学退休后，他即担任上述两校的客座教授，锐意将传播研究本土化，努力开展传播历史研究。

余也鲁回忆录《传播学及"中国传"在中国破冰之旅（1982—2002）》及吴雅靖（中国社会科学院新闻与传播研究所硕士研究生）的《1982 年施拉姆访华与余也鲁先生纪事》记载："1982 年，我和施拉姆博士访问广州、上海和北京，先后 20 天，举办了一个为期一周的教育传播研讨会，做了三次大型演讲，参加了一些小型讨论会，首次踏足长城和故宫，首次和国内关注传媒发展的学人有比较深入和全面的接触。20 多年后的今天，要我追忆当年访华之行，内心是既欣喜又带着战兢的，在这已逝的将近一万天中，传播学的教育和研究，在肥沃的黄土地上的蓬勃发展，无论是专业设立的速度，论文的数量，学术会议的频仍，攻读与从事此专业的人数，以及内容的丰富多样与涉及领域之广，都是空前的。"

我们沿着余教授回忆的线索，还原了传播学在中国大陆登陆的轨迹，同时探讨传播学的内涵。

1982 年 4 月 21 日，时任美国夏威夷大学东西方中心传播学研究所主任的施拉姆应广东省高等教育厅的邀请，和他的学生余也鲁在广州举办了为期一周的全国"电化教育讲习会"，介绍现代传播和媒体教育。后来，他们又顺道访问上海和北京。于是，此举便开启了"传播学进入中国"的"破冰之旅"。

4 月 27 日，结束广州的讲习会之后，施拉姆和余也鲁当夜乘坐飞机去杭州，28 日下午乘坐火车去上海。4 月 29 日上午，在复旦大学一间可以容纳三百人的大教室里，施拉姆作了一个半小时的演讲，主题为"报纸的力量和电视的力量"，其中也简介了一点儿美国传播学研究的情况，由余也鲁担任翻译。在施拉姆讲完之后，余也鲁接着演讲。他利用 PPT 的形式，向复旦大学的师生介绍了香港中文大学新闻与传播学系的教学情况，并首次提出了"中国传播学研究"这个研究主题。余教授认为，中国人向来把衣着、饮食与居室列为人生三大需要，后来科技进步，交通频繁，"行"也成了生活必需，与衣食住并提。表面上看，好像中国人不太看重个人与社会生活中不可缺少的"传"的需要。其实中国人十分懂得传，可能觉得传的行为太容易，又十分普遍，因此一直没有把"传"当成人生一大需要来看待。他指出，"传"应列为人生五大需要之一，我们应把它从我们传统的生活行为和历史的经验中提炼出来进行研究。

余教授在演讲中坚定地认为，深信从具有悠久历史的中国文化中，一定可以找出不少亮光，帮助我们更清楚地认识人类的"传"的行为。就这样，他首次在中国提出了对"中国传"的研究。他建议，可从传的体制下手，包括传的媒介，例如文字、纸笔、活字的发明，邮驿、私塾、邸报的创设，私学、清议的存在；从传的媒介的产生、功能与影响，可以观察传如何在中国社会演变中起作用，可以找到一些原则。他还提出了可行的研究方法，指出："'中国传'的研究可以从历史着手，但不能止于历史，应继历史的研究找出观念、通则、原理和形式，然后在当代社会与当代人中求证，从而进入国际传学研究领域，充实并丰富人类的大传播研究。"

1982 年 4 月 30 日晚，他们飞抵北京，住在和平宾馆。5 月 2 日上午，施拉姆在北京人民大会堂举办了一场演讲，座无虚席，听众不仅有学界的研究人员，还有新闻、出版和宣传部门的政府官员，演讲由安岗（时任人民日报社副总编兼中国社会科学院新闻研究所所长）主持。施拉姆的演讲主要围绕传播与国家发展、传播对社会所产生的变革等内容。他在演讲中提到，传播学研究会对中国现代化建设的进程产生促进作用。他盼望东西方之间能够加强交流研究所得，彼此能有更深切的了解。

余也鲁也做了一个简短的报告，介绍了香港各大学近十年来在教育中新增的有关传播课程的发展，以及在传播学研究方面所做的一些努力。他指出，在中国可以从传播学角度做研究的事例很多，比如王安石变法、运河对国家的贡献、一些广泛流传的谚语等，但没有人做这方面的研究。西方人虽然有传播学理论的功底，但对中国很不了解，因此他们无法研究中国的传播。余也鲁认为，这种研究只有国内的学者才可以做到。传播学研究是一门迅速发展中的学科，媒体不断翻新所引发的问题也跟着增多，需要不断地观察、探索、研究因传通不足而引发的问题，并提出解决的办法。因此，传播研究者与教育工作者肩负的责任一天比一天重。

1982年5月2日下午，施拉姆和余也鲁受邀参加中国社会科学院新闻研究所的座谈会。出席会议的有甘惜分、徐耀魁、张黎等国内新闻学研究专家。会议上学术讨论气氛热烈，探讨极其深入，主要进行了传播理论的讨论。据余也鲁回忆，会议中有很长一段时间探讨定量与定性研究方法的利弊，以及涉及传播效果的几个理论，而新闻学与传播学的关系也成为讨论的一个焦点。对于新闻学与传播学的关系，施拉姆说，新闻现象也是传播学研究的"标的物"，但传播的范围比较广，涉及人与人、人与社会和各种传播媒体间的错综复杂、相互影响的关系。会议期间，施拉姆送了两本书，一本是1973年美国出版的《人、信息和媒介——人类传播初探》，另一本是1973年出版的《传学概论：传媒·信息与人》。这两本书成为后来召开的第一次"传播学研讨会"的主要讨论内容和资料。1982年11月，中国大陆第一次全国性传播学研讨会在中国社会科学院新闻研究所召开。1983年，这次会议上散发的介绍性文章结集出版，即《传播学简介》（人民日报出版社）。

1982年5月5日，施拉姆等人又在中国人民大学新闻系做了题为"传学的发展状况"的报告。施拉姆和余也鲁在报告中指出："在未来的一百年中，分门别类的社会科学——心理学、政治学、人类学等，都会成为综合之后的一门科学。在这门科学里面，传的研究会成为这些基本学科里面的基础，研究讲话、编写、广播，这些技术都同传的过程密不可分。因为要牵涉这些基本技术问题，所以综合之后的社会科学会非常看重传学的研究，它将成为综合之后的新的科学的一个基本学科。"此外，施拉姆在会议中第一次将"跨学科"这一术语引进了中国新闻学和传播学的视野，他在做的题为"美国'大众传播学'的四个奠基人"的演讲时，介绍了被称为"传播学四大奠基人"的拉斯韦尔、卢因、拉扎斯菲尔德和霍夫兰。他说："这四个人不是传学研究这片沙漠中绿洲的匆匆过客，而是这片绿洲上辛勤耕耘的园丁……这四人有一个共同特点，就是他们都是'跨学科'的研究者。"

1982年，余也鲁和施拉姆到中国大陆的访问，拉开了中国大陆传播学发展的序幕，其直接的成果是传播学理论得到弘扬，传播学理论促进中国现代化建设，传播教育在中国高校得到普及，传播人才培养得到了极大重视。

二、倾力协助创办厦门大学新闻传播系

1983 年开始招生的厦门大学新闻传播系广告学专业，是中国广告教育的开端。余也鲁是发起人，当时就任香港中文大学新闻与传播学系主任。余也鲁从广告界蓬勃发展的趋势看到人才需求必将成为一大难题。为此，他力主厦门大学拟议成立的新闻系应包含大众传播的研究，并在新闻学专业外另设广告学专业。

余也鲁自 20 世纪 60 年代末学成返回香港后，先后首创香港浸会书院传理学系、香港中文大学新闻与传播学系及广告与公众关系学科。为了适应国内传媒发展所需，在国家领导人和资深报人的支持下，乘着改革开放之东风，余也鲁以深厚的学养和丰富的经验，应厦门大学之邀协助创立中国第一个以"传播"为名的厦门大学新闻传播系，开启中国广告教育先端。余也鲁堪称中国广告教育奠基人。创设专业及具体学科的设置方案，大多出自余老之手。他设置了中国最早的国际新闻专业，创建了中国第一个广告专业，开办了广播电视新闻学专业。

余也鲁为此付出的心血难以想象，收集国外资料、培训教师、联络境外专家讲学，事事亲力亲为。为了选择一位优秀的英文教师，他打国际长途电话，同候选人倾谈了半个钟头，了解到对方的能力才放心。六年之后，即 1989 年，北京广播学院设立国内第二个广告专业。其后两三年内，广告专业遍及全国高校。对余也鲁的远见，还有什么话可说呢?

回想创办初期的场景，余教授的心血至今难忘。

据余教授回忆，1982 年夏末，厦门大学校长曾鸣率团访港，商谈在厦门大学设立一个以传播为主修的专业系的事。1983 年初访沪时，余教授与老报人徐铸成见面，也谈到此事。同年 8 月，应曾校长邀请，他首次访厦，与学校高层协商专业规划与课程，而后又急往福州做进一步探讨。

当时的福建省委书记项南听了创系的全盘大计后，决定亲自携创立传播系的草案赴京，与有关部门面商。他不久就上京，在短短一周中，便办好了创系的批准手续。厦门大学很快拨出了一笔近万元的建筑传播大楼的启动经费。

关于建系，当时决定设立三个专业：一是国际新闻，为国家培养驻外记者和对外信息刊物的编采人才；二是广播电视，培养电子媒介的制作与

编写人才；三是广告公关，为就要发展起来的工商企业与财经部门培养公共信息制作人才。

接下来是师资队伍的组建问题。余教授认为，教育的关键是教师，由于第二年（1984年9月）面临着招生与教学，因此当务之急是训练与调配教师。1983年春天，在余教授的资助下，厦门大学选派了两位资深教师赴香港进修传播及有关课程，为期五个月。同年5月，厦门大学从中文系与外文系各调六位年轻学人组成新系教研骨干。为了让这批教师熟悉传播与媒体，他依托基金会募集经费，从1983年至90年代中期，分期分批把近三十位教师送往香港、美国学习传播学。虽然后来有近一半教师流失海外，但建系的骨干力量基本保存，得以成就了该系三十年的发展。

1983年，他在香港组织了一个八人教学团，于7月乘轮船来厦门，举办了一个为期十天的学习班。由于这个学习班的阵容较强，福建省的新闻和电子媒体要求派人旁听。结果参加这次研习会的人多达五十位。这个学习班不但为新系教学铺平了道路，而且给福建省的媒体带来了一些新鲜事物，加强了与香港的人际联系。

1984年6月24日至27日，余教授又带领香港学者及传播专业人士专门到厦门大学为教师进行培训及教学大纲的研究。访问团在厦门做了七场报告，介绍国外传播教育的情况和经验，并就如何培养国际新闻、广告和广播电视专业人才等问题和厦门大学新闻传播系的教师交换意见。访问团还参观厦门日报社、厦门人民广播电台、厦门电视台和湖里工业区。

余教授还从国外邀请外籍教师，从事国际传播与外语教学。此后每年在联合基金会资助下，都有一两位访问教授来厦门大学教课，来自美国的英健老师在厦门大学新闻传播系工作了十七年，是他们中的突出代表。厦门大学不但有一批好的外籍教师，也有一所资料齐全的系办资料室。我们都非常怀念当时的系办资料室，该资料室差不多备齐了当时有关的外文传播与广告的图书，且长期订阅专业学术期刊，成为国内同类院校中少有的资料丰富的传播学专业类资料室，受到同行的羡慕。

要办中国大陆最好的传播院校，这是余教授坚定的信念。从办系方案的筹划，到教师队伍的培养；从外籍教师的聘请，到图书资料的购买，无不倾注着他的心血。余教授对办系的筹划十分细致，他甚至希望计划中建造的厦门大学新闻传播大楼模仿香港中文大学新闻与传播学系的大楼建造，由此，他促成厦门大学建筑设计师到香港考察学习。香港中文大学"百万大道"旁的四层"碧秋楼"落成后，余教授认为这是当时较为先进的传播教育场所。其一楼有电子计算机中心和 600 平方米的电视演播室。传播系课室和办公室设在二楼。二楼设有两间配有当时最新教学媒体的新型课室。余教授希望内地的传播教育与"电化教育"都有这样先进的教学设备。

今天，从厦门大学走出来的传播学子，分布在北京、广州、上海等各地的媒体圈与广告圈，他们中的许多人已经独当一面。厦门大学传播系的种子，三十年后已在中华大地开花结果。

三、提倡传播学研究本土化

（一）提出传播学研究本土化的命题

1978 年 9 月出版的《新闻学与大众传播学》一书中写道："香港中文大学传播研究中心主任余也鲁先生，目前正积极主持该中心的一项工作——'传播研究的中国化'，大力整理我国的传播遗产，以期能够推出一套完备的'中国的'理论，并将我国的传播经验'回馈'给外国人。"余也鲁认为："中国的传学可以回溯到数千年，例如战国时代，七雄争霸，苏秦说服六国联合抵抗秦国，他们用了什么说服的策略？郑和七下南洋，没有放过一枪一炮，而威震番邦，所用的传统技巧在哪里？运河的建设，沟通了中原与南方，建立了文化的交流……也许从这些历史文化的成就上，可以探讨出中国传播学的脉络。"

中国传播研究起步较晚，而"传播学研究本土化"的提出更晚。在台湾地区，第一部传播学著作是徐佳士教授在 1966 年出版的《大众传播理论》。在香港地区，余也鲁教授在 1977 年首次译述出版了宣伟伯的《传学概论：传媒·信息与人》，在 1980 年出版了《门内门外：与现代青年谈现代传播》。在大陆，虽然刘同舜、郑北渭、张隆栋三位先生分别在 1956 年和 1958 年翻译发表了介绍西方传播学的文章，但研究性的文章直到 1978 年才出现。这年 7 月，郑北渭译介了《公共传播学的研究》和《美国资产阶级新闻学：公众传播学》两篇论文，激发了大陆新闻学界的兴趣。作为第一次全国传播学研讨会的论文集《传播学简介》，于 1983 年面世。1988 年，戴元光、邵培仁、龚炜出版了中国大陆第一部系统、全面地介绍和论述传播学的专著《传播学原理与应用》。但是，这些都不是本土化的传播学研究。本土化研究有一个复杂而艰难的过程。

传播学研究本土化，实际包括了"传播学研究中国化"和"传播学研究中国特色"两种说法。首先提出"传播学研究中国化"的学者就是香港中文大学传播研究中心的创立人兼中心主任余也鲁教授。

（二）举办学术会议，深化传播学研究本土化

1978 年 3 月，余也鲁教授在香港中文大学传播研究中心主办的第一次"中国传学研讨会"上做了题为"中国文化与传统中传的理论与实际的探索"的演讲。余教授认为："我们除了可以在中国的泥土上学习与实验这些（西方传播）理论，以中国人的智慧，应该可以从中国的历史中找寻到许多传的理论与实际，用来充实、光大今天传学的领域。"因为，"传的艺术已深潜于中国文化中，流漾在中国人的血液里，只差作系统性的与科学性的发掘与整合。现在该是开始的时候了"。

1978 年 6 月，香港中文大学传播研究中心在台湾政治大学主办了第二次"中国传学研讨会"，台湾政治大学新闻系协办（系主任徐佳士教授）。余也鲁、徐佳士、朱立等三十余位来自新闻学、传播学、社会学、心理学、文学、历史学的学者参加了会议，向会议提交了十四篇论文，用一周时间共同探讨传播学研究中国化问题。会上，余也鲁、徐佳士分别宣读了论文《环境与传播》《中国传统中人际传播特征初探》；会后，朱立教授在《报学》（1978）发表了香港会议上提交的论文《开辟中国传播研究的第四战场》。在此之前，台湾地区已有一些相关论文面世。例如，阎沁恒的《汉代民意的形成与其政治之影响》（硕士论文，1971）、方鹏程的《先秦合纵连横说服传播研究》（硕士论文，1973）、张玉法的《先秦时代的传播活动及其对文化与政治的影响》（硕士论文，1975）。

1993 年 5 月在厦门大学召开的"首届海峡两岸中国传统文化中传的探索座谈会"，实际上可以看作第三次"中国传学研讨会"。同前两次一样，余也鲁和徐佳士两位教授仍然是会议主办者和主席。全国各地文学、历史学、哲学、语言学、民俗学、人类学、经济学、新闻学、传播学学者二十二人向会议提交了专门论文，最后以《从零开始》为题结集，于 1994 年 7 月由厦门大学出版社出版。会议还决定在两三年内集中力量写一本《中国古代文化传播概论》（1997 年正式出版时定名为《华夏传播论：中国传统文化中

的传播》，37 万字），编撰一套"中国历史上传播理论与实践资料选辑"。

（三）"华夏传播研究丛书"立项，推动传播学研究本土化

1993 年，在香港海天基金会的资助下，成立了华夏传播学术委员会，由余也鲁、徐佳士、郑学檬、孙旭培、陈培爱担任委员，复选郑学檬担任主编，由厦门大学传播研究所的黄星民担任协调人。通过"中国传播研究资助项目"，向国内新闻、传播与文史学者招标，先后两次立项，计"五史六论"十一个项目，由多所大学的学人分担此事。至 1999 年，首批书稿已经完成。

该丛书的出版，主要目的是帮助中国学者进一步从中国传统文化中探索并整理出已有的传播思想，建立中国自己的传播理论，促进传播研究中国化，从而丰富人们对传的行为的认识，为社会科学的研究提供更准确的分析和解决问题的思考方法。

四、师德师范永记心间

余也鲁教授亲切、谦和、睿智、坦荡，具有学者的智慧、普通人的仁爱之心。

余教授在外表上给人最深的印象就是那副厚厚的黑框眼镜。余教授的眼镜度数达到 1800 度，这是他经常读书、不断学习、不断研究、从不休息造成的。父母爱读书，受家庭的影响，余教授从小就养成了爱读书的习惯。父母要求他睡觉，他中午躲在蚊帐里看书，晚上钻进被窝里看书。"别人活一生，我就可以活三生。"余教授如是说。

我和纪华强教授在香港学习时，每周一次从新界坐车到香港岛的海天书楼余教授的办公室上课，课程从上午 9 点开始到下午 1 点结束。我们一般都会提前到达，但未到 9 点一般不进他的办公室，生怕打扰了先生的工作。上课期间，余教授每次会为我们准备一些茶点，让我们补充一下体力与精力。这在 20 世纪 80 年代对我们来说简直是一种奢侈的享受。2005年，我到香港参加学术会议，其间曾由 70 多岁高龄的余师母驾车接我到海天书楼与余教授见面。我代表厦门大学再次对余教授多年来对厦门大学办系的支持表示感谢。这是我们师生的最后一次会面。那天中午共进午餐后，余师母又驾车送我去机场。原定傍晚 6 点 30 分的飞机，受台风影响，延误到第二天傍晚才起飞飞往厦门。我在香港机场足足待了 24 小

时。那次香港之行，与余教授的最后一次见面及夜宿香港机场的场景，成为我一生中抹不去的记忆。

综观余教授低调淡泊、谦卑温和的一生，无论是学识还是为人，他都是后辈的楷模。如果说余老的传播学研究像明艳的牡丹，他的神学研究则像圣洁的百合，其一生散发着满径花香。

呜呼，我们后辈在这个凡世再也没有机会聆听宗师的教诲！

寻觅一代宗师

香江水一去不回头，
我们到哪里再聆听宗师的教诲？
斯坦福大学的芳林幽谷中，
再也听不到您壮志的呐喊；
夏威夷洁白的沙滩上，
再也见不到您探索的身影；
厦大明媚的校园里，
只留下您匆匆的脚步。

江西奉新的华林山下，
有您幼时的乐园；
灿若星河的香港岛，
有您事业的足迹；
海天书楼的灯光长明，
怀念着您不倦的情怀。

在尘世里您来去匆匆地走了，
只留给我们长长的思念。
华夏大地的传播事业，
必将姹紫嫣红！

陈培爱　厦门大学原新闻传播系主任
厦门大学人文学院原副院长
2013 年 12 月 28 日

第五章　我心目中的余也鲁先生

黄鸣奋

我知道余也鲁先生的大名，是因为在书店发现了他所译述的《传学概论：传媒·信息与人》（宣伟伯著，中国展望出版社，1985），时间大概是在1987年。我当时如获至宝。以前我只知道有宣传，从此晓得有传播，而且深感传播学天地大、前景美。这部译著促成了我的学术研究转向。之前，我主要从事中国古典文论和文艺心理学研究。说来起步阶段还算顺利，除了硕士论文《论苏轼的文艺心理观》（海峡文艺出版社，1987），还出版了专著《艺术交往心理学》（厦门大学出版社，1987）等几本书，其后又完成了国家社会科学青年课题"需要理论与艺术批评"、国家教委社会科学青年课题"需要理论与文艺创作"。不过，我国的文艺心理学热在20世纪90年代逐渐退潮，我自己也对其前景产生疑问，主要原因是这门边缘学科在国内缺乏足够的实证支持。因此，1993年4月至10月，我在荷兰莱顿大学担任高级访问学者时，虽然以文艺心理学的名义申请的研究课题，实际做的研究的题目是"英语世界中国古典文学译介与批评"。受余先生译著的影响，我在上述研究成果正式出版时，为其取名《英语世界中国古典文学之传播》（学林出版社，1997）。

当时，我常去黄星民老师家中。本科时我们就认识，我是厦门大学中文系汉语言文学专业1977级，他是1979级。读研时我们分别选了中国文学批评史和新闻学专业，留校后在不同单位，但住所相距不远。内人去荷兰留学多年，星民的家眷长期在美国。因此，我们难免冒出寂寞之感，串串门、聊聊天很自然。星民在治学上的慷慨，那是我终生难忘的。我因余先生的译著对传播学感兴趣之后，在本校图书馆找不到多少可供扩展阅读的书籍，但星民在这方面的藏书颇丰。这样，我就不揣冒昧地向他借书，开头每次一两本，后来简直是用麻袋装。不论我想借什么，星民总是笑嘻嘻地答应，从来没有拒绝。星民这种慷慨并非对我一个人。我亲眼见他赴美探亲时从图书馆打印大量材料回来，想要赠送给有志研究的同事。感佩之至，我们结下了终生友情。

正是从星民那儿，我了解到余先生为厦门大学新闻传播系的创办与招生（1983）做出的巨大贡献，也得知了有关华夏传播研究之事。余先生早些年就开始推动这项工作。1993 年 5 月，厦门大学在大陆率先召开华夏传播学术研讨会，名为"首届海峡两岸中国传统文化中传的探索座谈会"。次年，余先生和台湾政治大学文理学院徐佳士院长、中国社会科学院新闻研究所孙旭培所长又亲临厦门大学，与我校常务副校长郑学檬、新闻传播系主任郑松锟会面，决定开展"华夏传播研究资助项目"，由两岸学者共同参与。该项目以厦门大学传播研究所为联络点，由香港海天基金会提供经济支持。1995 年，该基金会设立了"五史六论"共十一个研究项目。我知道这一消息时很想参加，但申报截止日期已过。好在承担具体联络工作的是星民。他让我试填表，我自选了有关中国古代讽谏传播的题目并加以论证。由于星民的鼎力支持，加上郑学檬先生的热心推介，余先生同意了。

1997 年 11 月，厦门大学新闻传播系和传播研究所召开"中国传播学研讨会（1997）"，旨在协调丛书撰写工作。我因此有幸见到了余先生。听他在会上侃侃而谈，我感受最深的是他建立传播学中国学派的宏大抱负。与会的学者来自中国大陆、中国台湾与中国香港，澳大利亚、新加坡和韩国，可谓彬彬之盛。余先生对这套丛书寄予很大的希望，但后来有关学者各忙各的，真正交稿的似乎只有三本。我的《说服君主：中国古代的讽谏传播》是最早完成的。书稿寄给余先生之后，他提出了中肯的意见，希望从古代相关论著和事例中提炼出可供今天使用的理论观点。于是，我遵照他的意见增写了《余论：讽谏传播启示》，1999 年 7 月 17 日定稿。那时出书还比较难，难就难在缺钱，不像今天这样可以四处申请资助。香港海天基金会为这套丛书立项时只提供研究经费，不涵盖出版。我因此一度很焦灼，还是余先生、郑先生等前辈解决了这一难题，使得拙作得以在文化艺术出版社付梓（2001）。

今天，传播学在中国已经成为显学，有关论著层出不穷。这固然要归因于社会需求的旺盛、实践经验的丰富、学术同人的努力，但余先生的倡导之功是应当铭记不忘的。就我个人而言，在从文艺心理学转向艺术传播学的过程中，进行过其他探索。例如，1994 年申报关于文化经济研究的国家社会科学基金课题，起因是出国时复印了几本论文集回来。但是，这方面的尝试最终失败（当时国内文化产业还未成气候，我自己也缺乏相应素养）。是余先生通过名著翻译、丛书立项、会议组织乃至写作指导等方式使我萌生了对传播学的强烈兴趣，这种兴趣自 1987 年已经持续了二十余年。这种兴趣不只基于学科价值，更基于余先生的人格魅力。当年申报关于讽谏传播的课题时，我才提文学教授不久，在传播学方面谈不上什么积累。余先生居然同意为我增补项目。我从中感受到的是一种亲切的信任。虽然我和余先生的联系多数是间接的（融入了郑学檬和黄星民两位先生的热情和友善），但时时直接感受到余先生所倡导的传播学正"火起来"。在一定意义上可以说，他对于开创中西合璧的华夏传播研究居功至伟，留给我们的不只是已有的成果，还有深情的嘱托。

第六章　我的老师余也鲁

刘训成

　　美国网络监视项目泄密者斯诺登出逃引发的所谓"棱镜门"事件引起人们对信息控制及其背后的体制、道德、责任等问题的高度警觉和思考。从传播学的角度出发思考这个问题，我们首先会从信息的流量入手，然后进入它的载体，追寻信息的流向，直至探讨信息的制造者以及支持导致这种信息监控的社会、政治、经济、法律、教育等方方面面的背景，并对支持这种传播模式的基本道德观念提出质疑和挑战。

　　这是研究新闻传播的一种思维模式，也可以理解为一种庖丁解牛的方法，是我从余也鲁教授亲自传授的《传学概论：传媒·信息与人》一书中理解到的。其中最精华的部分是政治学家哈罗德·拉斯维尔对人的传播过程所做的总结：谁对谁，用什么途径，说了什么，怎么说，后果怎样。后来有人将之演绎成五个 W 和一个 H。每个疑问词都代表了传播学的一个领域，它们之间既独立又环环相扣。《传学概论：传媒·信息与人》一书是余教授对原作者宣伟伯的 *Men women Media and Message—Understanding Media* 所做的中文译述，体现了他对这本传播学扛鼎之作的充分理解。书中还增添了适应亚洲尤其是中国读者的内容。宣伟伯是美国传播学领域的开山之人，担任过斯坦福大学传学研究所主任和美国夏威夷大学东西方中心传播研究院院长。他的书是美国大学传播课程的必备书。余教授于 20 世纪 60 年代初在斯坦福大学随宣氏[①]学习传播学，获得博士学位后于 1965 年返回香港，1967 年为香港浸会书院创办了四年制传理学系，并担任该校社会科学院院长，后来又出任香港中文大学崇基学院讲座教授和新闻与传

---

　　① 宣氏：施拉姆先生。

播学系主任，直至退休。

宣伟伯称余也鲁教授是"最适合东西方文化交流的人"。1983年底，在万象更新的中国大地，厦门大学新闻传播系筹备小组有幸迎来这位充满教育理想的学人。他的到来在我们与西方传播学之间架起了最便捷的沟通桥梁，直接引进与传播学相关的全部课程，填补了国内在这方面的空白，改变了传统意义上对新闻学的狭隘理解，把新闻学提高到传播学与大众传播的层面，大大拓宽并深化了研究的领域与范畴。余教授殚精竭虑，在师资培养方面，除了遍邀北京、上海像方汉奇、甘惜分、张隆栋、赵玉明等学界翘楚，做传统的课程培训，还邀请了像老报人徐铸成等这样的业界大腕。余教授还安排了所有的在职教师到香港中文大学和香港浸会学院进修。

我有幸参与了他本人主持的学习班，从头到尾聆听了由他讲解教授的《传学概论：传媒·信息与人》，见识了他丰富的知识积累，深邃的哲学思想，深入浅出地演绎相关的范例和理论。其口才、睿智与博闻强识有口皆碑，以至于他不太好意思地说他的名字是受他的奶奶的影响自取的，目的是告诫他不要卖弄聪明，记得"余也鲁"就是"我也笨"的意思。其谦虚谨慎的品格可见一斑。先生的办公室也尽情地显示了他对知识的偏爱与尊重，对学以致用的身体力行，除了联系外界的电脑，最抢眼的是那些摆放得整整齐齐的知名报刊，其时新与数量绝对不亚于任何一个名牌大学的资料室。信手拈来，坐在那厚实的沙发上浏览，享受他亲自为你冲泡的咖啡，你会感觉像参加牛津大学的某次师生约谈，一方面沐浴着先生的睿智，另一方面先生在考查你的努力程度。他总是先让你表述事先布置的文章，然后再由他总结、拓展。记得当时讲解研究方法时，他为胡鞍钢首次以数据形式研究中国经济现状与发展趋势的报告兴奋不已，并把原文复印给在座的每一个人。

"师者，传道、受业、解惑也。"听说，在所有的称呼中，先生最喜欢"教授"一词，可见先生对师者情有独钟。他喜欢旧时的北大学子，常常带着爱惜和景仰的口吻形容他们不修边幅，读书读得把衣袖都磨光了，其实他是在宣扬一种风范、一种精神。他对学生爱护有加。除了不断地引进美国大学的相关教授直接面向学生讲课，他本人也是亲力亲为，尽量多接触学生，给他们开讲座，谈心，旨在开启智慧和眼界。在他的努力下，当时新闻系的一代教师都经历了改革开放初期时在传播学方面的观念更新，对后来人的影响是不言而喻的。

　　余教授一路笔耕不辍，他对中国大陆传播学的最大贡献是，翻译了威尔伯·施拉姆的《传播学概论》，并以此书为入门，展开对传理各个领域的探讨。上了他的课，等于在传播领域登堂入室，有了全景式的认识，或谓之为地图，一路直奔博士的专门研究。而且，他把传播学的研究方法贯穿在学习的过程中，边学，边思，边做。我很荣幸，得益过先生的指教。

　　新闻传播学院成长的几十年承载着先生无时无刻的关怀和牵挂，他期盼每一个人的消息，每一件事情的进展，就像等待自己孩子的消息一样。如今新闻传播学院已经四十不惑，喝水不忘挖井人，先生的精神永远都是厦门大学传播学子的骄傲。